팀 켈러의
답이 되는 기독교

Making Sense of God

by Timothy Keller

Copyright © 2016 by Timothy Keller
Korean Translation Copyright © 2018 by Duranno Ministry

This Korean edition published by arrangement
with Timothy Keller c/o McCormick Literary, New York,
through Duran Kim Agency, Seoul

팀 켈러의
답이 되는 기독교

지은이 | 팀 켈러
옮긴이 | 윤종석
초판 발행 | 2018. 1. 22.
18쇄 발행 | 2024. 12. 31.
등록번호 | 제1988-000080호
등록된 곳 | 서울특별시 용산구 서빙고로65길 38
발행처 | 사단법인 두란노서원
영업부 | 02)2078-3333 FAX | 080-749-3705
출판부 | 02)2078-3330

책값은 뒤표지에 있습니다.
ISBN 978-89-531-3029-6 03230

독자의 의견을 기다립니다.
tpress@duranno.com www.duranno.com

두란노서원은 바울 사도가 3차 전도 여행 때 에베소에서 성령 받은 제자들을 따로 세워 하나님의 말씀으로 양육
하던 장소입니다. 사도행전 19장 8-20절의 정신에 따라 첫째 목회자를 돕는 사역과 평신도를 훈련시키는 사역,
둘째 세계선교™와 문서선교단행본·잡지 사역, 셋째 예수문화 및 경배와 찬양 사역, 그리고 가정·상담 사역 등을 감
당하고 있습니다. 1980년 12월 22일에 창립된 두란노서원은 주님 오실 때까지 이 사역들을 계속할 것입니다.

팀 켈러의

답이 되는
기독교

팀 켈러 지음 | 윤종석 옮김

두란노

회의하는 시대에 힘써 신앙을 소통해 온
내 모든 동료에게.
특히 크레이그 엘리스, 마이 하리우-파월
그리고 내 아들 마이클 켈러에게.

Contents

Part 2 ◇◇◇◇◇◇◇◇◇◇◇◇◇◇◇◇◇◇◇◇◇◇◇◇◇◇◇◇◇◇◇◇◇◇◇◇◇

신이 없다면 설명할 길이 없는 인생의 본질들

종교,
당신이 생각하는 것
이상이다

Part 3 ◇◇

당연하게 따르던 '모든 것'을 다시 생각하라

미로를 헤매는
현대 세속주의의
출구 찾기

'하 나 님 없 는 삶'에 말 을 걸 다

이 시대는 무엇을 믿고,
무엇을 믿지 않는가

뉴욕 맨해튼에서 목사로 일한 지 30년 가까이 됐다. 이 도시 사람들은 대부분 종교가 없다. 크리스마스와 부활절에만 교회에 나가는 식의 이름만 걸어 놓은 기독교인도 아니다. 대다수가 자신을 '무교' 또는 '세속적 관점을 따르는 사람'(secular)으로 분류할 것이다.

우리 교회는 신의 존재나 초자연 세계에 회의적인 사람을 위해 매주 토론장을 마련하는데, 〈뉴욕 타임스〉(*The New York Times*)지가 최근 이 모임을 기사화했다. 토론 모임의 기본 원칙상 어떤 종교나 세속주의(secularism)도 일단 진리가 아님을 전제한다. 대신 개인 경험, 철학, 역사, 사회학, 종교 문서 등 복수의 출처를 바탕으로 신념 체계를 비교해, 각각 서로에 비해 얼마나 말이 되는지 평가한다. 물론 참여자 대부분은 자기 나름의 견해를 가지고 토론에 임하며, 이런 평가 과정을 거쳐 자신의 세계관이 더 탄탄해 보이기를 바란다. 하지만 동시에 모든 사람은 비판에 열려 있어야 하며, 자기 관점에 허점과 문제가 있다면 기꺼이 인정해야 한다.[1]

기사가 나간 뒤로 몇몇 인터넷 게시판과 토론방에서 공방이 벌어졌다. 많은 사람이 우리 교회의 이런 시도에 조롱을 퍼부었다. "기독교는 우리가 살고 있는 자연 세계 현실에서 전혀 말이 되지 않으며," 아예 "고려해 볼 만한 합리적 가치가 없다"라는 댓글도 있었다. 세속주의를 다른 체계와 비교할 만한 신념 체계로 보는 관점에도 다수가 반대했다. 그들에 따르면, 세속주의는 삶의 이치를 순리적으로 판단한 것일 뿐이며, 세상을 합리적으로 평가한 결과다. 또 그들에 따르면, 종교적인 사람은 자기 신념을 남에게 강요하려 하지만, 세속적인 사람은 사실만을 주장하기 때문에 거기에 동의하지 않는 사람은 진실 자체에 눈을 감는 것이다. 기독교인이 되려면 성경의 허구를 진리로 가정하고 모든 이성과 증거에 눈을 감는 수밖에 없다고 말한 사람도 있었다.

또 다른 토론방 사람들은 회의론자가 그런 모임에 가야 할 이유를 도무지 모르겠다는 식으로 말했다. 그중 한 사람은 믿을 수 없다는 듯 이렇게 물었다. "이 교회는 미국의 무종교인들이 '복음'을 들어 본 적이 없다고 생각하는 것일까? 세속적인 사람이 그런 곳에 가서 '왜 여태 나한테 이런 말을 해 준 사람이 없지?'라고 한탄이라도 할 것 같은가?" 또 어떤 사람은 "사람들이 종교가 없는 이유는 종교를 몰라서가 아니라 종교를 알기 때문이다"라고 썼다.[2]

지난 세월 나도 이런 토론 자리에 수없이 많이 참석했지만, 이 같은 비판자들의 추측은 틀렸다. 신을 믿는 사람이나 믿지 않는 사람이나 모두 경험과 믿음과 논리와 직관을 조합해서 각자의 입장에 도달한다. 또 이런 토론장에서 회의론자들이 수시로 하는 말이 있다. "이런 종교적 신념이 존재한다는 것을, 또 신앙을 이렇게도 사고할 수 있음을 진작 알지 못해 아쉽습니다. 그렇다고 이제부터 제가 꼭 믿을 거라는 말은 아니지만, 그래도 이런 문제를 이토록 많이 생각한 적은 없었습니다."

그 생각할 거리를 이 책에 똑같이 담아서 독자, 그중에서도 '복음'에는 문화적 시의성이 결여됐다고 생각하는 수많은 회의론자들에게 제시하고자 한다. 기독교의 신념과 주장을 세속주의 관점의 신념 및 주장과 비교하면서 복잡한 세상과 인간 경험에서 어느 쪽이 더 말이 되는지 물을 것이다.

시작하기 전에 '세속'(secular)이라는 단어를 어떤 의미로 쓸지 살펴보자. 오늘날은 이 말을 적어도 세 가지 방식으로 사용한다. 먼저 사회와 정치 구조에서 이 말이 사용된다. '세속 사회'(secular society)는 종교와 정치가 분리된 사회다. 이런 사회에서는 정부와 최고 권력의 문화 기관이 어떤 종교에도 특전을 부여하지 않는다. 또 '세속'은 개인을 묘사하는 말로도 쓰인다. 자연 세계 너머에 신이나 초자연 세계가 존재하는지 여부를 모르는 사람을 가리켜 '세속적인 사람'(secular person)이라고 한다. 이 관점은 세상 모든 일이 과학적으로 설명된다고 본다. 끝으로 특정한 주제와 내러티브를 거느리는 문화를 가리킬 때도 '세속'이라는 단어를 쓴다. '세속 시대'(secular age)라는 단어의 개념에는 '영원'이 없다. 그저 현세(saeculum), 곧 지금 여기만 강조하는 시대다. 삶의 의미와 지침은 물론 행복의 기준을 현세에서 누리는 경제적 번영, 물질적 안락, 정서적 만족에 두고, 오직 그것만 추구한다.

세속주의는 이처럼 여러 측면에서 각각의 의미가 다르므로 서로 구분하는 게 낫다. 예를 들어 세속 정부를 둔 사회라 해도 그 가운데 세속적인 사람은 거의 없을 수 있다. 아주 일반적인 구분의 예가 또 있다. 자신은 세속적인 사람이 아니라며 신앙을 고백하는 개인일지라도 실제 삶과 행실에서는 하나님의 존재가 이렇다 할 영향을 미치지 못할 수 있다. 세속 시대에는 종교적인 사람조차도 연인과 배우자와 직업과 우정과 재정 문제를 결정할 때, 기껏해야 개인의 현세적 행복에 목표를 두기 때문이다. 초월적 대의를 위해 개인의 평화와 풍요를 희생하는 일은 드물다. 절대 가치와 영원을 믿는다고 말하는 사람일지라도 마찬가지다. 당신이 세속적인 사람이 아니어도 세속 시대가 "신앙에 물타기를 할"(신앙을 세속화할) 수 있다. 그 결과 신앙은 삶의 모든 선택을 결정짓는 종합적 틀이 아니라 직장, 레크리에이션, 취미, 정치와 같이 그저 또 하나의 선택 사항으로 치부된다.[3]

이 책에서는 '세속'이라는 단어를 두 번째와 세 번째 의미로 쓰면서 종종 그 두 입장을 날카롭게 비판할 것이다. 그러나 첫 번째 의미의 세속주의는 나 역시 적극 지지한다. 교회나 종교 기관이 정부를 통제하거나 거꾸로 정부가 교회를 통제하는 건 내가 원하는 바가 아니다. 역사상 국가가 하나의 참신앙을 정해서 지지한 사회는 대개 압제를 일삼았다. 그런 정부는 "하나의 참종교"의 권위를 빙자해 폭력과 제국주의를 밀어붙였다. 종교를 자유로이 선택하지 않고 사회적 압력에 강요당하는 사람은 종교를 받아들여도 건성이거나 위선적이다. 제일 좋은 방법은 정부가 어느 한 종교를 지지하지도 않고, 종교를 폄훼해서 밀쳐 내는 세속주의 신념의 공론(公論)을 지지하지도 않는 것이다.

올바로 기능하는 세속 국가라면 진정한 다원주의 사회를 이룩해 내 그 사회가 흡사 "이념의 장터"가 된다. 거기는 세속적인 신념도 포함해 다양한 믿음의 사람이 서로 평화롭게 존중하는 가운데, 마음껏 기여하고 소통하고 공존하고 협력할 수 있는 곳이다. 그런 곳이 존재할까? 아직은 아니다. 그런 사회에서는 사람들마다 의견이 서로 크게 다르다 해도 끝까지 주의 깊게 경청한 뒤에야 자기 의견을 펼칠 것이다. 억지 주장을 하지 않고 서로의 반론과 회의를 진지하게 존중할 것이다. 상대를 이해하려 애쓰다 보니 오히려 상대 쪽에서 이렇게 말할 수도 있다. "당신이 내 입장을 나보다 더 설득력 있게 잘 대변하는군요!" 솔직히 아직은 존재하지 않지만, 이 책이 그런 장을 창출하는 데 부족하나마 조금이라도 기여하기를 바란다.

몇 년 전에 《팀 켈러, 하나님을 말하다》(*The Reason for God*, 두란노 역간)라는 책을 썼다. 하나님과 기독교를 믿을 수 있는 일련의 이유를 논증한 책이다. 그 책이 많은 사람에게 도움을 주었지만, 충분히 근원부터 출발하지 않았다고 보는 사람도 많다. 그중 더러는 아예 탐색하는 여정을 시작조차 하지 않을 것이다. 그들에게는 솔직히 그런 수고를 들일 만큼 기독교가 이 시대에 꼭 필요해 보이지 않기 때문이다. 그들은 "과학과 이성과 첨단기술의 시대에 종교는 묻지도, 따지지도 말고 그냥 믿으라고 요구하지 않나요? 종교의 필요성을 느끼는 사람은 당연히 점차 줄어서 결국 종교는 소멸될 거예요"라고 말한다.

이 책은 그런 반론에 답하면서 시작한다. 우선 1부에서 두 가지 잘못된 생각을 강하게 논박할 것이다. 하나는 세상이 점점 세속화되어 간다는 억측이고, 또 하나는 종교가 없는 세속적인 사람의 인생관이 주로 '이성'의 산물이라는 신념이다. 사실 누구를 막론하고 사람이 저마다의 세계관을 품는 데는 다양한 이성적, 정서적, 문화적, 사회적 요인이 작용한다.

이어 2부부터는 기독교와 세속주의가 어떻게 삶의 의미와 만족과 자유와 정체성과 도덕적 나침반과 희망을 주려 하는지를 (가끔 타종교도 언급하면서) 비교하고 대조한다. 이 모두는 워낙 중요한 요소라 그게 없이는 인생을 살아갈 수 없다. 차차 논증하겠지만 기독교는 정서적으로나 문화적으로 가장 이치에 맞고, 방금 열거한 삶의 본질적 요소를 가장 예리하게 설명해 주며, 인간의 필연적 욕구를 채워 줄 자원을 제공하는 데 단연 독보적이다.

《팀 켈러, 하나님을 말하다》에서 다 다루지 못한, 요즘 시대 사람들의 생각 밑에 당연한 듯 깔려 있는 배후 가정도 많다. 문화가 기독교에 관해 우리에게 주입하는 이런 신념들 때문에 기독교는 점점 더 개연성이 떨어져 보인다. 이런 신념은 보통 논증 과정을 거쳐 명확하게 주어지지 않는다. 연예와 소셜미디어의 이야기와 주제 속에 녹아들어서는 우리 사상을 파고든다. 그러면서 어느새 그냥 "원래 그런 것"으로 받아들여진다.[4] 이런 작업은 상당히 끈질겨서, 많은 기독교 신자의 마음과 생각에서조차 신앙은 점점 현실성이 없게 느껴진다. 아마 처음에는 본인도 알아차리지 못할 것이다. 이런 차원에서 우리가 믿고 있는 것들은 대부분 우리에게 신념으로 보이지 않는다. 이 책에서 바로 그런 신념 몇 가지를 다루려 한다.

- O 굳이 신을 믿지 않아도 삶의 의미와 희망과 만족을 얻고 충만하게 살아갈 수 있다(3, 4, 8장).
- O 남에게 피해를 주지 않는 한 내 주관대로 자유롭게 살 수 있어야 한다(5장).
- O 자아를 실현하려면 자신의 가장 깊은 갈망과 꿈에 충실해야 한다(6, 7장).
- O 굳이 신을 믿지 않아도 도덕 가치의 기초와 인권의 기초를 확보할 수 있다(9, 10장).
- O 신의 존재나 기독교의 진리성을 증명해 주는 증거는 거의 혹은 전혀 없다(11, 12장).

'사고하는 인간이 기독교를 합리적이라 받아들일 일은 거의 없다'라고 생각하는가? 이 책은 당신을 위한 책이다. 당신의 친구나 가족이 그렇게 느낀다면, 그들에게도 이 책은 흥미진진할 것이다.

한번은 회의론자를 환영하는 우리 교회 토론회가 끝난 후 어느 나이

지긋한 남자가 내게 다가와 말했다. 그는 토론장에 자주 나오던 사람이었다. "교회에 다니던 젊은 시절에도 그랬고 그 후에 무신론자로 살 때도 그랬어요. 이제 보니 정말 내 기초를 이토록 진중하게 살펴본 적이 없었습니다. 너무 쫓기듯 사느라 스스로 깊이 생각하지 못했던 거지요. 이런 기회를 마련해 주어 고맙습니다."

기독교 신앙이 있는 독자에게나 없는 독자에게나 이 책이 그와 같은 역할을 해 주었으면 좋겠다.

Part 1

Making Sense of
GOD

'복음은 시의성을 잃었다' 단언하는 이들에게

이 시대에도

종교가
필요한가

1

{
종교는 곧 사라질 것이란 전망,
속단이었다

─── **종교는 왜 계속 살아남아 성장하는가** ───
}

○

이 책을 손에 펴 든 것으로 봐서 당신은 '이 시대에 종교적 신념을 갖는 게 과연 가능한가'라는 문제에 웬만큼 관심이 있다. 하지만 마음 한편에서는 계속 읽어야 할지 여전히 망설일 수 있다. '종교의 시의성을 말하는 건 다급한 방어적 주장 아닌가? 무신앙의 진군이 더 큰 현실이 아닌가? 종교 전반, 그중에서도 특히 기독교는 이제 한물간 세력 아닌가? 삶에서 신과 신앙의 필요성을 덜 느끼는 인구 비율이 유독 밀레니엄 세대에

서 증가하고 있지 않은가?'

우리 교회에 다니는 한 여성이 일요일 예배에 자기 동료를 데려왔다. 50대 후반의 그 남자는, 맨해튼에 사는 젊은 전문직 종사자가 수천 명이나 예배에 참석한 광경에 깜짝 놀랐다. 그가 보기에 예배는 유익했고 그의 사고를 자극했으며 감동적이기까지 했다. 나중에 그는 그녀에게 이번 경험으로 자신감을 잃었다고 털어놓았다. "적어도 교육받은 사람에게서만은 종교가 쇠퇴하고 있다고 늘 굳게 믿었거든요. 젊은층에서는 말할 것도 없고요. 물론 청년들이 기독교 록 콘서트 따위에 끌릴 순 있겠지요. 하지만 오늘 경험으로 내 가정(假定)은 상당히 흔들렸습니다."

퓨리서치센터에서 대규모 새로운 연구를 실시한 뒤로 〈워싱턴 포스트〉(The Washington Post)지에 "세상의 종교는 쇠퇴하지 않고 성장할 것이다"라는 제목의 기사가 실렸다. 기사는 미국과 유럽에 종교 없는 사람의 비율이 당분간 증가할 것을 인정하면서도, 전 세계적으로 종교 전반이 꾸준히 강세를 보이며 성장하고 있다는 연구 결과를 소개했다. 세계 인구에서 기독교인과 무슬림이 차지할 비율은 점점 높아지는 반면 무종교인의 비율은 줄어들 것이다. 기사에서는 조지메이슨대학교 공공정책 교수 잭 골드스톤(Jack Goldstone)의 말을 인용했다. "근대화의 발전으로 세속화와 불신앙이 확산될 것이라던 사회학자의 말은 속단이었다. …… 현실은 그렇지 않다. 사람에게는 종교가 필요하다."[1]

〈워싱턴 포스트〉지 기사를 읽은 많은 사람은 우리 교회에 방문했던 그 남성과 똑같은 반응을 보였다. 연구 결과가 믿어지지 않는다는 것이었다. 어떤 사람은 이런 의견을 내놓았다. "종교를 없애는 건 쉬워요. 종교 전반을 교육하기만 하면 됩니다. 아니면 어릴 적에 배웠던 종교사를 편견 없이 세속의 눈으로 보게 해 주면 됩니다."[2] 교육 수준이 높아지고 근대화가 계속되는 한 종교는 쇠퇴할 수밖에 없다는 것이다. 이 관점에 따르면, 사람들이 종교의 필요성을 느끼는 이유는 순전히 과학과 역사와 논리적 사고를 배우지 못했기 때문이다.

그러나 퓨리서치센터의 연구는 인간이 왜 종교적인지에 대한 이 모든 철석같은 생각을 위기에 빠뜨렸다. 불과 얼마 전까지만 해도 서구 사회의 유수한 학자들 또한 거의 만장일치로 종교가 필연적으로 쇠퇴한다고 봤다. 자연의 맹위를 설명하고 원조를 베푸는 일을 신보다 과학이 더 잘하므로 종교의 필요성은 사라진다는 것이다. 1966년에 존 레논(John Lennon)이 했던 말이 그런 일치된 견해를 잘 대변한다. "기독교는 사라질 것이다. 점점 줄어들어 자취를 감출 것이다. 논증할 필요도 없다. 내 말이 옳으며, 결국 옳다고 입증될 것이다."[3]

그러나 그 말은 공수표가 되고 말았다. 퓨리서치센터의 연구로 입증되듯이 종교는 지금도 성장세다. 아주 요란하게 거침없이 말하는 '신흥 무신론자' 층이 출현한 것도 사실은 팔팔한 종교의 끈질긴 생명력과 소생력에 맞서는 반작용일지도 모른다.[4] 게다가 신앙은 교육 수준이 낮은 사람들 사이에만 활짝 피어난 것도 아니다. 지난 세대 동안 알래스데어 매킨타이어(Alasdair MacIntyre), 찰스 테일러(Charles Taylor), 알빈 플란팅가(Alvin Plantinga) 같은 철학자들이 방대한 양의 학술서를 집필해서 하나님을 믿는 신앙을 입증하는 한편, 논박하기 힘들게 현대 세속주의를 비판했다.[5]

인구통계학자에 따르면 21세기는 20세기보다 세속화의 정도가 덜

할 것이다. 사하라 이남의 아프리카와 중국은 기독교 쪽으로 종교의 지각
변동을 겪고 있다. 라틴아메리카에서는 복음주의와 오순절 교회가 기하
급수적으로 성장해 왔다. 미국에서도 '무교'의 성장은 주로 신앙과의 관
계가 명목상에 가까웠던 부류의 현상일 뿐, 독실한 신앙인은 미국과 유럽
에서도 증가하고 있다.[6]

　신을 믿는 믿음은 세계 인구 5명 중 4명에게 진지한 현실이며, 가까
운 장래에도 계속 그럴 것이다.[7] 이쯤 되면 바로 다음과 같은 질문이 고개
를 들 것이다. '왜 그런가? 세속주의가 이토록 거세게 방해하는데도 종교
가 계속 성장하는 이유는 무엇인가?' 누구는 세상 사람 대다수가 못 배워
서 그렇다고 답할 것이고, 또 누구는 더 직설적으로 사람들이 대부분 바
보라서 그렇다고 답할 것이다. 하지만 더 사려 깊고, 인간을 혐오하지 않
는 답변이 필요하다.

　종교가 왜 계속 살아남아 성장하는지의 문제에는 두 가지 확실한 답
변이 있다. 하나의 설명은 많은 사람이 보기에 세속 이성에는 삶을 잘 살
아가는 데 꼭 필요한 뭔가가 빠져 있다는 것이다. 또 하나의 설명은 허다
한 사람이 자연 세계 너머의 초월 세계를 직관으로 인식한다는 것이다.
지금부터 이 두 개념을 차례로 살펴보고자 한다.

세속 이성의 한계를 자각하다

몇 년 전에 컬럼비아대학교 대학원에서 정치 이론을 공부하던 중국

유학생 하나가 우리 교회에 나오기 시작했다. 그녀가 미국에 유학을 온 데는 기독교의 초월 개념을 인권과 평등의 역사적 기초로 보는 관점이 중국 사회과학자 사이에 확산된 영향도 있었다.[8] 과학만으로는 결국 인간의 평등성을 증명할 수 없다고 그녀는 말했다. 내가 놀라움을 표했더니 그녀는 중국 학계 일각에서만 그렇게 주장하는 게 아니라 서구의 가장 명망 있는 일부 세속적인 사상가도 똑같이 말한다고 했다. 그녀의 도움으로 알고 보니, 심원한 철학계에서 신앙이 꽤 되살아나고 있었고, 초월적 실재를 믿지 않는 세속 이성에 사회에 필요한 뭔가 중요한 게 빠져 있다는 인식이 확산되고 있었다.

세계적으로 저명한 철학자 위르겐 하버마스(Jürgen Habermas)는 세속 이성만이 공공 광장에 허용될 수 있다는 계몽주의 관점을 수십 년에 걸쳐 옹호했다.[9] 그런 하버마스가 최근 들어 신앙을 대하는 태도가 더 긍정적으로 바뀌어 기성 철학계를 놀라게 했다. 하버마스는 이제 세속 이성만으로는 "인간의 본질"을 설명할 수 없다고 믿는다. 그러면서 과학은 첨단기술의 발명품이 인간에게 선한지 악한지를 판단할 기준을 제시할 수 없다고 주장한다. 그것을 판단하려면 선한 인간이 무엇인지 알아야 하는데, 과학은 도덕성을 판결하거나 선악을 규정할 수 없다.[10] 사회과학도 인간의 삶이 어떠한지는 말해 줄 수 있어도 어떠해야 하는지는 말해 줄 수 없다.[11]

종교가 쇠퇴하면서 전쟁과 충돌도 줄어들 것이라는 게 19세기 인본주의자의 꿈이었다. 그런데 20세기는 더 큰 폭력으로 얼룩졌다. 무종교 국가들이 과학적 합리주의에 입각해 자행한 폭력이었다. 지금도 "철학적 이성으로 …… 참과 거짓을 구분할 수 있다"라고 확신하는 사람들에게 하버마스는, "20세기의 잇단 재앙, 실용 이성을 기본 원리로 삼은 종교적 파시스트 국가와 공산주의 국가만 봐도 그런 확신이 과오임을 알 수 있다"라고 말한다.[12] 물론 종교의 이름으로 참혹한 행위가 저질러지기도 했으나 세속주의가 더 낫다고 입증된 바도 없기는 마찬가지다.

최근에 하버마스의 논제를 입증하는 연구가 나왔다. 20세기 초에 성행한 우생학 운동 역사 연구다. 프린스턴대학교 토머스 C. 레너드(Thomas C. Leonard)에 따르면, 과학에 입각한 한 세기 이전의 진보적 사회 정책은, 유전자 결함이 있다고 간주되는 사람의 불임 수술 또는 억류까지도 끌어안았다.[13] 존 T. 스콥스(John T. Scopes)는 1926년에 테네시주 법을 어기고 진화론 교육을 시도한 일로 유명하다. 그런데 다음 사실을 기억하는 사람은 별로 없다. 스콥스가 사용한 교과서인 조지 헌터(George Hunter)의 *Civic Biology*(시민 생물학)는 진화론만 가르친 게 아니라, "전국에 질병과 부도덕과 범죄를" 퍼뜨려 인간의 유전자풀을 약화시키는 부류에게 과학의 이름으로 불임 수술을 실시하거나 심지어 그들을 죽여야 한다고 주장했다.[14] 이것이 당시 과학 교과서의 전형이었다.

우생학의 신용을 떨어뜨린 것은 과학이 아니라 2차대전의 참상이었다. 유전자 구성과 각종 반사회적 행동 사이의 연관성은 오류로 입증된 적이 없다. 사실은 오히려 반대다. 예컨대 최근 여러 연구에 따르면 특정한 수용체 유전자는 남학생의 학교 졸업률을 떨어뜨리며, 교사와 부모가 아무리 지원하고 보상해 줘도 소용없다.[15] 유전은 질병이나 중독, 기타 문제 행동과 연관성이 많다. 토머스 레너드는 "진보 시대의 우생학과 인종학은 사이비과학이 아니라 과학이었다"라고 말한다.[16] 유전적으로 비생산적인 삶에 빠지기 쉬운 사람이 유전 암호를 대물림하지 않는다면 사회경제적 비용편익이 높아진다는 결론, 그것은 지극히 논리적이다.

그런데 나치 독일의 죽음의 수용소는 우생학이 과학적으로 효율적일지 몰라도 우생학은 악하다는 도덕적 직관에 눈뜨게 했다. 하지만 우생학이 악하다고 믿으려면 그 확신을 뒷받침해 줄 근거가 필요한데, 그 근거가 과학일 수는 없다. 실용 이성의 철저히 합리적인 비용편익 분석일 수도 없다. 그 근거를 어디서 찾을 것인가? 하버마스는 "자유와 …… 양심과 인권과 민주주의의 이상, 이 모두는 유대교 윤리인 '정의'와 기독교 윤리인 '사랑'의 직접 유산이다. …… 현재까지 다른 설명은 없다"라고 썼다.[17]

그렇다고 과학과 이성에서 인간 사회의 막대하고 독특한 선이 비롯되었음을 부인하는 건 결코 아니다. 요지는 과학만으로는 인간 사회의 길잡이가 될 수 없다는 것이다.[18] "원숭이 재판"으로 불린 스콥스의 재판 때 작성됐으나 끝내 시행되지 못했던 변론에 그것이 잘 요약되어 있다. "과학은 위대한 물리력이지만 도덕의 스승은 아니다. 기계를 완성할 수 있지만 기계를 오용하는 것에서 사회를 보호하고자 도덕적 제약을 가하지는 못한다. …… 과학은 형제애를 가르치지 않는다[가르칠 수도 없다]."[19] 과학적 세속 이성은 요긴한 선(善)이지만 그것만을 인생의 기초로 삼으면 다음 사실이 곧 드러난다. 우리에게 꼭 필요한데도 과학에 결여되어 있는 것들이 너무도 많다는 사실이다.

죽음에 직면해 비로소 눈뜨다

비슷한 논지의 대중 서적으로 베스트셀러 《숨결이 바람 될 때》(*When Breath Becomes Air*, 흐름출판 역간)가 있다. 지금은 고인이 된 한 젊은 신경외과 의사가 암으로 죽어 가면서 신앙으로 되돌아온 여정을 반추한 책이다.[20] 저자 폴 칼라니티(Paul Kalanithi)는 "골수 무신론자"였다. 폴이 기독교를 비난한 주된 이유는 "기독교가 경험적 기준에서 실격이었기" 때문이다. "당연히, 계몽된 이성이 더 조리에 맞는 우주를 …… 물리적 개념의 실재, 궁극의 과학적 세계관을 제시했다."[21] 그런데 이 모든 개념의 문제점이 폴에게 명백해졌다. 매사에 과학적 증거를 들이대고, 과학적으로 설명해야 한다면 "세상에서 사라져야 할 것은 신만이 아니다. 사랑과 미움과 의미까지도 증발하고 만다. 이런 세상이 우리가 사는 세상이 아님은 명백하다."[22]

칼라니티의 말처럼 과학은 기껏해야 "현상을 단위로 쪼개서 다룰" 수 있을 뿐이다. 과학은 "물질과 에너지에 대한 주장"을 펼 수 있을 뿐 그 외에는 무엇도 논할 수 없다. 예컨대 과학은 '사랑'과 '의미'를 우리 선조들이 살아남는 데 일조한 우리 뇌의 화학 반응으로 설명한다. 그러나 사실상 모든 사람이 주장하듯이, 사랑과 의미와 도덕은 단지 '실재로 느껴지는 것'이 아니라 '실재'다. 그런데 과학은 이 주장을 지지할 수 없다. 칼라니티는 희망과 사랑과 아름다움과 명예와 고난과 덕을 비롯한 "인생의 핵심 요소에는 과학 지식이 적용될 수 없다"라고 결론지었다.[23]

의미와 덕이 실재한다고 확신했으나 과학에 그 증거가 없음을 깨달은 폴은 자신의 인생관을 송두리째 재고했다. 세속주의의 전제가 그를 사실과는 명백히 다른, 사랑과 의미와 도덕이 환영(幻影)이라는 결론으로 이끌었기에, 이제 그 전제를 수정해야 했다. 신을 믿는 게 더는 비합리적으로 보이지 않았다. 결국 칼라니티는 하나님만 믿은 게 아니라 "희생과 구원과 용서 등 기독교의 핵심 가치"도 믿게 됐다. 그런 가치가 "아주 설득력 있게 다가왔기 때문"이다.[24] 또 그는 철저한 세속적 관점에는 하버마스의 표현처럼 "마땅히 있어야 할 것이 빠져 있는" 부분이 너무 많음을 깨달았다. 꼭 필요할 뿐 아니라 명백히 실재하는 부분인데도 말이다.

칼라니티는 세속주의를 등진 한 가지 이유로 지나가듯 '용서'를 언급했다. 자신의 책에서 자세히 설명하지는 않았으나, 보충이 될 만한 다른 사례가 있다. 작가이자 교사인 레베카 피펏(Rebecca Pippert)은 하버드대학교에서 대학원 과목 몇 개를 청강했는데, "상담 기법"도 그중 하나다. 한 번은 교수가 이런 사례 연구를 제시했다. 어떤 남자가 여러 치료법의 도움으로 어머니를 향한 깊은 적대감과 증오를 털어놓았다. 덕분에 이 내담자는 자신을 새롭게 이해할 수 있었다. 이때 피펏은 교수에게 만일 그 남자가 어머니를 용서하려고 도움을 청한다면 어떻게 답해 줄지 물었다.[25]

교수는 용서란 도덕적 책임과 기타 많은 요소를 전제로 한 개념인데, 심리학은 과학이므로 그런 것을 다루지 않는다고 답변했다. 그러면서 "용서에 대한 …… 각자의 가치관을 환자에게 강요해서는 안 됩니다"라고 역설했다. 일부 학생이 실망한 기색을 보이자 교수는 유머로 긴장을 풀어 주려고 했다. "마음의 변화를 구한다면 여러분은 학과를 잘못 선택한 것 같습니다." 그러나 피펏의 말마따나 "사실 우리는 마음의 변화를 구하고 있다."[26] 폴 칼라니티가 살날을 몇 달 남겨 두지 않고 결론내렸듯이, 세속 이성만으로는 "희생과 구원과 용서"의 기초를 제시할 수 없다.

직관으로 인식하는 초월 세계

세속 시대에도 종교가 사람들에게 계속 말이 되는 두 번째 이유는 지적이기보다 더 실존적이다. 하버드대 교수 제임스 우드(James Wood)는 "이게 전부인가?"라는 〈뉴요커〉(New Yorker)지 기사에 한 친구를 소개했다. 분석적 철학자이자 확고한 무신론자인 그 친구는 본능적인 불안에 시달려 한밤중에 잠에서 깨는 일이 잦았다.

> 어떻게 이 세상이 우연한 빅뱅의 산물일 수 있는가? 어떻게 아무런 설계도 없고 형이상학적 목적도 없단 말인가? 모든 생명, 나 자신부터 시작해서 내 남편과 자녀의 생명과 그 너머까지 다 우주의 무의미한 파편일 뿐인가?[27]

우드 자신도 세속적인 사람인데 이렇게 고백했다. "사람이 나이가 들어 부모와 동료가 죽기 시작하고, 신문의 부고가 더는 먼 세상 일이 아니라 주위의 소식으로 변하고, 자신이 하는 일이 한층 무의미하고 덧없어 보이면, 그런 공포와 이해할 수 없는 순간이 더 잦아지면서 점점 속을 후벼 판다. 그런 순간은 내 경험으로 봐서 밤중만 아니라 대낮에도 똑같이 찾아올 수 있다."[28]

세속적인 사람마저 돌연 휘어잡는 이 "이해할 수 없음"이란 무엇인가? 우드의 친구가 제기한 의문은 논리의 흐름이라기보다 직관에 더 가깝다. 우리 존재와 삶이 눈에 보이는 물질세계 이상의 것이라는 인식이다. 스티브 잡스(Steve Jobs)가 자신의 죽음을 응시하며 고백한 말이 있다. "평생 축적된 이 모든 경험이 …… 그냥 없어져 버린다고 생각하면 이상하다. 그래서 나는 뭔가 살아남는 게 있다고, 어쩌면 우리 의식이 지속될 거라고 정말 믿고 싶다." 잡스에게는 죽음이라는 "스위치가 딸깍 하는 순간" 인간의 소중한 자아가 "꺼져 버린다"라는 게 순리에 어긋나 보였다.[29]

저명한 언론인 피터 캐플런(Peter Kaplan)의 부인 리사 체이스(Lisa Chase)도 폐쇄적인 철저한 세속적 세계관을 거부했다. 리사는 죽은 남편이 여전히 영으로 살아 있다고 믿는다. 〈엘르〉(Elle)지에 기고한 글 말미에 리사는 아빠와 이별한 것을 슬퍼하는 자기 아들의 말을 인용했다. "우리가 살고 있는 세상이 과학으로 다 답할 수 없는 마법의 세상이었으면 좋겠다." 체이스는 세련되고 진보적인 뉴욕 맨해튼 심장부에 사는 사람인데도, 아들이 말한 "마법의 세상"이 세속적 세상보다 진리에 더 가깝다고 결론짓는다.[30] 자연 세계 너머의 초자연적 실재를 대하는 그녀의 직관이 그만큼 깊었던 것이다.

이런 직관은 때로 세속주의에 항변하게 한다. 세속주의가 삶을 피폐하게 축소시키는 바람에 "우리의 모든 소득과 지출은 죽음을 기다리는 동안의 손장난에 불과해지기" 때문이다.[31] 또 이런 직관은 객관적 이성이 극구 부인하는 여러 실재를 더 확실히 깨우쳐 주기도 한다. 예컨대 소설가 줄리언 반스(Julian Barnes)는 그러면 안 되는 줄 알면서도 특정한 예술 작품에 깊은 감동을 받는다. 모차르트의 〈레퀴엠〉(The Requiem)은 기독교적 관점의 죽음과 심판과 내세에 의존해 절묘한 웅장함을 이끌어 낸다. 반스는 객관적 이성으로 그런 개념을 거부한다. 그는 죽음 이후에는 소멸밖에 없다고 믿었다. 그런데도 〈레퀴엠〉은 선율만 아니라 가사까지 그를 감동시킨다. 그래서 반스는 "신앙 없는 사람을 수시로 괴롭히는 가설이지만 만일 〈레퀴엠〉이 사실이라면 어떻게 될까?"라고 썼다.[32]

철학자 찰스 테일러는 예술의 영향이 그토록 깊은 이유를 반스 같은 사람이 설명할 수 있겠느냐고 반문한다. 누구나 주체할 수 없는 미의 체험에 "감동해" 자기 반응을 어쩔 수 없이 "영적"이라는 단어로 설명해야 할 것 같을 때가 있다. 그런데도 하버드대학교 과학자 스티븐 핑커(Steven Pinker) 같은 세속적 사상가는 인간의 모든 면이 그렇듯이, 미적 감각 또한 틀림없이 우리 선조들이 살아남는 데 도움이 됐기 때문에 유전자로 우리에게 전수됐다고 일관되게 가르친다.[33]

그러나 핑커 식의 환원적 설명은 오히려 테일러의 논지를 입증한다. 종교 없는 사람까지 포함해서 대다수가 그런 설명에는 아니라고 항변한다. 아름다움이 고작 그것일 수는 없다는 말이다. 테일러는 "논증의 부담은 신앙 없는 사람 쪽에 있다. 위대한 예술 작품에 무신론적으로 반응하고도 피폐해지지 않을 방도를 그쪽에서 찾아내야 한다"라고 썼다.[34] 나는 테일러의 말을 이런 뜻으로 해석한다. 예술 작품으로 희열과 경이에 휩싸인 사람이 만일 이 감정은 선조들이 식량을 찾고 약탈자를 피하는 것을 도운 화학 반응일 뿐이며 그 이상은 아니라고 되뇐다면, 그는 피폐해진다. 그런 사람은 자신의 세속적인 관점을 외면해야만 그 체험을 최대한 만끽할 수 있다. "음악의 의미심장한 선율을 순전히 환영으로만 알고 되새긴다면, 음악에서 아주 진지한 즐거움을" 얻기 어렵다.[35]

레너드 번스타인(Leonard Bernstein)은 위대하고 아름다운 음악을 들을 때 "천국"과 배후의 어떤 질서를 느낀다는 유명한 고백을 남겼다. "베토벤은 천국에서 온 '정말 좋은 재능'을 지녔다. 곡이 끝날 때 이런 느낌이 들게 하는 능력이다. '세상에는 뭔가 옳은 것이 분명히 존재한다. 두루 살피며 또 자신의 법칙을 일관되게 지키는 무엇이 있다. 믿을 수 있고 결코 우리를 실망시키지 않을 무엇 말이다.'"[36]

이렇듯 예술은 사람들 안에 계속해서 피할 수 없는 직관을 불러일으킬 것이다. 인생에는 과학적 세속주의로 설명할 수 없는 그 이상이 있다고 말이다.

충만함을 체험하는 순간들

많은 사람에게 종교가 말이 되는 건 초월 세계를 경험하기 때문이다. 이런 체험은 위에서 말한 미적 경험에서 얻는 희미한 직관보다 강렬하다.

앞서 언급한 "이게 전부인가?"라는 평론에서 우드는 찰스 테일러가 말한 "충만함"을 논했다.[37] 사람은 누구나 충만함을 경험할 때가 있다. 갑자기 세상에 의미와 논리와 아름다움이 가득 차 보이면서, 그것이 세상속 우리의 평범한 존재 의식 속에 침투해 들어온다.[38] 어떤 사람은 이것을 체험할 때, 삶에 물리적 건강과 재물과 자유만 있는 게 아니라 그 이상이 있음을 알아차린다. 일상 너머에 어떤 깊이와 경이와 모종의 신적 존재가 있다. 그 앞에서 자신이 아주 작고 보잘것없게 느껴질 수 있으나, 동시에 희망이 차오르고 평소 염려하던 일도 걱정이 안 된다.

이런 체험은 생각보다 자주 일어난다. 다만 친구나 가족이 자신을 정신 나갔다고 생각할까 봐 대다수 사람이 그런 말을 극히 아낀다. 프랭크 브루니(Frank Bruni)는 이런 체험이 사람들에게 "신앙과 불신앙 사이"에 낀 느낌을 남긴다고 〈뉴욕 타임스〉지에 썼다. 눈에 보이는 물질세계 너머에 뭔가가 있다는 결론 쪽으로 유도하기 때문이다.[39] 철학자 휴버트 드레이퍼스(Hubert Dreyfus)와 철학자 숀 켈리(Sean Kelly)는 이런 체험을 "휙 하는 소리"라고 불렀고,[40] 영국 철학자 로저 스크루턴(Roger Scruton)은 우리 의식 속에서 "신성한 질서"를 향한 인식이 자꾸 고개를 든다고 표현했다.[41]

케네스 클라크(Kenneth Clark) 경에게 벌어진 일이 단적인 예다. 영국의 가장 저명한 미술사가 겸 작가이며 BBC 텔레비전 시리즈 〈문명〉(Civilization)의 제작자인 그는 프랑스의 어느 대저택에 살던 때 겪었던 신기한 사건을 자전적으로 기술했다.

산로렌초성당에서 종교적 체험을 했는데 조화로운 건축미와는 무관한 것 같았다. 잠깐 동안 내 존재 전체가 천상의 기쁨 같은 것으로 빛을 발했다고밖에 말할 수 없다. 이전에 경험했던 모든 것보다 훨씬 강렬했다. 그런 마음 상태가 몇 분간 지속됐다. …… 경이롭기는 했지만 행동과 관련해 어색한 문제를 일으켰다. 내 삶은 흠투성이다. 개혁이 필요할 것이다. 가족들도 내가 미쳤다고 생각할 것이고, 정말 망상이었는지도 모른다. 어느 모로 보나 나는 그렇게 넘치는 은혜를 받을 자격이 없으니 말이다. 점차 강도가 약해졌으나 나도 굳이 붙들어 두려 애쓰지 않았다. 그런 내가 옳았던 것 같다. 나는 세상에 너무 물들어 있어 노선을 바꿀 수 없었다. 하지만 "하나님의 손가락을 느꼈던" 것만은 아주 분명하다. 이 체험의 기억은 희미해졌지만 지금도 성인(聖人)의 기쁨을 이해하는 데 도움이 된다.[42]

혁명가 출신 정치인이며 작가인 체코 사람 바츨라프 하벨(Václav Havel)도 비슷한 체험을 했다. 어느 날 감옥에서 큰 나무의 우듬지를 내다보던 중에 그는 갑자기 자신이 "시간을 벗어났다는 느낌에 휩싸였다. 여태 보고 경험했던 모든 아름다운 것이 완전히 '동시에 현존'했다." 이에 어울릴 만한 전통적인 표현은 영원이다. 그는 "최고의 행복감과 조화로움에 사로잡혔고," "무한의 언저리"에 서 있는 기분이었다.[43]

하나님의 야성(野性)

클라크와 하벨은 자신이 대면한 충만함을 종교적으로 해석했지만, 이런 체험을 이성적으로 설명할 길이 없어 그냥 신을 믿지 않는 입장을 고수하는 사람도 있다.[44] 크리스틴 돔벡(Kristin Dembek)은 〈패리스 리뷰〉

(*Paris Review*)지에 쓴 글이다. "무신론자가 된 지 15년이 넘는 동안 내 성장기의 신앙은 거의 다 설명이 됐는데, 신을 이토록 절절한 체험한 이야기만은 여태 설명이 안 된다. 신은 부르지 않아도 방으로 찾아와 사람들을 기쁨으로 빛나게 하고 마음이 너그러워지게 한다. …… 사랑이란 아무리 쥐도 모자라지 않다는 세상 최고의 비밀을 살짝 엿본 기분이다."[45]

혁신적 저서《노동의 배신》(*Nickel and Dimed*, 부키 역간)으로 널리 알려진 무신론자 바버라 에런라이크(Barbara Ehrenreich)는《신을 찾아서: 어느 무신론자의 진리를 향한 여정》(*Living with a Wild God*, 부키 역간)이라는 회고록을 썼다. 1959년 5월, 당시 열일곱 살이던 그는 삶을 뒤바꿔 놓은 신비한 체험을 했고 그 이야기가 책의 중심을 이룬다. 사실 그녀는 열세 살 때부터 뒤이어 나오는 의문의 답을 찾고자 "추구"에 나섰다. "우리가 덧없이 실존하는 의미는 무엇인가? 우리는 지금 무엇을 위해 무엇을 하고 있는가?"[46] 무신론자 부모 밑에서 자란 그녀는 이런 의문에 답하려는 노력에도 순전히 이성으로만 접근했다. 그러다 보니 본인의 표현으로 유아론(唯我論)의 "난국"에 봉착했다. 옳고 그름, 참과 거짓을 분간할 방도가 없었던 것이다.[47]

그런데 열일곱 살 때, 동트기 직전 어느 텅 빈 거리에서 "그동안 추구라는 기치 아래 내가 찾고 있던 게 무엇이든, 바로 그것을 발견했다." 사람들의 말마따나 글이나 말로는 다 표현할 수 없는 체험이었다. "여기서 우리는 언어의 영역을 벗어난다. 남는 거라곤 불명확하게 목구멍을 뚫고 나오는 항복뿐이다. '형언할 수 없다, 초월적이다'라는 말로밖에 표현할 길이 없다."[48]

환상도 없고 예언의 음성도 없고 토템 동물의 출현도 없었다. 그저 사방이 빛으로 찬란했을 뿐이다. 뭔가가 내 속에 흘러들었고, 나 또한 그리로 흘러 나갔다. 동양 신비주의에서 말하는 "만물"과의 복되고 수동적인 합일이 아니었다. 살아 있는 본질과 격렬하게 조우한 것이었다. …… "황홀경"으로 표현할 수도 있겠으나 다만 행복감이나 도취감과는 번지수가 달랐고 …… 오히려 폭동의 발생과 비슷했다.[49]

이제 "초인적 주체인 …… 어떤 신비한 타자가 존재할 가능성"만이라도 증거가 확실해졌는데, "그래도 나는 무신론자로 자처할 수 있을까?"[50] 그녀는 그렇다고 판단했다. 왜 그랬을까? 자신의 체험이 성장기에 봤던 "종교적 성상(聖像)"을 전혀 닮지 않았기 때문이다.[51]

첫째, 이 신적 존재는 조금도 인간을 걱정하는 듯 보이지 않았다. "기독교 …… 신의 속성 가운데 그분의 선하심을 가장 내세운다." 그런데 이 체험은 그녀를 "야성의" 무엇과 연결시켜 줬다. 막무가내이다 못해 위험하고 난폭하기까지 한 그것은 그녀가 생각하는 호의나 선과는 거리가 멀었다. 둘째, 체험에 "윤리적 교훈"이 수반되지 않았다. 그녀는 아무런 음성도 듣지 못했다. "무엇을 봤든 내가 본 **그대로였을 뿐** …… 인간의 일과는 하등 무관했다. 그런데도 즉각적 결과로, 그녀는 숨 막힐 듯 답답하던 철학적 난제에서 튕겨져 나와 "역사의 거대한 지평" 속으로 휩쓸려 들었다. "어느새 나는 짓밟히는 자와 짓밟는 자, 피침입자와 침입자 사이의 싸움에 휘말려 있었다."[52] 에런라이크는 사회운동가가 되어 평생 그 길을 갔다.

그러나 본인의 해석과는 반대로 이 체험은 기독교나 성경신학에서 말하는 하나님과 대체로 잘 맞아든다. 그녀가 표현한 신은 "도덕과 무관한 야성의 타자"였고, "윤리의 시행자"가 아니었으나, 욥기를 읽어 보면 인간이 만난 하나님은 양쪽 다였다.[53] 성경에서 하나님을 대면한 기록을 보면(출 3장; 33장; 사 6장 참조), 하나님은 체험하는 쪽인 인간은 자신을 한없이 초라하게 느꼈다. 또한 그런 본문에 계시된 하나님은 난폭하리만치 충격적이고 치명적이지만, 동시에 설득력 있고 매력이 넘친다.

어거스틴(Augustine)은 회심 이전에 체험한 하나님을 《고백록》(Confessions)에 묘사하면서, "섬광처럼 딱 한 번 보고도 떨렸다"라고 표현했다. 그때는 찬란하고도 두려운 절대 타자를 얼핏 봤을 뿐이다.[54] 그런데 나중에 그리스도를 통해 하나님을 만난 뒤로는 신을 대면할 때마다 "사랑과 두려움의 연합"이 특징을 이루었다(《고백록》 제11권 11장). 옥스퍼드의 역사가 헨리 채드윅(Henry Chadwick)은 어거스틴 신학을 다룬 저서에 이렇게 설명했다.

> 두려움은 타자이신 그분이 너무 멀고 '달라서' 감히 다가갈 수 없음을 묵상한 결과였고, 사랑은 그 타자가 너무 비슷하고 가까우심을 인식한 결과였다.[55]

에런라이크가 별생각 없이 "그대로였을 뿐"(it was what it was)이라고 한 말조차도 하나님이 모세에게 주신 "나는 스스로 있는 자이니라"(I am who I am - 출 3:14, NIV)라는 말씀과 비슷하게 들린다. 그녀가 말한 "야성"은 성경 도처에서 묘사하는 하나님과 완전히 들어맞는다.[56] 하나님은 폭풍우로 나타나시고(욥 38:1), 다른 곳에서는 타오르는 불꽃(출 3:2), 연기 나는 화로 또는 작렬하는 번개로 오신다(창 15:17).[57] 에런라이크의 체험은 루돌프 오토(Rudolf Otto)의 유명한 표현인 "성스러움"처럼 초자연적이다. 그의 말마따나 에런라이크는 "고유의 '절대 타자'와 마주쳤다. 그분의 본질과 속성은 우리와 가히 비교할 수 없다. 우리는 그분 앞에 움츠러들고 오싹한 경이로 얼어붙는다."[58]

이 모두에도 불구하고 에런라이크는 무신론자로 남아 있다. 하지만 그녀의 철저한 세속적 관점이 더는 온전하거나 폐쇄적이지 않다고 말할 수 있다. 본인도 "이제 나의 부모처럼 경멸조의 독단적 무신론자는 아니다"라고 말했다. 어느 텔레비전 프로그램에서 자신의 무신론에 대해 질문을 받았을 때, 이렇게 답했다.

> 나는 "하나님을 믿지" 않는다고만 답했는데 그건 어느 정도 사실이다. "어차피 내가 하나님 또는 모종의 신을 알기에 하나님을 '믿을' 필요가 없다"라고까지는 차마 말할 수 없었다. 그런데 내게 확신이 부족했던 모양이다. 똑똑하고 당당한 무신론자인 마샤 숙모한테서 전화가 왔는데, 텔레비전 프로그램을 보다가 내 대답에서 아주 미세한 회피성 떨림을 감지했다고 한다.[59]

찰스 테일러에 따르면 "충만함"이란 단지 신념이나 체험만은 아니다. 그것은 자연주의로 설명할 수 있는 것보다 삶이 더 크다는 지각이며, 앞서 봤듯이 세계관과 무관하게 대다수 인간이 실제로 살아가는 보편적 상태다.[60] 이 충만한 삶의 상태를 저마다의 신념 체계로 어떻게 해석할 것인가? 신자든 신자가 아니든 풀어야 할 과제는 바로 그것이다. 이생이 전부라면, 존재하지 않고 존재한 적도 없는 무엇을 우리가 이토록 깊이 동경하는 까닭이 무엇인가? 세속주의의 세계상(世界像) 너머를 가리켜 보이는 체험이 왜 이렇게 많은가? 그런 지각을 달가워하지 않는 사람에게도 말이다. 이생이 전부라면, 폐쇄적인 세속적 관점으로는 채울 수 없는 이런 갈망을 어찌할 것인가?

자연스러운 이끌림

요컨대 세속 이성은 한계가 있고, 예술로 접하는 초월성은 평범한 체험이며, 골수 무신론자의 세속적 관점까지 무너뜨리는 비범한 체험도 있다. 이 모두는 세속적인 서구의 심장부까지 종교 신념이 어쩜 그리도 끈질기게 되살아나는지 이유를 설명해 준다.

사실 인간이 신을 믿는 쪽으로 나아가는 건 지극히 자연스러운 일이다. 인문학자 마크 릴라(Mark Lilla)는 "신적 존재에 대한 호기심은 대다수 인간의 성미에 맞지만, 신적 존재에 대한 무관심은 학습해야 가능하다"라고 썼다.[61] 철저한 세속주의에 따르면 인간은 영혼 없는 물리적 존재일 뿐이고, 사랑하는 사람이 죽으면 존재가 소멸되고, 사랑과 아름다움의 지각은 신경화학 사건에 불과하며, 우리 머릿속의 결정과 선택 외에는 옳고 그름이 존재하지 않는다. 그러나 이런 입장은 거의 모든 사람의 직관에 어긋난다. 절대다수의 인간은 이를 믿을 수 없어 끝내 거부할 것이다.

많은 사람이 묻는다. 사람들은 왜 종교가 필요하다고 느끼는가? 이제 알겠지만 질문의 표현 방식이 그래서는 신앙의 끈질긴 생명력을 설명할 수 없다. 사람들이 신을 믿는 이유는 그저 정서적 필요성을 느껴서가 아니라, 그래야 자신이 보고 경험하는 바가 말이 되기 때문이다. 사실 앞서 봤듯이 많은 사상가도 어느 정도 본의 아니게 신앙 쪽으로 이끌린다. 그들이 종교를 받아들이는 이유는 종교가 세속주의보다 인간 실존의 제반 사실에 더 충실히 부합한다고 보기 때문이다.

그래도 종교는 내리막길을 걸을 것이다?

여기까지는 어느 독자라도 내 말에 대부분 수긍할 만하다. 세속주의로는 인간 경험의 많은 부분을 설명할 수 없으며, 대다수 사람이 초월적 실재를 강하게 느낀다고 말이다. 하지만 이런 반론이 가능하다. 그래도 신앙을 가지는 사람보다 등지는 사람이 훨씬 많지 않은가? 런던 〈타임스〉(Times)지의 한 필자는 사람들 사이에서 종교는 필연적으로 약해질 수밖에 없다고 장담하면서, "불합리한 가르침, 편견, 신의 불공정한 정의가 …… 점점 사람들에게 거슬리기" 때문이라고 썼다. 결론적으로 그는 "세속주의와 온건한 형태의 종교가 최후 승자가 될 것이다"라고 주장했다.[62]

많은 사람이 그런 식의 설명에 심혈을 쏟아 붓지만, 아이러니하게도 증거는 그 반대다. 두 명의 사회학자 피터 버거(Peter Berger)와 그레이스 데

이비(Grace Davie)에 따르면, 사회가 근대화할수록 종교는 쇠퇴한다는 세속화 명제가 "경험적으로 오류로 입증됐다는 데 이제 대다수 종교사회학자가 동의한다."[63] 중국 같은 나라는 근대화와 병행해서 종교(와 기독교)도 성장하고 있다.[64] 조지타운대학교 호세 카사노바(José Casanova) 교수의 선구적 저서를 비롯한 여러 사회학 연구에서도, 근대화된 사회일수록 종교가 퇴보한다는 단일한 추세는 입증되지 않았다.[65]

무엇보다 눈길을 끄는 것은 인구통계학의 여러 연구 결과다. 이에 따르면 장기적으로 쇠퇴하는 쪽은 종교 인구가 아니라 세속 인구다. 2015년 4월에 퓨리서치센터에서 실시한 한 연구는, 무신론자와 불가지론자와 무종교인을 합한 비율이 현재 세계 인구의 16.4퍼센트에서 40년 후에는 13.2퍼센트로 계속 서서히 낮아질 것으로 내다봤다. 런던대학교 에릭 카우프먼(Eric Kaufmann) 교수는 *Shall the Religious Inherit the Earth?*(종교가 온 세계를 물려받게 될까?)라는 책에서 "세속주의의 위기"를 말하면서, 자유주의 종교와 세속주의의 약화가 불가피하다고 진단했다.[66]

왜 그럴까? 두 가지 근본 이유가 있다. 하나는 신앙의 유지 및 회심의 추세와 관계가 있다. 많은 사람이 미국에 무종교 청년 비율이 느는 것만 봐도 종교 쇠퇴는 필연적이라고 말한다. 하지만 카우프먼에 따르면, 신규 무종교 인구는 보수 종교집단이 아니라 거의 전원이 자유주의 쪽에서 더 나온다. 그는 세속화가 "주로 갉아먹는 부분은 …… 기성 주류로 행세하며 당연시되는 미온적 신앙이다"라고 썼다.[67] 요컨대 대다수 세속적인 사람들은 "온건한 자유주의" 형태의 종교가 가장 살아남을 소지가 높다고 생각하지만, 사실은 그렇지 않다. 오히려 보수 종교집단은 자녀

의 신앙 유지율이 매우 높으며, 떠나는 사람보다 회심하는 사람이 더 많다.[68]

세상에서 종교가 갈수록 더 성장하리라는 두 번째 주된 이유는, 신앙인의 자녀가 월등히 더 많기 때문이다. 신앙이 없는 세속적인 사람들일수록 결혼율도 낮고 식구 수도 적다.[69] 이는 모든 민족 집단, 모든 교육 수준, 모든 경제 계층에 동일하게 나타나는 전 세계 공통 현상이다. 신앙인이 자녀를 더 많이 두는 이유는 남보다 못 배워서가 아니다. 교육 수준이 높아지고 더 도시화되어도 종교 인구의 출산율은 신앙심이 덜한 사람들을 "압도적으로" 앞지른다.[70]

분명히 말하거니와 무조건 "자녀가 많을수록 좋다"라고 주장하는 사람은 없다. 컬럼비아대학교 경제학자 제프리 삭스(Jeffrey Sachs)가 잘 논증했듯이 인구과잉과 과도한 출산율은 세계 빈곤의 큰 원인으로 작용한다.[71] 그럼에도 그 반대 문제가 없다고 생각한다면 이는 오산이다. 출산율이 인구보충 수준에 못 미치는 문화는 다른 인구와 다른 문화에 잠식당해 소멸한다. 카우프먼 등이 지적했듯이 극도의 세속 사회는 더 종교적인 타민족이 이민해 옴으로써 유지가 가능해진다.[72]

미국과 유럽에서 자유주의 종교단체는 계속 구성원을 잃어버려서 세속과 무종교 구성원이 불어나지만, 전통적 정통 종교는 성장할 것이다.[73] 이는 문화계 엘리트층이 이해하기 힘든 부분이다. 자유주의 종교야말로 세속적인 사상가들이 보기에 생존 가능한 종교이기 때문이다. 브로드웨이 히트작 〈모르몬경〉(The Book of Mormon)의 주인공은 전통적 견해를 품은 선교사들인데, 막판에는 자기네 경전의 이야기를 은유로만 간주하게 된다. 우리를 이끌어 사랑으로 세상을 더 나은 곳으로 만들게 한다는 것이다. 내세나 심지어 하나님을 확실히 믿는 것은 필요 없다. "수평만 있고 수직은 없는" 이런 자유주의 종교는 세속적인 미국인 청중에게 잘 먹히지만, 사회학자들이 입증했듯이 그런 신앙이야말로 세상에서 가장 빠르게 소멸되고 있다.[74] 반면에 회심에 기초한 신앙은 기하급수적으로 성장한다.

몇 년 전에 맨해튼 자유주의 주류 교단에서 40년째 사역 중인 어느 목사와 대화한 적이 있다. 그에 따르면 자신이 신학을 공부하던 1960년대 초에는 교수들이 앞으로는 기적이니 그리스도의 신성이니 몸의 부활 따위를 믿지 않는 가장 온건하고 근대화된 종교만이 살아남는다고 장담했다고 한다. 그런데 나와 대화할 당시 은퇴를 앞둔 그는 자기 세대 목사의 대부분이 텅 빈 교회당에서 점점 줄어드는 노년층 회중을 상대하고 있다고 털어놓았다. 그러면서 "그나마 교회 문을 닫지 않으려면 활기차게 성장하는 교회에 건물을 빌려 주는 수밖에 없는데, 그런 교회는 우리가 곧 퇴출될 거라고 들었던 모든 교리를 믿고 있다"라고 말했다.

이렇듯 개인주의가 팽배한 현대 문화라고 해서 반드시 종교가 쇠퇴한다는 결론은 옳지 않다. 소위 '모태 신앙'인 물려받은 종교가 쇠퇴할 뿐이다.[75] 일정한 국가나 민족의 정체성에 부수적으로 따라오는 종교는 쇠퇴한다. '인도 사람은 힌두교도이고, 노르웨이 사람은 루터교도이고, 폴란드 사람은 가톨릭교인이고, 미국 사람은 기독교 교단의 착실한 멤버가 되어야 한다'라는 식으로 말이다. 반면에 선택 종교는 현대 사회에서도 쇠퇴하지 않는다. 이는 민족이나 양육만 아니라 개인의 결단에 기초를 둔

종교다.[76]

예를 들어 미국 내 전체 종교집단 가운데 떠나는 사람보다 회심하는 사람이 더 많은 집단은 복음주의 개신교뿐이다. 이는 버거와 카사노바와 데이비 등 많은 사회학자의 전망과 정확히 일치한다.[77]

서구 세계 이외에서 기독교는 놀랍도록 성장하고 있다. 지난주에 교회에 나간 기독교인 수는 "기독교 유럽" 전체보다 중국에서 더 많았다.[78] 1970년에 동아시아(중국, 한국, 일본)의 기독교인은 1140만으로 인구의 1.2퍼센트였으나 2020년에는 1억 7110만으로 인구의 10.5퍼센트를 차지할 것이다.[79] 1910년에 아프리카 기독교인은 1200만으로 인구의 9퍼센트였으나 2020년에는 6억 3000만으로 인구의 49.3퍼센트에 달할 것이다.[80] 지난주에 교회에 나간 성공회 교인은 영국과 미국을 합한 것보다 나이지리아, 케냐, 우간다, 탄자니아, 남아프리카공화국 각국에 더 많았다.[81]

세속주의자인 캐나다 학자 카우프먼은 책 제목으로 "종교가 온 세계를 물려받게 될까?"라는 질문을 던져 놓고 마지막 쪽에서 단호히 그렇다고 답했다.[82] 〈뉴 휴머니스트〉(New Humanist)지와의 인터뷰에서 카우프먼은 세속주의가 형세를 일변시켜 "사람들을 자기편으로 더 잘 끌어들일" 수도 있겠느냐는 질문을 받았다. 그의 답변은 이렇다. "종교는 매혹과 의미와 정서를 제공하는 데 반해 현 시점에서 우리[세속주의자]에게는 그게 결여되어 있다."[83]

이 책을 계속 읽어야 할 이유

계속해서 이 책을 읽어야 할 이유는 무엇인가? 하나는 실질적인 이유다. 종교가 진리인지 여부는 이번 장에서 논하지 않았다. 종교가 결코 퇴물이 아님을 입증하려 했을 뿐이다. 랍비 조너선 색스(Jonathan Sacks)는 저서 *Not in God's Name*(하나님의 이름으로가 아니다)에 "21세기는 20세기보다 더 종교적이 될 것이다"라는 결론을 내렸다.[84] 이번 장에서 살펴본 많은 실재를 그도 다루었다.

20세기의 세속주의는 그 자체가 기술이나 국가의 도덕적 길잡이가 될 수 있음을 입증하지 못했다. 강약은 달라도 많은 사람이 직관하듯이, 우리 인간과 인간의 사랑과 열망은 물질과 화학과 유전자로 환원될 수 없다. 끝으로 색스는 세속 국가의 낮은 출산율을 인용하면서 종교는 인간 사회가 성장하는 기초를 제공한다고 역설했다. 그러므로 종교적 신념이 시의성을 잃고 있으니 거기에 주목할 가치가 없다는 관점은 폐기해야 마땅하다.

당신이 기독교에 관심이 없더라도 이 책을 계속 읽기 바란다. 점점 늘어나는 허다한 무리의 신앙을 이해하기 위해서라도 말이다. 그들에게는 신앙이 매력 있게 다가온다.

계속 읽어야 할 또 다른 이유는 개인적 이유다. '충만함'과 기타 비슷한 직관을 다룬 내용이 당신의 경험과 공명할 수 있다. 하지만 그렇지 않다면 어떨까? 당신은 "내 삶에 왜 신이 필요한지 모르겠다"라고 말할지도 모른다. 그러나 신앙은 단지 정서적 필요의 산물이 아니며, 그래서도 안 된다. 앞서 언급한 세속적인 많은 사상가가 마지못해서라도 종교 쪽으로 이동한 것은 정서적 필요 때문이 아니라, 신을 믿지 않을 때보다 믿을 때 인생이 더 이해가 되기 때문이다. 앞서 봤듯이 사람들은 이성적, 개인적, 관계적 이유를 조합해 신을 믿는다. 이 모든 범주를 뒤에서 차차 살펴볼 것이다.

성 어거스틴이 《고백록》에서 하나님께 고백한 말도 생각해 보라. "주님 안에서 안식을 얻기까지 우리 마음은 평안을 모릅니다."[85] 당신이 평안 없이 불평과 불만에 시달리고 있다면, 하나님이 필요하다는 징후일 수 있다. 엄연히 그분이 필요한데도 당신이 이를 인지하지 못하는 것이다. 그게 어거스틴의 지론이다. 그 말이 정말 옳은지 시간을 들여 알아볼 만한 가치가 충분히 있다.

2

{ 세속주의의 기초는
'이성'과 '증거'다? }

— 세속주의, '신앙의 부재'가 아니라 '새로운 신앙'이다 —

○

　수많은 대중매체와 책마다 신앙을 잃고 다시 세속주의로 돌아가는 소위 "역회심"(deconversion) 이야기가 넘쳐 난다. 다음은 S. A. 조이스(S. A. Joyce)가 털어놓은 그의 이야기다.

　군복무를 마치고 대학으로 돌아갔다. 학위를 받기 위해서가 아니라 그냥 나를 발전시키고 싶었다. ······ 일련의 인본주의 가치를 알게 됐고,

그것들을 조금씩 짜맞춰 보니, 성경의 금령인 화석화된 십계명보다 훨씬 더 현대 세계에 맞아들 뿐 아니라 자기모순도 없었다. 신이 존재하거나 보살피지 않아도 우주가 별 탈 없이 잘 돌아가고 있음이 확실해졌다. 세상의 큰 그림을 점차 깨닫고 보니 큰 그림이란 아예 존재하지 않았다. ⋯⋯ 신은 이렇다 할 역할을 수행하지 않았고 정당한 목적도 없었다. '목적도 없고 존재의 증거도 없는 신이란 무엇인가?'라는 의문이 들면서, '그런 신은 존재하지 않는다'라는 당연한 답이 나왔다. 마침내 독단론의 눈가리개와 두려움의 멍에가 벗겨졌다. 이제 우주는 내게 완전히 새로운 빛을 발한다. 신화와 기적의 회화적인 거짓 '영광'으로든 아니면 무섭게 타오르는 지옥 불로든, 실재의 푸근한 불빛이 더는 일그러지지 않는다. 나는 자유를 얻었다!

이 이야기에 그는 이런 제목을 붙였다. "어느 날 밤, 나는 진리를 알기 위해 기도했다. 그리고 이튿날 아침, 내가 무신론자임을 깨달았다."[1]

이렇게 신앙을 등진 사연을 많이 읽거나 들으면, 거기서 어떤 틀을 대번에 감지할 수 있다. 조이스의 사례를 인용한 이유는, 그게 거의 원형이라서 그렇다. 역회심 이야기를 들어 보면, 그들은 종교의 주장에 경험적 증거가 없음을 봤고, 선하고 전능한 신이 주관한다는 세상에서 악의 문제로 씨름해야 했다. 그래서 우주에 전통적인 신의 흔적이 없다고 판단했다. 신 없는 삶이 무의미할 거라는 우려가 잠시 들었으나, 곧 그들은 자기가 아는 대다수 종교인보다 훨씬 뜨겁게 정의와 평등에 헌신한 깨어 있는 비신자들을 봤다. 그래서 인간은 굳이 신이 없어도 행복하게 살

수 있고, 만인이 더불어 살 좋은 세상을 건설할 수 있다고 결론지었다. 오히려 종교가 아예 없으면 그런 과제를 더 잘 수행할 수 있다. 이 모든 깨달음에 함축된 의미로 고민하고, 회의론자로 "커밍아웃"하는 데 따를 대가를 계산한 뒤 결국 그들은 현실을 직시하고 진리를 말하기로 했다.[2]

이 정도면 솔깃한 줄거리다. 여기서 그려지는 불신앙은 진리를 추구한 결과이고, 삶을 있는 그대로 직면한 용기다. 똑같은 수준의 객관성과 진실성을 갖춘 신자가 있다면, 비신자 쪽에서 기꺼이 그를 상대해 주겠다는 의미가 깔려 있다. 어느 네티즌은 이런 댓글을 남겼다. "생각 있는 성인이 신을 믿을 수 있다니 웃긴다. 신이 존재한다는 증거가 지금까지 결코 털끝만큼도 없었는데 말이다. 누구든 그런 증거가 있다면 언제고 내게 자신의 믿음을 증명해 보라."[3]

역회심 이야기는 대개 다음과 같은 세상을 향한 갈망을 증언한다. 즉 더는 '신앙 없는 사람'과 '참된 신자'로 끊임없이 나누지 않는 세상을 꿈꾼다. 신앙을 잃어버리고 세속적인 세계에 갓 발을 들인 사람은 자신이 전보다 더 넓은 품으로 모든 사람을 포용하고 있다고 느껴진다. "신 없는 행복한 삶"(A Good Life Without God)이라는 웹사이트에서는, 종교의 영향만 없다면 마침내 우리는 "만인이 평등하고 서로 존중하는 관용적인 개방 사회"를 건설할 수 있다고 말한다. "우주관도 하나가 아니라 다양하며, 누구나 다 자신의 잠재력을 실현할 수 있다."[4]

그러나 이런 이야기의 배후에 더 깊은 내러티브가 있다. 즉 신앙인은 맹신하면서 살지만, 세속적인 사람이 신을 믿지 않는 건 명확한 증거와 이성을 따른 결과라는 내러티브다. 신앙을 버린 사람은 대부분 자신이 이성의 소리에 따를 뿐이라고 말한다. 그러나 탈랄 아사드(Talal Asad) 같은 인류학자의 논박에 따르면, 사실 그들은 도덕적 내러티브를 이것에서 저것으로 갈아입었을 뿐이다. 이때 내부인과 외부인, 영웅과 이단자의 기준도 달라지고, 실재에 대한 증명할 수 없는 가정들도 함께 바뀐다. 아사드가 보기에 전형적인 역회심은 "캄캄한 정글에서 빛 속으로" 들어가는 이야기다.[5] 줄거리는 주인공이 용기를 내서 스스로 사고한다는 것이다.

찰스 테일러는 이 내러티브를 "뺄셈 이야기"라 부른다.[6] 화자들에 따르면, 그들의 세속적 관점은 과학과 이성에서 이전에 초자연 세계를 믿던 신념을 뺀 결과일 뿐이다. 일단 그 미신만 사라지면 비로소 처음부터 있었던 사실을 볼 수 있다. 즉 이성만으로 진리를, "인본주의 가치"인 평등과 자유를 구축할 수 있다는 것이다. 그러나 이 모든 개념은 새로운 하나의 신념이고, 결코 가치중립이 아닌 헌신이며, 경험으로 증명할 수도 없다. 종교에서 세속주의로 옮겨 가는 일은 신앙을 버린다기보다 새로운 신념 체계와 새로운 신앙 공동체로 갈아타는 것이다. 거기서는 정통과 이단 사이에 긋는 선의 위치가 달라진다.

이를 주된 이유로 삼아, 수많은 세속적인 사람들이 하나님과 기독교를 믿는 신자의 주장을 굳이 탐색하고 검토할 가치가 없다고 여긴다. 신념은 주로 신앙의 문제인 반면, 비신앙은 주로 이성에 기초했다고 그들은 단정한다. 이번 장에서 그런 관점을 단호히 논박하려 한다. 대부분의 독자는 세속주의도 일련의 신앙적 신념이라는 개념이 낯설 것이다. 그래서 우선 이런 세속적 신념을 더 명확히 밝혀 보고자 한다.

입증 가능한 것만 믿어야 한다?

수많은 세속적인 사람들이 취하는 첫째 신념은 (내 표현으로 말하면) "배타적 합리성"이다. 배타적 합리성이란 과학만이 실재와 사실의 기준이며, 경험적 관찰로 확실히 증명할 수 없는 한 무엇도 믿어서는 안 된다는 신념이다. 증명될 수 있는 것만이 "진리"라 불릴 자격이 있다. 나머지 모든 말이나 생각은 인간의 불확실한 감정과 의견의 영역에 속한다. 이런 이성 개념은 다음과 같은 세속적 주장의 근본이 된다. 종교는 신과 초자연 세계가 존재한다는 자체 주장을 결코 증명할 수 없다는 것이다.

이와 같은 생각은 사실 오늘날 우리 사회에서 지극히 상식적인 입장처럼 보일 수 있다. 그러나 많은 사람이 심사숙고해서 논리적 결론에 도달해 본 결과, 이 관점에는 심각한 문제가 있다. 이전에 내가 알았던 한 청년은 충실한 철학도였다. 자신의 영웅인 프랑스 철학자 르네 데카르트(René Descartes)처럼 그도 단 하나의 확실한 사실에서 출발했다. 자신이 존재하며 사고한다는 사실이었다. 이를 바탕으로 청년은 모든 면에서 철저히 합리적이고 검증된 인생관을 짜 맞추려 했다. 그러나 당황스럽게도 아무런 진전도 없었다. 청년은 우주가 착시 현상이나 귀신의 장난질이 아님을 증명할 수 없었다. 뭔가를 '증명하는' 기준이 무엇인지도 증명할 수 없었다. 결국 그는 지독한 중증 불가지론에 빠졌다. 자신의 사고와 자아를 벗어나서는 그 무엇의 존재도 알 수 없었던 것이다.

바버라 에런라이크가 영적 자서전에서 증언했듯이, 그녀도 십 대 나이에 똑같은 결론에 도달했다. 그녀는 "논리가 송두리째 무너졌다. 확실한 건 '나'밖에 없으니 그 상태로 세상에 맞서면 논리가 무너진다"라고 썼다. 한 기독교인 친구가 신을 믿지 않는 그녀를 나무라자 에런라이크는 자신을 믿기도 버겁다고 대응했다. "그 친구나 내 가족을 독립적 사고의 존재로 믿는 데만도 엄청난 힘이 필요했다."[7]

에런라이크와 위에 말한 청년은 둘 다 배타적 합리성, 즉 경험적으로 증명할 수 없는 한 아무것도 알 수 없다는 신념을 구사해서 결국 아무것도 알 수 없다는 결론에 이르렀다. 이 둘을 특이한 예외적 사례로 봐서는 안 된다. 여러모로 이는 지난 세기의 철학 사조를 그대로 예시한다.

영국 수학자요 철학자였던 윌리엄 킹던 클리퍼드(William Kingdon Clifford)는 "신념의 윤리"(1877년)라는 유명한 논문에 배타적 합리성을 구체적으로 정리했다. 그는 "무엇이든 증거가 불충분한 채로 믿는 일은 언제 어디서나 누구에게나 오류다"라고 썼다. 그가 말하는 "충분한 증거"란 판단 능력이 있는 합리적 인간이라면 누구나 납득할 만한 경험적 입증을 뜻했다.[8] 오늘날 대다수의 세속적인 사람들이 클리퍼드를 들어 본 적 없는데도, 이런 원리를 근거로 종교적 신념을 거부한다.[9] 신앙인을 상대로 "내게 신을 믿게 하려면 신의 존재를 증명해 보라"라고 도전하는 무신론자의 말이 인터넷에 난무한다.

그러나 이런 이성 개념은 이미 해결할 수 없는 문제점이 많은 것으로 드러났다. 우선 그 자체의 기준에 부합하지 못한다. 클리퍼드의 논제에 따르면 경험으로 증명할 수 없는 한 아무것도 믿어서는 안 된다. 하지만 그 명제의 경험적 증거는 무엇인가?

또 다른 문제점은 진리에 대한 확신치고 과학적으로 증명할 수 있는 게 거의 없다는 점이다. 특정 물질이 특정 고도에서 특정 온도에 끓는다는 사실은 모든 합리적 인간에게 예시해 증명할 수 있다. 그러나 정의와 인권을 믿는 것, 모든 인간의 존엄과 가치가 평등하다는 사실, 인간의 선행과 악행의 기준 따위는 그렇게 증명할 수 없다. 많은 사람이 증거가 없어 신을 못 믿겠다고 말하거니와, 그 동일한 기준을 다른 신념에 적용한다면 그 누구도 무엇 하나 옹호할 수 없다. "도덕상" 믿어도 되는 내용은 실험실에서 입증 가능한 것뿐이다.[10] 철학자 피터 반 인와겐(Peter van Inwagen)이 지적했듯이 클리퍼드의 논문은 오늘날 종교 수업에서 과제물로 가끔 등장은 하나 인식론(인간이 아는 바를 어떻게 아는지 다루는 학문) 수업에서는 언급하는 일이 없다. 반 인와겐에 따르면, 이는 서구에 클리퍼드의 이성 개념을 믿는 철학 교사가 이제 거의 없기 때문이다.[11]

문제점은 그뿐만이 아니다. 증거 기준에 대해서도 논란이 분분하다. 불가지론의 진술에도 합리성에 대한 신앙 고백이 들어 있다는 뜻이다. 예컨대 특정 명제가 증명되지 않았다고 말하려면 미리 "증거"의 어떤 기준을 믿음으로 수용해야 하는데, 그 기준을 모든 사람이 수용하지는 못하는 것이다.[12] 당연히 합리적 증거라는 규범 자체도 합리적 증거 없이는 입증이 어렵다. 어느 철학자는 "어찌 보면 이는 자동차 세일즈맨의 신용을 변호한답시고, 그에게 자신이 늘 진실만 말한다고 맹세하도록 시키는 것과 같다"라고 썼다.[13]

이는 불공정한 처사다. 이성은 상반되는 신념을 비교 검토하는 데 유익하며 중요하고 대체할 수 없는 도구다. 그러나 입증된 내용만 믿어야 한다는 주장, 그리하여 종교는 입증이 불가능하니 종교를 받아들여서는 안 된다는 주장은 성립되지 않는다. 많은 이들이 입증이 불가능한 내용을 믿으며, 그중 어떤 것을 위해서는 자신을 희생하고 죽을 수도 있다. 이런 믿음은 이성적, 경험적, 사회적 근거를 조합한 데서 비롯된다.

그런데 입증이 불가능하다는 이유로 그런 신념을 품어서는 안 된다거나 그것을 진리로 알 수 없다는 말이 합당한가? 우리 삶의 기초가 되는 다른 모든 헌신에 모든 사람이 인정하는 증거를 기준으로 삼는 사람은 없다. 그러므로 신을 믿는 믿음에도 그런 기준을 더는 요구해서는 안 된다.

무(無)에서 불쑥 솟은 관점은 없다

이렇듯 이성과 증거는 이성에 대한 신앙에서, 일정한 증거 개념을 믿는 것에서 시작할 수밖에 없다. 그러나 평범한 합리성에 내포된 신앙은 거기서 끝나지 않는다. 마르틴 하이데거(Martin Heidegger), 모리스 메를로 퐁티(Maurice Merleau-Ponty), 루트비히 비트겐슈타인(Ludwig Wittgenstein) 같은 20세기 사상가들이 논증했듯이, 모든 논리의 기초는 논리로 도달하지 않은, 선행하는 신앙적 헌신이다.[14]

예컨대 이성은 눈과 귀와 사고와 기억 같은 인지 감각이 우리를 속이지 않는다는 믿음을 전제로 삼는다. 하지만 순환 논리가 아니고는 이를 입증할 방도가 없다. 감각의 신빙성을 전제해 감각을 사용하지 않고는 감각의 신빙성을 시험할 수 없다. 루트비히 비트겐슈타인에 따르면,

지구의 나이가 100년밖에 안 되는데 처음 존재할 때부터 오래되어 보였을 뿐이라는 주장을 반증하기란 불가능하다.[15] 영화 〈매트릭스〉(The Matrix)를 생각해 보라. 당신이 정말 어느 큰 통 속에 들어 있고 후두부에 각종 플러그가 꽂혀 있어 그리로 대체 현실이 주입되고 있지 않다고 증명할 수 있는가? 이렇듯 이성의 구사에 쓰이는 기본 전제를 증명할 수 없다. 그저 믿음으로 받아들일 뿐이며, 이런 신념에 이의를 제기하는 이들을 방어적으로 일축한다. 근거를 밝혀 입증할 수 없음을 스스로 알기 때문이다.

아울러 과학과 경험적 증거만이 실재를 이해하는 확실한 길이라는 주장에도 믿음으로만 알 수 있는 우주관이 전제되어 있다. 예컨대 미국 철학자 C. 스티븐 에번스(C. Stephen Evans)는 "본질상 과학은 초자연 세계가 현실적으로 존재하는지 여부를 탐구하는 데 부적격하다"라고 썼다.[16] 과학의 기본 방법론은 모든 현상에 자연적 원인이 있다고 항상 전제하기 때문에, 물질세계 너머에 뭔가가 있음을 증명하거나 반증할 수 있는 실험은 없다. 일례로 기적이 발생했음을 경험적으로 증명할 방도가 없다. 과학자라면 자연적 원인이 아직 발견되지 않았다고 무조건 전제해야 하기 때문이다. 초자연적 기적이 정말 발생했다 해도 현대 과학은 결코 이를 인지할 수 없다.

에번스는 "이 세상 너머에 초자연적 실재가 없다"라는 진술이나 "이 세상 너머에 초월적 실재가 있다"라는 진술은 둘 다 과학적 명제가 아니라 철학적 명제라고 역설했다. 둘 중 어느 쪽도 합리적 인간이 회의할 수 없게끔 경험으로 증명이 불가능하다.[17] 요컨대 신이 존재하거나 존재하지 않는다는 말에는 반드시 믿음이 담겨 있다. 따라서 과학만이 진리의 기준이라는 선언은 그 자체가 과학적 연구 결과가 아니다. 그 또한 하나의 신념이다.

이 모두의 이유는, 존재의 본질에 대한 뿌리 깊은 신념(전통적 용어로 "존재론")이 반드시 필요하나 경험으로 증명할 수는 없기 때문이다. 인도 힌두교 철학에 따르면 세상은 어떤 절대적 정신의 소산이며, 실재란 대부분 명상으로만 인지가 가능하다. 반면에 서구 과학에 따르면 사물은 자체적으로 존재하며, 따라서 모든 물리적 결과는 이전의 물리적 원인에서 비롯된다.[18] 인도의 관점이 옳다면 실재는 결국 예측할 수 없다. 그러나 서구 과학은 자연적 원인이라는 폐쇄계를 전제하므로 경험적 지식만 충만하면 무슨 일이든 예측할 수 있다고 본다.

인도의 관점과 서구의 관점 중 어느 쪽이 옳은지 실험으로 알아볼 길은 없다. 바로 그게 요지다. 18세기 철학자 데이비드 흄(David Hume)이 광범위하게 논증했듯이, 과학의 기초는 우주에 대한 신념이며 그런 신념은 증명할 수도 반증할 수도 없다.[19]

요컨대 신앙적 가정과 신념을 완전히 배제한 채, 객관적 증거에 순전히 객관적으로 마음을 열 수 있는 사람은 아무도 없다. '무(無)에서 불쑥 솟은 관점'이란 존재하지 않는다.

인간의 이성만으로 충분하다는
배후 신념

과학자이자 철학자였던 마이클 폴라니(Michael Polanyi)는 인간의 모든 개별적 인식 행위가 두 차원에서 이루어진다고 봤다. 하나는 앎의 주체가 직접 주의해서 대상을 관찰하는 "초점 인식"이고, 또 하나는 앎의 주체가 무의식 중에 많은 무언의 가정을 활용하는 "보조 인식"이다.[20] 폴라니가 논증했듯이 모든 인간에게는 실재와 해당 주제에 대한 수많은 신념이 있으며, 이런 신념은 신체적 체험, 믿을 만한 권위, 소속 공동체 등을 바탕으로 견고해진다. 그렇게 우리 속에 들어온 신념을 우리는 무언의 지식, 무의식의 믿음, 실재의 "패러다임" 등으로 받아들인다.[21] 그래서 무엇을 관찰하든 늘 기존 신념과 기대와 가치라는 "선이해"(先理解)를 바탕으로 관찰하며, 무엇을 볼 것이고 무엇이 개연성 있거나 없어 보이는지를 그것이 결정한다.[22]

무의식에 가까운 이런 무언의 지식이 생각보다 매우 심하게 우리의 의식적 논리를 좌지우지한다. 특정한 논증을 설득력 있다고 생각하는 것도 자신의 배후 신념이 작용한 결과다. 그 신념은 논증이 아니라 경험과 직관을 통해 변하는데, 그것이 변하면 여태 탄탄해 보이던 논증도 점차 부실하게 느껴진다.

악의 문제는, 철저한 합리적 사고가 배후 신념에 좌우된다는 것을 보여 주는 좋은 연구 사례다. 제임스 우드와 바버라 에런라이크의 설명에 따르면, 청년기에 이르러 신을 의심하는 결정적 요인은 세상에 존재하는 악과 고난이었다. 복음주의 기독교 가정에서 자란 우드는 설령 신이 존재한다 해도 실제 인생의 잔혹성과 악 때문에 삶은 무의미하다고 말했다.[23] 우드는 신의 존재에 대한 이런 반론이 "아주 당연하고도 오래됐다"라고 봤으나 사실은 그렇지 않다.

예컨대 욥기는 억울하고 처절한 고난을 고대 어느 문헌 못지않게 잘 담아냈으나, 결코 이를 신의 존재에 대한 반론으로 제시하지는 않았다. 고대인은 아마도 만행과 상실과 악을 우리보다 훨씬 잘 알았을 것이다. 그들의 문헌은 도저히 이해할 수 없는 고난에 대한 비탄으로 가득하며, 욥기는 그 한 예에 불과하다. 그런데도 그런 악 때문에 신이 존재할 수 없다고 추론한 고대 사상가는 사실상 전무하다. 신의 존재에 대한 이런 반론이 오늘날 이토록 합리적이고 설득력 있어 보이는 이유는 무엇일까?

찰스 테일러는 현대인이 고대인보다 고난 때문에 신앙을 잃을 소지가 훨씬 높은 이유를 설명했다. 그에 따르면 문화적으로 인간의 지적인 능력을 대하는 우리 자신의 신념과 확신에 변화가 생겼기 때문이다. 고대인은 인간의 지성이 무한하신 하나님의 일 처리 방식을 재판할 만큼 지혜롭다고 전제하지 않았다. "하나님을 재판하는 데 필요한 제반 요소를 우리가 다 갖추었다는 확신"은 근대에 와서야 생겨났다.[24] 인간의 이성만으로 충분하다고 배후 신념이 변한 뒤에야, 비로소 세상에 존재하는 악이 신의 존재에 대한 반론으로 비친 것이다.

이렇듯 악 때문에 신을 배격하는 현대의 논증 이면에는 중대한 신앙 배경이 깔려 있다. 인간의 이성을 벗어나서는 신이 존재할 수 없다는 개념 때문에 우리는 신이 존재하지 않는다고 결론짓지만, 이것은 전제일 뿐이지 증명된 사실이 아니다. 이는 가정을 진리로 예단하는 오류다. 이런 배후 신념 때문에 어차피 우리의 의식적 논리는 신을 보여 주는 증거를 충분히 찾지 못하게 되어 있다. 그래서 둘 다 젊고 총명한 사상가였던 제임스 우드와 바버라 에런라이크에게 "유일신"이란 논제가 부실해 보였던 것이다. 하지만 그들의 신앙이 이성에 무너졌다는 말은 사실이 아니다. 이전에 잘 드러나지 않던 신앙이 새로운 종류의 신앙 즉, 인간의 이성과 능력으로 세상의 심오한 이치를 깨우칠 수 있다고 믿는 신앙으로 대체됐을 뿐이다.

의심의 이면에는
모종의 신앙이 숨어 있다

이렇듯 가장 엄격한 합리적 사고에도 여러 형태의 신앙이 침투해 있다. 그러나 마이클 폴라니는 한 걸음 더 나아가, 심지어 회의적 의심에도 항상 믿음의 요소가 들어 있음을 논증했다. 저서에서 "의심에 대한 비판" 부분에 그는 의심과 믿음이 결국 "동등하다"라고 역설했다. 왜 그럴까? "어떤 명시된 진술을 의심하려면 [하나의] 신념을 부정하고 …… 대신 당분간 의심하지 않아도 되는 다른 신념을 수용해야 한다"라고 그는 썼다.[25] 신념 1을 의심하려면 일단 신념 2를 대신 믿어 거기에 근거하지 않고는 불가능하다. 예컨대 "아무도 신과 종교를 의심없이 확신할 만큼 충분히 알 수 없다"라고 말하려면, 종교적 앎의 본질을 확신할 만큼 충분히 안다는 전제가 반드시 필요하다.

몇 년 전 어떤 남성이 우리 교회에 나오기 시작했다. 그는 어려서는 대체로 하나님을 믿었으나 대학 시절에 의심의 공격을 받아 수십 년째 아무런 종교 없이 살았다. 그런데 우리 교회에 나온 지 몇 달째 되던 어느 날, 하나님을 믿는 게 훨씬 개연성 있어 보인다고 말했다. 어찌 된 일이냐는 내 물음에 그는 "자신의 의심을 의심하라"라는 내 강연을 들은 게 전환점이 됐다며 이렇게 말했다. "내 의심의 이면에 모종의 신앙이 있는 줄은 미처 몰랐습니다. 내가 믿는 내용을 살펴보니 그렇게 믿을 만한 확실한 이유가 없었어요. 내 의심의 근거를 따져 보니 하나님을 믿는 게 별로 어려워 보이지 않았습니다."

결국 그는 우리의 친구가 됐고 우리 교회 교인이 됐다. 이 사람을 알아 가면서 나는 처음 그를 의심에 빠뜨렸던 일련의 요인을 쭉 짚어 봤다. 나중에 어느 무신론자의 블로그에서도 거의 동일한 목록을 봤다.

처음에 의심의 씨앗을 뿌리는 제1원인은 사람마다 다르다. 그러나 다음과 같은 몇 가지 공통된 이유가 있다. 진짜 무신론자를 만나 보니 그들은 신자가 배워서 예상하던 대로 인간을 혐오하는 부도덕하고 불행한 사람이 아니다. 착하고 충실한 동료 신자가 외관상 아무런 이유도 없이 비참한 고난을 당한다. 신자의 종교 위계 조직에서 제도화된 부패나 위선을 목격한다. 지옥과 구원의 교리가 근본적으로 불공정함을 깨닫는다. 신자의 해당 경전에 결정적인 모순이나 오류가 보인다.[26]

내 친구가 자신의 의심을 의심한 방식은 다음과 같다.

진짜 무신론자를 만나 보니 인간을 혐오하는 부도덕하고 불행한 사람이 아니었다. 이 회의 배후에는 신앙인이 선하고 도덕적이어서 하나님께 구원받는다는 암시적 신념이 깔려 있다. 그렇다면 무신론자는 본질상 악하고 부도덕할 수밖에 없다. 그러나 내 친구는 구원의 근거가 우리의 도덕적 성품이 아니라 과분한 은혜에 있다는 성경의 가르침을 배웠다. 그리하여 무신론자라 해서 기독교인보다 훨씬 나은 사람이 되지 말란 법도 없음을 깨달았다. 그러자 의심의 배후 신념이 무너지면서 그의 의심도 함께 사라졌다.

아무런 이유 없이 비참한 고난을 당하는 착하고 충실한 신자를 봤다. 이 회의는 인간이 충분한 증거를 감지해 내지 못하는 한, 신의 손길이 있음을 확신할 수 없다는 신념에서 비롯된다. 무한한 신이 존재한다 해도 인간의 유한한 사고로 그 신의 동기와 계획을 평가할 수 있어야 한다는 것이다. 이 전제를 깨달은 내 친구는 그렇게 믿는 게 과연 얼마나 합리적인지 자문해 봤다. 그렇다면 자기 자신의 통찰을 그렇게까지 확신할 수 있을까? 그러자 의심이 점차 시들해졌다.

종교 기관의 부패나 위선을 목격했다. 이거야말로 특정 신앙의 진실성을 의심하는 가장 그럴듯한 근거일 것이다. 그러나 내 친구는 자신이 위선적 신자를 비판할 때 쓰는 도덕 기준이 주로 기독교 자체에서 왔음을 깨달았다. "내가 기독교인에게 가할 수 있는 최악의 비판은 그들이 기독교인답지 못하다는 것이었습니다. 그런데 기독교가 아예 진리가 아니라면 그들이 기독교인다워야 할 까닭이 무엇입니까?"

지옥과 구원의 교리가 근본적으로 불공정함을 깨달았다. 이 회의는 대부분 그의 문화의 배후 신념에서 왔다. 그의 중국인 친구는 신을 믿지 않지만, 신이 존재한다면 당연히 사람들을 신 자신의 기준대로 심판할 권리가 있을 거라고 말했다. 그래서 내 친구는 지옥에 대한 자신의 의심이 지극히 서구 백인의 민주주의적이고 개인주의적인 사고방식, 즉 대다수 세상 사람이 공유하지 않은 사고방식이 바탕이 되었음을 깨달았다. "우주가 서구 민주주의처럼 돌아가야 한다는 주장은 매우 자민족 중심의 관점이었습니다"라고 그는 내게 말했다.

성경에 결정적인 모순이나 오류가 있다. 내 친구에 따르면, 이 회의는 종교 신자란 누구나 비판 없이 고지식하게 경전을 믿는다는 신념에 근거한 것이다. "이 교회에 나온 뒤로 알았지만 성경 각 절마다 이에 대한 박사학위 논문이 수천 편은 나와 있으며, 어느 한 구절이 오류이거나 다른 구절과 모순된다는 주장이 있으면 이를 설득력 있게 논박할 근거는 열 가지나 됐습니다." 그 뒤부터 성경에서 '결정적인' 난제를 언제고 찾아낼 수 있다는 생각이 말끔히 사라졌다.

이성과 '믿음'은 협력 관계다

그렇다고 내가 불합리성을 옹호한다거나 감정과 충동에만 근거한 신념을 지지한다고 오해해서는 안 된다. 비이성적인 맹신, 편견, 무조건의 전통주의 등은 잘못이다. 모든 논제와 명제는 합리적 시험을 거쳐 내적 일관성을 확보해야 하고, 이미 알려진 실재와 조화를 이뤄야 한다. 신념의 확실한 근거는 최대한 많아야 한다. 그러나 지식에는 객관과 주관의 양극이 있다.

계몽주의는 르네 데카르트와 존 로크(John Locke)를 따라 '주관'을 진짜 지식으로 아예 인정하지 않았다. 반면에 자크 데리다(Jacques Derrida)와 미셸 푸코(Michel Foucault) 같은 20세기 사상가들은 '객관'이 존재한다는 개념 자체를 비판했다. 권력이 대중의 진리 인식을 왜곡시키는 현상에 민감했던 그들은 아무도 무엇 하나 확신해서는 안 된다고 봤다.

그러나 마이클 폴라니는 순수 객관주의나 순수 주관주의 모두 결국 자멸해 사라질 것이라고 설파한다. 객관주의자는 수많은 가치를 엄연히 알면서도 입증이 안 되기에 설명하지 못한다. 주관주의자는 자신의 주장마저 무의미한 모순으로 전락시킨다. 아무도 확신할 권리가 없다고 말하려면 확실한 지식이 필요한데, 이것을 어디서 얻는단 말인가?

폴라니의 목표는 "인지 능력의 균형을 되찾는" 것이다.[27] 사회과학자에 따르면 우리는 분석적 사고, 경험, 공감 또는 "의식화," 직관 등 폭넓은 방법으로 소위 "진리"에 도달한다.[28] 어거스틴이 알았듯이 이성과 믿음은 늘 협력 관계이며, 이성은 늘 "선행하는 믿음의 지도하에" 작용한다.[29]

기독교 신자도 이성과 믿음을 통해 자신의 신념에 도달하고, 그의 믿지 않는 이웃도 이성과 믿음으로 자기 신념에 도달한다. 둘 다 자연과 인생의 동일한 실재를 본다. 둘 다 합리적, 인격적, 직관적, 사회적 과정을 통해 그 실재를 가장 잘 해석할 길을 찾는다. 이성은 단독으로 작용하지 않으며 그럴 수도 없다.

　　현대 세속주의는 일련의 방대한 신념에 기초해 있다. 증거와 합리성의 본질 자체에 대한 수많은 가정 또한 그 신념에 포함되는데, 이런 가정은 논쟁의 여지가 많다.[30]

인본주의적 도덕 가치,
어디서 왔는가

　　대부분의 세속적인 사람들은 합리성을 추구하는 한편 인생의 본질에 대해서도 일련의 윤리적 신념을 품고 있다. 많은 사람이 자신을 과학과 이성, 진보와 인류의 유익, 모든 개인의 권리와 평등과 자유 등에 헌신한 "자유주의적 인본주의자"로 생각할 것이다.[31] 세속주의의 특징은 "세상의 진보와 향상을 위해 능동적 책임을 다하고 …… 이국땅의 낯선 사람까지 포함해서 타인의 발전을 위해 노력해야 한다"라는 사명이다.[32] 나아가 세상에서 종교의 영향력을 걷어내면 이런 가치 실현이 훨씬 쉬워진다고 주장한다.

　　그런데 이런 가치는 어디서 왔는가? 이런 인본주의적 도덕 기준은 경험으로 증명할 수 없을 뿐만 아니라 유물론적 세계관에서 도출 가능한 논리적 귀결이 아니다. 많은 사람이 이 문제를 보지 못하는 것 같다. 예컨대 〈뉴욕 타임스〉의 한 독자는 삶의 의미를 다룬 기사에 이런 댓글을 달았다.

허블 우주망원경이 하늘의 한 미세한 흑점을 가리키던 일주일 동안, 130억 년도 더 된 3만 개의 은하가 발견됐다. 모두 수 조(兆)개의 별과 그보다 더 많은 행성을 거느린 것으로 추정된다. 그러니 당신의 비중은 얼마나 될까? ······ 당신은 독특한 눈송이도 아니고 특별할 것도 없다. 이 세상의 퇴비 더미에서 썩어 가는 물질 가운데 한 조각일 뿐이다. 당신이 누구이며 이 짧은 체류 기간에 무엇을 하든 하나도 중요하지 않다. 무엇이든 이 자각에 못 미치는 것은 허상이다. 그러므로 삶을 매 순간 경축하고, 삶의 경이에 감탄하고, 아낌없이 사랑하라.[33]

이 진술 앞부분에는 철두철미한 유물론적 세계관이 당당히 등장한다. 당신은 영혼 없이 순전히 물질로만 지어졌다. 특별한 목적을 위해 창조된 게 아니다. 내세도 없다. 태양이 사멸할 때 세상은 결국 불타 없어질 것이다. 당신이 여기서 친절을 베풀든 만행을 저지르든 결국 달라질 건 하나도 없다. 그런데 갑자기 논리적 흐름을 나타내는 단어 "그러므로"가 나온 다음, 결론은 경축과 사랑의 삶을 살아야 한다는 것이다.

인간이 썩어 가는 우주의 썩어 가는 물질 조각일 뿐 그 이상 아무런 의미도 없다면, 어떻게 거기서 남을 사랑하며 살아야 한다는 결론이 나올 수 있는가? 그럴 수 없다. 왜 최대한 이기적으로 살면 안 되는가? 개인의 자유와 인권과 평등을 믿는 신념이 어떻게 현재의 인간이 적자생존의 산물이라는 개념에서 파생되거나 그 개념과 조화를 이루는가? 말이 너무나 안 된다. 러시아 철학자 블라디미르 솔로비요프(Vladimir Solovyov)는 세속적 인본주의의 윤리 논리를 이렇게 비꼬듯 요약했다. "인간은 원숭이의 후손이다. 그러므로 우리는 서로 사랑해야 한다."[34] 첫 문장에서 그다음 문장 귀결이 너무나 억지스럽다. 과거에 약육강식이 당연했다면 왜 지금은 사람들이 그러면 안 되는가?

내 말은 서로 사랑하지 말아야 한다는 게 아니다. 다만 세속적 우주관에서 보면 사랑이나 사회 정의라는 결론도 증오나 파괴라는 결론만큼이나 논리성이 없다는 말이다. 철저한 과학적 유물론과 자유주의적 인본주의, 이 두 신념은 서로 전혀 어울리지 않는다. 오히려 서로를 반증하는 증거다. 많은 사람이 이를 지독히 지리멸렬한 세계관이라 부를 것이다.

세속적 인본주의의 가치는 유물론적 우주에서 추론되거나 연역될 수 없다. 그렇다면 그런 가치는 어디서 왔을까?

그런 가치에 "계보"와 역사가 있다는 게 답이다. 프랑스 철학자 자크 데리다는 이렇게 말했다. "오늘날 국제법의 초석은 인간의 신성함에 있다. …… 즉 우리 이웃은 하나님에 의해 또는 그분이 지으신 사람을 통해 신성하게 지음받았다. …… 이런 의미에서 인류가 쓰는 범죄의 개념은 기독교적 개념에서 왔다. 내가 보기에 기독교 유산, 아브라함의 유산, 성경의 유산이 없이는 법이라는 것도 없다."[35]

앞서 봤듯이 위르겐 하버마스는 많은 학자 사이에서 확산되는 합의를 표현한 바 있다.[36] 즉 현대의 이상인 "자유 …… 양심, 인권과 민주주의"는 정의와 사랑에 대한 성경의 가르침에서 유래했으며, 세속 사회는 이런 이상의 근거로 삼을 만한 확실한 대안을 여태 찾아내지 못했다.[37] 데리다와 하버마스가 인정했듯이 세속주의의 인본주의적 도덕 가치는 과학적 논리의 산물이 아니라 고대로부터 우리에게 전수됐다. 즉 신학적 역사가 있다. 현대인은 이를 믿음으로만 품고 있다.

기독교의 유산

뤽 페리(Luc Ferry)의 《사는 법을 배우다》(*A Brief History of Thought*, 기파랑 역간)에 보면 기독교 신앙이 성장해서 서구 그리스-로마 문화와 이교 사상을 대체한 이야기가 나온다.[38] 그렇게 된 한 가지 이유는 "훗날 현대의 많은 윤리 체계들이 그 체계 자체의 목적을 위해 차용할 …… [여러 개념을] …… 기독교가 세상에 내놓았기" 때문이다.[39] 인간의 평등도 그런 개념 중 하나다. 그리스 세계관은 "자연적인 위계가 존재한다는 확신에 전적으로 의거했다. …… 어떤 사람은 지휘하도록 태어났고 어떤 사람은 복종하도록 태어났다." 그러나 "정반대로 기독교는 인류가 근본적으로 동일하며 인간의 존엄성이 평등하다는 개념을 창시했다. 당시로서는 전대미문의 개념이었고, 현 세상의 민주주의는 전적으로 거기에 빚진 유산이다."[40]

막스 호르크하이머(Max Horkheimer)에 따르면, 그리스 사상은 귀족 태생의 교육받은 사람만을 위한 제한적 민주주의 개념을 일부 내놓았으나, '하나님이 그분의 형상대로 인간을 창조하셨고 그리스도께서 온 인류를 위해 속죄하셨다'라는 성경 개념은 개인의 가치라는 서구 개념을 "무한히" 강화시켰다.[41]

기독교는 평등의 전반적 개념만 내놓은 게 아니라 "천부" 인권을 이해할 자원까지 제공한다. 정부가 부여하기는커녕 오히려 정부에 맞서서 내세워야 할 "권리"가 인간에게 있다는 개념은 도대체 누구의 발상인가? 사회 계층이나 재능이나 능력과 무관하게 인간이라는 이유만으로 그 권리가 만인에게 귀속된다는 생각은 어디서 나왔는가? 흔히들 인권을 현대 세속주의가 압제적인 종교에 맞서 이루어 낸 산물인 줄로 알고 있지만, 사실 이 개념은 동양이 아니라 서양에서 생겨났고 계몽주의 이후가 아니라 중세 기독교 세계에서 출현했다. 호르크하이머와 마틴 루터 킹 주니어(Martin Luther King Jr.)가 각각 1940년대와 1960년대에 인식했듯이, 인권 개념의 기초는 모든 인간이 하나님의 형상대로 창조됐다는 성경 개념에 있다.[42]

그리스인과 기타 고대인의 관점과는 대조적으로 기독교가 또 하나 우리에게 준 것은 육체와 감정을 긍정하는 관점이다. 피터 브라운(Peter Brown)이 명저 *The Body and Society*(육체와 사회)에 설명했듯이, 그리스-로마 세계의 지배 계층은 "귀족 태생의 남자가 자기보다 열등한 사람과 외국인을 다스릴 때와 똑같은 …… 권위로, 영혼도 육체를 다스린다고 봤다."[43] 고대 이교 문화는 (영혼 안에 거주하는) 정신과 이성이 몸속에 거주하는 "이질적인" 육체와 감정을 복종시켜야 한다고 믿었다.

그러나 성경의 관점은 다르다. 성경이 말하는 육체와 영혼은 둘 다 똑같이 선하며 똑같이 죄에 물들어 있다.[44] 성경의 가르침에 따르면, 인간의 큰 싸움은 정신과 육체 사이에서 벌어지는 게 아니라 우리 마음속에서 벌어진다. 마음은 "하나님의 뜻과 …… 부성애에 반응하거나 거부할 수도 있고" 그렇지 않을 수도 있는 "자아의 숨은 중심부다."[45]

이렇듯 기독교는 인간의 덕을 위한 전투를 더는 머리 대 가슴의(더 이성적이 되려는) 싸움이나 정신 대 물질의(세상을 기술로 더 정복하려는) 싸움으로 보지 않았다. 전투의 관건은 우리 마음의 지고한 사랑을 어디로 향할 것인지였다. 하나님과 이웃을 향할 것인가? 아니면 자신과 자신의 집단을 위한 권력과 부를 향할 것인가?[46] 어거스틴이 성경의 가르침에 의거해 이것을 최초로 정리했다. 케임브리지의 역사가 헨리 채드윅은 어거스틴이 "인간 도덕의식의 역사에 신기원을 이룩했다"라고 역설했다.[47] 처음으로 절제와 합리성 대신 사랑이 삶의 최고 목표가 됐다.

자아중심적인 인간이 하나님과 남을 섬기는 쪽으로 방향을 틀려면 사랑이 필요했다. 어거스틴의 《고백록》은 비기독교 고전 사상이 감히 넘볼 수 없는 방식으로 소위 심리학의 기초를 놓았다.[48] 육체는 악하고 영혼은 선하다는, 또 (육체 안에 거주하는) 감정은 악하고 이성은 선하다는 기존 개념은 기독교의 영향으로 일변했다.

육체와 물질세계를 중요하게 보는 이런 새로운 관점이 기초가 되어 현대 과학이 발흥했다. 더는 물질세계를 환영이나 그저 영적으로 초월해야 할 대상으로 간주하지 않았다. 그렇다고 결코 이해할 수 없는 신비만도 아니었다. 성경에 따르면 물질세계는 인격적이고·이성적인 존재의 창조물이다. 따라서 다른 인격적이고 이성적인 존재들이 탐구하고 이해할 수 있다.[49]

전체적으로 기독교는 '개인의 중요성'이라는 유례없는 개념을 창시했다. "불교의 개인은 영원하지 않아 해체될 운명인 환영에 불과하다. [그리스] 스토아 철학의 개별적 자아는 전체 우주 속에 녹아들 운명이다.

반면에 기독교는 하나님의 은혜로 구원받는 한, (영혼과 육체와 얼굴과 정든 목소리를 가진) 각 개인의 불멸성을 약속한다."[50]

기독교는 또 고대 엘리트주의를 무너뜨렸다. 그리스인의 "구원"은 철학적 명상과 관계됐는데, 이는 교육받고 여유 있는 사람만이 할 수 있는 일이었다. 그러나 기독교인의 구원은 예수님이 구원하셨음을, 또 우리가 할 수 없는 일을 대신해 주셨음을 신뢰하고 의지하는 믿음에서 비롯된다. 그거라면 누구나 할 수 있는 일이다. 이런 의미에서 기독교는 고대 다른 모든 고전 사상보다 훨씬 더 평등주의가 강했다.

신은 안 믿지만,
도덕 가치는 좋으니 고수하겠다?

그렇다면 서구 자유주의 세속 문화의 도덕 가치는 어디서 온 것인가? 거기에는 개인과 평등과 권리와 사랑과 빈민 구제 등의 중요성, 만인의 물리적 조건을 개선할 필요성도 포함된다. 많은 학자가 유력하게 역사로 논증해 왔듯이, 그것은 유대교와 기독교 사상에서 시작해 우리에게 왔다.

어떤 사람은 이렇게 따질 수 있다. '그게 어떻단 말인가? 신이나 성경을 더는 믿지 않는다 해도, 도덕 가치가 좋아서 고수하는 게 무슨 문제라도 된단 말인가?' 여러모로 문제가 된다.

기독교의 도덕적 신념이라는 이 "패키지"는 고도의 인격적 우주에서는 철저히 이치에 맞았다. 요한복음에서 예수 그리스도를 '로고스'(그리스 철학자들에게 우주 배후의 초자연적 질서를 의미하던 단어)라 칭한 일은 혁명적이었다. "전체 우주의 질서"를 어느 한 인간과 동일시할 수 있다는 주장은 당시 그리스인에게는 "미친 짓"이었다.[51] 그러나 기독교인에게는 우주의 철저한 "인격화"를 의미했다. 세상 배후의 능력이 곧 사랑이신 인격신이라는 개념은 어디에도 없던 것이었다.[52] 하나님이 인간이 되셨다는 성육신 교리는 "관념의 역사에 막대한 영향"을 미쳤고, 인간의 인격을 가능한 최고의 지위로 격상시켰다. 그게 없이는 "오늘 우리가 지지하는 인권의 철학은 결코 확립되지 못했을 것이다."[53]

고대 사상에서 최고의 세력이란 플라톤(Plato)의 비인격체인 "선의 이데아"이거나 아니면 "결정적 특성이 아파테이아(정념의 부재)인" 신이었다. 그런 우주에서 말이 되는 사회란, 투사(鬪士)의 윤리와 금욕주의에 기초해 힘과 위계와 권력을 중시하는 사회였다.[54]

만인의 가치와 평등에 대한 신념, 약자를 사랑하는 일을 중시하는 신념은 인격신의 우주를 믿는 사회에서야 비로소 출현했다. 그 신은 모든 사람을 자신과 사랑의 교제를 나누도록 지으셨다. 현대 세속주의는 성경적 신앙의 도덕적 이상을 대부분 고수하면서도 인격적 우주관은 배격한다. 그런 이상이 인격적 우주에서만 말이 되고, 그 우주에서 자연스럽게 흘러나온 결과인데도 말이다.[55]

이것을 프리드리히 니체(Friedrich Nietzsche)보다 더 강력하게 논증한 사람은 없다. 니체의 탁월한 통찰은 단순했다. 신과 초자연 세계가 존재하지 않고 이생과 물질세계가 전부라면, "이생 자체보다 상위의 관점은 존재하지 않는다." 이생 너머나 바깥에 초월적 실재란 없다. 따라서 세상의 어떤 부분이 옳고 그른지를 결정할 기준도 없다. 만물이 "힘의 역학관계" 속에 존재하는데, 어느 한 관점만 특별히 거기서 떨어져 나와 있을 수는 없다.

예컨대 도덕적 평가란 인간의 뇌가 인간의 문화 속에서 작동해서, 필연적으로 제한된 인간의 경험을 처리해 내는 산물이다. 그러니 당신의 뇌가 다른 뇌와 문화와 경험을 판단해야 할 이유가 무엇인가? 단순히 실생활의 한 부분을 골라 "선"으로 격상시키고 다른 부분을 "악"이라 칭하는 일은 자의적 행동이다.[56] 그래서 니체는 "삶에 대한 선악 간의 가치 판단은 결국 절대로 참일 수 없다"라고 썼다.[57] 문학비평가 테리 이글턴 (Terry Eagleton)은 이렇게 썼다.

> 니체는, [서구] 문명이 신을 버리면서도 종교적 가치만은 고수하는데, 이런 비겁하고 부당한 행위는 반드시 제지되어야 한다고 봤다. …… 우리에게 있는 진리와 덕과 정체성과 자율의 개념, 균형 잡히고 일관성 있는 역사의식은 다 뿌리 깊은 신학에서 기원했다.[58]

니체의 요지는 이것이다. 당신이 만일 신을 믿지 않는다면서 만인의 권리를 믿고 모든 약자와 빈민을 돌봐야 한다고 믿는다면, 스스로 인정하든 그렇지 않든 당신은 여전히 기독교 신념을 고수하는 것이다.[59] 예컨대 삶의 한 부분이고 인간의 본성에 뿌리박고 있는 사랑과 폭력 중 하나는 선하다고 취하고, 하나는 악하다고 버려야 할 이유가 무엇인가?

둘 다 삶의 한 부분일 뿐이다. 그런 선택의 기준은 어디서 왔는가? 신이나 초자연 세계가 없다면 그런 기준도 존재하지 않는다.

세속적 인본주의를 비판한 니체를 제대로 반박한 사람은 없다. 조지 엘리엇(George Eliot)의 저작을 논평하면서 니체는, 장차 영어권 세계가 신을 믿는 믿음을 버리면서도 연민과 보편적 자비와 양심 등의 가치는 유지하려 할 거라는 선견지명을 보였다. 그러면서 니체는 신을 거부하는 사회에서는 도덕 자체도 결국 "문제"가 되리라고 예견했다.[60] 도덕을 정당화하거나 동기화하기가 점점 어려워질 것이고, 사람은 더 이기적이 될 것이며, 강압 외에는 사람을 통제할 수단이 없어질 것이다.

《선악을 넘어서》(Beyond Good and Evil)에서 니체는 인권과 연민을 단지 실용 지혜로만 즉 "최대 다수의 최대 행복"을 추구할 최선책으로만 장려하는 공리주의 철학을 조롱했다. 어떻게 이기심을 동기로 삼아 이타적 행동을 장려할 수 있느냐는 것이다.[61] 그게 통할 리 없으며, "권리 운운"은 실세 집단이 권력을 유지하려는 방편에 불과하다는 말이다.

니체가 비판한 것에 대응하려 한 사람이 아무도 없었다는 인상을 풍길 뜻은 없다. 신을 믿지 않는 사람도 "가치와 목적의 …… 독립적 실재"를 믿을 수 있다고 가장 고집한 사람은 아마 법학 교수 로널드 드워킨(Ronald Dworkin)일 것이다.[62] 하지만 그런 그도 인본주의 가치를 믿는 신념이 신앙 행위라는 말로 많은 사람을 놀라게 했다. 그는 인격신을 믿지 않아서 무신론자라는 정체성을 지켰지만, 실제로 "자연 너머의 무엇"을 믿는 신앙을 고백했다. 바로 미와 덕의 원천인데, "물리 법칙의 최고 근본을 마침내 깨우쳐도" 미와 덕의 원천만은 "터득할 수 없다"고 밝혔다.[63]

이 정도면 니체의 비판을 논박한 게 아니라 오히려 그 독일 철학자가 옳았다는 걸 확증한 것이다. 세속주의자가 인간의 고난을 없애고자 인간의 존엄성과 권리와 책임을 옹호한다면, 이는 모종의 초자연적이고 초월적인 실재를 신앙하는 행위다.

요컨대 대다수 세속적인 사람들의 인본주의 신념은 정확히 그것으로, 즉 신념으로 인식돼야 한다. 자연계와 물질세계에서는 그런 신념이 논리적으로나 경험적으로 도출될 수 없다. 이생 너머에 초월적 실재가 없다면 그 무엇도 가치나 의미가 없다.[64] 인간을 약육강식의 진화 과정의 산물일 뿐이라고 보면서 동시에 만인의 존엄성이 존중돼야 한다고 주장한다면, 이는 모든 반대 증거를 거스르는 엄청난 맹신이다.

그러나 니체도 자신의 칼끝을 피해 갈 수는 없었다. 그는 세속적 자유주의자를 모순되고 비겁하다고 맹비난했다. 빈민과 약자를 위한 자비와 사회적 연대를 부르짖는 일은 그가 보기에 "짐승 떼 같은 획일성, 귀족 정신의 파괴, 대중의 우위성"을 뜻했다.[65] 그는 근대 자유주의의 "진부한 신조"를 등지고 고대 비극의 투사(Ubermensch, 초인) 문화를 지향하려 했다. 또 새로운 "미래 인간"이 신 없는 황폐한 우주를 과감히 직시하며 종교적 위안을 거부할 거라고 믿었다. 그 인간은 "귀족 정신"이 있어 "거뜬히 자아를 구축하고" 그 누구의 외부적 도덕 기준에도 기대지 않을 것이다.[66]

물론 니체의 이 모든 선언에서 도출되는 내러티브는 지극히 도덕적이다. "귀족 정신"은 왜 고상한가? 용기는 왜 좋은 것이며 누가 그렇게 말했는가? 모순은 왜 나쁜가? 이런 도덕 가치는 어디서 왔는가? 니체가 무슨 권리로 어떤 생활방식은 고상하거나 선하고 다른 생활방식은 악하다고 자기 철학에 기준해서 정한단 말인가?[67] 요컨대 니체는 다른 모두에게 그만두라고 한 일을 정작 자신은 그만둘 수 없었다.

이렇듯 이글턴에 따르면, 니체의 "미래 인간"은 신을 폐기한 게 아니다. "전능한 신처럼 그 인간은 자기만을 의지한다." 보다시피 정말 신앙 없는 인간은 존재하지 않는다. 니체는 사람들에게 자아를 숭배하라고, 한때 신에게 두었던 신앙과 권위를 자아에 부여하라고 촉구한 셈이다.

니체조차도 믿음의 사람이었다. "스스로 결정하는 능력을 가진 자율적인 초인은 또 하나의 모조(counterfeit) 신학이다."[68] 여태 봤듯이 니체가 경멸한 세속적 인본주의는 도덕 가치를 내세울 뿐 그 가치의 확실한 근거가 없다.[69] 그러나 니체의 반인본주의에 담긴 더 큰 위험은 이미 역사에 오점을 남겼다. 피터 왓슨(Peter Watson)이 상술했듯이 니체의 관점은 20세기에 좌익과 우익 양쪽 모두, 나치주의와 스탈린주의 양쪽 모두의 전체주의적 인물에게 중대한 감화를 끼쳤다.[70]

다시 생각하는 역회심 이야기

지금까지 봤듯이, 사람들은 신을 믿는 믿음을 순전히 객관적 논리로 수용하거나 버리는 게 아니다. 그런 논리란 존재하지 않기 때문이다. 또 도덕 가치는 늘 문화사 속의 신앙적 전제에 근거를 둔다. 그렇다면 이번 장 앞부분에 언급했던 신앙을 잃어버리는 역회심 경험이 무엇인지 더 잘 이해할 수 있지 않을까?

젊은 학도 데이비드 세션스(David Sessions)는 이전에 복음주의 기독교인이었으나 역회심해 신앙을 떠났다. 블로그 게시물에 보면 그는 찰스 테일러의 *A Secular Age*(세속 시대)를 아주 흥미롭게 읽고 테일러의 논지를 이렇게 요약했다. "신앙을 등진 수많은 이야기는 비슷한 경로를 거친다. 진지한 신자가 과학의 실재 앞에서 고민하다가, 이제 성인답게 종교의 유치한 환영을 버려야 한다는 결론을 내린다." 이어 그는 "한때는 내 이야기도 그렇게 될 뻔했다"라고 덧붙였다.

그는 자신의 표현으로 근본주의 교육을 통해 "다윈주의는 속임수이고, 콜럼버스는 하나님이 야만인에게 보내신 선교사이고, 미국 국조들은 성경을 문자적으로 믿었고, 자유주의 엘리트층은 '세계 정부'를 세우려 한다는 식으로" 배웠다. 그러다 "근본 질문에 대한 위력적인 대안의 답을 영화와 소설에서, 역사와 인류학과 자연과학 서적에서" 접하고는 "유물론자, 즉 사실에 압도당한 신자"가 됐다. 한때는 그의 여정이 그렇게 기술될 뻔했다.

그러나 이제 그는 시인하기를, 자신의 신앙을 "점차 약화시키는 데 이성적 논증이 중요한 역할을 했으나" 그게 전부는 아니었다고 말한다. 세속적인 수많은 사람들이 고지식한 이성관으로 자신의 역회심을 정당화하지만, 세션스는 폴라니 등과 마찬가지로 그런 관점에 반대한다. 그는 "생각을 바꿀 이론적 이유가 생겨나기 전에 가치 판단의 배후 세계가 먼저 변한다"라고 썼다. "과거에 내 신앙이 통했던 환경은 틀에 박힌 편견과 선입견으로 이루어져 있었는데" 보수적인 작은 도시를 떠나 뉴욕에 살면서 "그런 게 많이 무너졌다."

앞서 봤듯이 단지 명시된 내용의 논리적 타당성만이 사고방식의 신빙성을 뒷받침하는 것이 아니다. 지각되지 않는 "무언의" 신념도 그 뒤를 떠받친다. 사람들에게 기독교 신앙을 제시할 때, 사실상 교리들을 다른 암묵적 신념들과 사고방식, 기대들을 배경으로 이야기할 때가 많다. 흔히 거기에는 비신자는 어떤 사람이어야 하는가, 하나님을 믿는 참신자의 삶은 어떻게 풀려야 하는가, 규정 위반과 범죄를 어떻게 받아들여야 하는가 등의 개념도 포함된다. 이 모든 배후 신념이 다양한 암시적 방법으로 주입되어, 기독교가 말이 되도록 떠받쳐 주는 구조물의 중요한 일부를 이룬다. 이런 신념이 무너지면 명시된 교리에 대한 믿음도 무너질 수 있다.

예컨대 어떤 사람에게 '나는 기독교인이고 하나님이 나를 사랑하시니까 내 삶은 심각하게 잘못될 수 없다'라는 무언의 신념이 있을 수 있다. 이런 개념은 기독교의 공식 교리가 아니다. 고난당하신 종 예수님의 삶부터가 거기에 어긋난다. 그런데도 그것은 일부 기독교 문서와 가르침의 필연적 추론으로 보일 수 있고, 공동체 내의 다른 사람의 태도로부터 우리에게 스며들 수 있다. 그러다 신자의 삶에 심한 고난이 닥쳐 이 무언의 신념이 무너지기 시작하면, 기독교 신앙의 다른 모든 가르침도 설득력이 없어 보일 수 있다.

또 비신자는 다 신자보다 이기적이고 비양심적이고 불행할 거라고 믿도록 배운 기독교인이 많다. 그런데 신자가 적응력 좋고 이타적이고 정직하고 헌신한 일단의 세속적인 사람들 가운데 놓인다면 어떨까? 배후 신념이 반증되면 표면의 신념도 다 설득력이 떨어져 보인다.

또 어떤 청년이 혼외 성관계는 죄이기에, 혼전 섹스의 경험은 다 만족 없이 공허하게 느껴질 거라고 배웠다 하자. 그런데 실제로 경험한 결과 그것이 그에게 즐겁고 생동감 있게 느껴진다면 어떨까? 새로 경험한 삶으로 이 무언의 신념이 오류로 밝혀지면, 기독교 성윤리 전체의 개연성까지 타격을 입는다. 이런 "선이해"와 배후 신념은 실제로 역사적 기독교 신앙일까? 아니, 그렇지 않다. 하지만 이는 폴라니가 말한 "보조 인식"에 해당한다. 그것을 잃었을 때 성찰이 없으면, 신앙 전체를 잃어버릴 수 있다.

세션스가 기존 신념에서 점차 멀어져 나가자 기독교인 친구 몇은 그가 세속적 환경의 영향을 받아 "멋있어지려" 하는 거라고 지적했다. 그러자 그는 자신이 신앙을 버린 것은 순전히 "진지한 독서와 탄탄하고 확실한 지적 논증의 산물"이라고 반박했다. 그러나 이제는 세션스도 논증 이상의 무엇이 그 변화를 이끌었음을 시인한다. "내가 어떤 사람이 되고 싶은가 하는 의식이 달라진 탓도 있었다." 그의 경험이 변하면서 배후의 많은 직관과 신념도 변했고, 덕분에 새로운 성격의 지적 논증에 마음이 열렸던 것이다.

이제 그는 유물론적 세속 관점에 도달하는 일이란 곧 "대동소이하게 신앙에 기초한 새 이야기가 이전 이야기의 설명 능력을 잠식하는 일"이라고 선뜻 말한다. "도덕적 시각이 냉혹한 사실 앞에 굴복한 게 아니라, 하나의 도덕적 시각이 다른 도덕적 시각에 밀려났다." 니체는 인본주의 도덕 가치가 결코 자기 우주관의 귀결이 아니라고 했거니와 세션스도 같은 생각이다. "자유주의적 인본주의도 그 부모격인 기독교만큼이나 가치 판단이 많다. 불신앙을 택한 많은 사람이 그런 가치 판단을 기꺼이 받아들이면서도 유독 기독교만은 근거가 부실하다며 배격한다. …… 이제 와서 보면 우습지만 [내가 품었던 가치는] 그때 확신했던 유물론과 본질상 거의 무관했다. 개인의 자유, 인권, 문명의 진보는 결코 신이 죽었다는 사실에서 자동으로 귀결되지 않는다."

결론적으로 세션스는 세속적인 사람들에게 그들의 관점이 "구성개념"이라는 사실을 더 인식할 것을 촉구한다. 그것은 실재에 대한 단 하나의 객관적이고 사실적인 설명이 아니라 실재를 해석하는 한 방식이라는 것이다. 그는 이렇게 썼다. "세상의 일부 세속적 구성개념은 자기인식이 결여되어 있는데, 굳이 종교를 고수하지 않더라도 거기에 잠재된 폐해를 인정할 수 있다. 종교적 신념도 우리 쪽의 세속적 신념과 똑같이 개연성 있는 구성개념임을 알고 겸손히 존중해야 하며, 종교적 신념이 있는 인간에 대한 중요한 통찰을 …… 신중히 공부해야 한다."

나아가 그는 기독교인에게도 더 겸손해질 것, 승리주의를 버릴 것, 순전히 이성적 증거와 논증으로 이길 수 있다는 생각을 버릴 것을 촉구한다. "당신네 종교를 그 구렁텅이에서 끌어낼 수만 있다면, 기독교가 얼마나 세찬 역류로 작용할지 아무도 모른다."[71]

양쪽 다 명백히 증명할 수는 없다

이쯤 되면 세속주의와 기독교 양쪽 다 "입증에 대한 책임"이 없다는 사실을, 회의적인 독자들도 알았기를 바란다. 서구 세속주의는 신앙의 부재가 아니라 우주에 대한 일련의 새로운 신앙이다.[72] 이 신앙도 증명될 수 없고, 대다수 사람에게 자명하지 않으며, 계속 더 살펴보겠지만 다른 종교적 신앙처럼 자체 모순과 문제점을 안고 있다.[73] 한 가지 큰 문제점으로, 현대 세속주의의 인본주의적 가치는 유물론 우주관과 모순될 뿐 아니라 오히려 후자를 통해 더 약화된다. 앞서 논한 또 다른 문제점으로, 세속적인 많은 사람은 신을 믿지 않는 근거를 경직된 단순논리식의 이성 개념에 둔다. 그들이 인정하지 않지만, 합리성에 대한 접근도 백가쟁명(수많은 학자나 학파가 자신들의 사상을 자유로이 논쟁함-편집자 주)이며 그 모두에 믿음이 사용된다.

경험적 이성으로는 초자연적 실재가 있다는 주장도 증명할 수 없고 초월적 실재가 없다는 주장도 증명할 수 없다. 그렇다고 그런 철학적 또는 종교적 진술을 비교하고 평가할 방도가 없다는 뜻은 아니다. 다만 그런 진술에 의문을 제기할 여지없는 실증 가능한 증거를 요구한다는 게 부적절하다는 뜻이다. 블레즈 파스칼(Blaise Pascal)이 《팡세》(Pensée) 406제에 이 모두를 잘 요약했다. "아무것도 증명하지 못할 우리의 무능력은 그 어떤 독단론으로도 당해 낼 수 없고, 반대로 우리가 품고 있는 진리의 개념은 그 어떤 회의론으로도 당해 낼 수 없다."[74]

불공정하게 신앙인에게만 그들의 견해를 증명하라고 요구할 게 아니라, 종교적 신념과 그 증거를 세속적 신념 및 그 증거와 비교하고 대조해야 한다. 어느 쪽 신념이 우리가 보고 경험하는 세상을 설명해 주는지 논할 수 있고, 마땅히 그렇게 해야 한다. 신념 체계 내부의 논리적 일관성을 따져 서로 지지 관계인지 모순 관계인지 알아볼 수 있고, 그렇게 해야 한다. 우리의 가장 깊은 직관까지 귀를 기울일 수 있고, 마땅히 그래야 한다.

바로 그 일을 하려는 게 나머지 이 책의 목표다. 바라기는 기독교가 정서적, 문화적, 이성적으로 모든 면에서 더 이치에 맞음을 증명하고자 한다.[75] 그러는 과정에서, 삶을 이해하고 직면하고 향유하고 살아내는 데 기독교가 생각보다 훨씬 풍성한 유익이 되는 것을 보여 주고 싶다.

Part 2

Making Sense of
GOD

신이 없다면 설명할 길이 없는 인생의 본질들

종교,

당신이 생각하는 것 이상이다

3

{ ───── 세속주의, '삶의 의미'를 외면하다 ───── }

의미는 '지어내는 것'이 아니라 '발견하는 것'이다

○

삶의 의미는 무엇인가? 이보다 더 근본적인 질문은 없을 것이다. 하지만 많은 사상가는 이를 잘못된 질문으로 간주한다. 그들에 따르면, 어차피 우리는 동굴이 유의미한지 무의미한지 또는 폭설이 참인지 거짓인지 따위를 말하지 않는다. 바다의 절경을 사랑할지는 몰라도 바다에게 사랑받기를 바라지는 않는다. '의미'란 세상 무엇의 속성도 아니며, 마침 그 순간 대상을 향해 느끼는 인간의 기분일 뿐이라는 것이다. 이렇게 본다면 특정한 대상이 내게 유의미한지 여부를 각자 정할 수는 있어도, 삶 자체의 의미를 묻는 일은 있을 수 없다. 삶에 자체적 의미란 있을 수 없다.

철학자 토머스 네이글은 저서 《이 모든 것은 무엇을 의미하는가?》(*What Does It All Mean?*, 궁리출판 역간)의 말미에, "궁극적 의미"의 질문은 우리가 자신을 너무 중요하게 여긴 결과가 아니냐고 반문한다.[1] 그에 따르면 "무덤이 [삶의 유일한] 목표이니 자신을 너무 심각하게 대하는 것은 터무니없는 일이다." 그냥 삶을 오는 대로 맞이해서 최대한 즐기는 것으로 족해야 한다. 하지만 많은 사람이 그 이상을 원한다. 그들은 인생이 "사사로운 우리 내면에서만 아니라 외부에서도 중요한 사안"이라고 믿을 근거를 원한다.[2] 자신의 삶이 한낱 쾌락과 위안 너머의 무엇과 연결되어 있기를, 더 높은 무엇으로 의미 있기를 원한다. 그런데 네이글은 그게 무리한 요구라고 말한다. 왜 사서 고생이냐는 것이다.

그런데도 우리는 그 고생을 사서 한다. 삶의 의미와 목적을 생각하느냐는 물음에 온 세상 사람의 4분의 3은 자주 또는 가끔 그렇다고 답했다. 사하라 이남 아프리카에서 89퍼센트로 가장 높았고 가장 낮은 아시아도 76퍼센트였으니 지역별 차이도 별로 없다.[3] 게다가 의미를 묻는 질문은 그 영향력이 줄어들 것 같지도 않다. 마르틴 하이데거(Martin Heidegger)가 《존재와 시간》(*Being and Time*)에서 설득력 있게 논했듯이, 인간이 다른 생명체와 구별되는 점은 "자신의 실존에 의문을 품는 역량이다. 인간이라는 피조물에게는 실존의 특정한 단면만이 아니라 실존 자체가 의문으로 다가온다."[4]

그렇다면 삶의 의미를 묻는 우리의 물음은 실제로 무슨 뜻일까? 통상적으로 '의미'라는 말은 두 가지 뜻으로 쓰인다. 첫째 뜻은 목적과 관계가 있다. 배후에 의도가 있으면 유의미하다. 예컨대 '정말 그 사람을 그렇게 다치게 할 의도였는가?'와 같다. 둘째 뜻은 중요성과 관계가 있다. 중요한 일은 의미가 있다. 자체 너머의 무엇을 가리키는 신호인 셈이다. '이 훈장은 의무감을 뛰어넘는 용기를 뜻한다'의 경우처럼 말이다. 물론 두 가지 뜻이 공존할 수도 있다. '바닥의 이 돌들은 의미가 있는가?'라는 질문도 던질 수 있다. 다음 마을까지 가는 길을 가리킬 목적으로 둔 돌이라면 의미 있다고 답한다. 폭우가 내린 후에 그냥 산에서 떨어진 돌이라면 의미 없다고 답한다.

마찬가지로 삶이 무의미하게 느껴진다는 말은 좋은 직장, 가족, 친구, 편안한 물질적 생계수단 등이 없다는 뜻이 아니다. 모든 활동이 무엇을 위한 것인지 모르겠다는 뜻이다. 다시 말해서 모든 생산과 소득이 정말 중요하거나 변화를 낳거나 자체 너머의 무엇을 이루어 낸다는 확신이 없는 것이다. 그러므로 삶에 의미가 있으려면 생활의 전반적 목적도 필요하고, 자신이 외부에 유익을 끼쳐 변화를 낳고 있다는 확신도 필요하다.

의미가 심리적으로 필요하다는 데는 재론의 여지가 없다. 내과의사이자 교수이며 작가인 아툴 가완디(Atul Gawande)가 쓴 책에 보면 노인요양시설에 근무하는 어느 의사가 나온다. 이 의사는 시설 운영자를 설득해서 개, 고양이, 앵무새, 토끼, 알 낳는 암탉 등을 들여와 노인들에게 돌보게 했다. 결과는 경이로웠다. "입주자들은 기운을 차리고 활기를 띠었다. 말을 못하는 줄 알았던 사람의 말문이 트였고 …… 걷는 것과는 담을 쌓고 완전히 틀어박혀 지내던 사람들이 간호사실을 찾아가 개를 산책시키겠다고 자청했다. 그들은 앵무새를 전부 입양해 이름까지 지어 줬다."⁵ 자극용으로 향정신성 의약품을 쓸 필요성과 실제로 투약되는 양이 이전의 38퍼센트 수준으로 뚝 떨어졌다. "사망률도 15퍼센트나 낮아졌다."

왜 그랬을까? 변화를 주도한 의사는 이렇게 결론지었다. "내가 보기에 사망률 변화는 인간의 근본 욕구인 삶의 이유 때문이다."⁶ 결국 가완디는 "왜 의식주를 해결하며 단순히 존재하는 것만으로는 공허하고 삶이 무의미해 보이는지"를 묻는다. "삶이 가치 있게 느껴지려면 무엇이 더 필요한가? 답은 …… 우리 모두가 자아 너머의 어떤 대의를 찾는다는 것이다."⁷

의미의 위기

하이데거의 말마따나 삶의 의미에 의문을 품는 생명체는 인간뿐이다. 그런데 고대 사람들은 이 질문을 오늘의 우리와 똑같은 식으로 고민하지는 않았다. 20세기의 작가와 사상가들은 문화의 한복판에 의미만 한 크기로 새로운 구멍이 뚫렸음을 인정했다. 그들은 실존적 공포, 고뇌, 절망, 부조리, 욕지기를 말했다.

체호프(Chekhov)가 쓴 희곡 《세 자매》(*The Three Sisters*)의 주인공 마샤는 삶에 반드시 "의미"가 있어야 한다고 말한 뒤 이렇게 덧붙인다. "내 생각에 인간은 믿음이 있거나 믿음을 구해야지, 그렇지 않으면 삶이 헛되고 헛되다. …… 자신이 무엇을 위해 사는지 알아야지, 그렇지 않으면 다 무의미한 낭비다."[8]

프란츠 카프카(Franz Kafka)의 책 《소송》(*The Trial*)에 보면 고발되지도 않은 범죄 때문에 한 남자가 정체불명의 관료에게 체포된다. 주인공 요제프 K는 이렇게 묻는다. "이 거대한 조직의 목적은 …… 무엇인가? …… 모든 의미가 사라질 때 공직자들이 심히 부패하는 현상을 어찌 피할 것인가?"[9] 장 폴 사르트르(Jean-Paul Sartre)는 《존재와 무》(*Being and Nothingness*)에 "인간은 쓸모없는 열정이다"라고 썼다.[10]

알베르 카뮈(Albert Camus)가 《시시포스 신화》(*The Myth of Sisyphus*)에 인생은 부조리라고 역설한 말은 유명하다. "이 부조리는 인간의 욕구와 세상의 부당한 침묵이 부딪쳐 생겨난다."[11] 우리는 삶의 의미를 찾고 싶은데 우주가 협력하지 않는다. 우리는 다 그리스 신화의 시시포스 같아서 아무리 바위를 언덕 위로 밀어 올려도 바위는 기어이 도로 굴러 내려온다. 우리는 사랑하는 사람에게 선을 행하려 하지만, 그 행위도 그들도 영원하지 않다. 카뮈에게 죽음은 내세의 관문이 아니라 "닫힌 문"이다. 아무리 위대한 희망도 죽음 앞에 다 꺾인다.[12] 그래서 삶은 피할 수 없는 죽음 때문에 부조리다.

카뮈는 이렇게 썼다. "우리는 사랑이 영원하기를 바라지만 그렇지 않음을 안다. 설령 기적이 일어나 사랑이 평생 간다 해도 여전히 미완이다. …… 결국 모든 인간은 자신이 사랑한 사람을 …… 영원히 소유하려는, 걷잡을 수 없는 욕망에 삼켜진다."[13]

심지어 강철 같은 철학자 버트런드 러셀(Bertrand Russell)도 "그래서" 세속적 관점, 즉 인간의 모든 수고와 사랑과 재능이 "광대한 태양계의 사멸

과 함께 소멸될 운명"이라는 관점은 영혼의 "견고한 절망"을 낳는다고 토로했다.[14]

　그런데 19세기 말과 20세기 예술가와 철학자들이 느꼈던 이런 "의미의 위기"에 21세기의 많은 사람이 반기를 들었다. 오늘날 세속적인 사람들은 "신, 국가, 엄마, 애플파이"라는 말에 그러하듯 "삶의 의미"라는 말에도 움찔하는 경향이 있다. 문학비평가 테리 이글턴은 이렇게 말했다. "포스트모던의 진보적 자본주의는 실용주의적이고 도시 물정에 밝은 풍조인데, 거기에 큰 그림과 거대담론에 대한 회의론까지 어우러져 …… '삶'은 신빙성을 잃은 총체적 실재 중 하나로 변했다. …… 포스트모던 사상가에게는 '의미'조차도 수상한 단어가 됐다. …… 의미란 어떤 하나가 다른 하나를 대변하거나 대신할 수 있음을 전제하는데, 일각에서는 이를 한물간 전제로 취급한다."[15] 우주가 참으로 무심하고 무의미할진대, 그래서는 안 된다고 생각할 까닭이 무엇이냐는 것이다.

　네이글도 의미를 당연히 기대하면 삶이 부조리로 느껴질 수 있다고 말했다. 반대로 세상이 왜 모양이냐는 한탄을 그치면 불안감과 부조리도 사라질 것이다. 삶이 무의미한 것은 오직 우리가 의미를 고집하기 때문이라고 그는 결론지었다.[16] 사실 일각에 따르면 "깊은' 의미라는 개념 자체가 늘 우리를 궁극적 의미라는 망상을 추구하도록 유혹하므로, 그 개념을 버려야만 자유를 얻을 수 있다."[17]

　삶에서 의미를 포기하는 게 왜 해방일 수 있을까? 삶 자체에 의미가 있다고 말하려면, "바른 삶과 바른 존재"의 도덕적 기준을 전제하고 모두가 거기에 따라야 한다. 이는 어떤 하나의 바른 삶과 존재 양식이 존재한다는 뜻인데, 그러면 삶의 방식을 우리 스스로 결정할 수 있는 자유가 사라진다.

삶의 궁극적 의미가 존재한다면 그 의미를 스스로 창출할 자유가 우리에게는 없다. 그래서 하버드의 과학자 스티븐 제이 굴드(Stephen Jay Gould)는 삶의 의미란 아예 없으며, 이 사실이 "표면상 거슬리거나 두렵기까지 할 수 있으나 결국은 해방을 가져다준다. …… 해답을 우리 스스로 궁리해야 한다"라고 했다.[18] 그렇게 본다면 삶의 궁극적 의미가 없다고 믿는 게 곧 해방이다. 모던 시대에 우리는 삶의 의미를 잃고 슬퍼했으나, 자유 시대인 포스트모던 시대의 우리는 그 개념 자체가 없어져서 후련하다고 말한다.[19]

의미를 찾으려는 집요한 욕구,
못 찾은 낭패감

하지만 우리는 정말 그렇게 말할까? 게다가 '우리'란 누구인가?

텔레비전 드라마 〈파고〉(Fargo) 시즌 2에 보면, 의미에 대한 카뮈의 근대적 비관론을 주제로 한 "시시포스의 신화"라는 제목의 회차가 있다. 그 전의 한 회차에서 노린이라는 십 대 소녀가 이런 말을 한다. "카뮈가 그랬다죠. 우리 모두가 죽을 거라서 삶은 장난이 돼 버렸다고."[20] 과연 드라마 줄거리는 카뮈의 부조리 철학과 일치하는 듯 보인다. 옳은 일을 하려는 사람은 사사건건 위협당하거나 뜻이 꺾인다.

그런데 드라마의 다른 등장인물 페기는 카뮈라는 우울한 프랑스인보다 포스트모던 사상가인 존 핸리 시니어(John Hanley Sr.)의 영향을 받았다. 핸리가 설립한 회사 라이프스프링(Lifespring)은 "최선의 당신"을 찾도록 돕는 일을 전문으로 한다. 핸리는 "의미를 찾으려는 사람은 모순과 무의미밖에 얻지 못한다. [당신이] 되고 싶은 사람의 모습을 생각할 게 아니라 그냥 그 사람이 되라"라고 썼다.[21] 삶의 의미를 찾으려 하지 말고 그냥 스스로 의미를 만들어 내라는 것이다.

그러나 페기가 자아를 실현하기 위해 노력하던 중 재앙을 만나고, 그녀의 남편 에드는 부부가 꿈꾸던 가정을 일구려다 죽는다. 선량한 경찰 루 솔버슨은 페기에게 이 비보를 전할 때 자기도 모르게 카뮈의 말을 인용한다. "당신 남편이 무슨 일이 있어도 가정을 지키겠다고 했을 때, 나는 못 알아듣는 척했지만 사실은 알았다오. 그것은 우리 모두가 밀어 올리는 바위 같은 거지요. 다들 짐이라고 부르지만 사실 그건 우리의 특권이오." 고통과 죽음마저 무릅쓰고 가족을 사랑하는 일은 루 솔버슨에게 전혀 부조리가 아니다. 오히려 그것이 삶에 의미를 부여해 준다.

솔버슨은 삶이 비루하고 잔인하고 덧없지만 그래도 의미 있다고 볼 줄 알았다. 이 능력의 근원을 그의 아내이자 암으로 죽어 가는 젊은 엄마인 벳시의 말에서 엿볼 수 있다. 노린이 부루퉁해져서 벳시를 보며 말한다. "카뮈가 그랬다죠. 죽을 게 빤하니까 삶은 부조리라고." 그러자 벳시는 "제정신이 아니고서야 그렇게 미련한 말을 할 사람은 아무도 없어요. 우리가 이 땅에 보내진 건 할 일이 있어서고, 각자 그 일을 할 시간을 받은 거죠." 그리고 그녀는 이렇게 말을 잇는다. "삶이 끝나서 주님 앞에 설

때 어디 한번 그렇게 말해 보세요. 당신이 이렇게 산 건 다 그 프랑스 사람의 실없는 말 때문이었다고 말이에요."[22]

솔버슨가(家)가 삶을 들여다보는 렌즈에는 장밋빛 색조가 조금도 없다. 그들은 세상의 어둠을 본다. 하지만 그들은 목적이 없어 고민하는 근대인도, 제멋대로 자유롭게 의미를 지어내는 탈근대인도 아니다. 차이점은 그들의 신념에 있다. 이 신념에 따르면 그들은 인생의 과제를 "주님"께 받았고, 제 방식대로 살지 않고 그 소명에 충실한 사람은 최후에 인정을 받는다.

체호프, 카프카, 사르트르, 카뮈 같은 근대 작가의 작품을 보면(조셉 콘라드, 버지니아 울프, E. M. 포스터, 사무엘 베케트는 말할 것도 없다) "의미를 찾으려는 집요한 욕구와 그 의미가 묘연하기만 하다는 낭패감"이 드러난다.[23] 방식만 다를 뿐 그들이 이구동성으로 하는 말은, 이제 우리는 더는 신과 종교에 의지해 삶에 의미를 부여할 수 없다는 것이다. 하지만 그런 진술에서 "우리"라는 단어는 무슨 뜻인가? "우리 대다수 인간"이라는 뜻인가? 1장에서 봤듯이 그것은 거짓이며, 앞으로도 참이 되기는 어렵다. 솔버슨가의 예에서 보듯이 우리네 가정(家庭)은 이생의 악과 고난이라는 구렁텅이를 감상적이거나 고지식하지 않게 똑바로 볼 수 있다. 큰 비극을 경험하면서도 신에게서 삶의 소명과 목적을 받았음을 믿기에 삶에 의미를 부여하며 삶을 살아갈 수 있다.

각자 삶의 의미를 지어내라?

〈파고〉의 경고에도 불구하고, 많은 세속적 사상가와 작가의 말은 라이프스프링의 존 핸리 시니어와 아주 비슷하다. 앞서 봤듯이 스티븐 제이 굴드는 우주에 목적이 없기에 우리 각자는 자유롭게 삶의 의미를 지어낼 수 있다고 말했다. 시카고대학교의 제리 코인(Jerry Coyne) 교수도 똑같이 말한다.

> 우주론은 목적의 증거나 …… 신의 증거를 손톱만큼도 내놓지 못한다. …… 세속주의자가 보는 우주는 분명한 목적이 없다. 그래서 우리는 목적과 윤리를 스스로 지어내야 한다. …… 하지만 우주는 목적이 없어도 우리 삶은 그렇지 않다. …… 스스로 만들어 내는 목적이 곧 실재다.[24]

포스트모던 문화는 모든 삶에 의미가 존재한다는 주장을 일종의 속박으로 본다. 그렇게 본다면 아무도(물론 어떤 종교 기관도) 우리에게 어떻게 살아야 할지를 말해 줄 권리가 없다. 코인의 말처럼 우리 스스로 의미를 만들어 내면 된다. 세상과 인류는 목적이 없으나 덕분에 우리 스스로 자유롭게 목적을 창출할 수 있다.

세속적인 어느 작가는 "무신론 때문에 삶이 무의미해지는가?"라는 블로그 게시물에, 자신이 한때 기독교인이었으나 더는 아니라고 설명했다. "내게 삶의 절대적 목적이 없는 건 사실이다. '하나님을 영화롭게 한다'라는 헌신은 이제 끝났다. 하지만 스스로 목적을 지어내는 일은 스릴 만점이다. 내 인생은 한 편의 소설이고 작가는 나다. 이 자유에서 활력이 솟아난다. …… 삶이란 내가 만들어 내는 만큼 행복하고 의미 있다."[25]

과연 그럴까? 무의미한 우주에 이처럼 낙관적으로만 접근하는 사람에게는 두 가지를 물어야 한다. '그 입장은 우리를 납득시킬 만큼 일관성이 있는가? 그리고 우리 일상생활에 실제로 통하는가?'

우선 일관성의 문제부터 살펴보자. 테리 이글턴이 지적했듯이 포스트모더니즘(postmodernism)은 자유라는 미명하에 모든 절대 가치와 내재적 의미를 비난하지만, 그러느라 "논증 속에 어떤 절대 가치를 …… 슬쩍 도용한다."[26] 예컨대 자유는 왜 그토록 중요한가? 그것은 왜 의문의 여지없는 절대적 "선"이며 누가 그렇게 규정했는가? 이는 가치중립 아닌 기준을 전제로 해서 다른 모든 인생관을 비판하는 게 아닌가? 그리하여 의미의 질문에 실제로 만인 보편의 해답을 내놓는 게 아닌가? 스스로 의미를 결정할 자유를 누리는 게 곧 삶의 의미라고 말이다. 그렇다면 남에게 하지 말라고 한 일을 정작 자신은 하고 있는 게 아닌가?

포스트모던이 의미에 접근하는 이 같은 방식은 썩 일관성이 없다. 그렇다면 그게 실제로 통하기는 할까? 이글턴은 그 차원에서도 부실하다고 봤다. 그에 따르면 "삶이란 내가 해석하기 나름"이라는 관점은 "심각한 자아도취로 보인다. 도대체 어느 때에나 우리는 자아에서 벗어날 것인가? 내게 맞서 저항하거나 나를 저지할 수도 있어야 진정한 의미가 아닌가? …… 이 문제에 대해 삶 자체도 반드시 발언권이 있어야 한다."[27]

그는 정말 우리가 삶에서 뭔가를 취해서 그 의미를 스스로 "지어낼"

수 있겠느냐고 반문한다. 이어 "실제로 그렇게 믿는 사람은 아무도 없다"라고 답하며 이런 예를 든다. 사력을 다해 호랑이를 얌전하고 푸근한 동물이라고 "해석해" 보라. 실제로 그것을 시도하다가는 "아예 살아남지 못할" 것이다. 세상은 "우리 해석과는 독립적으로" 존재하기 때문이다.[28]

이전에 내가 알던 한 청년은 다 자란 후에도 키와 몸집과 몸무게가 평균을 훨씬 밑돌았다. 그런데도 풋볼을 하고 싶어 했다. 평균보다 훨씬 큰 선수들과 함께 경기하다 보니 부상당하기 일쑤였다. 부모가 아무리 말려도 그는 평생 선생님들에게 들었던 말만 되풀이했다. 마음만 먹으면 정말 무엇이든 될 수 있으며, 삶이란 각자 해석하기 나름이라는 것이었다. 그러면서 "영화 〈루디 이야기〉(Rudy)도 못 보셨어요?"라고 되물었다.

누군가 그에게 이글턴의 예화와 결론을 부드럽고도 단호하게 말해 줬어야 한다. 삶이란 결코 해석하기 나름이 아니다. 대개 삶은 있는 그대로다. 우리에게는 삶에 의미를 부여할 완전한 자유가 없다. 그보다 우리는 삶을 존중해서, 있는 그대로의 세상에 부합하는 의미를 '발견해야' 한다.

신 없는 삶의 의미란 실제로 가능할까? 공공 담론에는 신 없는 삶이 부득불 무의미하고 피폐하며 통하지도 않는다고 주장하는 종교적 목소리가 가득하다. 반면에 자신이 삶의 의미에 만족할 뿐 아니라 신앙인에게 없는 자유까지 누리고 있다고 주장하는 세속적인 사람도 많다. 어느 쪽이 옳을까? 신을 전혀 믿지 않고도 삶의 의미를 얻을 수 있을까? 모두에게 공평하기 위해, 내 답은 그렇기도 하고 아니기도 하다.

우선 긍정으로 답한 것은 우리의 정의(定義)로 보나 삶의 경험으로 보나 세속적인 사람도 의당 삶의 의미를 알 수 있기 때문이다. 앞서 정의한

"의미"란 목적도 있고 자신이 외부에 유익을 끼친다는 확신도 있는 상태다. 당신이 정한 삶의 의미가 좋은 부모가 되는 것, 중요한 정치적 대의에 헌신하는 것, 불우한 청소년에게 가정교사가 되어 주는 것, 위대한 문학을 즐기고 문학 발전에 기여하는 것 등이라면 당신의 삶은 이 정의대로 의미가 있다. 세속적인 수많은 사람들이 그렇게 살아가고 있고, 카뮈처럼 우울하게 고생을 사서 하지 않는다. 실존에 대한 근본적 의문의 답을 몰라도 얼마든지 삶의 일과(日課) 속에서 큰 목적을 찾을 수 있다.

그러나 나는 '아니거나'라고 부정으로도 답했다. 세속적인 사람들은 이른바 "내재하는" 의미와 "부여하는" 의미의 중대한 차이를 인정하려 들지 않는다. 신을 믿는 전통적 믿음은 그중 전자인 발견하는 의미의 기초였다. 이는 당신의 내적 감정이나 해석과 무관하게 존재하는 객관적 의미다. 하나님이 우리를 특정한 목적을 위해 지으셨다면 우리가 받아들여야만 할 내재적 의미가 존재한다.

세속적인 사람에게 있는 의미란 '발견하는 의미'가 아니라 '지어내는 의미'다. 이는 객관적으로 "존재하는" 게 아니라 주관적이며 전적으로 우리 느낌에 의존한다. 정치를 변화시키거나 행복한 가정을 일구기 위해 살겠다는 결심은 당연히 활력적인 의미로 작용할 수 있다. 그러나 나는 지어내는 의미가 발견하는 의미보다 훨씬 깨지기 쉽고 내실이 없다고 주장하고 싶다. 구체적으로 말해서 발견하는 의미는 지어내는 의미보다 더 이성적이고 더 공동체적이며 더 영속적이다.

'지어내는 의미'는 덜 이성적이다

삶의 의미에 관한 한 기독교가 더 이성적이라는 말은 이상하게 들린다. 그러나 이는 현실적인 수준에서 삶의 의미를 입증하는 방식이 그렇다는 말이다.

토머스 네이글도 "부조리"라는 글에서 말하기를, 직업과 돈벌이 등 어떤 활동이 의미 있으려면 다음 질문에 답해야 한다고 했다. '이 모두는 무엇을 위한 것인가? 목적이 무엇인가?' 그도 동의했듯이 우리는 자신의 활동을 "나보다 큰 무엇"과 연결시켜야 한다고 느낀다. 예컨대 건강을 돌보는 목적은 무엇인가? 일하기 위해서라고 답한다 하자. 그럼 일하는 목적은 무엇인가? 돈을 벌어 가족을 부양하기 위해서 또는 일자리를 창출하고 자선단체에 기부해 빈곤을 퇴치하기 위해서라는 답이 가능하다.[29]

하지만 문제는 동일한 물음이 계속 꼬리를 문다는 것이다. 끝없는 의문이다. '그럼 그것의 목적은 무엇인가? 그것이 낳는 변화는 무엇인가?' 그렇게 사슬의 위쪽으로 올라갈수록 답을 찾기는 점점 더 어려워진다. 예컨대 당신의 의미가 인간관계와 연계되어 있다면, 그 사람들은 결국 죽는다.[30] 당신이 지구를 보존하는 방법이나 미래 세대를 생각한다면, 이 또한 다 지나갈 것이다. 앞서 정의한 삶의 의미란 "변화를 낳는" 것인데, 세속적 관점에서 결국 우주가 내놓는 최종 답은 그 무엇도 변화를 낳지 못한다는 것이다. 네이글은 이렇게 썼다.

설령 당신이 위대한 문학 작품을 남겨 그게 수천 년 후까지 읽힌다 해도, 결국 태양계가 식거나 우주가 풀어져 붕괴되면 당신의 모든 수고는 흔적조차 없이 사라진다. …… 문제는 이생의 크고 작은 행동이 대부분 정당화된다 해도, 인생 전체의 의미는 무엇으로도 설명할 수 없다는 것이다. …… 당신이 아예 존재하지 않았더라도 상관없고, 죽고 나면 당신이 존재했다는 사실도 부질없다.[31]

이생이 전부이며 신도 없고 물질세계 너머의 삶도 없다면, 당신이 집단학살을 일삼는 미치광이든 이타주의자든 결국 상관없다. 아프리카의 기아를 퇴치하든 잔인무도하고 탐욕스럽게 빈민을 아사시키든 상관없다. 당신이 하는 일은 결국 아무런 변화도 낳지 못한다. 지상에 머무는 잠시 동안 일부 사람을 더 기쁘거나 슬프게 할 수는 있겠지만, 그 너머로 범위를 조금만 더 넓혀도 당신의 좋고 나쁜 영향력은 있으나 마나다. 당신의 모든 활동과 그 대상, 함께한 사람도 모두 영영 사라진다. 결국 무슨 일을 하든 조금도 중요하지 않다. 영원한 의미란 없다.

앞서 말했듯이 포스트모던 문화의 많은 사람은 삶의 의미에 대한 본질적 질문을 하지 않도록 자신을 훈련해야 한다고 믿는다. 즉 우리는 세속적 관점대로라면 완전히 무(無)인 자신의 모든 활동의 궁극적 결과를 생각하지 않도록 스스로 단련해야 한다. 그런 생각일랑 떨치고 현재에 집중해야 한다. 바로 여기서 나의 첫 요지가 확증된다. 세속적인 사람이 의미 있는 삶을 영위하려면 큰 그림을 별로 생각하지 않는 법을 익혀야 한다. 세상에 대한 자기 이성의 목소리를 정서적 경험과 떼어 놓아야 한다. 의미를 느끼려면 합리성을 버리고 사고와 성찰을 억제해야 한다.

홀륭한 대법원 판사였던 올리버 웬델 홈즈 주니어(Oliver Wendell Holmes Jr.)는 친구에게 이런 편지를 썼다. "냉철하게 생각"한다면 현대인은 "인간이 결국 원숭이나 모래알의 의미와 다를 이유가 없음"을 인정해야 한다. 현대 세속주의자들이 삶 전체를 우연히 임의로 진화한다는 철저히 유물론적인 세계관으로 대하는 만큼 인간의 중요성은 전무하다는 뜻이다. 그런데 그는 여기에, 이런 생각이 고개를 쳐들 때면 "아래층으로 내려가 홀로 카드놀이를 해야" 한다고 덧붙였다. 이런 신념을 품은 사람치고 누구도 그 신념에 함축된 의미를 애써 머릿속에서 떨쳐 내지 않고는 일상생활에서 평안과 의미를 얻을 수 없다.[32] 문제는 생각을 그만두기도 힘들뿐더러, 본질적 의문이 자꾸만 떠오를 수 있다는 것이다.

《톨스토이 참회록》(A Confession)에 보면 레오 톨스토이(Leo Tolstoy)는 50세 무렵까지 크게 성공해서 살다가 그제야 깨달았다. 사랑하는 이가 모두 죽어 곁을 떠나리라는 것과 자신의 작품이 결국은 모두 잊히리라는 것을 말이다. 그러자 "이런 의문이 들었다. '왜 살아야 하는가? 왜 뭔가를 바라거나 행해야 하는가? …… 내 삶에 의미가 있는가? 나를 기다리는 필연적인 죽음이 앗아 가지 못할 그런 의미 말이다.'"

톨스토이는 또 이렇게 물었다. "어떻게 우리는 이것을 보지 못할 수 있는가? …… 그게 놀라울 따름이다! 사람은 삶에 취해 있을 때에만 살아갈 수 있다. 정신이 깨어나는 순간 이 모두가 지독한 기만일 뿐임을 본다!"[33] "정신이 깨어난" 그는 이제 이성적으로(홈즈의 표현으로 "냉철하게") 사고했다. 영원한 객관적 의미가 없음을 깨달았기에, 다시 소설을 쓰고 가족을 사랑하는 삶으로 돌아갈 수 없었다. 성찰하기 전 상태로 돌아갈 수 없었다.

톨스토이와 똑같은 문제를 C. S. 루이스(C. S. Lewis)도 현대의 신념인 진화생물학으로 색깔을 입혀 표현했다.

> 당신은 그냥 최대한 좋은 시간을 보내기로 결심할 수 있다. 무의미한 우주지만 어차피 존재하는 당신이니 움켜쥘 수 있을 만큼 움켜쥐어라. 불행히도 …… 당신은 가장 저급한 동물적 의미에서가 아니고는 한 여자를 사랑할 수 없다. 그녀의 존재와 성품의 모든 아름다움이 원자의 충돌로 빚어진 덧없고 우연한 패턴임을, 이에 대한 당신의 반응도 유전자 활동에서 비롯된 일종의 정신적 인광(빛의 자극을 받아 빛을 내던 물질이, 그 자극이 멎은 뒤에도 계속해 내는 빛-편집자 주)에 불과함을 당신이 안다면 (그리고 계속 떠올린다면) 말이다. 음악의 의미심장한 선율을 순전히 환영으로만 알고 되새긴다면, 음악에서 아주 진지한 즐거움을 계속 얻기 어렵다. 당신이 음악을 좋아하는 이유가 오직 음악을 좋아하도록 비이성적으로 조건화된 신경계 때문임을 안다면 말이다. 여전히 당신은 가장 저급한 의미에서 "좋은 시간"을 보낼 수 있다. 그러나 그 시간이 아주 좋아져서 행여 당신을 불감의 관능에서 진정한 온기와 열정과 기쁨 쪽으로 밀어붙일라치면, 그때부터 당신은 자신의 감정과 실제로 살고 있(다고 생각하는) 우주 사이에서 절망적인 부조화를 느낀다.[34]

이에 반해서 기독교 신자에게는 삶의 의미와 목적이 정반대 방향으로 전개된다. 기독교인은 스스로에게 "우주에 대한 네 믿음 속에 함축된 의미를 그만 생각하라"라고 말하지 않는다. 반대로 만일 기독교인이 의기소침하고 삶을 무의미하게 느낀다면, 어떤 의미에서 그가 충분히 이성적이지 않기 때문이다. 우주에 대한 자신의 믿음에 함축된 의미를 충분히 생각하고 궁리하지 않기 때문이다.

기독교인은 하나님이 계셔서 사랑으로 우리를 지어 그분을 알게 하셨다고 믿는다. 그런데 인류가 그분을 떠나 길을 잃었다. 하지만 그분은 우리를 되찾겠다고 약속하셨다. 하나님이 세상에 보내신 그분의 아들이 십자가에서 친히 무한한 대가를 치르시고 죄와 사망의 세력을 꺾으셨다. 기독교의 가르침에 따르면 예수님은 죽음에서 부활해서 하늘로 오르셨고, 지금 역사를 다스리시며 미래의 새 하늘과 새 땅을 준비하고 계신다. 죽음과 고난이 없는 거기서 우리는 영원히 그분과 함께 살 것이다. 그때 우리 마음의 가장 깊은 열망도 다 실현될 것이다.

당신이 만일 자신이 하나님께 누구이며 장차 자신에게 무엇이 예비되어 있는지에 대한 신념을 품은 그리스도인인데 평안과 삶의 의미를 누리고 있지 못하다면, 충분히 사고하지 않기 때문이라고 말해도 무방하다. 현대인은 그나마 한때의 피상적인 평안이라도 얻으려면 자신의 상황을 너무 깊이 생각하지 말아야 한다. 그러나 기독교가 주는 평안과 삶의 의미는 자신의 신념을 최대한 인식하고 되새길수록 더 깊어진다.

발견하는 삶의 의미란 없고 지어내는 의미만 있다고 믿는다 해도 막상 거시적 사실, 즉 당신의 어떤 활동도 결국 아무런 차이를 낳지 못한다는 사실을 생각하기 시작한다면, 그때부터 당신에게도 모더니즘을 따르는 사람들의 공포나 욕지기가 느껴질 것이다. 물론 당신은 그런 생각을 할 필요가 없다. 그냥 머릿속에서 떨쳐 내면 된다. 오늘날 세속 문화의 대다수 사람이 그렇게 살아간다. 하지만 그게 내 첫 요지다. 이는 삶의 의미를 얻는 매우 이성적인 방법이 아니다. 지어내는 의미는 발견하는 의미를 품고 살아갈 때보다 덜 이성적인 생활방식이다.

'지어내는 의미'는 덜 공동체적이다

근대 이전까지만 해도 삶의 의미의 주된 출처인 종교, 가정, 예술은 서로 긴밀히 얽힌 공적인 문제였다. 사실 개인이 자기 삶의 의미를 혼자서 찾는 일은 바람직하지 않거나 불가능하게 여겨졌다.[35] 하버드의 철학자 조사이어 로이스(Josiah Royce)는 1908년에 *The Philosophy of Loyalty*(충성심의 철학)에서 인간에게 의미가 필요한 이유를 탐색했다. 왜 그냥 일하고 먹고 자고 일상생활의 정규 활동을 하는 것만으로 부족한가? 그는 답하기를, 인간은 개인의 이해관계보다 더 중요한 대의에 헌신하지 않고는 살 수 없다고 했다. 기꺼이 희생할 만한 대의가 필요한 것이다. 그는 우리가 삶의 의미를 각자의 행복보다 중시할 때에만 행복하다고 믿었다.[36]

로이스는 삶의 의미를 찾으려면 개인주의를 버려야만 한다고 믿었다. "개인주의자는 개인의 이익을 첫자리에 두어 자신의 고통과 쾌락과 실존을 최대 관심사로 여긴다." 현대 개인주의자가 보기에 충성심과 자기희생은 착취와 폭정을 자초하는 행위다. 그들에게 "개인의 이익보다 중요한 것은 없으며, 사람이 죽으면 끝이므로 자기희생은 무의미하다."[37]

물론 폭정은 큰 악이다. 그렇다고 개인주의를 이를 극복하는 답으로 볼 수는 없다고 로이스는 말한다. 사람마다 각자의 의미만 추구하면 공동의 가치와 의미가 줄어들어 결국 사회적 연대와 공공 제도가 위축된다. 결국 이 모두는 난감한 양극화와 분열을 초래한다. 게다가 로이스는 개인주의가 오히려 개인의 행복을 저해한다고 역설했다. "삶을 잘 견뎌 내려면 자아보다 큰 무엇에 헌신해야 한다. 그렇지 않으면 자기 욕심에 휘둘릴 수밖에 없는데, 욕심이란 덧없고 변덕스럽고 만족을 모른다."[38]

로이스가 보기에, 공동체적인 발견하는 의미는 20세기 첫 10년에 개인이 지어내는 의미에 밀려나기 시작했다. 같은 세기 마지막 10년에 강의한 찰스 테일러가 보기에, 결국 승자는 현대 개인주의였다. 그는 우리 문화가 합의한 것을 이렇게 정의했다. "누구나 각자의 삶을 개발할 권리가 있고, 그 근거는 '무엇이 정말 중요하거나 가치 있는가'에 대한 각자의 생각에 있다. …… 다른 어느 누구도 그 내용을 지시할 수 없으며 그래서도 안 된다."[39] 테일러에 따르면 개인주의적인 지어내는 의미는 필연적으로 "무른 상대주의"를 낳는다. 누구도 남의 의미나 가치가 틀렸다고 지적해서는 안 되기 때문이다. 그 결과 우리 사회의 바람직한 이상은 그의 표현처럼 "지독히도 모호해진다."[40]

예컨대 우리는 빈민을 굶어 죽게 방치하는 것이 잘못이라고 믿을 수 있지만, 의미를 지어내는 문화에서는 그게 왜 잘못인지 이유를 댈 수 없다. 당신에게는 빈민을 돕는 게 삶의 의미일 수 있으나 내게는 빈민을 짓밟고라도 부자가 되는 게 삶의 의미일 수 있다. 그렇다면 의미를 스스로 지어내는 정황에서, 당신은 내가 선택한 삶의 의미가 왜 잘못인지 설명할 수 있는가? 그게 잘못이 되려면 다른 외적인 의미를 받아들여야만 하지 않겠는가? 그렇지 않고서야 무슨 근거로 잘못이라 말할 수 있단 말인가?

테일러에 따르면 과거와 달리 오늘날 "도덕적 입장의 근거는 전혀 이성이나 순리가 아니다. 결국 마음에 끌린다는 이유로 각자 자기 입장을 취할 뿐이다."[41] 이는 내면의 느낌이 서로 다른 사람끼리는 대화할 길이 없다는 뜻이다. 누구나 각자의 의미를 정할 자유가 있기에, 도덕적 분쟁을 판결할 공동의 권위는 존재하지 않는다. 혹 당신은 "아무리 자유로워도 그 자유로 남에게 해를 끼쳐서는 안 된다"라고 항변할지 모른다. 그러나 실제로 "해"가 무엇인지 규정하려면 행복한 삶이 무엇인지부터 정의해야 한다. 서로 다른 관점이 많은데 그중 누구의 정의를 나머지 모두에게 강요할 것인가? 게다가 그렇게 강요하면, 행복한 인생관을 누구나 각자 추구하고 지어내야 한다는 신념과는 어떻게 조화를 이룰 수 있겠는가?

결국 빈민 문제에 이견을 품은 사람이 "끝내 본래 입장을 고수한다면 어떤 말로도 그를 반박할 수 없다."[42] 발견하는 의미를 공유하지 않은 사회에서는 남에게 "그러면 안 됩니다!"라고 말할 근거가 없다. 지어내는 의미는 사회 정의를 추구하는 근거가 될 수 없다. 예를 들어 마틴 루터 킹 주니어는 남부 백인 기독교인에게 인권 지지를 호소할 때, 모든 사람이 각자 주관대로 살아갈 자유가 있어야 하기 때문이라고 말하지 않았다. "나에게는 꿈이 있습니다"라는 연설에 그는 아모스 5장 24절을 인용해서, 나라에 정의가 강같이 흐르게 할 것을 촉구했다.[43]

테리 이글턴이 지적했듯이, 각자 의미를 지어내야 한다는 세속주의의 보편 입장은 후기 근대(late-modern) 자본주의의 소비지상주의와 너무도 비슷하다. 이글턴에 따르면 "자본주의 모더니즘"은 모든 것을 사적인 상품으로 전락시킨다. 한때 공동체가 품고 이뤄 내던 자녀양육, 음악회, 기도와 예배 같은 성취마저도 이제 각자의 취향과 편의에 따라 판단하고 계산하고 소비하는 사적인 선택으로 변했다.[44] "이제 삶의 의미 문제는 만족을 유도하는 과학기술자와 정신 안마사의 …… 손에 달려 있다."[45]

요컨대 스스로 의미를 지어낼 자유가 있다는 사람이 사실은 역설적으로 생각보다 덜 해방되어 있고, 소비지상주의와 개인주의 문화에 더 노예가 되어 있을 수 있다.

'지어내는 의미'는 덜 영속적이다

이렇듯 지어내는 의미는 발견하는 의미보다 덜 이성적이고 덜 공동체적이다. 나아가 그것은 덜 영속적이기도 하다. 역경과 고난을 헤쳐 나가게 해 줄 힘이 부족하다.

세속주의는 신봉자가 자신의 주된 의미를 이생에서 찾아야 하는 유일한 세계관이다. 다른 모든 세계관은 이생이 전부가 아니라고 보지만 세속주의만은 반대다. 기존의 모든 종교와 문화는 고난과 죽음에서도 이생 너머의 더 중요한 무엇을 긍정할 수 있었다.[46] 그러나 세속적인 사람이 지어내는 의미는 물질세계 내의 뭔가에 중심을 두어야만 한다. 예를 들어 당신은 가정이나 정치적 대의나 직업 분야에서 무언가를 성취하기 위해 살아갈 수 있다. 따라서 삶이 의미 있으려면 순탄해야만 한다. 고난은 당신의 의미를 방해하다 못해 아예 망쳐 놓을 수 있다. 의미에 세속주의 식으로 접근하면, 당신은 세상살이의 현실 앞에서 극도로 취약해질 수 있다.

빅터 프랭클(Victor Frankl)은 2차대전 중에 죽음의 수용소에서 살아남은 유태인 의사다. 《죽음의 수용소에서》(Man's Search for Meaning, 청아출판사 역간)라는 유명한 책에 그는 왜 어떤 사람은 그 끔찍한 상황에서도 힘과 덕을 잃지 않은 데 반해 다른 사람들은 그냥 포기했거나 심지어 살아남고자 부역자가 됐는지를 탐색했다.[47] 결론은 각자 추구하는 삶의 의미와 상관이 있었다. 많은 사람은 승진이나 사회적 지위나 가정을 의미로 삼았다. 그런데 이런 의미는 이생에 근거했기에 죽음의 수용소에서 완전히 쓸려 나갔다. 일부는 심리적, 영적으로 무너져 대개 그냥 "포기하고" 죽었다.[48] 일부는 도덕적으로 무너졌다. "그들은 목숨을 건지기 위해서라면 잔인한 폭력, 도둑질, 친구에 대한 배반 등 …… 어떤 수단도 마다하지 않았다."[49]

무너지지 않은 사람에게는 이생의 상황을 초월하는 다른 기준점이 있었다. 많은 수감자가 "깊고 강건한 종교적 신념"으로 되돌아가 "신입자를 놀라게" 했다.[50] 수용소의 한 여자는 "여기 들어오기 전까지만 해도 나는 성격이 못됐고 영적 성취를 진지하게 여기지 않았습니다"라고 말했다.[51] 프랭클 박사는 수감자들에게 강연할 때면 고난에 "존엄성과 의미"를 불어넣어 주고자 이렇게 말했다. "힘든 시기를 보내는 우리를 친구, 아내, 살아 있거나 죽은 어떤 사람, 신 등 누군가가 내려다봅니다. 그는 우리가 실망시키기를 원하지 않습니다."[52]

프랭클이 발견한 바에 따르면, 수감자의 인간다움이 살아남으려면 삶의 주된 의미를 초월적 기준점으로, 즉 이생과 이 세상 너머로 옮기는 길밖에 없었다. 세속 사회 바깥의 다른 종교와 문화는 각자 그 역할을 한다. 삶의 궁극적 의미는 윤회 사슬에서 벗어나 영원한 지복에 들어가는 것, 세상의 환영을 탈피해서 우주의 영혼과 합일하는 것, 가정에 충실해 명예롭게 살다가 조상과 함께 영면하는 것, 기독교 신앙의 경우 그리스도를 닮은 모습으로 영원히 사랑과 영광 가운데 하나님 및 사람들과 함께 사는 것일 수 있다. 각 경우마다 삶의 의미는 역경 앞에 무너질 수 없다.

예를 들어 삶의 궁극적 의미가 하나님을 알고 기쁘시게 하고 본받고 그분과 함께하는 것이라면, 고난은 오히려 삶의 의미를 강화해 준다. 고난으로 그분과 더 가까워질 수 있기 때문이다. 인류학자에 따르면 세속적 문화를 제외한 모든 문화는 구성원에게 고난을 통해 오히려 덕스러워질 수 있는 자원을 제공한다. 그들은 고난을 반기지는 않지만 고난을 궁극적인 목표에 유익하고 의미 있는 것으로 본다. 세속적 문화만이 고난을 삶의 목표를 방해하거나 무너뜨리는 우연하고 무의미한 것으로 본다. 그래서 우리 사회에서는 고통까지 포함해서 삶 전체의 선(善)을 온전히 긍정하기 어렵다.[53]

앞서 봤듯이 카뮈는 인간이 삶에서 가장 바라는 게 사랑의 관계를 잃지 않는 것이라고 했다. 그는 피할 수 없는 죽음이 사랑을 앗아 가므로 삶은 무의미하다고 결론지었다. 카뮈를 너무 우울하다고 보는 사람도 많지만, 나이가 들수록 그의 말에 더 공감이 간다. 죽음을 정말 사랑의 종말이라 믿는다면, 나이가 들면서 죽음을 너무 많이 생각하고 싶지 않을 것이다. 그러나 기독교인처럼 죽음을 오히려 더 크고 끝없는 사랑의 관계 속으로 들어가는 관문이라 믿는다면, 깊이 생각하고 묵상할수록 죽음에 직면하는 게 더 쉬워질 뿐이다.

고난과 죽음을 잘 맞이하도록 사람들을 준비시켜 주는 면에서 보자면, 현대 서구 사회는 세계 역사상 최악의 사회일 것이다. 지어내는 의미는 덜 이성적이고 덜 공동체적일 뿐 아니라 덜 영속적이기 때문이다.[54]

고난도 앗아 갈 수 없는 목적을 받다

이런 논의에서 신자와 회의론자는 서로 불필요하게 모욕하는 일을 피해야 한다. 견해가 극명하게 갈리더라도 말이다. 지어내는 주관적 의미도 인생에 도움이 되므로 신자는 비신자에게 "당신의 삶은 무의미하다"라고 말해서는 안 된다. 그러나 이쯤 되면 신을 믿지 않는 사람들도 알았으면 좋겠다. 예수 그리스도를 믿는 많은 사람이 왜 기독교를 받아들이기 전에는 삶의 의미가 풍성하지 못했다고 느끼는지를 말이다. 과거의 그들은 삶의 목적이 취약해서, 생각이 과하거나 역경이 닥치면 금세 흔들렸다. 그러나 이제는 생각을 지속하거나 심지어 고난이 닥쳐와도 목적이 더욱 다져질 뿐이다.

기독교인의 삶이 풍성한 이유는 기독교가 의미를 부여하는 방식에도 있다. 이 방식은 세속주의뿐 아니라 타종교와도 구별된다. 업보 개념과 달리 기독교는 고난이 종종 공정하지 못할 때도 있고, 전생의 행위에 대한 응보가 아니라고 가르친다. 불교와 달리 기독교는 고난이 끔찍한 현실이며, 금욕적인 해탈로 초월해야 할 환영이 아니라고 가르친다. 그리스스토아주의 같은 고대 운명론이나 기타 체면과 명예를 중시하는 문화와 달리 기독교는 고난을 고상할 게 없다고 보며 달갑지 않게 여긴다. 그러면서도 세속주의와 달리 기독교는 고난에도 나름 의미가 있어서 사람을 훌륭하게 빚어낼 수 있다고 가르친다.

이 모든 차이의 원인은 기독교의 우주관이 아주 달라서다. 세속적 인류학자 리처드 슈웨더(Richard Shweder)는 이렇게 썼다.

> 고대 사람에게 …… 바깥세상은 행복하고 즐거웠지만 세상의 속은 심히 슬프고 어두웠다. 소위 즐거운 고대 사회는 표면상으로는 쾌활했지만 그 이면에 "우연"과 "운명"이 도사리고 있었다. 그러나 기독교인에게는 바깥세상이 어둡고 고난으로 가득하나 그 속에는 오직 순전한 지복과 기쁨뿐이다. [55]

기독교인은 자신에게 이것이 예비되어 있음을 어떻게 확신할 수 있는가? 히브리 구약성경 전도서는 의미를 추구하는 일을 집중적으로 다룬 책으로 유명하다. 그 책은 "헛되고 헛되니 모든 것이 헛되도다"(전 1:2)라는 절규로 시작한다. 저자의 논제는 "해 아래"의 삶이 무의미하다는 것이다(전 1:2-3; 2:11, 17, 20, 22). 그는 치밀한 사고 실험에 착수한다. 어떻게 이 땅의 삶을 초자연이나 신이나 영원의 존재와 별개로 취급할 것인가? 그래서 그는 모든 안락과 행복과 의미를 물질세계 울타리 내에서 찾으려 한다. 이어 감각적 쾌락, 철학과 학문, 일과 성취 등도 탐색한다. 결론적으로 이 모두는 삶의 현실과 죽음 앞에서 그에게 의미를 부여해 주지 못했다.

전도서는 수수께끼처럼 난해하고 매혹적이며 완전히 최신작처럼 느껴진다. 그런데도 성경 전체 구성에 잘 맞아든다. "해 아래"의 삶은 의미가 부실해서 우리는 다 적잖은 권태와 소외를 경험한다. 하나님과 교제하도록 창조된 우리인데, 다 그분과의 관계가 단절되어 있기 때문이다. 기독교의 가르침에 따르면 온 인류는 자기중심성과 죄 때문에 하나님의 임재와 사랑에서 떠나 있다. 그래서 인간은 누구나 수시로 목적을 찾고자 씨름한다.

예수 그리스도는 십자가에서 죽으실 때 "나의 하나님, 나의 하나님, 어찌하여 나를 버리셨나이까"(마 27:46)라고 부르짖으셨다. 기독교는 그분이 죽어 우리 죄의 벌을 대신 받으셨다고 가르친다. 그때 그분은 하나님 없는 삶의 어둠인 무의미를 경험하셨다. 쇠렌 키에르케고르(Søren Kierkegaard)가 1849년에 펴낸 책에 "죽음에 이르는 병"이라 칭한 이 영원한 욕지기는 마땅히 우리 몫이었다.[56] 우리가 하나님과 분리돼야 마땅한데 예수님이 대신 분리되어 우리 빚을 갚으셨다.

우리는 그분을 믿으면 하나님의 사랑과 용서를 받을 수 있다. 예수 그리스도가 십자가에서 하나님 없는 삶을 받으셨기에 우리는 하나님과 함께 살아갈 수 있다. 그분이 우리 삶에 들어와 우리의 불행과 죽음을 대신 당하셨기에 우리는 그분의 삶에 들어가 그분의 기쁨과 영생을 누릴 수 있다.

앞장에서 봤듯이 기독교인은 그리스인이 우주의 배후 의미이자 삶의 이유라고 직관했던 로고스가 곧 예수님이라고 믿는다. 그러나 철학자와 달리 우리가 믿는 로고스는 배워야 할 개념이 아니라 알아야 할 인격체다. 우리는 우리 쪽에서 나가서 의미를 찾아야 하는 게 아니라 의미이신 그분이 친히 우리를 찾으러 세상에 오셨다고 믿는다. 그분을 믿음으로 받아들이면 죽음의 수용소조차도 앗아 갈 수 없는 삶의 목적을 얻을 수 있다.

4

사랑의 질서가 회복되면, '누리는 즐거움'이 더 커진다

O

심리학자 조너선 하이트(Jonathan Haidt)의 《행복의 가설》(*The Happiness Hypothesis*, 물푸레 역간)은 행복을 보는 관점을 역사적으로 개괄한 책이다.[1] 그는 방금 전에 우리가 봤던 성경의 전도서로 한 장을 시작한다. 전도서 기자는 "사람이 …… 수고하는 것보다 그의 마음을 더 기쁘게[만족스럽게] 하는 것은 없나니"(전 2:24)라고 썼다. 그런데 바로 그게 손에 잡힐 듯 잡히지 않았다. 여간해서 누구도 이루기 힘든 일을 많이 성취한 그는 자기 삶을 이렇게 묘사했다.

> 나의 사업을 크게 하였노라 내가 나를 위하여 집들을 짓고 포도원을 일구며 …… 은금과 왕들이 소유한 보배와 여러 지방의 보배를 나를 위하여 쌓고 또 노래하는 남녀들과 인생들이 기뻐하는 처첩들을 많이 두었노라 …… 무엇이든지 내 눈이 원하는 것을 내가 금하지 아니하며 무엇이든지 내 마음이 즐거워하는 것을 내가 막지 아니하였으니(전 2:4,8,10).

그럼에도 그는 "내가 사는 것을 미워하였노니 …… 내가 해 아래에서 한 모든 수고에 대하여 내가 내 마음에 실망하였도다"(전 2:17, 20)라고 토로했다. 하이트는 "전도서 기자는 무의미의 두려움과만 싸운 게 아니라 성공에 따르는 실망과 싸웠다. …… **아무것도 만족을 가져다주지 못했다**"라고 요약했다.[2] 이는 인간이 고질적으로 겪는 문제이며, 현대의 많은 경험적 연구를 봐도 알 수 있다.

여러 연구 결과에 따르면 부와 만족의 상관관계는 매우 낮으며, 사회가 번영할수록 우울증도 그만큼 흔해진다.[3] 인간은 이러저러한 것이 성취와 만족을 가져다주리라 생각하지만 사실은 그렇지 못하다. 그렇다면 어떻게 해야 행복해질 수 있을까?

하이트에 따르면, 동양에서 노자 같은 중국 현인과 부처의 답, 서양에서 그리스 스토아 철학자의 답이 "고대의 행복 가설"을 이루었다. 그 원리는 다음과 같다. 성공해도 불행한 이유는 성공에서 행복을 구하기 때문이다. 부와 권력과 성취와 가정과 물질적 안정과 안락 등 세상의 외적인 조건은 일시적 만족을 줄 뿐이며, 그게 사라지면 애초에 그 기쁨을 맛보지 못했을 때보다 더 공허해진다. 만족을 얻으려면 세상을 변화시키려 할게 아니라 세상을 대하는 자신의 태도를 고쳐야 한다. 스토아 철학자 에픽테토스(Epictetus)는 "일이 당신 뜻대로 되기를 바라지 말고 제멋대로 되게 두라. 그러면 삶이 형통할 것이다"라고 썼다.[4] 부처도 가르치기를, 그렇게 하면 "쾌락이나 고통이 오더라도 현자의 심정은 쾌락과 고통을 초월한다"라고 했다.[5] 요컨대 욕심을 채우려 할 게 아니라 오히려 욕심을 억제하고 다스리라. 삶에서 수시로 맞닥뜨리는 어쩔 수 없는 상실 때문에 내면의 만족을 빼앗기기 싫거든 그 무엇에도 너무 정을 붙이지 말라.[6]

그러나 이런 만족 개념에 많은 사람이 썩 만족하지 못했다. 예컨대 하이트는 부처와 그리스인이 "너무 멀리 갔다"고 봤다.[7] 그가 지적했듯이 만족감을 높이는 데 외부 환경이 어느 정도 상관관계가 있음이 현대의 연구를 통해 밝혀졌다. 특히 사랑의 관계는 중요하다. 따라서 정을 붙이지 말라는 처방은 오히려 행복을 저해할 수 있다.[8] 철학자 알랭 드 보통(Alain de Botton)도 사랑의 관계를 행복의 근본으로 봤다. 그에 따르면 우리가 추구하는 지위와 돈 같은 외적인 조건도 사실은 사랑의 또 다른 추구일 뿐이다.[9] 고대 행복 가설의 또 다른 중요한 문제점은 명백한 사회 변화에 힘쓸 동기를 무너뜨렸다는 점이다. 사람들은 세상의 현실을 변화시키기보다 거기에 체념해야 했다.

하이트는 아주 현대적인 태도로 우리 선조들은 대한다. 경험적 연구로 뒷받침만 되면 과거의 지혜도 무엇이든 수용할 수 있다는 것이다. 고대인은 과욕을 부리면 실망하고 만다고 경고했는데, 그는 이것을 사회과학으로도 확증 가능하다고 말한다. 그러나 하이트가 말하는 현대 문화의 실제 "행복 가설"은 전도서 기자가 시도했던 삶을 약간 완화한 버전에 불과하다. 도에 지나치지 말 것을 경고하긴 하지만, 현대 문화는 구성원에게 삶을 있는 그대로 받아들일 게 아니라 능동적으로 노력해 삶을 변화시킴으로써 만족을 구하도록 장려한다.[10]

다시 원점으로 돌아왔다

지난 세월 우리가 행복에 대해 무엇을 배웠는지 잠시 돌아본다면, 충격이리만치 진전한 게 없었다. 이동과 소통 능력에서나 의학과 과학의 성취에서나, 우리가 선조를 얼마나 앞질렀는지 생각해 보라. 불과 100년 전과만 비교해도 오늘날 많은 사회가 소수 집단에게 얼마나 덜 잔인하고 더 공정해졌는지 생각해 보라.

수많은 부분에서 인간의 삶은 변화됐다. 그런데 선조보다 상상할 수 없을 만큼 더 부유하고 편리해졌는데도 우리가 그들보다 현저히 더 행복하다고 주장하는 사람은 아무도 없다. 우리는 사실상 조상들과 똑같은 방식으로 행복을 구하느라 고심하고 있으며, 널리 퍼진 우울증과 자살을 지표로 삼는다면 그들보다 실적이 떨어진다.

여기서 전도서 기자의 결론을 들을 만하다. "이제 있는 것이 옛적에 있었고 장래에 있을 것도 옛적에 있었나니"(전 3:15). 모든 현대적 노력에도 불구하고 행복에 관한 한 우리는 사실상 다시 원점으로 돌아와 있다.

이에 대한 반응으로 "그래서 어쨌단 말인가?"라고 반문하며, 진짜 문제될 건 별로 없다고 주장할 수도 있다. 줄리언 바지니(Julian Baggini)는 이건 진정한 문제가 아니라며, 완전히 행복한 사람이나 꼭 그래야 할 사람은 아무도 없다고 주장했다. 사람들은 대부분 그냥 잘 살아간다. 그러니 우리도 행복의 정도를 걱정할 게 아니라 그냥 중요한 일을 하면 된다.[11] 토머스 네이글은 지적하기를, 여러 경험적 연구에 따르면 대부분의 사람이 거의 늘 행복한 편이라고 했다.[12]

그러나 테리 이글턴은 "행복"이란 말이 문제를 드러내기보다 오히려 숨긴다고 응수한다. 단어 자체가 "약한 데다 명절날 밥상머리에서나 오가는 말 같아서 과장된 웃음과 허풍을 자아낸다."[13] 연구진의 설문조사에 응하는 이들을 포함해서 사람들에게 행복이라는 단어는 별로 깊이가 없다. 그냥 "괜찮은" 상태에서 "재미있는" 상태까지 뜻도 가지각색이다. 괜찮은 정도에야 누구나 쉽게 도달할 수 있다. 친구나 심리학자에게서 오늘 어떠냐는 질문을 받으면, 우리는 본능적으로 좋다고 답한다. 그런데 갈등과 분노가 순식간에 욱하며 치받치고, 우울증과 자살 통계는 늘 충격적이다. 이 모두는 우리 상태가 말만큼 좋지 못하다는 증거다.

우리 상태를 더 정확히 보려면 삶의 기쁨과 성취와 만족 정도를 물어야 한다. 우리는 그런 것을 누리고 있는가? 이번 장의 논제는 우리 삶의 만족도가 연구진이나 심지어 자신에게 인정하기 싫을 만큼 심히 박약하다는 것이다. 전체적으로 우리는 불만족의 깊이와 규모를 부정한다. 이런 문제를 가장 예리하게 말하는 예술가와 사상가는 병적인 괴짜로 보이지만, 사실은 예언자의 목소리다. 부정을 떨치고 헤어 나와서 우리 삶의 불만족의 규모와 수준을 직시하려면 꽤 여러 해가 필요하다.

아무리 채워도 공허한 인생

로마 시인 호라티우스(Horace)는 "자기 상태에 만족하며 사는 사람이
…… 어떻게 아무도 없는가?"라고 물었다. 그러고는 "누구나 …… 자신의
상태가 가장 힘들다고 생각한다"라고 결론지었다.[14] 왜 아무도 자기 삶에
만족하지 않는 것일까?

그 이유 하나를 월리스 스티븐스(Wallace Stevens)의 시 "일요일 아침"
(*Sunday Morning*)의 한 소절에서 볼 수 있다. "하지만 만족의 와중에도 나는
불멸의 복이 필요함을 느낀다."[15] 앞서 봤듯이 여행과 재물과 감각적 만
족과 성공과 지위는 당장 짜릿한 쾌감을 주지만 금세 사라진다. 스티븐스
의 시구에 그 이유가 나와 있다. 잠깐의 만족을 맛보는 순간, 이미 그 덧
없음과 우리 손아귀에서 빠져 나가는 게 느껴진다. 다 받아들이거나 음미
하기도 전에 스러지기 시작한다. 모든 만족이 덧없기에 우리는 오래갈 만
한 무엇을 열망하건만, 찾아봐도 헛일이다. 더욱이 이게 문제의 전부가
아니다. 우리가 원하는 만족은 더 오래가야 하고 훨씬 깊어야 한다.

1969년에 가수 페기 리(Peggy Lee)는 〈이게 전부인가?〉(Is That All There
Is?)라는 노래를 발표했다. 토마스 만(Thomas Mann)의 1896년 작 단편소설
"환멸"(*Disillusionment*)에 기초해서 제리 라이버(Jerry Leiber)와 마이크 스톨러
(Mike Stoller)가 만든 곡이다.[16] 노래 속 화자는 열두 살 때 "지상 최대의 쇼"

라는 서커스에 따라간 적이 있다. 서커스를 보다가 그녀는 "뭔가 빠져 있음을 느꼈다. 그게 뭔지 모르지만 다 끝났을 때 '이게 서커스의 전부인가?' 싶었다." 나중에 그녀는 "세상 최고의 남자"와 "사랑에 푹 빠졌다." 어느 날 그가 떠나자 그녀는 죽을 것만 같았다. "하지만 난 죽지 않았고 '이게 사랑의 전부인가?' 싶었다." 그녀에게 기쁨과 만족을 줬어야 할 것이 매번 그러지 못했다. 그녀의 기대나 갈망을 채워 줄 만큼 큰 것은 아무것도 없었다. 끝내 무엇인지 몰랐지만 늘 뭔가가 빠져 있었다. 번번이 '이게 전부인가?'라는 의문만 남았다.

그래서 노래처럼 그녀의 삶도 각 절마다 똑같은 후렴구로 돌아갔다.

이게 전부인가?
전부란 말인가?
이게 전부라면 친구여,
계속 춤이나 추자.
술판을 벌여 실컷 즐기자.
이게 전부라면―
전부라면.

깊거나 오래갈 만족이 전혀 없기에 그녀는 기쁨 없는 주연(酒宴)에 빠져든다. 우리도 만족을 예상했던 일마다 만족이 없음을 점차 깨달으면, 삶에 대한 기대가 식는다. 더 무감각해지고 심드렁하고 냉소적이거나 그보다 더 심해진다. 노래 속 화자는 자신이 자살하지 않는 이유를 궁금해할 청중의 마음을 헤아리지만, 죽음의 경험도 삶만큼이나 실망스러울 것을 예감한다. 그러니 죽음을 서두를 이유도 없다.

> 너희는 말하겠지,
>
> 그렇다면 왜 다 끝내지 않느냐고.
>
> 하지만 난 아니야,
>
> 서두를 게 뭔가 그 최후의 실망을.
>
> 지금 이 순간에도 난 똑똑히 알거든.
>
> 최후의 순간이 와서 내 숨이 끊길 때
>
> 그때도 난 말할 거야─
>
> 이게 전부인가?

〈빌리지 보이스〉(Village Voice)지 칼럼니스트 신시아 하이멜(Cynthia Heimel)도 라이버와 스톨러의 노래와 똑같은 경험을 했다. 그녀는 무명의 친구들이 할리우드 스타가 된 후에도 여전히 만족과 행복이 없어 망연자실해 하는 모습을 지켜봤다. 오히려 성공의 경험 때문에 공허감만 더해져 그들은 "못 봐 줄 정도로 으르렁거렸다." 그녀는 "신이 정말 우리를 비열하게 놀릴 거라면, 가장 간절한 소원을 들어 준 뒤 즐겁게 킬킬거릴 것이다. 슬슬 자살하고 싶어지는 우리를 보면서 말이다"라고 넘겨짚었다.[17]

하이멜의 친구들에게 벌어진 일을 노르웨이 극작가 헨릭 입센(Henrik Ibsen)을 통해 더 잘 이해할 수 있다. "평범한 사람에게서 삶의 환영을 앗아 가면 행복도 함께 앗아 가는 것이다."[18] 입센의 희곡 "들오리"(The Wild Duck)

에서 삶의 환영이란 어떤 대상이나 조건이 마침내 우리가 열망하던 만족을 가져다주리라는 신념이다. 하지만 이는 환영이기에 언젠가는 현실에 짓밟힌다. 그런데 꿈을 실제로 성취했을 때만큼 환영이 무참하게 무너지는 때는 없다.

젊은 사람은 당연히 이렇게 말할 것이다. "환멸에 빠져서 삶이 행복하지 않다고 말하는 명사와 부자들의 이야기는 나도 들어 봤어요. 하지만 내 희망이 조금이라도 이루어진다면 나는 다를 거예요." 아니, 당신도 다르지 않다. 경험은 각기 다를망정, 결국 달랐던 사람은 여태 아무도 없었다. 고대의 지혜도 그렇게 말하고 세상의 모든 일화도 똑같이 증언한다. 이에 대한 C. S. 루이스의 표현이 아마 전형일 것이다. 그는 전시(戰時)에 BBC 라디오에서 희망을 주제로 이렇게 강연했다.

자기 마음속을 들여다볼 줄 아는 사람이라면 누구나 알겠지만, 우리는 이 세상에서 얻을 수 없는 뭔가를 간절히 원합니다. 세상 온갖 것이 당신에게 그것을 주겠다고 약속하지만 결코 그 약속을 지키지 못합니다. 처음 사랑에 빠지거나 처음으로 외국을 떠올리거나 흥미로운 과목을 접할 때 우리 안에 일어나는 동경이 있습니다. 그런데 그 동경은 결혼이나 여행이나 학업으로도 채울 수 없어요. 지금 저는 결혼이나 여행이 잘 안 풀린 경우를 말하는 게 아니라 그것들을 최고로 이룬 경우를 말하는 겁니다. 동경의 첫 순간에만 잡힐 듯하다가 현실 속에서 바로 사라져 버리는 뭔가가 있습니다. 우리의 배우자는 좋은 사람이고, 우리가 본 경치는 훌륭하며, 우리가 가진 직업도 아주 흥미로운 분야일

수 있지요. 그런데도 **"그것"**은 우리를 피해 달아납니다.[19]

불만족에 대처하는 현대인의 전략

"그것," 즉 '뭔지는 모르지만 결핍되어 있는 부분'을 알았을 때 우리는 어떻게 하는가? 사람들은 불만족을 느낄 때 최소한 일곱 가지 전략을 취하는데 이를 두 접근으로 대별할 수 있다. 어떤 사람은 삶의 만족이 얼마든지 가능하다는 전제하에 살아간다. "그것"이 아직 어딘가에 있다는 것이다. 반대로 어떤 사람은 만족이란 불가능하다고 확신하며 살아간다. "그것"은 없다는 것이다. 이 두 범주에서 각각 네 가지와 세 가지 전략으로 다시 세분할 수 있다.

"그것"이 아직 어딘가에 있다

청춘. 흔히 사람들은 성인기에 들어설 때, 즐거운 도착을 기대하며 희망을 품고 길을 떠난다. '연애 대상만 잘 만나면, 배우자만 잘 만나면, 직장만 잘 구해 돈 좀 벌면, 그러면 삶의 만족을 얻으리라'라고 생각한다. 제임스 우드의 말처럼 우리는 "직업, 가정, 섹스 등 평소의 모든 소일거리"를 추구하느라 삶의 공허함을 감춘다.[20] 실제로 불만족이 클 수 있는데도 이를 인식하지 못한다. 행복해지려는 준비 과정으로 너무 바쁘기 때문이다. "물론 나는 쉴 틈이 없다. 아직 할 일을 다 못했다." 우리는 이 산만 넘고 저 굽이만 돌면 다 잘되리라고 생각한다. 물론 이 전략은 당분간만 통한다.

원망. 그러나 시간이 가면서 우리는 점차 "그것"을 얻지 못함을 깨닫는다. 이에 대한 한 반응으로, 자신이 예상했던 만족을 얻지 못하도록 막고 있는 장애물을 탓한다. 예컨대 우리는 편견이나 차별의 피해자일 수 있다. 자신이 되거나 하려는 많은 일에 공동체가 열려 있지 않을 수도 있다. 사회 구조 대신, 내 진전을 막거나 나를 부당하게 대한 개인을 지목할 수도 있다. 이렇게 우리는 그들을 탓하며 "누구누구만 아니면 나는 아주 행복할 것이다"라고 말한다.

이게 단기적으로는 약간의 유익을 낳을 수도 있다. 분노의 방향을 건설적으로 돌려 사회운동가가 될 수도 있다. 불평과 분풀이 같은 덜 건설적인 분노도 당장은 속을 후련하게 해 준다. 그러나 단기적일 뿐이다. 자신의 노력 덕분에 장벽이 뚫려 다음 단계의 성취에 이른다 해도, "그것"은 여전히 거기에 없다. 그래서 셋째 전략이 필요하다.

사투. 당연히 세속적 문화는 '지금 여기'를 가장 강조한다. 우리는 재물과 성취를 쌓으면 만족이 오리라고 생각한다. 그러나 정작 많은 물질적 목표가 정말 성취된다면 어떻게 될까? 고대인처럼 우리도 뭔가 중요한 게 여전히 빠져 있음을 깨달을 것이다. 그럴 때 어떻게 하는가? 많은 사람이 현재 자신에게 있는 것을 탓한다. 배우자나 직장이나 수입이나 집이 더 나아지면 훨씬 행복해지리라 생각한다. 이런 길을 가는 사람은 가장 생산적이고 가장 질주하는 사회 구성원이 될 수 있다. 다음 단계로 올라가면 마침내 "그것"이 있을 거라고 자신을 다그치며, 집과 배우자와 직장을 바꾸고 늘 삶을 개조한다. 그러나 심리학자에 따르면 이는 "쾌락 러

닝머신"의 속도를 높이는 일에 불과하다.[21]

　　운동용 러닝머신에서 속도를 바꾼다 해서 장소까지 바뀌는 것은 아니다. 현 상태를 유지하려고 더 열심히 달릴 뿐이며, 그러다 결국 너무 지쳐 더 달리지 못한다. 마찬가지로 처음에 성취할 때 따라오던 낙도 차츰 시들해진다. 그나마 똑같은 쾌락을 유지하려면 똑같은 종류의 성취가 점점 더 많이 필요하다. 러닝머신에서처럼 결국 우리는 기진맥진해 나가떨어지고 만다.

　　절망. 장애물을 치우고 더 많이 성취한 후에도 "그것"을 찾지 못했는데, 그래도 계속 그것의 존재를 믿는다면 어떻게 될까? 경우에 따라 우리는 다른 요인 대신 자신을 탓한다. "나한테 뭔가 문제가 있다. 내가 더 잘하지 못했다. 더 승진하지 못했고 최고의 연인을 만들지 못했다. 나는 실패자다"라고 말한다. 자신을 정직하게 직시한다면, 이런 좌절에 스스로 한몫했음을 금세 깨달을 수 있다.

　　영국 작가 프랜시스 스퍼포드(Francis Spufford)의 말처럼 우리는 "약속, 소중한 관계, 자신의 행복, 남의 행복 등 무엇이든 망쳐 놓는" 경향이 농후한데, 한동안은 이를 부정하며 살아갈 수 있다. 그러나 날이 이르면 "당신은 욕조에 누워 있다 문득 깨닫는다. 당신 나이 어언 서른아홉에 삶의 방식은 자신이 늘 바라던 바와 조금도 닮지 않았는데, 이렇게 된 게 긴 세월에 걸쳐 본인이 선택한 것의 총합임을 말이다."[22] 그래서 우리는 자신을 혐오한다.

"그것"은 존재하지 않는다

이 모든 전략의 기초는 인간이 만족과 성취의 삶을 살 수 있고 마땅히 그래야 한다는 가정에 있다. 그러나 많은 사람이 이 전제 자체에 의문을 제기한다. 그들은 삶에 대한 기대 자체가 잘못이라고 결론짓는다. 우리는 고지식하게 "그것"을 추구하며 삶을 시작하지만, 결국 그것이란 존재하지 않음을 깨닫는다. 그러므로 있는 그대로의 삶에 익숙해져야 한다. 이는 고대의 "행복 가설"과 비슷하다. 이 관점에 기초한 생활방식은 적어도 세 가지가 있는데, 셋 다 앞서 봤던 아직 세상 물정 모르는 순진함, 원망, 불안에서 나오는 사투와 절망보다는 나아진 듯 보인다. 그러나 자세히 보면 이 세 전략도 심히 문제가 많다.

이타주의. 자신을 발전시키는 데 인생 초반을 바친 사람들은 종종 사회적 대의, 자선사업, 타인의 삶을 개선하는 쪽으로 돌아선다. 때로 그들의 사연은 이런 식이다. '얻고 가지는 것에 만족이 있을 줄 알았는데 알고 보니 베풀고 섬겨야만 내 삶이 충족될 수 있다.' 물론 이는 십분 격려할 일이다.

단적인 예로 〈뉴욕 타임스〉지의 한 작가는 과거에 자신이 만족과 자존감을 얻으려던 방식을 털어놓았다. 성공과 재물을 통해 내면의 공허함과 만족 욕구 같은 "결핍감"을 채우려 했다는 것이다. 그런데 나중에 더 나은 길을 배웠다. "자신의 결핍감을 채우려는 강박적 집착에서 벗어날 때, 자신에 대한 느낌이 가장 좋아진다. 남의 자존감을 높여 주면 내 자존감은 더 높아진다."[23] 자신을 발전시키려 하기보다 남을 향상시키려 애쓰면 훨씬 큰 만족을 얻는다.

그러나 많은 사람이 지적했듯이 자비와 사회운동을 자기 만족을 높이려는 수단으로 삼으면 문제가 생긴다. 역설적이게도 이는 결국 지극히 이기적인 접근법이다. 후히 베푼다지만 사실은 자신을 세울 뿐이다. 이를 비판한 가장 유명한 사람은 니체다. 그는 현대인이 빈민을 돕는 것은 도덕적 우월감 때문이라고 역설했다.[24]

그들은 미몽에 싸여 있던 이전의 자아에 대해서도 우월감을 느끼고, 자기만큼 평등에 헌신하지 못했던 이전의 시대와 사회에 대해서도 우월감을 느낀다. 그렇게 그들은 남을 섬긴다기보다 자신을 섬긴다. 약자와 빈민을 이용해서 요긴한 자존감을 얻는다. 이는 온정주의를 낳으며 심하게는 자신의 이타적 수고를 남들이 알아주고 감사하지 않으면 경멸과 멸시까지 할 수 있다. 자신의 불만족을 해소하려고 남을 돕는 행위는 상대에게나 자신에게나 장기적으로 통하지 않는다.

냉소. 현대 서구 문화의 많은 세련된 교양인이 중년에 이르면 얼추 이런 입장으로 바뀐다. '물론 나도 젊었을 때는 만족이 존재하는 줄 알았다. 섹스와 사랑과 직업적 성공에 훨씬 큰 만족감이 따를 줄 알았다. 하지만 철이 들었다. 정말 자족하고 만족하는 사람이란 없다. 만족에 매달릴 필요도 없다. 이제 나는 무지개를 쫓아다니지 않는다. 불가능한 일을 바라지도 않는다. 삶에 대한 기대치를 낮추었고, 있는 바를 누리는 법을 배웠다. 이대로 잘 살아가고 있다.' 그럴듯하게 들리지만 적어도 두 가지 문제가 있다. 우선 이 입장은 자기만큼 세련되고 궤변적이지 못한 사람을 거의 항상 어느 정도 낮추본다. 방식만 다를 뿐 당신도 자신이 경멸하는 종교적 율법주의자만큼이나 독단적이고 편협해질 수 있다.

그러나 더 심각한 악영향은 따로 있다. 앞서 마르틴 하이데거의 말에서 봤듯이, 당신이 짐승이 아니라 인간인 까닭은 기쁨과 의미와 만족을 원하기 때문이다. 그러므로 만족과 기쁨과 행복이 없다고 결론짓고 완고한 마음으로 희망을 몰아낸다면, 당신 자신의 인간성을 말살할 수 있다.

초연. 이쯤 되면 고대의 더 순수한 형태인 부처와 그리스 스토아학파의 "행복 가설"로 돌아갈 만도 하다. 그들은 아무것도 너무 많이 사랑하거나 바라지 말라고 조언했다. 에픽테토스는 "자녀에게 입 맞출 때 '내일이면 너도 죽을 거야'라고 가만히 속삭여 줘서 해로울 게 무엇인가?"라고 썼다.[25] 그러나 여기서 나는 인간의 깊은 직관을 뒷받침해 주는 현대의 연구 결과 편에 설 수밖에 없다. 바로 남을 덜 사랑하면 만족이 커지는 게 아니라 줄어들 뿐이라는 직관이다. 무엇이든 비웃는 현대 서구의 냉소주의보다는 고대 스토아학파의 초연이 그나마 철학적 혈통은 낫다. 하지만 이러한 초연 또한 결국 당신의 마음을 완고하게 하고 비인간적으로 만든다.

고질적인 불만족의 원인

우리는 이생이 줄 수 없는 뭔가를 원한다. 그것을 이 세상에서 계속 추구하면 사투나 원망이나 자기혐오에 빠질 수 있다. 신경 쓰지 않으려고 마음을 완고하게 하면 자신과 주변 사람의 인간성을 해친다. 하지만 완고해지지 않고 마음의 절망과 슬픔을 모두 느끼면, 페기 리의 노래 속 여자처럼 이를 달래려다 자멸로 치달을 수 있다. 이 모든 접근법은 막다른 골목처럼 보인다. 불가피해 보이는 이 고질적인 불만족의 원인은 무엇인가?

이에 대한 현대의 한 이론을 하이트는 "진화의 원리"로 요약했다. 사람은 목표에 실제로 도달할 때보다 목표를 향해 노력할 때 더 큰 쾌감을 경험한다. 진화 심리학자는 이를 적응 기제로 봤다. 그들에 따르면 우리 선조는 목표 달성 후의 실망을 경험하고는 더 높은 목표를 달성하고자 더 열심히 노력했을 것이다. 그런 사람일수록 수명도 길어지고 자녀도 많이 두어 그 유전자를 우리에게 물려주었을 것이다. 그러므로 세상 무엇도 가장 깊은 갈망을 채워 주지 못한다는 불만족은 실제로 선조들의 생존을 도운 뇌의 화학 반응이다. 결국 '뭔가가 빠져 있다'라는 느낌은 환영이다. 우리를 더 부지런하게 만들려는 유전자의 장난이다. 하이트는 페기 리의 노래 〈이게 전부인가?〉를 이런 진화론으로 간략히 설명하기까지 했다.[26]

그러나 페기 리의 노래에서 묘사하는 여자의 삶은 오히려 이 이론을 약화시킨다. 그녀는 삶의 되풀이되는 실망 때문에 더 열심히 노력하기는커녕 일체의 의욕을 잃고 파티에만 몰두했다. 이거야말로 현실적이다. 실망 때문에 단기적으로 더 성취에 매진하는 사람도 있으나, 실망은 그 못지않게 동기와 의욕을 앗아 갈 수도 있다. 시간이 지나면 대개 그렇게 된다. 그러므로 불만족이 반드시 생존을 위한 행동으로 이어지는 것은 아니다. 우리의 끊임없는 불만족에 대한 진화론의 설명은 성립되지 않아 보인다.

오랜 세월을 통해 더 검증된 설명을 위대한 기독교 철학자 어거스틴이 내놓았다. 어거스틴은 열아홉 살 때 키케로(Cicero)의 대화편

Hortensius(호르텐시우스)를 읽었다. 만인이 "행복을 추구하지만 대다수는 철저히 불행하다"라는 역설을 파헤친 책이다.[27] 키케로는 인간에게 행복이 극히 드문 이유를 신이 우리 죄를 심판하는 섭리일 수 있다고 결론지었다. 그래서 독자에게 물질적 안락이나 섹스나 번영에서 행복을 구하지 말고 철학적 명상에서 찾도록 조언했다. 젊은 어거스틴은 이 책에 감동했다.[28] 대부분의 사람이 기쁨을 잃고 불만족에 싸여 있는 이유를 평생 탐색한 그는, 우리의 불만족에 직접 원인도 있고 근본 원인도 있다는 결론을 내렸다.

불만족의 직접 원인은 우리 사랑의 "순서가 어긋난" 데 있다. 어거스틴은 인간을 가장 근본적으로 형성하는 요인이 신념이나 생각이나 행동이라기보다 사랑이라고 가르쳤다. "상대가 선한 사람이냐는 물음은 그가 무엇을 믿거나 바라느냐는 물음이 아니라 무엇을 사랑하느냐는 물음이다."[29] 어거스틴에게 인간의 덕이란 사랑의 여러 형태에 지나지 않았다. 용기란 내 안전보다 이웃의 안녕을 사랑하는 것이다. 정직이란 진실 때문에 내가 불리해질지라도 나의 유익보다 이웃의 유익을 사랑하는 것이다. 예수님이 친히 하나님의 모든 율법이 하나님과 이웃을 사랑하는 것으로 귀결된다고 하셨기에(마 22:36-40 참조) 어거스틴은 모든 죄란 결국 사랑하지 않는 것이라 믿었다.[30]

불의를 생각해 보라. 당신은 사회적 평등과 정의를 믿는다고 말하고 생각할지 모르지만, 사업상 결정으로 남을 착취한다면 이는 속마음으로 이웃의 형통보다 자신의 형통을 사랑하기 때문이다. 매 순간 가장 사랑하는 대상이 그 순간 당신의 행동을 지배하는 것이다. "몸은 무게 때문에 제자리로 가는 성향이 있다. …… 내 무게는 사랑이다. 내가 어디에 있든 나를 옮기는 것은 사랑이다."[31] 당신이 사랑하는 대상이 곧 당신이다.

어거스틴은 문제의 원인을 '사랑의 부족함'으로만 보지 않았다. 그는 '마음의 사랑'에도 순서가 있는데, 우리가 흔히 덜 중요한 것을 더 사랑하고 더 중요한 것을 덜 사랑한다고 봤다. 그러므로 우리 삶이 불행하고 무질서한 것은 사랑의 질서가 무너져서다. 정의롭고 선한 사람은 "사랑의 순서도 [바르게] 잡혀 있다. 그래서 사랑해서는 안 될 것을 사랑한다든지, 마땅히 사랑할 것을 사랑하지 않는다든지, 덜 사랑해야 할 것을 너무 많이 사랑한다든지, (더 사랑해야 할 것을 너무 적게 사랑한다든지) 하지 않는다."[32]

예를 들어 보자. 일을 사랑하는 건 잘못이 아니지만 가정보다 일을 더 사랑한다면, 그 사랑은 순서가 어긋나 있어 가정을 파괴할 수 있다. 사업가가 정의보다 돈벌이를 더 사랑할 경우 역시 어긋난 사랑의 순서 때문에 직원을 착취하게 된다.

영원을 향한 갈망 때문에

그러나 사랑의 궁극적 무질서와 불만족의 근본적 원인은 가장 중요한 대상을 첫째로 사랑하지 않는 것이다. 즉 하나님을 최고로 사랑하지 않는 것이다. 어거스틴은 《고백록》에서 하나님께 이렇게 기도했다. "주님을 사랑하지 않는 이들에게는 주어지지 않고, 주님 자신을 위해 주님을 사랑하는 이들에게만 주어지는 기쁨이 있습니다. …… 이것이 행복이며 그 외에는 없습니다. 다른 행복이 있다고 생각하는 이들은 다른 데서 기쁨을 찾으려 하지만 그것은 참기쁨이 아닙니다. 그래도 그들의 의지는 뭔가 참기쁨을 닮은 것 쪽으로 늘 끌립니다."[33]

어거스틴의 이 말에서 성경의 인간관을 엿볼 수 있다. 인간은 하나님의 형상대로 창조됐는데, 그분은 성부, 성자, 성령이라는 세 인격체로 존재하신다. 영원 전부터 하나님의 세 위격은 무한한 기쁨과 영광 가운데 서로 사랑하셨다. 우리도 이 기쁨을 알도록 지음받았으며, 이는 하나님을 으뜸으로 사랑하고 영화롭게 할 때 가능하다. 하나님을 인정하든 그렇지 않든 우리는 이를 위해 창조됐기에, 하나님과 사랑을 나누는 교제를 통해 얻도록 되어 있는 무한한 기쁨을 늘 찾아 헤맨다. 그것을 세상 것에서 얻어 보려 하지만, "순서를 무시한 채 창조주이신 주님 대신 피조물을 사랑하는 것은 죄"다.[34]

세상에서 가장 좋다는 것에도 만족이 없음은 우리가 누리도록 지음받은 그 기쁨과 만족이 무한해서 그런 것으로는 어림도 없기 때문이다. 어거스틴이 《고백록》 서두에서 하나님께 드린 유명한 기도처럼 "주님은 주님을 찬양함이 인간의 즐거움이 되게 하셨습니다. 주님을 위해 우리를 지으셨기 때문입니다. 그래서 주님 안에서 안식을 얻기까지 우리 마음은 평안을 모릅니다."[35] 우리는 하나님을 위해 지어진 존재이므로 아무것도 우리에게 그분만이 주실 수 있는 무한한 기쁨을 줄 수 없다.

모든 것이 귀함은 만물이 아름답기 때문이다. 하지만 그분보다 더 아름다운 게 무엇인가? 모든 것이 강하지만 그분보다 더 강한 게 무엇인가? …… 더 나은 무엇을 구한다면 이는 그분께 악을 행하고 자신을 해치는 일이다. 기꺼이 자신을 내주시는 그분보다 그분이 만드신 무엇을 더 중시하기 때문이다.[36]

다른 무엇을 하나님보다 더 사랑하면 자신을 해친다. 어떻게 그럴까? 자녀를 하나님보다 더 사랑하는 사람은 자녀에게서 의미와 안전을 얻어야 한다. 당신의 과도한 요구대로 자녀는 행복하게 성공해서 당신을 사랑해야만 한다. 하지만 이런 자녀일수록 뛰쳐나가 버리거나 당신 기대에 짓눌려 망가진다. 부모의 행복의 궁극적인 출처가 자신인데, 이 역할에 부합할 수 인간은 없기 때문이다. 배우자나 연인을 하나님보다 더 사랑해도 똑같은 일이 벌어진다. 일과 직장을 하나님보다 더 사랑하는 사람은 어쩔 수 없이 일을 건강과 가정과 공동체보다도 더 사랑하게 된다. 그리하여 몸과 관계가 파탄 나고, 앞서 봤듯이 종종 사회적 불의마저 초래한다.

다른 무엇을 하나님보다 더 사랑하면, 사랑의 대상을 해치고 자신을 해치고 주변 세상을 해친다. 결국 깊은 불평불만에 빠진다. 어거스틴의 관점을 현대판으로 표현한 가장 유명한 말이 C. S. 루이스의 라디오 강연 끝부분에 나온다.

피조물이 어떤 갈망을 안고 태어났다면 이를 충족시킬 길도 반드시 존재합니다. 아기가 배고픔을 느낌은 음식이 존재하기 때문이고, 오리가 헤엄치고 싶어 함은 물이 존재하기 때문이며, 사람이 성욕을 느낌은 섹스가 존재하기 때문입니다. 내 안에 이 세상의 어떤 경험으로도 충족시킬 수 없는 갈망이 있다면, 가장 개연성 있는 설명은 내가 다른 세상을 위해 지어졌다는 것입니다.[37]

어거스틴의 분석은 우리의 경험을 정당하게 다룬다. 앞서 봤듯이 진화론은 우리의 고질적인 불만족을 설명하지 못한다. '대다수 사람이 기본적으로 행복하다'라는 개념은 전혀 사소한 문제가 아닌 불만족을 사소한 문제로 전락시킨다. 어떤 사람은 이를테면 천문학적 액수의 돈과 사실상 무제한의 권력으로 공허한 내면을 채우고 충동과 욕구를 만족시키려 해 봤다. 하지만 그런 대규모의 재화로도 빈자리를 채울 수 없다는 게 고금의 증언이다. 이는 우리 영혼의 동굴이 정말 무한히 깊다는 강력한 증거다.[38]

하나님을 더 많이 사랑하는 법을 배우라

이쯤에서 우리는 난제에 봉착한다. 놀랍도록 깊은 불만족 때문에 우리 마음은 이것저것에 악착같이 매달린다. 고대 사람들은 불행을 면하려면 "애착으로 변한 사랑"을 끊는 수밖에 없다고 지혜롭게 가르쳤다. 즉 해당 물건이나 사람이 없는 삶을 상상할 수 없을 정도로, 그 대상에만 지나치게 애착을 두지 말라는 것이다.[39] 이런 애착은 시기와 원망과 불안은 물론이고 자신의 재산을 보호하기 위한 폭력까지도 낳는다. 나아가 삶의 불가피한 변화와 차질 앞에서 우리를 나약하고 취약하게 만든다.

그러나 앞서 봤듯이 초연해지는 것으로 만족을 얻으려는 일은 위험하다. 그러면 사람이 이기적이고 완고해질 뿐 아니라 사랑의 관계마저 약해져 기쁨의 가장 큰 원천이 무너진다. 우리는 사랑을 받아야 할 뿐 아니라 사랑을 주기도 해야 한다.[40]

어거스틴은 이런 교착 상태에 돌파구를 열었다. 그는 애착으로 변한 사랑을 철저히 비판하면서, 기독교를 믿기 이전의 자신을 사례 연구로 제시했다. 그때 어거스틴은 어느 한 친구와 행복을 결부시켜 그를 열렬히 사랑했으나 친구는 돌연사했다. 나중에 어거스틴은 자신이 "반드시 죽을 사람을 마치 죽지 않을 것처럼 사랑했음"을 깨달았다(《고백록》 제4권 8장). 이런 일이 벌어지는 이유는 우리 영혼이 "이 덧없는 것에 들러붙어 벗어날 줄 모르기" 때문이다. 거기서 "영혼이 안식을 얻으려" 하기에, 그것은 "아주 해로운 갈망과 번뇌로 영혼을 찢어 놓는다." 하지만 "덧없이 지나가는 그것 안에는 쉴 곳이 없다"(《고백록》 제4권 10장).[41]

어거스틴은 애착으로 변한 사랑의 치명적 해악을 확증한 후에 돌이켜 말하기를, 그런 사랑을 하나님께 드리면 선하고 옳으며, 또 그게 꼭 필요하다고 했다. 이 땅의 재화를 우상 삼아 집착하면 불필요한 고통과 비탄에 빠질 뿐이다. 해답은 삶의 이것저것을 덜 사랑하는 게 아니라 하나님을 더 사랑하는 것이다.

문제는 우리가 가정이나 일을 너무 많이 사랑하는 게 아니라 그에 비해 하나님을 너무 적게 사랑하는 데 있다. 강한 애착과 초연은 둘 다 해롭다. 완고한 마음으로 사랑을 몰아내지 말라고 어거스틴은 말한다. 그렇다고 만족을 주지 못하고 사라져 버릴 것에 마음을 최종적으로 내주지도 말라. 대신 하나님의 사랑을 마음에 불어넣고, 당신 쪽에서도 그분을 사랑하려는 마음을 품으라. 그러면 변화가 찾아온다.

생각해 보라. 당신이 장수한다면 가장 소중한 사람들이 하나씩 땅에 묻히는 걸 보며 마음이 찢어질 것이다. 만족과 사랑의 최대 원천이 가정이라면, 그런 상황을 견디기 힘들 것이다. 그러나 그들보다 하나님을 더 사랑하는 법을 배운다면, 이제 위로와 희망과 기쁨과 가치의 최대 원천은 사별의 슬픔에도 끄떡없다. 오히려 슬픔 덕분에 그 원천에서 더 흡족히 마시게 된다. 당신은 공허하지 않으며, 상실로 인한 애끓는 아픔을 달래려고 늘 마음을 독하게 먹지도 않는다. 아무것도 당신에게서 하나님의 사랑을 빼앗아 갈 수 없으며, 성경 말씀대로 그분의 사랑 안에서 당신은 사랑하는 이들과 영원히 함께 산다.[42]

물론 아무리 믿음이 강한 신자도 하나님을 완전하게 사랑하지는 못한다. 누구도 그 근처에도 가지 못한다. 그러나 최대한 그분을 최고로 사랑하는 만큼, 모든 게 점차 질서를 되찾아 삶의 제자리로 돌아간다. 당신은 세상 것을 만족의 가장 깊은 근원으로 바라보는 게 아니라 그것 자체로 누릴 수 있다. 예컨대 돈과 직업은 본연의 역할을 한다. 일은 당신의 재능을 활용해서 남에게 유익을 끼치는 좋은 길이 되고, 돈은 가족을 부양하는 좋은 수단이 된다. 우리에게 안전과 만족을 가져다주는 원천은 그런 것들이 아닌 하나님이시다.

사랑의 질서를 바로잡을 때 따라오는 값진 유익이 또 있다. 폴 블룸(Paul Bloom)이 《우리는 왜 빠져드는가?》(How Pleasure Works, 살림출판사 역간)에 논했듯이, 쾌락에서 가장 중요한 요소는 단순히 우리 오감에 미치는 영향이 아니라 소중한 타인과의 관계에 미치는 의미다. 세간에서 존경받는 화가의 원작인 줄로 알았던 그림이 그렇지 않은 것으로 밝혀지면 쾌락은 반감된다. 편한 걸로만 치자면 다른 의자도 많겠지만, 어머니가 제일 좋아해 거실에 두고 즐겨 앉는 의자라면 그 의자는 다른 의자보다 우리에게 더 많은 즐거움을 준다. 신학적으로 표현해서 "대상을 (타인의 존재가 실린) 성례로 경험할 때 즐거움이 극대화된다."[43] 어떤 사람은 종교가 일상생활을 평가절하하고 "더 고상하고" 신령한 관심사만 떠받듦으로써 일상의 기쁨을 앗아 간다고 비난한다. 하지만 그것은 사실이 아니다. 내가 가장 잘 아는 종교는 단연 기독교이거니와 적어도 기독교는 그렇지 않다.

기독교는 우리가 하나님의 값없는 은혜와 용서로 구원받는다고 가르친다. 일부 타종교와 달리 기독교는 세상을 버리고 등져야 그 공로로 복과 천국을 얻는다고 말하지 않는다. 그리스도가 대신 이루신 일을 믿으면 하나님과 화목하게 되며, 창조주는 우리의 주권자만 아니라 또한 아버지가 되신다. 그러면 그때부터 세상을 더 "성례로" 경험할 수 있다. 보이는 모든 것이 아버지의 값없는 선물이요 장차 영원한 유산으로 받을 영광과 선의 예고편이다. 요컨대 미로슬라브 볼프(Miroslav Volf)의 표현으로 "하나님께 애착을 두면 세상을 누리는 즐거움이 더 풍성하고 깊어진다."[44] 즐거움이 줄어드는 게 아니다.

무엇이든 더 적게 사랑할 게 아니라 하나님을 더 많이 사랑하는 법을 배우라. 그러면 나머지 모두를 사랑하는 데서 오는 만족이 훨씬 커진다. 상대를 과보호할 일도 없고, 무리한 기대를 품을 일도 없고, 당신의 바람에 부합하지 못한다고 늘 격분할 일도 없다. 무엇에 대해서든 열정적인 사랑을 억누를 게 아니라 최고의 사랑의 방향을 하나님 쪽으로 틀라. 마음을 다해 그분을 사랑하되 무엇을 받기 위해서가 아니라 그저 그분을 위해 사랑하라.[45] 그래야만 비로소 만족이 찾아온다.

이것이 기독교적 관점의 만족이다. 이 관점은 초연해져서 평정을 얻는다는 고대의 전략과 무언가를 얻어 가짐으로써 행복을 얻는다는 현대의 전략, 이 두 가지 함정을 모두 비껴간다. 불치병처럼 보이는 우리의 불만족이라는 깊은 난제는 이것으로 설명되고, 해결된다.

예수님의 사랑의 실화에 붙들릴 때

이쯤 읽고 나면 어거스틴의 분석과 해법이 한껏 이치에 맞아 보일 것이다. 우리 불만족은 워낙 규모가 커서 이 세상 너머의 무엇을 가리켜 보인다. 가장 깊은 열망을 인간의 사랑으로 채우려 하거나 반대로 마음이 사랑에 과도히 초연하면, 자신을 해친다. 어거스틴의 해법은 불변하는 존재의 사랑만이 평정을 가져다줄 수 있고, 무한한 사랑만이 무한한 기쁨에 대한 갈증을 채워 줄 수 있다는 것이다.

그러나 이 모두가 말이 된다 해도 그 사랑을 실제로 어떻게 알 것인가? 그냥 "하나님은 나를 사랑하신다"라고 되뇌며 마음의 변화를 기대할 수는 없다. "이제부터 나도 하나님을 사랑해야지"라는 말만으로도 안 된다. 사랑을 순전히 의지적으로 만들어 낼 수는 없다. 아이들은 말에 반응함으로써만 말하는 법을 배우고, 사랑을 주고받음으로써만 사랑을 배운다. 마찬가지로 우리도 어떤 막연하고 추상적인 사랑의 신을 생각하는 것만으로는 하나님을 사랑할 수 없다. 예수님을 통해 실제로 우리를 구원하시는 하나님의 희생적 사랑을 이해하고, 그 실화에 붙들려야 한다.

요한복음에 보면 예수님이 무리에게 누구든지 "생명의 떡"을 먹으면 "결코 주리지 아니할" 것이라고 말씀하신다(요 6:35). 이는 힘과 기쁨의 원천을 은유적으로 표현한 것으로써 성취와 만족을 의미한다. 그분은 또 인간들이 그것을 엉뚱한 데서 구한다고 지적하시며, 궁극적 만족이 없는 '썩을 양식을 위하여 일하지 말'고 경고하신다(요 6:27). 그러면서 하시는 말씀이 자신이 생명의 떡을 주겠다 정도가 아니라 "나는 생명의 떡이니"(요 6:35), "이것은 너희를 위하여 주는 내 몸이라"(눅 22:19), "이것은 너희를 위하는 내 몸이니"(고전 11:24)라고 하신다.

기독교 신앙의 핵심은 죄와 은혜라는 단순한 메시지다. 우리는 하나님과 이웃을 사랑하지 못하기에 죄를 짓는다. 그런데 우리 죄를 하나님께 용서받게 하시려고, 그분의 아들이 인간이 되어 은혜로 십자가에서 우리 대신 죽으셨다. 많은 사람이 이 개념에 반감을 느낀다. 그러나 이 메시지가 어떻게 하나님과 사랑하는 관계를 가능하게 해 주는지 잠시 두 가지만 생각해 보라. 바로 그 관계를 통해 인간의 딜레마가 풀리니 말이다.

첫째, 우리 죄를 알면 마음이 여려진다. 당신이 자녀를 길러 뼈 빠지게 일해서 대학까지 보냈는데, 자녀가 가끔 크리스마스 카드나 보낼 뿐 당신을 거들떠보지도 않는다면 이는 잘못된 일이다. 잘못인 이유는 자녀가 복종만 할 게 아니라 마땅히 당신을 사랑해야 하기 때문이다. 하나님이 우리를 창조하셨고, 매 순간 목숨을 지켜 주신다. 우리는 그분께 그보다 무한히 더 큰 사랑을 드려 마땅하다. 그분을 최고로 사랑하지 않는 것은 무한히 더 잘못이다. 그렇게 믿는다면 그동안 우리가 그분께 얼마나 큰 잘못을 저질렀는지 보일 것이다. 마음이 비통해지면서 겸손히 그분께로 점차 끌릴 것이다.

둘째, 그분의 은혜를 알면 마음에 불이 붙는다. 어떤 사람이 부당하게 당신에게 거액의 손실을 입혔는데 갚을 형편이 안 된다고 하자. 그를 용서하려면 그 빚을 당신이 부담해서 갚아야 한다. 하나님도 우리를 용서하시려고 우리가 진 빚을 직접 갚으셔야 했다. 그래서 예수 그리스도가 십자가를 지심으로 갚으셨다.

소금과 약간의 무기물을 제외하고는 우리가 먹는 모든 음식물의 원재료는 우리를 살리려고 죽었다. 떡을 먹을 경우 곡식이 죽었을 뿐 아니라 떡도 조각으로 찢겨야 한다. 떡이 성하게 남아 있으면 당신은 굶주려 쓰러지지만, 떡을 떼어 먹으면 산다. "나는 생명의 떡이니"(요 6:35), "이것은 너희를 위하여 주는 내 [찢긴] 몸이라"(눅 22:19)라는 예수 그리스도의 말씀은 이런 것이나 같다. '나는 하나님이지만 찢겨서 죽임당할 정도로 약해졌다. 너희를 살리려고 내가 죽노라. 너희를 성하게 하려고 내가 찢기노라.'

당신에게 이 모든 일을 해 주시는 그분을 볼 때에만 비로소 마음의 변화가 시작된다. 그분은 당신을 위해 고난당하고 죽으셨다. 이제 우리도 기쁨으로 그분을 위해 그분을 사랑할 수 있다. 순전히 그분의 아름다운 존재와 행위로 인해서 말이다. 사랑을 마음에 강요할 수는 없다. 막연하고 추상적인 사랑의 신은 결코 당신 마음을 변화시킬 수 없다. 그러나 이 하나님은 당신의 마음을 변화시키시고, 다른 것에 대한 과도한 애착을 걷어 내시며, 썩을 양식에서 손을 떼게 하신다. 그리하여 어느 날 당신 입에서 이런 고백이 나올 것이다. "주의 인자하심이 생명보다 나으므로 …… 골수와 기름진 것을 먹음과 같이 나의 영혼이 만족할 것이라 나의 입이 기쁜 입술로 주를 찬송하되"(시 63:3, 5). 이게 바로 C. S. 루이스가 앞서 말한 "그것"이다. 적어도 그 맛보기다(요일 3:1-3 참조).

5

───── 세속주의, '자유'를 오해하다 ─────

제약을 제대로 선택하는 것이 '진짜 자유'다

○

스포츠 행사에서 미국 국가를 부를 때면 "자유의 땅에"라는 긴 고음 부에서 가사가 절정에 달한다. 이때부터 이미 환호가 터져 나온다. 이어 지는 노래에 "용기"도 나오건만 이는 보충일 뿐이다. 곡조 자체도 그렇고 우리 문화도 그렇고, 자유를 사회의 최고 중심 주제이자 가치로 부각시킨 다. 이런 국가(國歌)가 나온 데는 그만한 이유가 있다.

우리 사회가 "진보"적인지 가늠하려는 사람은 가장 먼저 얼마나 자유를 보장하는지 살필 것이다. 정의 구현을 원한다면 소외 계층과 탄압받는 집단에게 정치 경제적 자유를 더 많이 부여해야 한다. 종교는 물론 불신앙까지도 사회가 개인에게 각자 양심껏 선택하고 믿고 생활하고 예배할(또는 예배하지 않을) 자유를 부여할 때 더 번성한다. 로버트 벨라(Robert Bellah) 등 연구진이 미국 문화에 대한 획기적인 사회학 연구에서 밝혀냈듯이 "미국인에게 …… 가장 중요한 가치는 자유일 것이다."[1]

물론 인간은 항상 자유를 중시했다. 노예의 반란은 적어도 BC 1세기의 스파르타쿠스(Spartacus)와 제3차 노예전쟁까지 거슬러 올라간다.[2] 아리스토텔레스와 플라톤은 극히 제한된 방식으로 극히 제한된 계층을 위해서나마 자유와 민주주의를 부르짖었다. 그러나 벨라와 연구진들이 밝혀냈듯이 현대 서구 문화에서 자유는, 아마도 유일하게 공유 가능하고 공인받는 도덕 가치다.

앨런 에런홀트(Alan Ehrenhalt)는 1950년대 시카고를 연구하면서 현대의 기류를 이렇게 요약했다. "대다수 미국인이 믿는 몇 가지 단순한 명제는 아주 확실하고 명백해서 굳이 말할 필요가 없다. 선택은 좋은 것이어서 선택권이 클수록 삶이 더 행복하다. 그러므로 권력자는 본질적으로 혐의가 있다. 아무도 남에게 어떻게 생각하거나 행동하라고 말할 권리가 없기 때문이다."[3]

찰스 테일러는 이런 세속적 도덕 질서를 다음과 같이 표현했다. "각자 알아서 하면 된다. …… 누구나 당신처럼 제 뜻대로 살아갈 권리가 있으므로 남의 가치관을 비판해서는 안 된다. 관용되지 않는 [유일한] 죄는 불관용이다."[4]

에런홀트가 지적했듯이 오늘날은 자유에 대한 이런 구호를 기정사실로 간주한다. 누구나 직관으로 알고 있기에 이견을 허용하지 않는 진리인 셈이다.

어쩌다 '자유'를
최고의 선으로 떠받들게 됐을까

어떻게 자유는 많은 가치 중 하나가 아니라 지고한 선이 되었을까?

고대 사회는 종교적, 문화적으로 훨씬 더 동질적이었다. 응집력 있는 사회를 건설하려면 공동의 도덕적, 종교적 신념에 기초해야만 한다고 믿었다. 그런데 16-17세기에 가톨릭과 프로테스탄트 사이에 싸움이 계속되면서 유럽 엘리트층은 종교에 신물을 내기 시작했다.[5] 그래서 그들은 점차 사회의 새로운 기초를 이론화했다. 이런 초기 이론가들이 하나같이 바라던 바는, 시민은 기독교인이되 정부 법은 기독교의 어느 한 교회나 정통에 구속받지 않는 상태였다. 휴고 그로티우스(Hugo Grotius)와 존 로크(John Locke) 같은 사상가들은 신법(神法)이 아니라 피통치자가 합의하여 도출해 낸 정치 질서를 기초로 삼았다.[6] 정통성 있는 정부란 개인들이 공동의 유익을 위해 결집한 정부였고, 각자에게 자신의 이해관계에 충실하게 살아갈 자유가 주어져야 했다. 이런 개념의 사회에서 필요한 윤리란 오직 "자유와 상호 유익의 윤리"뿐이었다.[7]

자유가 최고의 가치로 부상하는 데 20세기 역사 동향 또한 일조했다. 독일의 파시즘과 러시아의 공산주의는 둘 다 유례없는 전체주의와 폭력을 낳았다. 사상가들은 아연실색했다. 좌우익을 떠나 각자의 정치 체제가 사회 문제와 인간의 고난을 개선해 줄 것으로 생각했기 때문이다. 나치주의와 스탈린주의는 둘 다 고도로 과학적이고 성능이 좋았다. 또 세계자본주의와 국가사회주의는 방식만 다를 뿐 둘 다 인간성 말살과 압제의 주범으로 점차 인식됐다. 그리하여 많은 철학자와 사상가가 자유를 최고의 고무적인 이상이자 모든 문화 기구를 심판할 기준으로 삼기 시작했다. 그들은 "자유를 제도적 장치나 일정한 사상 체계와 연계시키기를 일절 거부했고" 결국 "절대적 주장이라면 …… 무조건 지독한 의심을 품었다."[8]

그래서 후기 근대 세속주의(때로 포스트모더니즘이라고도 한다)에서 인간을 자유로운 존재로 보는 근거는, 더는 우리가 신의 피조물이어서도 아니고, 우리의 합리성과 자유 의지 때문도 아니고, 인류를 필연적 진보 쪽으로 떠미는 역사의 전개 과정 때문도 아니다. 이 셋은 과거에 아퀴나스(Aquinas)와 칸트(Kant)와 헤겔(Hegel)이 각각 주창했던 자유의 근거였다.[9] 오늘날 포스트모던 세속 사상가들은 자유의 근거를 찾으려고 오히려 이 세 가지 개념 자체를 배격한다.[10] 인간이 자유롭다는 뜻은 우주 질서도 없고, 인간의 본질적 본성도 없고, 우리가 무릎 꿇어야 할 진리나 절대 도덕도 없다는 말이다. 오늘날 시류는 "우주 자체가 임의의 불확실한 우연이기" 때문에 "더는 아무런 기초도 없다"는 것이다.[11] 아무것도 우리에게 권리를 주장할 수 없기에 우리는 각자 주관대로 살면 된다.

우리가 이 지경까지 이른 것을 본다면 존 로크도 깜짝 놀랄 것이다. 그가 정치적 자유와 민주적 자결을 옹호해 이 과정이 촉발하는 데 일조하긴 했으나, 그는 '우리 사고나 감정과 별도로 존재하며 자유를 제한하는' 도덕적 진리와 의무를 믿은 기독교인이었다. 그런데 오늘 우리는 제한 없는(남의 자유를 침해할 때에 한해서만 예외다) 신종 자유를 떠받든다. 즉, 우리가 생각하는 자유란 각자의 가치를 오롯이 선택할 수 있는 개인의 권리로, 존로크나 그의 동지들은 상상조차 못했던 내용이다.[12]

기독교는 정녕 자유의 적인가

현대 서구 문화는 자유를 최고의 선으로 믿는다. 서구 사회에 남은 무용담이란 자유를 쟁취하는 일뿐이다. 모든 기관과 사회는 그저 개개인에게 자유를 부여하기만 하면 된다. 자유야말로 서구 문화의 유일한 기본 내러티브다.[13] 자유는 늘 중요했다. 그런데 이제는 최고로 중요해졌으며, 다른 모든 교리와 신념을 상대화하는 유일한 진리다.

기독교 교리 또한 그 모든 교리와 신념에 들어 있다. 미국 사회는 기독교를 자유의 최대 적으로 본다. 컬럼비아대학교 마크 릴라 교수는 〈뉴욕 타임스〉지에 자신이 만났던 어떤 남자에 대한 글을 썼다. 펜실베이니아대학교의 명문 경영대를 졸업한 그 남자가 한때 빌리 그레이엄(Billy Graham) 전도대회에서 믿음을 결단하고 "거듭났다"라고 고백했다는 사실에 릴라는 충격을 받았다.

릴라도 십 대 시절 기독교에 기웃거렸다. 그는 성경에서 예수님이 뛰어난 학자이자 지도자인 니고데모에게 "네가 거듭나야 하겠다"라고 말씀하시는 대목을 봤다. 그때 일을 릴라는 이렇게 기록했다. "예수가 니고데모에게 하는 말은 이런 것 같다. 자신의 부족함을 인정하고 너무도 행복한 지금의 자율적 삶을 등져야 한다고, 자신이 더 큰 존재에 의존하고 있음을 아는 인간으로 거듭나야 한다고 말이다. 이는 우리 자유에 근본적으로 제동을 거는 말 같고, 사실 그렇다." 이어 릴라는 그 말에 따를 수 없었노라고 덧붙였다.[14]

릴라의 말은 옳을까? 신을 믿는 신앙과 자유는 양자택일의 문제일까? 그렇기도 하지만 궁극적으로는 아니다. 내가 우유부단해서 그렇게 답하는 게 아니다. 자유의 정의(definition)를 자세히 살펴보자. 영화 〈캘버리〉(Calvary)에서 브렌단 글리슨(Brendan Gleeson)은 늦깎이로 가톨릭 신부의 길에 들어선 인물을 연기한다. 그의 딸은 근래에 자살을 기도하다 실패했다. 그가 우려를 표하자 딸은 "내 주인은 누구도 아니고 나예요"라고 단호히 말한다. 물론 이는 자유라는 문화적 내러티브의 한 표현이다. 이에 아버지는 "맞다"라고 답한 뒤 잠시 뜸을 들이다 "틀렸다"라고 덧붙인다. 생각이 변한 게 아니다. 그의 말은 사실상 이런 것이다. "자유에 대한 네 말은 맞는 면도 있다. 하지만 자유를 그렇게 정의한다면 결국은 틀렸다."[15]

그의 통찰은 극중 특정 상황뿐만 아니라 우리 사회가 자유를 이해하는 방식 전체에도 시사하는 바가 크다. "맞다." 개인의 자유라는 이상은 서구 사회에 대단한 유익을 끼쳤다. 예를 들어 사회가 소수집단과 여성에게 훨씬 더 정의롭고 공정해졌다. 그런 자유를 잘못 비판하면 이런 유익을 약화시키거나 후퇴시킬 위험이 있다.

그러나 "틀렸다." 이제 자유는 아무런 규제나 제약이 없는 상태로 정의된다. 이 정의대로라면 선택과 행동에 제한이 없을수록 더 자유롭게 느껴진다. 그러나 단언컨대 이런 식의 내러티브는 틀렸으며 이미 해악을 끼치고 있다.

원하는 바가 서로 충돌할 때

현대의 자유는 자기를 주장하는 자유다. 무엇이든 내 마음대로 할 수 있으면 나는 자유롭다. 그러나 이렇게 무제한 선택권으로 정의되는 자유는 통하지 않는다. 불가능하기 때문이다. 자유가 실제로 어떻게 작동하는지 생각해 보라.

무엇이든 식성대로 즐겨 먹는 60대 남자가 있다. 그는 손주들과 함께 지내는 시간도 아주 좋아한다. 둘 다 그의 일상생활에 의미와 만족을 주는 중요한 부분이다. 그런데 정기 검진을 받던 날 그는 의사에게 이런 말을 들었다. "지금부터 식단을 엄격히 제한하지 않으면 심장 문제가 악화되어 심장발작을 일으킬 수 있습니다. 평소 즐겨 먹던 음식을 모두 완전히 끊어야 합니다."

현대인이 정의하는 자유란 무엇이든 원하는 대로 할 수 있는 능력이다. 하지만 원하는 바가 서로 충돌을 일으킬 때도 이 정의가 통할까? 당연히 이 남자는 앓아눕거나 죽고 싶지 않다. 그러면 손주들과 함께 지내며 그들의 성장을 지켜볼 자유를 방해받는다. 하지만 당연히 그는 좋아하는 음식을 먹고 싶기도 하다. 먹거리는 그에게 큰 위안과 행복감을 주기 때문이다. 현실의 삶은 이렇게 복잡하다. 그는 먹고 싶은 식단이나 건강 중한쪽의 제약을 받아들여야 한다. 양쪽의 자유를 다 누리는 것은 불가능하다. 이렇듯 소위 "자유"란 딱 하나로만 내게 있거나 없거나 하는 게 아니다. 실생활에서 자유는 복수로 존재하며, 누구도 이를 다 가질 수는 없다. 이 남자는 어느 쪽 자유를 희생해서 반대쪽을 얻을 것인지 결정해야 한다. 둘 다 가질 수는 없기 때문이다. 이 경우 선택은 어려울 게 없다. 사랑의 관계를 유지할 자유를 원하기에 그는 식성대로 먹을 자유를 포기할 것이다.

그러므로 질문은 이게 아니다. '어떻게 해야 완전히 자유롭게 살 수 있을까?' 올바른 질문은 이것이다. '어느 자유가 더 중요하며 더 참된 해방을 가져다주는가?' 교육과 훈련도 명백한 또 하나의 예다. 높은 연봉이라는 자유를 원한다면, 최고 교육을 받느라 돈과 시간의 자유를 몇 년씩 무한히 희생해야 한다. 학교생활까지도 자기 마음대로 해서는 안 된다. 밖에 나가 친구들과 어울려 계속 놀고 싶은 충동을 물리치지 않으면 학위를 받기 힘들다. 마찬가지로 정상급 운동선수나 예술가로서의 자유를 원한다면, 삶의 엄청난 제약을 수용해야 한다. 일상생활의 통제권을 코치에게 대폭 양도해야 한다. 때로는 거주지조차 스스로 선택할 수 없다.

이렇듯 자유란 우리 문화가 말하는 것과는 다르다. 진짜 자유는 전략적으로 일부 자유를 잃고 다른 자유를 얻으면서 가능해진다. 제약이 없는 게 아니라, 제약과 잃어야 할 자유를 제대로 선택하는 게 참자유다. 이런 관점에 반대할 사람도 있을 것이다. 자유가 제약을 선택한다는 것까지는 인정할 수 있다. 다만 그다음에 이렇게 말할 수 있다. "하지만 이 제약조차도 내가 선택했다. 그러니 오늘날의 정의대로 나는 여전히 자유롭다. 내 마음대로 하는 한 자유롭기 때문이다."

이는 지나친 단순논리다. 삶의 필연적 한계 중 대부분은 정말 당신이 자유롭게 선택하는 게 아니라 세상에 엄연히 존재하는 한계를 인정하는 것뿐이다. 그런 한계는 당신의 갈망이나 선택과 무관하게 실존한다. 예를 들어 사람의 몸은 할 일과 못할 일이 따로 있게끔 태어났다. 몸의 자유를 누리려면 몸이 한계에 부딪친 순간 괜히 애써 극복하려 하지 말고 순순히 의지를 복종시켜야만 한다. 식생활과 운동을 제대로 하면 삶의 자유를 얻지만, 이런 요법을 거부하면 기력과 건강을 잃어 결국 자유마저 사라진다. 이는 '자아를 창출한다'라는 포스트모던의 개념과 너무 거리가 멀다. 많은 것이 그러하듯 해방을 가져다주는 "적절한" 제약도 당신의 취향대로 지어내는 게 아니다. 이는 본디 인간과 세상의 냉엄한 현실이다. 그리고 당신은 그것을 선택하는 게 아니라 거기에 복종하는 것이다.

대형 범선이 미끄러지듯 나아가고 있다면 이는 항해사가 배의 설계 구조를 잘 따른 덕분이다. 범선이 너무 얕은 물로 가면 배가 부서진다. 쾌속 항해의 자유를 누리려면 적정한 수심과 적정한 풍향 각도라는 제약을 잘 따라야 한다.

마찬가지로 인간도 어떤 환경에서는 활짝 피어나지만 어떤 환경에서는 망가진다. 인체의 한계와 기정사실을 존중하지 않는 한 결코 건강의 자유를 누릴 수 없다. 인간관계의 한계와 기정사실을 존중하지 않는 한 결코 사회 평화와 사랑이라는 자유를 누릴 수 없다. 자신의 선택을 신체적, 사회적 현실에 맞추지 않고 마음대로 산다면, 때 이른 고독사로 생을 마감할 것이다.

요컨대 당신은 아무거나 자유로이 선택할 수 없다. 그것은 불가능한 개념이며 자유는 이 같은 방식으로 작동하지 않는다. 최고의 자유를 누리려면 여러 현실에 맞춰 당신의 선택을 기꺼이 복종시켜야만 한다. 자신의 사양(design)을 존중해야 한다.

모든 사람은 서로에게 속해 있다

개인의 절대적 자율이라 할 수 있는 현대 개념의 자유는, 통하지 않는 정도가 아니라 불공정하다. 타인에게 진 부채를 부정하기 때문이다. 인터넷에 보면 이런 주장이 넘쳐난다. "나만 책임질 수 있으면 된다. 아무도 내게 어떻게 살라고 말할 권리가 없다." 마치 명백히 당연한 진리인 양 이런 선언에는 늘 권위가 실려 있다. 하지만 그 말이 진리가 되려면 당신을 위해 희생한 사람이 아무도 없어야 하고, 지금도 완전히 자기 힘으로만 살고 있어야 한다. 하지만 사실은 그렇지 못하다. 타인이 필요하다면 타인을 연대 책임지는 일도 감당해야 한다. 어느 한 개인의 주인은 결코 자신만이 아니다.

아툴 가완디 박사는 《어떻게 죽을 것인가》(*Being Mortal*, 부키 역간)에 이렇게 썼다. "자율에도 서로 다른 개념이 있다. 하나는 구속과 제약 없이 완전히 독립적으로 살아가는 자유로운 활동을 의미한다. 우리 문화가 대게 이런 자유를 부르짖는다. 하지만 이는 …… 환상이다." 젊고 건강한 성인일 때는 이런 환영을 한동안 유지할 수 있다고 그는 말한다. 하지만 누구나 어려서는 누군가 보호해 주어야 하며 늙어서도 마찬가지다. 행여 다치거나 병에 걸린다면 당장이라도 그리될 수 있다. 이처럼 "우리 삶은 본질적으로 타인에게 의존하며, 내 소관 밖의 여러 요인과 환경에 지배당한다."[16]

앞서 영화 〈캘버리〉에서 봤듯이, 신부의 딸은 자살 기도를 정당화하며 "내 주인은 누구도 아니고 나예요"라고 자율을 내세운다. 신부가 "맞다. …… 틀렸다"라고 답한 것은 딸의 답이 불공정하기 때문이다. 이어서 그는 나직이 말한다. "오래되어 식상한 논리겠지만, 네 뒤에 남을 사람들은 어쩌라고?"[17] 현대인은 자신을 주로 독자적 결정과 선택의 산물로 보기를 좋아하지만, 사실은 그렇지 않다.

당신은 가정과 공동체의 산물이다. 그들이 당신에게 시간과 수고와 사랑을 엄청나게 많이 쏟아부었다. 옹알이도 하기 전이라 당신이 기억조차 못하는 그때부터 이미 그게 일상이었다. 신부가 제대로 말했듯이 자살은 그런 많은 이에게 평생 치유할 수 없는 타격과 고통을 안긴다. 그래서 이런 질문이 남는다. '당신이 무슨 권리로 그들의 삶에 영영 암운을 드리우는가?'

개인의 자유와 자율이라는 현대 개념에 잘 들어맞지 않으나, 그럼에도 부정하기 힘든 진리가 여기 정체를 드러낸다. 우리는 불가피하게 어느 정도 서로에게 속해 있다. "아무도 섬이 아니다. …… 누구 하나라도 죽으면 나도 그만큼 축소된다. 내가 인류에 속해 있기 때문이다."[18]

'해악'이 무엇인지 합의가 어렵다

때로 자유는 우리 사회에서 유일하게 합의한 무조건적 선(善)으로 통한다. 유일하게 꼭 필요한 선이라는 주장도 있다. 왜 일정한 도덕의 옳고 그름을 모든 사람에게 강요하려 하는가? 남에게 피해를 주지 않는 한 누구나 마음대로 살아갈 자유가 있어야 한다는, 그것 하나에만 합의하면 되지 않는가?[19] 이런 "해악 원리"(harm principle)는 선택의 자유를 자율 조정력이 있는 절대 가치로 둔갑시키는 것 같다. 가치 판단을 일절 하지 않고도 더불어 살아갈 수 있게 해 주는 길잡이인 셈이다. 자유는 유일한 절대 도덕이요, 불관용과 편협함은 크고 무거운 죄라고들 말한다.

위 문단의 내용이 문화의 지배적 관점인데, 이 같은 해악 원리는 무용하다 못해 음흉하기까지 한 길잡이다. 그게 성립되려면 "해악"(harm)이 무엇인지 다들 합의가 되어 있어야만 하는데, 현실은 그렇지 않다. 선하고 건강한 삶이 무엇인지 정의할 수 없다면, 사람에게 해로운 게 무엇인지 어떻게 아는가? 한 집단은 무과실 이혼을 매우 해롭다고 생각하지만 다른 집단은 그렇지 않을 수 있다. 결혼이 인생에서 어떤 역할을 하며 좋은 결혼생활이란 무엇인지 두 집단의 관점이 다르기 때문이다.

또 다른 예는 음란물 금지법이다. 한 사람은 엄격한 금지법이 표현의 자유에 위배되며 포르노를 혼자 보면 아무에게도 피해가 가지 않는다고 믿을 수 있다. 그러나 다른 사람은 포르노를 보면 남녀관계에 해로운 쪽으로 의식이 형성되어 결국 사회에 악영향을 끼친다고 반응한다. 해악에 대한 이 이견의 배후에는 개인과 사회가 어떤 관계이며 건강한 남녀관계가 무엇인가에 대한 서로 다른 사고방식이 깔려 있다.

물론 남에게 피해를 줘서는 안 된다. 하지만 해악에 대한 모든 정의는 (구성원 간에 합의가 이루어지지 않은) '인간의 본성과 목적'에 대한 관점에 근거할 수밖에 없다. 이는 신념일 뿐 결코 옳고 그름을 판단할 수 없으며 경험으로 증명할 수도 없다. 선택의 자유는 사회의 "만병통치약"이 아니라는 뜻이다. 상대주의를 내세우는 문화에서도 늘 가치 판단을 일삼고, 날마다 특정 개인과 집단이 도마에 올라 수치를 당하며, 도덕적 불쾌감을 과거 못지않게 공공연히 표현한다. 이전 시대에 비해 현대인들이 훨씬 많은 자유를 누린다고 주장하면서, 실제로는 해악에 관한 자신의 신념을 모든 사람에게 강요하려고 싸우는 건 위선이다.[20]

이렇듯 선택의 자유는 행동의 길잡이 역할을 독자적으로 할 수 없다. 더불어 살아가려면 우리 행동을 제약하는 모종의 도덕규범이 필요하다.

자유가 커지면 자유를 잃고 만다

우리는 "지극히 사회적인 종(種)"이다.[21] 그러므로 개인의 자유를 신성시하는 문화는 타인에게 불공정할 뿐 아니라 자신에게도 비극을 부를 수 있다. 우리 사회 전반이 인식하는 자유는 넓게는 공동체를, 좁게는 영속적이고 헌신적인 사랑의 관계를 무너뜨린다.

앞서 봤듯이 탄탄한 사회관계의 중요성은 "행복 연구"를 통해 드러난다. 하이트에 따르면 "[관계가] 좋으면 면역 체계가 강화되고, (금연할 때보다 더) 수명이 연장되고, 수술 후 회복이 빨라지고, 우울증과 불안장애의 위험이 줄어든다. …… 우리는 서로 교류하고 맞물려야 한다. 주고받아야 한다. 소속되어야 한다."[22] 이어 그는 이렇게 덧붙였다.

> 극도의 개인적 자유라는 이념은 위험할 수 있다. 사람들에게 가정과 일터와 도시와 결혼생활을 떠나 개인적, 직업적 성취를 추구하도록 조장하기 때문이다. 하지만 그렇게 해서 깨지는 관계야말로 필시 그런 성취를 가능하게 해 줄 최고의 자원일 것이다.[23]

로버트 벨라도 하이트와 견해가 같았고, 19세기 초 사회 비평가 알렉시 드 토크빌(Alexis de Tocqueville)도 《미국의 민주주의》(*Democracy in America,* 한길사 역간)에서 똑같이 말했다. 우리는 개인의 자유를 떠받들지만, 그 자유가 "암세포"로 자라 가정과 동네와 시민사회의 유대를 해쳐서 역설적으로 "자유의 생존 자체를 위협할" 수 있다.[24] 토크빌이 우려했듯이 자아에 함몰된 개인은 공동체의 일원이라는 의식 없이 그냥 자유롭게 자기 삶을 추구하고 싶을 것이다. 그러면 가정, 반상회, 교회, 지역 시민단체 같은 소규모 자치 공동체에 덜 참여하게 된다. 개인의 자유를 강조할수록 이 모든 민주 기관은 더 위축된다. 그 결과 국가 관료주의가 심화되어 "연성 독재"가 불가피해지고, 개인은 그 앞에서 무력해진다. 역설적이게도 자유가 커지면 결국 자유를 잃고 만다.[25]

벨라와 동료들이 책에 밝혔듯이 한 사회의 건강은 얼마나 많은 개인이 이타적 행동을 자원하여 행하느냐에 달려 있다. 정직해지고 너그러워지고 공공심을 품으면(배우자와 자녀에게 충실하면) 으레 개인의 행복과 자유가 침해당한다. 하지만 사람들이 이런 행실을 중단하고, (하이트의 말처럼) 개인의 만족을 헌신과 관계보다 앞세운다면, 유일한 대안은 더 강력하고 강압적인 정부뿐이다. 벨라 일행의 이 같은 논의는 1985년에 행한 연구에서 처음 등장했다. 그들은 문화가 '개인의 자유'를 '공동체에 대한 헌신'보다 더 강조하면 민주 기관이 약화될 수 있다고 주장한다. 그 책을 1996년과 2008년 두 차례에 걸쳐 재발행했는데, 그때마다 벨라는 개정판 서문에 우리 상황이 더욱 악화되고 있다고 지적했다.

실질적 차원으로 들어가 보자. 범선이 자유로이 항해하려면 상당한 제약에 순응해야 하듯이, 당신도 사랑의 자유를 누리려면 선택에 상당한 제약을 받아야 한다. 사랑받아 좋은 기분보다 더 큰 해방감은 없다. 온전히 사랑받는다는 확신은, 당신을 두려움과 자기회의에서 자유롭게 해 준다. 세상에 홀로 맞서지 않아도 되게 해 준다. 친구나 배우자는 당신이 삶의 많은 목표를 성취하는 데 결정적 도움을 준다. 이런 모든 방식으로 사랑은 자유를 가져다준다. 어쩌면 최고의 해방일 것이다. 그러나 사랑의 관계에 들어서는 순간과 그 사랑이 더 깊어지고 친밀해지고 놀라워질수록, 당신의 독립도 더 많이 포기해야 한다.

당신이 같은 도시에 사는 누군가와 새로 연인 관계가 된다고 하자. 당신의 독립은 아주 구체적으로 즉시 축소된다. 과거에는 원할 때마다 주말에 그냥 도시를 떠날 수 있었다. 하지만 이제 그렇게 하면 상대가 전화를 걸어 "지금 어디야?"라고 묻는다. 자신에게 묻거나 알리지 않고 떠난 당신을 기막혀 한다. 물론 당신은 이렇게 대꾸할 수 있다. "내가 어디에 있고 어디를 가든 너한테 말할 필요는 없지. 내 삶의 주인은 나거든. 아무도 나한테 어떻게 살라고 정해 줄 권리가 없다고." 그러면 상대는 침묵하다가 "우리 헤어져!"라고 말할 수 있다. 당연하다. 사랑의 관계는 그런 식으로 되지 않는다. 사랑의 관계도 탄탄하면서 동시에 (현 시대적 의미로) 완전히 자유로울 수는 없다.

중요한 관계로 인해 잃는 독립은 일상사의 범위를 훌쩍 벗어난다. 상대가 병들거나 역경을 만나면 당신 쪽에서 엄청난 시간과 에너지를 들여야 한다. 상대에게 무슨 우환이나 스트레스가 있는데도 당신만 멀쩡할 수는 없으며, 피상적 관계가 아닌 이상 혼자만 멀쩡하기를 원하지도 않는다. 서둘러 덧붙이자면, 양쪽이 함께 독립을 포기해야지, 그렇지 않으면 착취 관계가 된다. 한쪽이나 양쪽 다 "내가 먼저다. 내 필요가 당신보다 먼저다"라고 말한다면 그 관계는 삐걱거리다 끝난다. 그러나 양쪽 다 "당신이 먼저다. 내가 당신에게 맞추겠다. 내가 희생해서 당신의 필요를 채워 주겠다"라고 입버릇처럼 말하고 또 실제로 그렇게 생각한다면, 착취 없는 아주 풍성한 관계를 맺게 된다. 이렇게 자율을 서로 희생하면 사랑만이 가져다줄 수 있는 다채롭고 신기한 해방이 뒤따른다.

현대 문화의 자유 내러티브에 내재된 한계를 전에 〈르몽드〉(Le Monde)지에 실렸던 소설가 프랑수아즈 사강(Françoise Sagan)과의 인터뷰에서 볼 수 있다. 중간에 질문자가 "그래서 원하는 자유를 얻으셨습니까?"라고 묻자 사강은 "물론 누군가를 사랑할 때는 자유가 덜했지요. …… 하지만 사람이 늘 사랑만 하는 건 아니잖아요. 그것만 빼고는 …… 나는 자유롭습니다"라고 답했다.[26] 사강이 말한 "자유"의 의미는 현대식 자율이다. 사랑과 자율을 대립 개념으로 본 것은 그녀가 옳았다. 사랑하든지 자유와 자율을 누리든지 둘 중 하나지 한꺼번에 양쪽을 다 취할 수는 없다. 하지만 그녀는 때때로 사랑에 빠져 재충전해야 함을 인정했을 뿐이며, 끝까지 양보할 수 없는 것은 현대 문화에 걸맞게 사랑이 아니라 자유였다. 오직 자유가 궁극의 가치였다.

사강과 그녀를 빚어낸 문화는 심각하게 잘못됐다. 흔히 자유는 행복과 만족을 얻는 방편이다. 하지만 당신이 최고의 해방감과 만족감을 느끼는 환경은 무엇인가? 사랑의 관계가 아닌가? 사람들이 서로 착취하기는커녕 오히려 상대의 필요를 채워 주고 상대에게 자신을 내주는 그런 관계 말이다. 이 얼마나 모순된 말인가! 자율적 자유라는 현대의 이상은 이 같은 자가당착에 빠져 있다.

자유가 수단이 아니라 목적이 될 때

철학자들은 늘 긍정적 자유와 부정적 자유를 구분했다. 부정적 자유는 '무엇으로부터의 자유'다. 자신의 선택을 막는 장벽이나 제약을 일절 거부한다. 긍정적 자유는 '무엇을 위한 자유'다. 자유를 활용해서 특정한 방식으로 살아간다.[27] 현대 문화에서 말하는 자유 개념은 온통 부정적 자유다. 아무도 내 선택을 제약하지 않는 한 자유롭다는 것이다. 그러나 이런 개념은 너무 얄팍해서 충분하지 못하다.

아툴 가완디 박사의 책에 보면, 노인의 자택 거주를 연장해 주고자 각종 서비스를 적정가에 제공하는 보스턴 지역의 한 협동조합이 나온다. 이 협동조합은 노인의 "자율" 즉 혼자 힘으로 살아갈 능력을 지속시키는 일을 한다. 하지만 가완디는 그렇게 해 봐야 그들이 양질의 삶을 누릴 수 없다고 지혜롭게 덧붙였다. "자유가 많은 게 적은 것보다 좋아 보인다. 그러나 무엇을 위한 자유인가? 삶의 가치는 자유의 양으로 측정할 수 없다. 삶의 목표를 안전에 둔다면 공허하다 못해 자멸을 부르듯이, 자율도 결국 그와 같다."[28]

테리 이글턴은 현대적 개념의 부정적 절대 자유는, 도덕적 기초 또는 절대 기준을 배격하는 포스트모던의 불신에서 시작했다고 지적한다. 하지만 그는 목적을 위한 수단이 아니라 목적 자체인 부정적 절대 자유가 과연 진정한 자유인지 의문을 제기한다. "이걸 정말 자유라고 말할 수 있을까? 햇빛 속에 춤추는 먼지 조각이 자유롭지 못한 것과 마찬가지다." 그는 "자유는 마무리를 요구한다," 즉 우리는 자유를 통해 어딘가에 착륙하기를 원한다고 역설했다.[29]

자유는 최고 가치나 유일한 가치가 될 수 없다. 선택하는 자유를 활용해 뭔가를 해야 한다. 그런데 현대 서구 문화는 자유의 목적이 무엇이고 착륙 지점이 어디인지 말하기를 죽도록 두려워한다. "이렇게 해야 한다"라고 말하면 사람들의 자유를 제한할까 봐 두려워서다. 그래서 우리는 그냥 표류한다.

이렇듯 현대 문화의 자유 개념에는 마지막으로 중대한 문제가 있다. 자유가 선이 되려면 그 자유로 우리가 실제로 선을 행할 수 있어야만 한다. 부정적 자유는 불협화음이요 아직 끝나지 않은 이야기다. 긍정적인 일에 헌신해서 자신의 부정적 자유를 줄이려고 노력하지 않는다면, 이는 온전한 자유가 아니다. 자율은 그 자체만으로 온전하지 못하다.[30]

내가 보지 못하는 내 안의 노예

지금까지 본 것처럼 우리 문화의 주된 작동 원리인 가치 판단이나 제약이 전혀 없는 자유에는 심각한 문제가 많다. 이제 독자들도 자유가 이기심의 구실이 되어서는 안 된다는 이글턴의 요지에 공감할 것이다. 자유는 목적을 위한 수단이어야지 목적 자체가 되어서는 안 된다.

당신은 이 상황을 고치기가 별로 어렵지 않다고 생각할 수도 있다. '좋다, 이 자유로 나 자신의 쾌락을 좇지 않고 헌신적으로 살아가겠다. 일과 가정과 공동체에 헌신하겠다.' 하지만 얼마 못 가서 당신은 앞 장에 어거스틴이 설명했던 심각한 문제에 부딪칠 것이다. 그의 말마따나 우리는 가장 깊은 갈망을 하나님이 아닌 피조물에게서 채우려 한다. 그 대상이 선한 것일지라도 말이다. 마음의 실상이 이러하기에 인간은 만족을 찾지 못할 뿐 아니라 자유도 찾기 힘들다.

사랑할 때는 자유롭지 못했다던 프랑수아즈 사강의 말은 틀리지 않았다. 누군가를 사랑하면 통제를 잃는다. 상대를 기쁘게 해 주려는 마음이 간절한 탓이다. 상대의 불행한 모습은 견디기 힘든 형벌과 같아서 당신은 일종의 노예가 된다. 하지만 사강이 인정하지 않은 부분이 있다. 사람과 사랑하는 관계가 아니더라도 당신은 뭔가를 위해 살아야만 한다. 앞의 두 장을 연결해서 말하자면 모든 인간은 뭔가로부터 삶의 의미를 찾아야 하며, 무엇이든 그것이 최고의 사랑의 대상이 된다. 예컨대 당신은 직업, 정치적 대의, 특정한 친구와 동료, 가정 등을 위해 살아갈 수 있다. 의미와 만족의 대상이 무엇이든 결국 그것이 당신을 통제한다. 당신은 결코 자신의 주인이 아니며, 정작 현대의 정의대로 자유롭지도 못하다. 다른 무엇이 늘 당신을 지배한다. 현대인은 그냥 이 사실을 부정할 뿐이다.

당신은 이렇게 항변할지 모른다. "아니요! 내가 무엇에도 마음을 다 주지 않는 이유가 바로 자유 때문입니다. 나는 어떤 관계, 어떤 일에도 연연하지 않습니다. 무엇에도 내 만족과 의미를 다 투자하지 않아요. 짐이 가벼워 수시로 훌쩍 떠날 수 있습니다." 사강이 했을 법한 말이다. 그러나 사실 당신은 뭔가에 온전히 헌신되어 있다. 바로 자신의 독립이다. 당신은 거기에 지배당하는 노예다. 그것 때문에 무엇에도 헌신하지 않아 필시 무척 외로울 테니 말이다.

포스트모던 소설가 데이비드 포스터 월리스(David Foster Wallace)는 그것을 이렇게 표현했다.

> 성인의 치열한 일상생활 속에 …… 숭배하지 않는 상태란 존재하지 않는다. 누구나 숭배한다. 무엇을 숭배할 것인지가 우리 선택으로 남을 뿐이다. 모종의 신이나 영적인 것을 숭배 대상으로 선택하는 확연한 이유는 …… 다른 숭배 대상은 거의 모두가 당신을 산 채로 삼켜 버리기 때문이다. 돈과 재물을 숭배하면 아무리 가져도 족하지 않다. 삶의 진정한 의미를 거기서 얻으려 하면 결코 충분히 소유했다는 기분이 들

지 않는다. ······ 몸과 미모와 성적 매력을 숭배해 보라. 늘 자신이 못생겨 보이고, 나이 들어 노화가 표시 나기 시작하면 실제로 죽기도 전에 천 번 만 번을 미리 죽는다. ······ 권력을 숭배하면 결국 자신이 약하게 느껴지고 두려워진다. 이 두려움을 몰아내려면 남을 지배할 권력이 점점 더 많아져야 한다. 똑똑해 보이는 지성을 숭배해 보라. 결국 자신이 늘 발각되기 직전의 미련한 사기꾼처럼 느껴진다.

끝으로 그는 이런 식의 숭배는 "교활해서" 숭배로 보이지 않는다고 덧붙였다. "이는 무의식에서 설정된 기본값이다."[31] 다시 말해서 삶의 의미와 만족을 어디에서 얻든 당신은 그것을 숭배한다. 스스로 인정하지 않더라도 말이다. 당신이 그것을 위해 산다면, 단순히 추구하는 게 아니라 반드시 그것을 손에 넣어야 한다. 그렇지 않으면 삶의 목적을 잃는다. 뭔가가 그것을 위협하면 당신은 걷잡을 수 없는 불안이나 분노에 휩싸인다. 뭔가가 그것을 앗아 가면 아예 삶의 의지를 잃을 수 있다. 그것을 성취하지 못하면 끝없는 자기혐오에 빠질 수 있다. "산 채로 삼켜 버린다"라는 말은 그래서 나왔다. 다시 말해서 당신은 그것의 노예다. 인간은 뭔가에 자신을 내주어야만 하며, 그렇지 않으면 삶이 무의미해진다. 설령 아무것에도 사로잡히지 않으려 해도, 당신은 이글턴이 말한 춤추는 먼지 조각이 되어 자신의 자율에 예속된다.

물론 월리스는 기독교인이 아니며 아마 인격신을 믿지도 않을 것이다. 다만 인간의 경험과 본성을 사실대로 기록했을 뿐이다. 그런 사실이 보여 주듯이 인간은 아무도 자유롭지 못하다. 누구나 삶에 사랑과 의미와 만족이 필요하다. 누구나 뭔가의 지배를 받으며 산다.

의무가 즐거움으로 변하다

앞서 봤듯이 종교를 대개 자유의 적으로 취급한다. 종교적 권위나 전통의 지시를 받기보다 우리 마음대로 믿고 살아갈 자유가 있어야 한다고 생각한다. 그러나 사실은 우리 중 누구도 자유로운 행위자가 아니다. 모두 뭔가를 숭배하며 섬긴다. 더 나은 질문은 이것이다. 어떤 "주인"이 우리를 인정하고 아끼고 세워 주고 존중하며, 어떤 주인이 우리를 착취하고 학대할 것인가? 제약 없는 자유란 없다. 그렇다면 인간의 본성과 사양에 꼭 맞는 제약, 해방을 가져다주는 올바른 제약을 찾아야 한다. 어떤 주인이 우리 마음과 삶에 꼭 맞는 주인이며, 그리하여 올바른 제약을 가져다줄 것인가?

신이 없다면 당신은 피조물 가운데 하나를 골라 신으로 만들어 숭배해야 한다. 그것을 성취하지 못하면, 그것이 무엇이든 두려움과 원망과 죄책감과 수치심으로 당신을 벌할 것이다. 토니 슈워츠(Tony Schwarz)가 이른 나이에 큰돈을 벌고 깨달았듯이, 일과 재물에서 내면의 만족을 얻고자 매달리다가 그는 마음이 공허한 중독자처럼 됐다. "아무리 외적으로 성공해도 내가 늘 예상하던 결과가 주어지지 않는다는 사실에 공허감과 당혹감이 들었다. …… 그 어떤 추구에 몰두하든 더 깊은 목적에 닿아 있지 않으면 중독처럼 될 수 있다. 똑같은 도취에 이르려면 점점 강도를 높여야 한다. 이런 강박적 추구는 절망을 치료해 주기는커녕 오히려 더 부추긴다."[32]

슈워츠가 깨달았듯이 "외적인 성공"을 만족의 주된 출처로 삼자 그것이 주인으로 변해서 그를 노예로 부렸다. 더 많은 성공을 요구했고, 실패하면 속에서 그를 벌했다. 그러나 참하나님이 계시다면 어떻게 될까? 신약성경에 선포한 대로 그분이 이 땅에 오셔서 십자가에서 우리 죄를 위해 죽으셨다면 어떻게 될까? 이 주인만은 우리가 아무리 실망시켜도 벌하지 않고 용서하신다. 직업을 아무리 섬겨도, 직업은 결코 당신의 죄를 위해 대신 죽어 주지 않는다. 오히려 직업을 위해 살다가 실패하면 그것은 안에서 자기혐오로 탈바꿈해 당신을 십자가에 매달 것이다. 그러나 예수님은 당신을 위해 당신 대신 십자가에 달리셨다.

그렇다고 기독교의 하나님이 우리에게 아무런 제약도 가하지 않는다는 말은 아니다. 인간은 누구나 뭔가를 위해 사는데, 어느 경우든 각 주인은 행동을 제약하며 우리에게 해도 될 일과 해서는 안 될 일을 말해 준다. 올림픽 금메달, 자기가 종사하는 분야에서의 성공, 예술, 정치, 배우자 등 무엇을 위해 살든 그것이 우리 선택을 제한한다. 해서는 안 될 일이 생겨난다. 그렇다면 그 제약이 우리를 짓밟고 학대하는 억제가 아니라 해방을 가져다주는 올바른 제약인지 어떻게 아는가? 기독교인은 이렇게 대답한다. 우리를 창조하셨을 뿐 아니라 구원하신 분을 위해 산다면, 당연히 그분의 제약은 자유를 줄 수밖에 없다.

우선 하나님이 계시다면 그분은 우리를 창조하셨다. 소설가 메릴린 로빈슨(Marilynne Robinson)의 말대로 "주어진 실재"가 존재한다는 뜻이다.[33]

기독교 신앙을 따르는 로빈슨은 실재가 무한히 가변적이지 않다고 말했다. 주어진 실재는 우리에게 힘을 행사하며, 자유는 그 실재에 맞추어 살 때에만 찾아온다. 우리는 하나님을 알고 섬기고 사랑하도록 지어졌다. 다른 무엇을 위해 살려고 하면 그것의 노예가 된다. 그러나 하나님을 위해 살며 그분의 뜻을 따르기 시작하면, 실제로 본연의 자신이 되어 본래의 존재 목적이 실현된다. 드디어 심해로 나간 범선이 되는 것이다.

어떤 사람은 자유란 정말 마음대로 하는 것이라며 반론을 제기할 수 있다. 그러나 기독교의 해법은 창조주의 온당한 규제에 순응하는 데서 그치지 않는다. 거기서 더 나아가 구원자를 사랑하고 알려는 새로운 열정이 우리 안에 점점 깊어진다.

사랑에 빠진 사람은 상대가 좋아하고 싫어하는 모든 것을 주도적으로 알아낸다. 그러고는 전력을 다해 그대로 말하고 행동해서 상대를 기쁘게 한다. 자기 뜻이 아니라 "상대의 뜻대로 행하는" 건데도, 이런 새로운 제약을 기쁘게 받아들인다. 왜 그럴까? 나의 기쁨과 행복을 상대의 기쁨과 행복에 두었기 때문이다. 당신은 상대가 행복한 만큼 행복하다. 즐거움을 선사하는 즐거움에 눈떴다. 원하는 것을 얻어 낼 요량으로 상대의 뜻을 들어주는 것이 아니다. 당신이 바라는 것은 오직 상대의 사랑과 기쁨이다. 그 사람 자체가 목적이다.

기독교에서 말하는 우리와 하나님의 궁극적 관계가 바로 그렇다. 예수님은 우리를 구원하고자 한없는 대가를 치르셨고, 우리를 가장 잘되게 하려고 영광을 버리고 비천한 모습으로 오셨다. 이 사실을 깨달은 기독교인은 감사와 기쁨에 겨워 속으로 그분을 알고, 닮고, 기쁘시게 하고 싶어진다. 이제 우리의 행복이 그분의 행복에 놓여, 그분을 섬기는 일이 더할 나위 없는 자유로 변한다.

성경이 말하는 자유는 그래야만 말이 된다. 야고보서 1장 25절에 하나님의 법은 "자유롭게 하는 …… 율법"이라 했다. 예수님은 하나님의 진리를 따르면 자유롭게 된다고 말씀하셨다(요 8:31-32 참조). 히브리서에는 그리스도를 믿으면 하나님의 법이 끌이나 잉크가 아니라, 그분의 영으로 우리 마음에 기록되어 거기서 자유가 솟아난다고 했다(히 8:10; 고후 3:2, 3, 17 참조). 이 모두는 기독교인도 갓 사랑에 빠진 사람처럼 하나님의 뜻을 무겁고 거추장스러운 짐이 아니라 그분이 좋아하시고 싫어하시는 것의 목록으로 볼 수 있게 됐다는 뜻이다. 이를 기준으로 우리는 그분을 기쁘시게 하고 그분을 닮아 갈 수 있다. "마음에 기록된" 법이란 자신이 가장 원하는 일을 자유롭게 한다는 뜻이다. 우리는 그분의 뜻에 따름으로써 우리의 구원자를 사랑한다.[34]

> 이전에 엇갈리던 기쁨과 의무
>
> 주 영광 보고 나니 하나 되도다 ……
>
> 주께서 법 이루어 죄 사하시니
>
> 종이 자녀 되어 즐거운 의무라.[35]

"내 멍에는 쉽고 내 짐은 가벼움이라"

구원자를 사랑하는 마음으로 하나님의 뜻을 따르는 사람은 점차 자신이 창조주께서 지으신 본연의 모습이 되어 감을 깨닫는다.

도로에 자동차가 지나가는데 안을 들여다보니 다섯 살배기 아이가 운전대를 잡고 있다고 상상해 보라. 어떻게 될까? 뭔가가 부서질 것이다. 행인이나 나무나 담장을 들이받아 결딴을 낼 것이다. 왜 그럴까? 좋은 자동차지만 다섯 살배기 아이가 운전하도록 설계되지 않았기 때문이다. 하나님은 "여기 계명과 도덕적 지시가 있다. 거짓말하지 말라. 이기적이 되지 말라. 거짓 증언하지 말라"라고 말씀하시는데, 이런 지시는 당신의 설계자에게서 나온 것이다. 그러므로 빈말이 아니다. 그것을 어기면 당신의 본성을 침해해서 자유를 잃는다. 음식을 잘못 먹으면 병원에 가는 것과 마찬가지다.

예를 들어 성경에 보면 원한을 품지 말라고 했다. 오래전에 우리 교회의 한 청소년과 대화한 적이 있는데, 그녀는 아주 정당한 여러 이유로 자기 아버지에게 화가 나 있었다. 그래서 "하나님이 용서해야 한다고 말씀하신 줄은 알지만 그러고 싶지 않아요"라고 말했다. 나는 우선 하나님이 그분을 따르는 이들에게 용서를 요구하신다는 점에 동의하는지 확인하고 나서 이렇게 말했다.

"하지만 네가 생각해 볼 게 있다. 하나님은 우리의 창조주이시므로 그분의 명령은 결코 무의미하거나 되는 대로 내던진 '빈말'이 아니야. 그분이 주신 의무는 언제나 궁극적으로 우리를 해방시켜 준단다." 아버지에게 계속 원한을 품는다면 그녀의 삶은 계속 거기에 지배당해 놀아날 것이었다. 그러면 그녀는 더 냉소적이고 더 완고해지며 어쩌면 남자 전체를 보는 관점도 왜곡되는 등 많은 악영향을 입을 것이었다. 그래서 나는 "아버지의 잘못으로 인한 피해를 최소로 줄이고 네가 자유로워지는 최선의 길은 용서하는 거야"라고 말했다. 나중에 그녀는 그 대화가 자신에게 전환점이 됐다고 말했다.

당신이 용서하시는 하나님의 형상대로 지음받았으므로 이것은 명령이다. 당신도 용서해야만 한다. 당장은 가해자에게 분노를 품거나 복수하는 게 후련하게 느껴질 수 있다. 그러나 장기적으로는 어떻게 될까? 뭔가가 부서진다. 분노는 당신 몸을 해칠 수 있다. 물론 모든 관계를 해쳐 신뢰와 헌신이 더 어려워질 수 있다. 아예 삶 전체를 망가뜨릴 수도 있다. 왜 그럴까? 하나님의 도덕적 지시에 불순종하는 일은 당신의 본성과 우주의 성질에 어긋나기 때문이다. 이는 자동차를 운전하는 다섯 살배기 아이와 같아서 실패할 수밖에 없다. 그러나 순종하기 시작하면 당신은 본연의 존재 목적에 역행하지 않고 거기에 "맞추어 살게" 된다.

기독교는 예수 그리스도가 당신의 주인이자 구원자라고 가르친다. 마태복음 11장에서 예수님은 이렇게 말씀하셨다. "수고하고 무거운 짐 진 자들아 다 내게로 오라 내가 너희를 쉬게 하리라 나는 마음이 온유하고 겸손하니 나의 멍에를 메고 내게 배우라 그리하면 너희 마음이 쉼을 얻으리니 이는 내 멍에는 쉽고 내 짐은 가벼움이라"(28-30절).

이런 말씀이나 같다. '내가 네게 명하는 일은 네가 본래 행하도록 창조된 일뿐이다. 그래서 알고 보면 내 멍에는 쉽다. 나를 따르는 짐을 네게 지운다만 내가 이미 대가를 치렀으니 너는 실패해도 용서받는다. 내가 네게서 남들에게 있는 짐을 벗겼다. 네 수고와 노력으로 스스로 구원을 얻어 내야 할 짐을 벗겼다. 과거의 실패에 대한 죄책감이나 수치심의 짐도 벗겼다. 사랑받을 자격이 있음을 입증해야 할 짐도 벗겼다. 그러므로 나를 만나면 만족을 얻고, 나를 실망시켜도 용서받는다. 그런 주인과 상전은 나뿐이다.'

이 주장에 따르면 예수님은 유일한 주인이며, 유일하게 당신을 착취하지 않을 삶의 목적이다. 그 이유는 이렇다. 앞서 봤듯이 사랑의 관계는 독립을 포기하라고 요구한다. 그런데 양쪽이 함께 독립을 포기해야 한다. 내 쪽에서 상대에게 "당신이 먼저다. 내가 당신에게 맞추겠다. 당신을 위해 내 자유를 포기하겠다. 당신을 위해 희생하겠다"라고 말해야 한다. 단, 상대도 똑같이 해야 한다. 한 사람만 하고 한 사람은 하지 않으면 그것은 착취다.

이제 기독교의 복음이 우리에게 무엇을 주는지 생각해 보라. 그전에 잠시 예수나 기독교를 빼고 생각해 보자. 당신이 그냥 막연한 신을 믿으려 한다면 어떻게 될까? 그냥 착하게 살며 신에게 기도하려 한다면 어떻게 될까? 그런 신과 어떻게 관계를 맺을 것인가? 그것은 착취가 아니겠는가? 신은 꿈쩍도 하지 않고 당신 쪽에서 복종이든 회개든 희생이든 혼자다 해야 한다.

그런데 기독교는 다르다. 예수 그리스도는 영광을 버리고 연약한 인간이 되어 우리를 위해 죽으셨다. 예수님을 통해 하나님은 이렇게 말씀하신다. "내가 너에게 맞추겠다. 너를 위해 희생하겠다. 우선 성육신(成肉身)을 통해 내 영광과 불멸성을 버리고 인간이 되겠다. 다음 속죄를 통해 모든 빛과 기쁨과 내 생명까지도 버리겠다." 그분은 십자가에 단단히 못 박혀 움직일 수조차 없게 되셨다. 그렇다면 당신도 자유를 포기할 수 있지 않겠는가?

하나님은 우리에게 악과 죽음 자체로부터의 궁극적 자유를 누리게 해 주시려고 자신의 자유를 버리셨다. 이렇게 주장하는 종교는 기독교뿐이다. 그러므로 당신은 그분을 신뢰할 수 있다. 그분이 당신을 위해 독립을 희생하셨기에 당신도 그분을 위해 똑같이 할 수 있다. 해 보면 알겠지만 이거야말로 무한한 자유를 가져다주는 최고의 제약이다. "[하나님의] 아들이 너희를 자유롭게 하면 너희가 참으로 자유로우리라"(요 8:36).

6

{ —— 세속주의, '거짓 정체성'을 주입하다 —— }

나만 나를 사랑하면
그만이다?

○

지금까지 의미, 만족, 자유 등 인간에게 없어서는 살아갈 수 없는 몇 가지 요소를 살펴봤다. 이번에는 또 하나의 그런 주제 '정체성'에 이르렀다. '나는 누구인가?'라는 물음에 대한 답이다.

당신의 정체성은 무엇인가? 정체성은 최소한 두 가지로 이루어진다. 하나는 영속적인 자의식이다. 당신은 동시에 여러 장에서 살아간다. 가정에서는 식구이고, 직장에서는 동료이고, 누군가에게는 친구이며, 고독

속에 혼자일 때도 있다. 정체성이란 어떤 곳에서도 한결같은 당신의 참모습이다. 그게 없으면 "당신"도 없다. 상황에 따른 가면만 있을 뿐 그 속에 진짜 얼굴이 없다. 어느 곳에서나 변하지 않는 당신의 요소는 무엇인가? 어느 날, 어느 관계, 어느 상황에서나 동일한 자아 인식의 핵심이 있어야 한다. 또 정체성에는 자의식 외에 자존감도 포함된다. 자신의 가치를 평가하는 것이다. "우리는 다 중요한 존재가 되어 자신의 가치를 느끼기를 간절히 원한다."[1] 자기 인식과 자존감은 다르다. 자신이 어떤 존재인지 아는 게 전자라면, 후자는 그 존재를 중시하는 마음이다. 당신 삶의 가치와 선과 중요성을 느끼게 해 주는 당신의 요소는 무엇인가? 자의식과 자존감이 합해져서 당신의 정체성을 구성한다.[2]

어느 문화든 그 구성원에게 정체성의 형성을 주입하는데, 그 과정이 워낙 강력하고 편만해서 알아챌 수가 없다. 자의식과 자존감을 얻는 다른 길도 있건만 우리는 그 사실을 전혀 모를 수 있다. 이번 장에서 세속적 문화의 그 과정을 좀 더 살펴본 뒤, 기독교가 인생의 이 근본적 차원에 제공하는 전혀 다른 자원을 제시하고자 한다.

고대 문화에서는 내면의 갈망뿐 아니라 외부의 사회적 역할 및 관계가 자아를 규정하고 형성했다. 오늘날의 많은 비서구 문화에서도 마찬가지다. 찰스 테일러는 이 오랜 개념을 "침투성" 자아라고 칭했다. 자아가 가정과 공동체뿐만 아니라 우주적, 영적 실체와도 불가분으로 얽혀 있다고 인식됐기 때문이다.[3] 자의식과 자존감은 개인이 타인을 향해 밖으로 나가 가정과 공동체 내에서 역할을 맡을 때 계발된다. 전통 문화에 속한 사람에게 "당신은 누구인가?"라고 물으면 십중팔구 누군가의 아들, 어머니, 특정 부족과 민족의 일원이라는 답이 나올 것이다. 온 가족과 공동체와 신의 유익을 위해 개인의 갈망을 포기하고 본분을 다할 때, 그들은 명예로운 인간으로서 정체성이 확고해진다.[4]

현대 서구의 정체성의 형성은 그와 정반대다. "침투성" 자아 대신 소위 고립된 "절연성" 자아가 등장한다.[5] 로버트 벨라와 동료 사회학자가 펴낸 고전 *Habits of the Heart*(마음의 습관)에는 이런 식의 정체성 형성을 가리켜 "표현적 개인주의"라고 칭했다. 우리 문화는 우리가 공동체나 가정을 위해 개인의 필요를 승화시킴으로써 자신의 정체를 배우거나 그 정체가 되어 간다고 믿지 않는다. 오히려 "사람마다 감정과 직관의 독특한 핵심이 있어 이를 풀어내거나 표현해야만 개성[또는 정체성]이 실현된다."[6] 다른 사회와 달리 현대 서구 문화는 "사회적 상황과 무관한 자아가 있어 거기서 모든 [도덕과 의미의] 판단이 흘러나오도록 되어 있다"라고 믿는다.[7]

이전의 모든 문화에서는 사람들이 타인에게 다가가 애착을 구함으로써 자아를 계발했다. 이를테면 타인의 얼굴에서 자신을 발견한 셈이다. 그러나 현대 세속주의는 내면을 들여다봐야만 자아를 개발할 수 있다고 가르친다. 가정과 종교 공동체와 모든 외부 요건을 떠나 초연해야만, 자신의 정체를 스스로 선택하고 결정할 수 있다는 것이다.[8]

이 문화의 메시지는 이것이다. '남에게 인정받으려 하지 말라. 자신이 원하는 길을 가고 있으니 스스로 인정하면 된다. 당신이 되고 싶은 사람이 되라. 남이 어떻게 생각하든 상관없다.' 이것이 현대 서구의 표현적 개인주의의 핵심이다.

정체성에 접근하는 두 가지 방법

이보다 극명한 대조는 없다. 전통 문화에서 추앙하는 내러티브는 자기희생이다. 본분이 곧 당신이며, 자존감을 얻으려면 그 본분을 다해 공동체에서 인정을 받아야 한다. 서구 문화에서 떠받드는 새로운 내러티브는 자기주장이다. 개인의 꿈과 갈망이 곧 당신이며, 자존감을 얻으려면 스스로 존엄성을 부여해야 한다. 공동체가 반대할지라도 이를 무릅쓰고 자신의 꿈과 갈망을 주장해야 한다.

과거의 문학을 읽노라면 두 가지 자아 개념의 현저한 차이를 자주 느낀다. 예를 들자면 한이 없다. 10세기 앵글로색슨의 시 "몰던 전투"(*The Battle of Maldon*)도 그중 하나다. 살아남은 영국 전사들은 덴마크와의 싸움에서 자기네가 패했음을 똑똑히 알았다. 그러나 민족의 영광을 더 중시했던 그들은 목숨을 건지려고 퇴각하느니 최후의 일전을 벌이는 게 더 조국을 빛내리라 믿었다. 장렬히 전사할 각오가 되어 있었을 뿐 아니라 그런 죽음을 특권이자 행복으로 알고 열망했다. 그래서 버톨드는 물푸레나무로 만든 창을 전사한 대장 위로 흔들며 동지들에게 이렇게 말했다. "힘이 달릴수록 목적은 굳어지고 가슴은 뜨거워지고 용기는 배가된다. 여기 훌륭한 우리 군주가 바닥에 쓰러져 있다. …… 나 또한 물러서지 않고 내 사랑했던 군주의 곁에 누우리라."[9] 버톨드가 추구한 것은 일신의 안전이나 행복이 아니라 민족의 명예였다.

이를 〈사운드 오브 뮤직〉(The Sound of Music)에서 수녀원장이 마리아에게 불러 준 노래와 대조해 보라.

모든 산을 오르고

모든 개울을 건너고

모든 무지개를 따라가

그대의 꿈을 찾으라.[10]

이런 대조를 보여 줌으로써, 수녀원을 떠나기로 한 마리아의 결정이
틀렸다고 말할 생각은 조금도 없다(사실 그녀는 서원한 수녀가 아니라 수녀원에 입회
할까 생각 중이던 지원자였다). 그러나 노래 형태로 그녀에게 주어진 이 조언은
현대 사고의 원형이며, 지금은 모든 상황에 두루 적용된다.

자아를 발견하려면 초연하게 공동체를 떠나 밖으로 나가야 한다. 최
근의 유명한 사례로 월트 디즈니 영화 〈겨울 왕국〉(Frozen)의 주인공 엘사
가 있다. 엘사는 이렇게 노래한다.

이제부터 내 힘으로

모든 제약을 뚫고 나가리.

옳은 것도, 그른 것도, 규율도 없으니

오, 나의 자유여![11]

이전에는 "외부의 어떤 원천" 즉 가정과 민족과 "신 또는 무슨 우주적
선"과 연결됐으나, "이제 우리가 연결되어야 할 원천은 [바깥이 아니라] 깊은
내면이다. …… 우리가 생각하는 자아란, 깊은 내면을 지닌 존재다."[12] 자
아를 발견하려면 외부의 무엇에 자신을 내줄 게 아니라 내면의 무엇을 스

스로 표출해야 한다.

주어진 사회적 신분에 갇혀 살던 과거

서구식 정체 형성의 문제점을 논하기에 앞서 중대한 긍정적 측면부터 인정해야 한다. 과거에는 절대다수의 사람이 극도의 위계 사회에서 각자에게 주어진 사회적 신분에 갇혀 살았다. 사회 내의 역할이 곧 개인의 정체성으로 통했기에, 그 이유만으로 농부는 영원히 가난해야 했다. 이런 위계를 우주의 질서인 영적, 도덕적 절대 원리의 반영으로 보고 정당화했다. 10장에서 보겠지만 기독교 교회는 모든 인간이 하나님의 형상대로 지음받았고, 빈민을 위한 정의는 중요하며, 부자와 권력자는 하나님 나라에 들어가기가 어렵다고 가르친다. 그러면서도 교회가 거기에 함축된 의미를 간과할 때가 많았다. 성경에 그런 주제와 교리가 있음에도 교회는 대부분 경직된 사회 계층을 지지했다.

하지만 세속적인 사상가들은 우주적 규범의 도덕 질서라는 개념 자체를 공격했고, 그것이 지금부터 살펴볼 여러 중대한 문제를 일으켰다. 물론 현대 개인주의가 낳은 유익과 정당한 공로는 인정한다. 예를 들어 미국 인권 운동은 흑인 교회가 주도했고 성경의 어휘와 범주로 정당함이 뒷받침됐으나, 전체 사회가 그 운동을 흔쾌히 받아들여 변화를 시행한 것은 미국 문화에 점점 부각되던 개인주의적 가치인 자결, 개인적 자유, 평등 덕분이었다고 해석해 왔다.[13]

내 할아버지는 1880년에 이탈리아에서 태어나 나폴리 외곽 작은 마을에 살았다. 할아버지 집안은 대대로 옹기장이였다. 십 대 때 할아버지는 아버지(내 증조할아버지)에게 "저는 이 일이 싫습니다. 다른 일을 하고 싶어요"라고 말했다. 그러자 아버지는 "네가 할 수 있는 일은 세 가지뿐이다. 신부가 되거나 군대에 가거나 옹기장이가 되는 거다. 그뿐이다"라고 말했다. 할아버지가 이유를 묻자 옹기를 만드는 게 가업이라는 답이 돌아왔다.

그게 그들의 정체성이었고 거기가 그의 자리였다. 할아버지에게 다른 일을 맡길 사람은 아무도 없었다. 다른 마을로 이사하려 했다면 그곳 사람들이 "여기서 뭘 하려는 거냐? 너는 그쪽 사람이다. 그게 네 정체성이다. 돌아가라"라고 말했을 것이다. 그래서 할아버지는 미국으로 이민을 왔다.

이런 경직된 착취적 사회 계층은 전통적 정체성 관에서 비롯됐다. 계급 문화의 사다리에서 각자가 속한 칸, 그게 곧 그 사람이었다. 세상과 맺는 관계는 개인으로서가 아니라 집안과 계급을 통해 이루어졌다. 인생의 사명은 '분수를 알고' 주어진 역할을 수행하는 것이었다. 출구도 없고 이동도 없었다. 현대 서구의 정체성 관념이 아니었더라면 수많은 사람이 전통적 정체성에서 벗어나지 못했을 것이다. 하지만 방법만 달랐다 뿐이지 현대 서구 문화의 정체성 형성도 그 못지않게, 어쩌면 그 이상으로 사람을 짓누른다. 어떤 식으로 짓누를까?

내면에서, 모순되고 변하는
여러 갈망들이 싸운다

우선 우리 시대의 접근법은 모순이다. 자신의 깊은 갈망을 찾으려고 마음속을 들여다보면 과연 많은 갈망이 보인다. 하지만 갈망끼리 충돌한다는 사실도 보인다. 당신은 특정 직업을 간절히 원할 수 있다. 그런데 누군가와 사랑에 빠져 그 사람도 간절히 원한다. 일과 관계 둘 다의 특성상 양쪽을 모두 얻을 수는 없음을 깨닫는다. 이제 어찌할 것인가? 직업이나 사랑 중 한쪽의 갈망이 더 깊고 더 '나답다'라고 주장할지 모르지만, 그건 고지식한 생각이다. 내면의 온갖 갈망이 그처럼 질서 있게 배열되어 있다는 근거를 어떻게 제시할 수 있겠는가?

프랜시스 스퍼포드는 당신이라는 "존재가 갈망하는 소원은 사리에 맞거나 서로 조화롭지 못하다. 깊은 갈망들끼리 서로 팽팽하게 맞선 채 불협화음을 일으킨다. 그래서 참으로 소유하고 싶으면서 동시에 참으로 소유하고 싶지 않다. 당신이 갖춘 요소는 …… 해피엔딩보다 부조리나 심지어 비극에 더 적합하다"라고 썼다.[14]

지그문트 프로이트(Sigmund Freud)는 우리 내면의 갈망이 일관되고 긍정적이라는 개념을 가장 신랄하게 비판했다. 그는 각 개인 안의 깊은 갈망을 억제할 수 없이 이기적이라 했고, 가장 깊은 속의 이 본능을 "원초아"(id)라 불렀다. 자아의 요소 중 "거부할 줄 모르는" 부분이다.[15] 그가 보기에 우리 존재의 심연은 권력, 사랑, 위안, 통제를 갈망하느라 "타협 없는 혼돈"으로 가득하며, 할 수만 있다면 서로 짓밟고라도 각자의 목표를 이루려고 갈망끼리 싸운다. 그런데 양심(또는 "초자아superego")이 있어 우리가 문화의 도덕규범을 어기면 내적 고통과 수치심과 죄책감을 불러 일으켜 우리를 벌한다. 비록 우리가 일부 조정해서 갈망과 양심 사이에 더 나은 거래와 타협을 끌어낼 수는 있다. 하지만 문명이나 사회 질서를 조금이라도 이루려면 죄책감과 수치심을 대가로 치러야 한다고 프로이트는 말한다.[16] "죄책감을 부정할 수는 있으나 …… 죄책감은 공공질서를 유지해 가는 숨은 주역이다."[17]

필립 리프(Philip Rieff)가 지적했듯이 프로이트는 비관론자요 "도덕주의자"였다. 인간을 그 이기심의 깊이와 자신이 저지를 수 있는 잔혹성을 대체로 인정할 줄 모르는 이기적이면서도 구제 불능인 존재로 봤기 때문이다. 프로이트가 현대 정신치료를 본다면, 자신의 제자들 중 다수가 가장 깊은 갈망의 내적 어둠과 모순과 파괴성에 대한 현실주의를 잃어버린 것을 보고 고개를 내저을 것이다. "우리는 좌절 때문에 불행한 게 아니다. …… 서로 충돌하는 갈망의 불행한 조합 때문에 불행하다. 문명이 도달할 수 있는 최고의 상태는 기껏해야 불만족 사이의 균형이다."[18]

갈망은 서로 모순될 뿐 아니라 모호하다. 벨라는 "자아의 소원은 무엇인가? 소원이 존재하며 때로 간절하다는 점만은 틀림없지만, 좋은 기분도 사랑만큼이나 지극히 주관적인 경험인지라 그 고유의 특성은 여전히 뜬구름 잡기와 같다"라고 말했다.[19]

끝으로 갈망은 모순되고 모호할 뿐 아니라 늘 변한다. 앞서 말했듯이 정체성의 일부는 상황과 시간이 변해도 언제나 일정한 자의식의 응어리다. 그래서 전통적 방식으로 이루어지던 정체성 형성은 말이 됐다. 정체성이 개인의 자아 바깥의 확고한 무엇과 연결되어 있었기 때문이다. 그러나 정체성이 당신의 갈망에 불과하다면 갈망은 늘 변하게 마련이다. 어떤 상황에서나 자신의 유익을 구하며 그 순간 원하는 인정과 통제를 얻는 쪽으로 반응한다면, 정체는 사실상 사라져 버린다.

"어빙 고프먼(Erving Goffman)의 책에 …… [나오는 한 견해에 따르면] 자아는 아예 존재하지 않는다. 외견상의 자아는 잇따르는 상황마다 달라지는 일련의 사회적 가면에 불과하다."[20] 역설적이게도 고정된 사회적 역할을 떠나 "자신이 되라"라고 강조할수록, 결국 어떤 상황에서나 똑같이 한결같은 "자신"은 남지 않는다.

혼자서는 나를 제대로 알 수 없다

현대 서구 문화는 당신의 가장 깊은 갈망과 꿈을 발견하고 표현하려면 내면을 봐야 한다고 말한다. 그것도 스스로 해야 한다. 외부의 누군가가 당신의 정체성을 인정하고 말해 줄 거라 기대해서는 안 된다.[21] 1970년대 베스트셀러였던 게일 쉬히(Gail Sheehy)의 *Passages*(인생 여정)에 이런 관점의 전형적 기술이 잘 나타난다. 쉬히의 지도로 진정한 자아를 찾으려는 어떤 사람에게 그녀는 이렇게 말한다.

당신은 떠나는 중이다. …… 제도의 주장과 타인의 의제를 떠나고 외부의 평가와 인정을 떠나 내면의 인정을 찾으려 한다. [사회적] 역할을 떠나 자아 속으로 들어간다. …… 지금까지 사람과 제도에 과도히 투자해서 가짜 안전을 붙들고 있었다면 다 버려야 한다. 내면의 후견인(즉 양심)이 그 조종석에서 내려와야 한다. 지금부터 어떤 외부 세력도 우리의 여정을 지도할 수 없다. 각자 스스로 판단해서 타당한 노정을 찾아야 한다.[22]

요컨대 '누구에게도 인정받으려 하지 말라. 외부의 기준일랑 일절 금물이다. 자신이 중요하다는 판결은 스스로 내려라.'

그러나 이는 불가능한 일이다.[23] 스스로 인정해서 정체성을 얻을 수는 없다. 정체성이란 상당 부분 타인에게서 와야 한다. 신학자 필립 라이큰(Philip Ryken)이 인용한 어떤 현대 소설에 젊은 독신녀가 나오는데, 그녀는 새해 결심을 이렇게 적는다. "내적 평정심과 권위와 자의식을 개발해서 내실을 기할 것. 남자친구를 얻는 최선의 방법으로 남자친구 없이도 온전한 여자가 될 것." 그런데 거기서 한 가지 문제가 눈에 띈다. "내 자의식이 남들에게서 오지 않고 …… 나 자신에게서 온다고? 그건 옳을 수 없지."[24] 맞다, 옳지 않다. 아예 불가능하다.

결국 우리는 자신에게 이렇게 말할 수 없다. "세상 모든 사람이 나를 괴물로 생각해도 상관없다. 나만 자신을 사랑하면 그만이다." 정신이 이상하지 않고서야 그런 식으로 자신의 가치를 확신할 수는 없다. 내가 매우 가치 있는 존재라고 밖에서 누가 말해 줘야 한다. 그 사람의 가치가 클수록 내게 자의식과 자존감을 심어 줄 위력도 그만큼 커진다. 자존감은 내가 존경하는 사람으로부터 인정받고 사랑받을 때 생겨난다. 성경의 표현을 쓰자면 우리 스스로 복을 받을 수 없기에 누군가 우리에게 복을 줘야 한다. 우리는 속속들이 사회적이고 관계적인 존재다. 내가 존중하는 누가 나를 존중해 주고, 내가 칭찬하는 누가 나를 칭찬해 줘야 한다. 심지어 현대인도 말로는 스스로 인정한다지만, 실제로는 늘 새로운 공동체의 동지들과 "응원단"을 사귀며 그들에게 인정받기를 갈구한다.

오래전에 공상과학 텔레비전 드라마 〈스타트렉: 넥스트 제너레이션〉의 어느 회차를 본 적이 있다. 함장 장-뤽 피카드가 스타플릿 아카데미에 입학하려는 한 청년과 대화하는 장면이었다. 청년은 함장을 기쁘게 하려는 게 입학 동기 중 하나라고 고백했다. 이때 피카드는 게일 쉬히의 대사와 정확히 일치하는 반응을 한다. "웨슬리, 네 성공과 실패를 내면의 기준으로 측정해야지 나나 그 누구의 생각대로 측정해서는 안 된다."[25]

그 장면이 떠올랐던 이유는 마침 그즈음에 내가 상담했던 어떤 남자의 부모가 늘 아들에게 똑같이 대답했기 때문이다. 그 남자는 내게 이렇게 말했다. "부모님은 '이렇게 혹은 저렇게 하면 우리는 네가 자랑스러울 거야'라고 말한 적이 없습니다. 제가 지도를 청하면 늘 '정말 네가 하고 싶은 대로 했으면 좋겠구나. 그게 무엇이든 우리는 괜찮거든'이라고 말합니다." 그런데 그는 그런 말을 들으면 자신이 사랑받지 못하고 방향을 잃은 것 같다고 하소연했다. 자신이 어떤 삶을 선택해도 과연 부모가 똑같이 좋아할지 의문이 들었지만, 칭찬받을 만한 삶을 부모에게서 알아낼 수가 없었다.

물론 그게 부모의 선의이며 그들 나름의 개방적인 신식 처신인 거야 알았다. 그럼에도 그는 이렇게 말했다. "아무도 스스로 괜찮다고 말할 수는 없어요. 누군가 내게 '그게 옳은 길이다. 나는 네가 자랑스럽다!'라고 말해 줘야 합니다. 그래서 저는 다른 종류의 가정을 찾아야 했습니다. 우리 집은 저에게 맞는 가정이 아니니까요."

이렇듯 문화의 내러티브와는 반대로 우리는 먼저 바깥을 보며 다른 무엇과 연결돼야 한다. 그 후에야 자기 안으로 들어가 무슨 평가를 하더라도 할 수 있다.

증거가 될 만한 사고 실험을 하나 해 보자. AD 800년 영국의 앵글로색슨족 전사를 상상해 보라. 그가 자기 마음속을 들여다보니 내면에 두 가지 강한 충동과 감정이 보인다. 하나는 공격성이다. 남에게 멸시당할 때마다 폭력으로 상대를 해치거나 죽이고 싶은 게 그의 본능적 반응이다. 그는 전투를 즐긴다. 체면과 명예와 전사의 도리를 중시하는 문화에 살다 보니 그는 이 감정에 쉽게 동화된다. 그게 전혀 부끄럽거나 유감스럽지 않다. 그래서 '이게 나다! 이게 내 정체성이다! 이대로 표현하자'라고 말한다. 그런데 그의 마음속에 보이는 다른 충동이 동성애 성향이라 하자. 그는 그게 없기를 바란다. 그 감정을 보며 '이건 내가 아니다. 제어하고 억압하자'라고 말한다.

이번에는 오늘날로 넘어와, 맨해튼 거리를 걷고 있는 어떤 청년을 상상해 보라. 그의 내면에도 동일한 두 가지 충동이 똑같은 강도로 존재한다. 그는 자신에게 뭐라고 말할까? 공격성을 보면서는 '이건 내가 아니다'라고 말하며 치료나 분노 관리 교육을 받는다. 그러나 동성애 성욕을 보면서는 '이게 내 정체성이다. 이게 나다'라고 결론짓는다.

이 예화로 여러 가지를 증명할 수 있다. 우선 정체성이 내적 갈망과 감정 표현이라는 생각이 환영임을 보여 준다. 누구에게나 강한 감정이 많이 있으며, 어떤 의미에서 그 모두가 "자신"의 일부다. 하지만 존재한다는 이유만으로 그 모두를 표현해도 되거나 표현해야 한다는 뜻은 아니다. 내면의 강한 감정 전부와 동화하는 사람은 아무도 없다. 그보다 우리는 모종의 여과 장치인 일련의 신념과 가치로 마음을 걸러서, 어느 감정을 중시해 핵심 정체성에 통합하고 어느 정서는 그러지 않을지를 결정한다. 정체성은 감정 자체로 형성되지 않는다. 가치중립이 아닌 이런 여과 장치를 통해 형성된다.

그렇다면 그런 여과 장치는 어디서 오는가? 모종의 공동체에서, 즉 우리가 신뢰하는 사람들에게서 온다. 그렇게 받아들인 일련의 가치를 기준으로 우리는 자신의 내면을 해석한다. 자기 속에 보이는 모습 중 일부는 중시하고 일부는 버린다. "남이 뭐라든 나 자신이 되기만 하면 된다"라는 말은 우리를 오도하다 못해 부정하는 말이다. 실제로 우리는 "남"이 하는 일련의 말로 "자아"를 규정짓는다. 깊은 내면 자체는 우리를 이끌어 갈 역량이 부족하다. 다시 말해서 감정과 갈망이 아니라, 갖가지 모순되고 변화하는 감정과 갈망에 대한 우리의 신념이 우리의 정체성을 결정짓는다.

800년대 앵글로색슨족 전사와 맨해튼 청년의 비교가 보여 주는 게 또 있다. 결국 현대인도 자기다워질 자유가 없기는 고대인과 다를 바 없다. 예화 속 현대인은 특정한 성적 감정을 자신의 정체로 믿는 반면 앵글로색슨족은 이를 자신의 정체에 이질적이거나 심지어 적대적인 요소로 생각한다. 왜 그럴까? 각 경우마다 무엇을 믿어야 할지를 사회가 일러 주기 때문이다. 어차피 신념은 외부에서 와야 하는데, 대부분은 민족, 학계,

직업, 가정 등의 문화나 공동체에서 무의식 중에 흡수된다.

모든 공동체에는 "[삶에 대해] 오랜 세월에 걸쳐 형성된 일련의 관점과 평가"가 있다. 이 일련의 신념은 "모든 인간 활동에 내재해 있는 차원"이며, 대개 눈에 띄지 않는다.[26] 오늘날 수많은 사람이 "이게 나다. 사회에서 어떻게 보든 상관없다. 내 생각만이 중요하다"라고 말한다. 하지만 SNS를 보면 여태 실제로 무슨 일이 벌어졌는지 알 수 있다. 사람들은 하나의 공동체와 응원단을 버리고 다른 것으로 대체했다. 그리하여 자신에 관해 생각할 때도 거기서 시키는 대로 한다.

로버트 벨라가 인상적인 말을 했다. "[현대인은] 자신이 가장 자유롭다고 자처하는 바로 이 부분에서, 문화의 지배적 신념에 가장 억압당하고 있으니 아이러니다. 가장 깊은 신념을 혼자만의 고립된 자아 속에서 만들어 낼 수 있고, 또 그래야 한다는 개념은 그럴듯한 문화적 허구다."[27] 이어 그는 현대인은 자신의 정체성을 얼마나 타인에게 빚지고 있는지 알 도리가 없다고 말했다. "그들은 철저한 자율 논리에 갇혀 있어 자신이나 타인을 의지의 자의적 중추로밖에 볼 줄 모르며," 이는 그만큼 "그들이 자기 존재의 실체를 온전히 표현할 수 없다"라는 뜻이다.[28]

정체성은 스스로 부여할 수 있는 게 아니다. 고립된 상태에서 모종의 내적 독백으로만 정체를 발견하거나 지어낼 수는 없다. 오히려 정체성은 어느 공동체의 도덕적 가치 및 신념과의 대화를 통해 도출된다. 우리는 타인 안에서 타인을 통해 자신을 발견한다. "스스로는 자아의 참모습에 결코 도달할 수 없다. 일과 사랑과 학습을 통해 타인과 대면하고 협력할 때 자신이 누구인지 알 수 있다."[29] 현대식 정체성은 단순히 내면의 감정을 표현하며 자신을 독자적으로 평가하거니와, 결국 이런 정체성은 불가능하다.

실력주의와 불안에 짓눌리다

세속적인 정체성은 자유로워 보이지만 역설적이게도 감당하기 힘든 부담이 뒤따른다. 사회적 역할에서 자존감을 더 찾던 옛날에는 경쟁적 성취에 그리 큰 가치를 두지 않았다. 개천에서 용 나는 일도 좋았지만, 그런 일은 드물었고, 꼭 그러지 않아도 괜찮았다. 좋은 아버지나 어머니나 아들이나 딸이 되어 맡은 일과 본분에 성실하고 부지런하면 그것으로 충분했다.

그런데 오늘날 우리는 알랭 드 보통의 말처럼 실력주의를 믿는다. 누구든 가난한 사람은 오로지 야망과 재주가 부족해서다. 성실하기만 하고 성공하지 못하는 것은 이제 수치다.[30] 이는 모더니즘(modernism)이 영혼에 지운 새로운 짐이다. 이제 성패는 개인의 책임일 뿐이다. 우리 문화는 자아를 창출할 능력이 우리에게 있다며 독립과 자립을 강조한다. 하지만 이는 사회가 승자에게 아첨하고 패자를 깔보며 연약함을 경멸한다는 뜻이기도 하다.[31]

그렇다 보니 현대인은 우리 선조들이 몰랐던 중압감과 불안감에 시달린다. 우리는 자신의 외모와 스타일과 입장과 성격을 결정해야 한다. 또 자신을 홍보해서 직업적, 사회적, 미적 공간에 새로 발을 들여야 한다.

거기는 우리가 자아를 창출하기로 선택한 장이다. 그 결과, 구입하는 소비재를 통해 인간이 "브랜드"로 탈바꿈하면서 "새로운 유형의 동조가 생겨난다."[32] "탈사회적 …… 실재 개념"[33] 때문에 오히려 인간이 이전보다 더 외부 평가에 의존하고 외부 조종에 취약해졌으니 아이러니다. 그래서 우리는 "자신을 좋게 느끼기" 위해 패션과 전자기기와 기타 상품과 재화에 훨씬 더 의존하게 됐다.

이렇게 행위와 성취에 근거해 스스로 정체성을 지어내면, 우리의 자존감은 실패와 역경 앞에 훨씬 쉽게 무너진다. 말로는 사회 규범에서 자유로워졌다지만, 이제 우리는 가정에서 인정받으려 하지 않고 자신이 선택한 성취의 장에서 인정받으려 한다. 이미 그 안에 들어가 있음에도 그들에게 인정받고 칭찬받고 싶어 한다. 그렇게 이전 어느 때보다도 더 "자기 삶에 비중 있는 타인들이 주는 인정에 휘둘린다."[34] 당신은 똑똑해야 한다. 예뻐야 한다. 세련돼야 한다. 실적을 보여야 한다. 그들이 보기에 그래야 한다. 모든 게 당신이 하기 나름이다. 하지만 전통 문화에서는 그렇지 않았다.

아서 밀러(Arthur Miller)의 희곡 "추락 이후"(After the Fall)의 내레이터는 현대 생활을 "일련의 입증"으로 본다. 각자의 똑똑함, 성적인 능력, 실력, 세련미를 논리로 증명하는 이 모든 과정은, 모종의 "판결"을 얻어 내기 위해서다.[35] 하지만 이는 올가미다. 일, 직업, 로맨스, 사랑 등 뭔가 좋은 것에 집중해야 하는데, 더는 그것이 그냥 좋고 즐거운 것으로 머물지 않기 때문이다. 그것은 우리 자신이 된다. 정체성의 기초가 된다. 그래서 우리는 철저히 약해지고 쉬이 망가진다.

벤저민 뉴전트(Benjamin Nugent)는 전업 소설가였을 때 겪었던 어려움을 〈뉴욕 타임스〉지에 이렇게 썼다. "글을 잘 쓰는 게 내 삶의 유일한 목표였을 때는 작품의 질이 내 가치를 측정하는 기준이었다. 그래서 내 글을 제대로 읽을 수 없었다. 방금 쓴 원고가 좋은지 나쁜지 분간할 수 없었다. 제정신을 잃지 않으려면 그 글이 좋아야만 했기 때문이다. 원고가 내 마음에 얼마나 드는지를 즐겁게 평가할 능력을 잃었다. 지면의 실제 원고는 보이지 않고 내가 보고 싶은 것, 보기 두려운 것만 보였다." 정체성의 기초를 훌륭한 작가가 되는 데 둘수록 그는 더 부족한 작가가 됐다. 기사 말미에 그는 "전환치고는 압도적인, 사랑에 빠졌기" 때문에 더는 자아의 기초를 글쓰기에 두지 않겠다고 선언했다.[36] 하지만 인간의 사랑이 과연 정체성의 더 나은 기초일까?

어네스트 베커(Ernest Becker)는 세속주의가 정체의 문제에 몰고 온 일대 변화를 《죽음의 부정》(The Denial of Death, 인간사랑 역간)에 예견한 바 있다. 과거에는 개인 관심사보다 중요한 무엇(신이나 가정이나 국가 또는 그 셋의 문화적 구성)과의 관계에서 자아상과 자존감을 얻었다. 지금 우리는 정체성을 자체 조달해야 한다. 어떤 사람은 사랑과 로맨스를 그 통로로 삼는데, 베커는 이를 가리켜 "낭만적 해법"이라 했다. "내면 깊은 곳에 성취해야 할 자부심을 이제 우리는 사랑의 대상에게서 찾는다. …… 자아를 확장하려는 충동이 한때는 신으로 채워졌으나, 현대인은 이를 사랑의 대상에게서 채운다."[37]

이어 베커는 그것이 파멸의 길이라 했다. 그가 조목조목 자세히 설명했듯이 그런 과잉 의존 때문에 우리는 상대의 노예가 되어, 결국 내가 상대를 또는 상대가 나를 지나치게 지배하게 된다. "상대가 당신의 '전부'라면 그의 결점 하나하나가 당신에게 중대한 위협이 된다. …… 알고 보면 우리 신들은 사상누각이다. 그래서 우리는 자신을 구원하려면 그런 신을 베어 내야 한다. 자신을 확실히 신격화하려면 그런 신에 무턱대고 매달렸던 과잉 투자의 거품을 걷어 내야 한다. …… 그런데 그 일을 아무나 할 수 있는 건 아니다. 거짓이 있어야만 살아갈 수 있는 사람이 많기 때문이다. 어차피 다른 신도 없으니 차라리 자아가 축소될망정 그 관계를 유지하고 싶을 수 있다. 그게 불가능할 뿐 아니라 자신을 노예로 전락시킬 줄 알더라도 말이다."[38]

마침내 베커는 이런 결론을 내린다. "사랑의 대상을 신의 지위로 격상시킬 때 결국 우리가 원하는 바는 무엇인가? 다름 아닌 구원이다. 자신의 흠과 허무감을 없애고 싶은 것이다. 우리는 상대를 통해 내가 옳았고 내가 지어낸 삶이 헛되지 않았음을 인정받기 원한다. …… 말할 것도 없이 이는 인간이 해 줄 수 없는 일이다."[39]

정체성의 기초를 사랑에 둔다면, 우리도 일에서 정체성을 얻었던 그 소설가와 똑같은 궁지로 내몰린다. 그가 부족한 원고를 견딜 수 없었듯이 우리도 사랑의 관계에서 발생하는 문제를 감당할 수 없다. 그가 스스로 훌륭한 작가라고 믿어야만 제정신을 지킬 수 있었듯이, 우리도 이 사랑의 관계가 괜찮다고 믿어야만 한다. 관계가 틀어지면 제정신을 잃는다. 왜 그럴까? 우리의 정체성이 거기에 싸여 있다 보니 그것을 잃으면 곧 자의식 자체를 잃기 때문이다.

정체성을 타인의 사랑에서 얻는 사람은 상대를 비판할 수 없다. 상대가 분노하면 자신이 비참해지기 때문이다. 또 그는 상대가 겪는 슬픔과 역경도 감당할 수 없다. 상대가 어떤 문제 때문에 자신에게 몰두하느라 그를 인정해 주지 못하면, 기대가 무산된 그는 이를 받아들일 수 없다. 그리하여 결국 파괴하는 관계가 된다. 서구적 관점의 정체성 형성은 개인에게나 사회 전반에나 버거운 짐이다.

관계가 도구가 되고
공동체가 무너지다

앞 장에 말했듯이 자유를 '제약이 없는 것'으로 보는 세속적 관점은 공동체를 무너뜨린다. 테일러의 주장(과 벨라의 예증)에 따르면 세속적 관점의 정체성과 자아도 마찬가지다. 테일러는 "이런 관점"이 관계와 공동체를 "순전히 도구 수준으로" 전락시킨다고 했다.[40]

전통 문화에서는 대부분의 중대한 관계가 개인의 이익보다 중요하다. 우리의 정체성이 그 관계들에서 나오기 때문이다. 그러므로 누구도 관계를 침범할 수 없고, 덕분에 우리는 그 안에 든든히 뿌리 내리고 있다. 벨라는 전통적 인간 공동체를 "공생활과 사생활의 상호 의존을 즐거워하는 포괄적 전체"라고 정의한다.[41] 당신이 누구와 데이트를 하고, 수입을 어떻게 지출하고, 여가 시간을 어떻게 보내는지 등의 사생활이 나머지 가족과 이웃과 공동체에도 중요했다. 누구나 자신의 삶 전체를 사회 전체의 건강과 공익을 떠받치는 쪽으로 이끌어 나갈 의무가 있었기 때문이다.

그러나 현대식 접근처럼 자신의 의미를 스스로 부여하면, 개인의 이익이 모든 사회관계보다 중요하다. 만족스러운 관계도 내 마음에 드는 동안만 유지된다. "여기서 주장하는 관점에 따르면, 관계는 개인의 만족을 위해 일해야만 한다. 서로의 자아실현이 먼저고 관계는 부수적이다. 그렇게 본다면 평생 지속되어야 할 무조건적 관계는 별 의미가 없다."[42]

인간 공동체는 "끼리끼리의 생활방식"이나 "사회관계망"으로 성기어져, 비슷한 사람끼리만 일시적으로 유연하게 소통한다. 음악, 음식, 부의 수준(고급 주택단지 같은) 등 비슷한 취향을 중심으로 관계가 형성될 뿐, 그들의 사생활과 공생활은 다른 누구도 관여할 바가 아니다. 이미 충분히 입증됐듯이, 현대의 개인주의적 자아라는 조건하에서는 사회관계와 제도는 힘을 점점 잃어 가고, 결혼과 가정은 약화되고, 사회는 파벌로 분열되어 싸우고, 경제적 불평등은 심화된다.[43]

개인주의적인 세속적 자아의 여러 문제점은 우리 시대의 유수한 사상가들이 이미 충분히 논증했다.[44] 그것이 우리 사회와 문화에 미친 영향을 살펴보려면 지면이 부족할 정도다. 그러나 현대식 자아를 기독교에서 가르치는 정체성과 비교해 보고, 후자에서 비롯될 수 있는 차이를 생각해 볼 수는 있다. 그게 다음 장에서 할 일이다.

7

세속주의, '기독교 정체성'을 엿보다

십자가에서 '겸손'과 '자신감'이 함께 자라는 정체성을 받았다

○

이렇게 문제가 많은 현대식 정체성의 대안은 무엇인가? 아이작 디네센(Isak Dinesen)의 *Out of Africa*(아프리카 탈출)에 조금이나마 전진한 개념이 등장한다. 그녀는 "자긍심이란 하나님이 우리를 지으실 때 품으셨던 발상을 믿는 것이다"라고 썼다. 이를 깨달은 사람은 "그 발상을 의식하고 그것을 실현하는 것을 동경한다. 자신을 향한 하나님의 발상에 어긋날지도 모를 행복이나 안락을 동경하지 않는다. 그에게 성공이란 하나님의 발상을 성공적으로 끝까지 따르는 일이다. 그는 자기 운명과의 사랑에 빠져 있다."

다시 말해서 하나님을 믿는 사람은 그분의 설계와 소명을 붙잡고 그 안에서 자신을 발견한다. "선량한 시민이 공동체를 향한 의무를 수행할 때 행복을 얻는 것과 마찬가지다." 그러나 그녀가 썼듯이 많은 사람은 "자신을 지으신 하나님의 발상을 전혀 모르며, 때로 그런 발상이 애초에 존재하지 않았거나 아니면 잃어버려서 아무도 되찾을 수 없다는 의심을 조장한다. 그들은 남들이 말하는 성공을 성공으로 받아들여야 하고, 행복과 심지어 자신의 정체성까지도 그때그때의 사회에 맞춰 취해야 한다. 그렇다 보니 다가오는 운명 앞에서 그들이 떠는 것도 무리가 아니다."[1]

디네센은 이 놀라운 대목에 정체성을 향한 세 가지 길을 명시했고, 각각의 길을 각기 다른 부류의 사람이 선택한다. 우선 바깥을 보는 부류가 있다. 이들은 공동체 내의 자기 의무와 역할에서 자아를 찾으려는 전통적 사람이다. 다음은 안을 보는 부류다. 그들은 우주적 질서를 전혀 믿지 않지만, 자존감을 얻으려면 늘 경쟁하고 변화하는 유행에 민감해야 한다. 자연히 이들은 전통 사회의 구성원만큼이나 자유롭지 못하다. "행복과 심지어 자신의 정체성까지도 그때그때의 사회에 맞춰" 취해야 하기 때문이다. 이상할 것 없이 "다가오는 운명 앞에서 그들이 떠는 것도 무리가 아니다."

세 번째는 바깥이나 안이 아니라 이를테면 위를 보는 사람이다. 디네센이 제안한 이 길은 전통도 아니고 현대도 아니다. 인격신이 우리를 창조해서 각자에게 사명과 소명을 주셨다면 어떻게 될까? 그러면 개인이

단체보다 우위에 서지 않고(사회적 분열을 초래할 수 있다) 단체가 개인보다 우위에 서지도 않는다(압제를 초래할 수 있다). 중요한 것은 사회가 나에 대해 뭐라고 말하느냐 또는 내가 자신을 어떻게 생각하느냐가 아니다. 하나님이 어떻게 보시는지가 중요하다.

디네센은 덴마크의 또 다른 위대한 작가 쇠렌 키에르케고르의 뒤를 이었다. 다음은 키에르케고르의 말이다.

> 실제로 이른바 세속적 사고방식은 단순히 그런 사람으로 이루어져 있다. 이를테면 자신을 세상에 저당 잡힌 부류다. 그들은 능력을 발휘하고, 부를 쌓고, 사업을 한다. …… 아마도 역사에 이름을 남기기 위해서 겠지만, 그들은 자신의 모습으로 사는 게 아니다. 영적으로 말해서 그들은 자아가 없다. 자아를 위해 모든 것을 걸 만한 그런 자아가 없다. 아무리 다른 방식으로 자아를 추구해도 그들에게는 하나님 앞에서의 자아가 없다.[2]

현대식 자아는 인간을 짓누른다. 성공이나 성취 또는 사랑의 인간관계에 기초를 두어야 하는데, 그중 하나라도 위협받거나 잃으면 자기 정체성마저 잃는다. 그렇다고 디네센과 키에르케고르가 현대인에게 일반 종교를 무조건 받아들이라고 촉구한 것은 아니다. 전통적 자아는 숨이 막히며, 가정과 부족이 말하는 의무에 예속되어 있다. 거기에 종교와 도덕적 구속까지 더해지면 문제가 더 악화될 뿐이다.

전통 자아와 현대 자아는 둘 다 생태적으로 불안정하다. 결코 온전히 평화로울 수도 없고, 선과 의를 위해 "모든 것을 걸" 만큼 과감하지도 못하다. 그런 자아는 늘 해체될 위험에 처해 있으며, 남들의 말과 생각에 너무 많은 영향을 받는다.

그래서 키에르케고르는 자아를 얻는 방법이 달라야 한다고 봤다. 이 방법의 기초는 우리의 행위가 아니고 개인이나 공동체의 갈망도 아니며 바로 하나님이다. 앞서 봤듯이 스스로 복을 받거나 자기를 인정할 수 있는 사람은 없다. 외부에서 말해 줘야 한다. 하지만 누가 그 인정의 궁극적 근원이 될 것인가? 부모에게 의지하는 경우, 당신이 부모를 실망시켜 거부당하면 어찌할 것인가? 실망시키지 않는다 해도 부모는 언젠가 세상을 떠난다. 사랑의 상대나 배우자 등 인간은 다 마찬가지다. 반면에 직업적 호평이나 다른 성취에 의지하는 경우, 실패하거나 남들이 당신의 일을 제대로 평가해 주지 못하면 당신은 위태로워진다.

어떤 성인은 이 근본적 인정을 주로 자녀에게 의지한다. 하지만 이 또한 통할 리가 없다. 이전에 내가 알던 어떤 엄마는 총명하고 예쁜 딸을 두었는데, 딸의 칭찬과 사랑을 무엇보다도 원했다. 딸이 자기 말을 듣지 않거나 존중과 애정을 보이지 않으면 엄마의 분노가 폭발했다. 모든 아이들이 보이는 일반적인 어리광 섞인 반항까지도 이 엄마는 심각한 거부로 받아들였다. 그래서 딸은 처음에는 엄마를 불신하다가 점차 경멸했고, 좀 크면서부터 엄마에게 거리를 두었다. 엄마의 삶에는 채워질 수 없을 듯한 구멍이 파였다.

당신이 중시하는 누군가가 당신을 중요하게 대해 줘야 한다. 당신이 칭찬할 수밖에 없는 누가 당신을 칭찬하고 사랑해 줘야 한다. 그게 정체성의 기초다. 칭송받는 사람의 칭찬이 최고의 상이다.[3] 그런데 이 권력을 흠 많고 변덕스러운 인간의 손에 맡긴다면 결과는 참담할 수 있다. 상대가 당신을 존중하는 근거가 당신 삶의 흠 많고 변덕스러운 노력에 있다면, 당신의 자존감도 똑같이 덧없고 쉬이 깨진다. 또 당신이 잃을 수도 있는 사람은 대상에서 제외돼야 한다. 당신의 자아까지 잃게 될 테니 말이다. 당연히 인간의 사랑은 이런 기준에 부합할 수 없다. 불변하는 존재의 사랑만이 평정을 가져다줄 수 있다. 하나님의 무조건적인 사랑만이 이 일에 적합하다.

정체성은 성취하는 게 아니라 받는 것

신약성경에도 디네센이 말한 정체성의 세 가지 길이 나와 있다. 바울은 이렇게 썼다. "너희에게나 다른 사람에게나 판단받는 것이 내게는 매우 작은 일이라 나도 나를 판단하지 아니하노니 내가 자책할 아무것도 깨닫지 못하나 이로 말미암아 의롭다 함을 얻지 못하노라 다만 나를 심판하실 이는 주시니라"(고전 4:3-4).

바울은 "너희나 무슨 제도화된 사회 구조가 나를 어떻게 생각하든 상관없다"라는 말로 전통적 정체성을 거부한다. 하지만 놀랍게도 평가를 자기 내면의 감성에 의지하지도 않는다고 말한다. 바울은 자책할 게 없이 양심에 떳떳하다는 이유만으로 자기가 옳다고 단정하지 않는다. "내 양심은 떳떳하다. 나는 지시에 따랐을 뿐이다"라고 주장하는 수많은 전범

(戰犯)의 역사들이 바울의 말이 옳았음을 증명한다.

이처럼 그는 모든 권력을 사회에 내주는 전통적 정체성과 모든 권력을 인간, 즉 개인의 제한된 관점에 내주는 현대식 정체성을 둘 다 부정한다. 집단의 폭정도 거부하고, 자신의 끝없는 갈망과 모순된 충동의 독재도 거부한다. 사회도, 내면의 의식도 그를 규정할 수 없다. 바울은 다른 법정의 심판에 의지한다. 그의 말은 이런 것이나 같다. "남이 나를 어떻게 보든 상관없고 나 자신의 생각도 중요하지 않다. 하나님이 나를 어떻게 생각하시는가만이 중요하다."

여기 기독교적 정체성의 풍성함과 복합성과 놀라운 독특성이 있다. 바울은 "하나님이 나를 심판하신다"라고 말하면서 불안해한 게 아니라 담대했다. 그 이유가 무엇일까? 전통 문화나 세속적 문화와 달리 기독교인의 정체성은 성취하는 게 아니라 받는 것이기 때문이다. 우리가 하나님 아버지께 우리를 받아 입양해 주시고 우리와 연합해 달라고 구할 때, 그 근거는 우리 행위와 도덕적 노력이 아니라 그리스도께 있다. 그렇게 우리는 하나님과의 관계를 선물로 받는다.

그 근거는 우리 과거나 현재나 미래의 성취가 아니라 그리스도의 영적인 성취에 있다. 기독교적 관점에서 볼 때 예수님이 오신 목적은, 우리에게 삶의 방식을 가르치거나 보이기 위해서가 아니라(물론 그 일도 하셨지만), 우리가 살았어야 할 삶을 살아 내시고 도덕적 실패에 대한 형벌로 우리가 당했어야 할 죽음을 대신 당하시기 위해서였다. 우리 구원을 그분께만 의지하면 그분이 우리의 대속물이자 대표가 되신다. 그분은 십자가에서 우리가 마땅히 받아야 할 처벌을 대신 받으셨다. 그 결과, 그분을 믿으면 우리는 그분이 마땅히 받으셔야 할 대우를 받는다.

여기 기독교 복음의 핵심이 있다. 이 신앙과 많은 종교의 뚜렷한 차이도 보인다. 다른 종교에서는 개인이 도덕적으로 노력하고 또 종교 의식을 행함으로써 스스로 구원을 성취해야 한다. 이와는 대조적으로 기독교인은 바울의 말대로 그리스도 안에서 "발견된다." 하나님이 우리를 존중하시는 근거가 우리 이력과 성품 때문이 아니라 "그리스도 안에" 있다는 뜻이다. 소크라테스가 외친 "너 자신을 알라"라는 말은 좋은 충고지만, 사도 바울은 그에 더해 "그리스도 예수를 아는" 것이 필수라고 부르짖는다(빌 3:8). "그[분] 안에서 발견되려 함이니 내가 가진 의는 율법에서 난 것이 아니요 오직 그리스도를 믿음으로 말미암은 것이니 곧 믿음으로 하나님께로부터 난 의라"(빌 3:9).

이제 그리스도 안에서 엄연한 사실이 됐거니와, 우리가 우주에서 가장 중시하는 분이 우리를 중시하신다. 우주에서 궁극적으로 중요한 견해는 하나님의 견해뿐이다. 그런 그분이 보시기에 우리는 땅 속의 모든 보석보다도 더 귀하다. 이것이 사실임을 기독교인은 어떻게 아는가? 하나님의 아들 예수 그리스도는 가장 뛰어난 명예와 이름과 가장 고결한 정체성을 지니신 분이건만, 우리에게 불후의 이름과 영원한 정체성을 주시려고 친히 영광을 버리고 십자가에서 치욕스럽게 죽으셨다(빌 2:1-11 참조). 우리를 그렇게까지 귀히 여기셨다.

감사와 기쁨이 이끄는 삶

이것은 전통 자아도 아니고 현대 자아도 아니다. 평범한 도덕적 종교는 '나는 도덕적이고 선하게 살아간다. 그러므로 신이 나를 받아 주신다'라는 원리로 작동한다. 기독교의 복음은 그 반대로 작동한다. '하나님이 예수 그리스도 안에서 나를 무조건 받아 주신다. 그래서 나는 도덕적이고 선하게 살아간다.' 전자의 선한 삶은 보상을 바라는 마음에서 비롯되며, 모든 불안과 자기회의가 따른다. 당신은 과연 보상을 받을 만큼 선해질 수 있을까? 그런지 아닌지 어떻게 알며, 행여 그렇다 해도 어떻게 그 상태를 유지할 것인가? 기독교적 자아에서는 동기가 두려움이 아니라 감사와 기쁨이다. 당신이 살아가는 목적은 십자가에서 친히 무한한 대가를 치러 당신을 구원하신 그분을 기쁘시게 하고 닮아 가기 위해서다. 당신이 그분을 섬기는 건 억지로 사랑을 받아 내기 위해서가 아니라 이미 그분이 당신을 사랑하시기 때문이다.

직업을 가지고 열심히 일하는 것도 자아를 얻고 자존감을 성취하기 위해서가 아니라 하나님을 섬기고 공익에 일조하기 위해서다. 가정, 국적 등과 같이 일도 여전히 정체성의 일부지만, 자아와 가치의 궁극적 출처가 되어야 한다는 끔찍한 부담은 벗겨졌다. 그 역할을 강요받을 때는 일이 당신 삶을 망가뜨리지만 이제 더는 그럴 수 없다. 이를테면 일은 그냥 좋은 것일 뿐이다. 자부심을 느끼려고 절박하게 일을 이용할 일이 더는 없다. 일은 하나님이 주신 또 하나의 좋은 선물이요 남을 섬기는 도구일 뿐이다. 그리스도를 믿으면 성품 내면의 심리적 역동과 동기가 근본적으로 달라진다.

오래전에 우리 교회에 다니던 두 청년이 있었다. 둘 다 기독교를 탐색 중이었고 연극 분야로 진출하려 했다. 편의상 샘과 짐이라 하자. 샘은 그리스도를 믿는 쪽으로, 짐은 반대쪽으로 가고 있었다. 예수님이 점점 더 '실재'로 느껴지면서 샘은 배우라는 직업으로 자신의 가치를 측정하려던 것을 그만두었다. 그러던 중에 두 사람이 똑같은 배역을 두고 오디션을 봤다. 아주 큰 작품에서 아주 큰 배역이었다. 둘 중 누구든 그 역할을 맡게 된다면 이름을 날릴 좋은 기회였다.

둘은 오디션에서 연기했는데 아무도 뽑히지 않았다. 둘 다 떨어졌다. 평소에 누가 보기에도 자신만만했던 짐은 완전히 무너져 내렸으나 샘은 실망으로 그쳤다. 샘은 나가서 사업 쪽으로 취직했고, 그 뒤로도 연극에서 손을 떼지 않았다. 몇 년 사이에 교회 활동에도 아주 열심이었고 사업도 제법 성공했다. 연극이나 영화 쪽으로 간혹 기회가 왔으나 연기는 부업으로만 했다. 샘의 삶은 승승장구했다. 반면에 짐은 여지없이 추락했다. 자신과 업계에 분노해서 연기를 아예 그만두었으나, 다른 일도 하는 것마다 다 성에 차지 않아 한자리에 1년 이상을 있지 못하고 이리저리 떠돌았다.

어찌 된 일일까? 본래는 두 사람 다 연극이 정체성의 핵이자 자존감의 주된 요소였다. 그러다가 샘의 정체성이 변화됐다. 궁극의 자리에 있던 연기가 그냥 좋은 것으로 바뀌었다. 연극을 사랑하는 마음이 사라진 건 아니지만, 더는 그것이 자아상과 자존감의 목을 조르지 못했다. 연기는 정체성의 본질이 아니라 일부가 됐을 뿐이다. 그래서 오디션에 떨어졌을 때도 정체성에는 타격이 없었다. 샘의 정체성은 예수 그리스도 안에 안전하고 무사하게 숨겨져 있었다(골 3:1-3 참조). 그러나 짐의 현대식 정체 성은 극히 취약했다. 짐의 실패는 심리적 나무에 도끼처럼 세게 박혔다. 자신을 중요하고 가치 있게 여겼던 근거가 오디션 탈락으로 뿌리째 뽑혀 나갔다.

예수님에 대한, 그분이 당신을 위해 무슨 일을 이루셨고 당신이 그분 안에서 어떤 존재인가에 대한 복음의 모든 놀라운 주장을 믿으면, 이 세 상에서 벌어지는 어떤 일도 감히 당신의 정체성을 건드릴 수 없다. 정말 그렇게 믿는다면 어떻게 될지 잠시 상상해 보라. 그때 찾아올 큰 변화를 생각해 보라.

하나님 앞에서의 당신이
진짜 당신이다

그리스도를 믿을 때 오는 자중심 또는 자존감은 다른 무엇보다도 확 고하다. 몇 가지 측면에서 그렇다. 우선 하나님의 피조물로서 우리에게 주어진 가치가 있다. 모든 인간은 하나님의 형상대로 창조됐고(창 1:26-27 참조), 그분 자신의 많은 속성과 성품을 반사하도록 지어졌다. 거기에는 이런 의미가 함축되어 있다. 모든 인간은 그가 누구이고 어디서 왔으며 삶에서 무엇을 이루거나 실패했든 관계없이, 제각기 근원적인 영광과 중 요성을 받았다.[4]

아울러 기독교인은 성경이 말하는 입양으로도 무한한 가치를 지닌다. 그리스도를 믿으면 하나님의 사랑받는 아들딸이 된다(갈 3:26-4:7 참조). 하나님은 우리가 선행을 실천하는 조건을 충족해야만 우리를 응대해 주시는 상사나 군주가 아니다. 이제 하나님은 온전한 아버지로서 우리에게 부모 자녀의 관계에서만 가능한 불변의 안전을 베푸신다. 그분은 우리를 기뻐하시며 우리로 말미암아 즐거이 노래를 부르신다(습 3:14-17 참조). 우리가 넘어지거나 죄를 지어도 그분은 결코 우리를 버리거나 떠나지 않으신다(히 13:5; 호 11:8 참조).

그 이유가 무엇인가? 그분께 기준이 없어서인가? 아니다. 그분은 완벽하게 정의롭고 거룩하신 분이다. 그런데 예수님이 우리 대신 그 기준을 충족하셨다. 예수님이 우리의 형벌을 받아 치르셨고 우리 허물과 죄악 때문에 찔리고 상하셨다(사 53:5-6 참조). 그러므로 이제 하나님은 우리의 심판자가 아니라 결코 우리를 단죄하지 않으실 아버지시다(롬 8:1 참조).

이사야 49장 15절에 하나님은 자기 백성에게 놀라운 비교를 내놓으신다. "여인이 어찌 그 젖 먹는 자식을 잊겠으며 자기 태에서 난 아들을 긍휼히 여기지 않겠느냐 그들은 혹시 잊을지라도 나는 너를 잊지 아니할 것이라." 엄마와 젖먹이 아기의 유대는 신체적으로나 정서적으로나 더할 나위 없이 끈끈하다. 그런데 하나님은 우리를 향한 그분의 변함없는 사랑과 기쁨에 비하면, 그것은 한참 모자란 비유일 뿐이라고 말씀하신다.[5] 우리 행위에 근거한 허약하고 얄팍하고 불안정한 정체성과는 정반대다. 그런 정체성은 인기와 거부, 성취와 실패의 끊임없는 "시장 변동"에 맥을 못 춘다.[6]

기독교 신앙은, 특유의 확고하고 영속적인 자존감뿐 아니라 모든 상황에서 지속 가능한 통합적 자의식의 핵심을 제공하는 역동적 자원이다. 철학자는 "시간을 뛰어넘는 개인의 정체성"의 문제로 고민해 왔다. 5년 전 당신이 지금도 "당신"인 근거는 무엇인가? 직장이나 집에 있을 때나 친구들과 함께 있을 때나 근본적으로 다 같은 "당신"인 이유는 무엇인가?[7] 앞서 봤듯이 사회학자 어빙 고프먼은 모든 상황에 지속되는 본질적 자아란 없으며 우리가 수행하는 일련의 역할만 있을 뿐이라고 봤다.[8] 현대 관점의 정체성은 순전히, 수시로 바뀌는 내면의 갈망과 비용편익 계산에 근거한다. 그래서 우리가 수행하는 다양한 역할을 모두 통합하는 특성의 불변하는 핵심을 상상하기 어렵게 만든다.

그러나 기독교는 키에르케고르가 표현한 대로 '하나님 앞에서의 자아가 우리의 참자아'라는 답을 내놓는다. 주님은 아브라함에게 "나는 전능한 하나님이라 너는 내 앞에서 행하여 완전[충실]하라"라고 말씀하셨다 (창 17:1). 동행한다는 히브리어 관용구는 서로 친구가 되어 마주보며 길을 간다는 뜻이다. 누군가의 앞에서 행하려면 책임이 따라온다. 길동무에게 내 모습이 드러나기 때문이다. 하지만 거기에는 안전과 친밀함도 뒤따른다. 고생에 부딪칠 때 결코 혼자가 아니기 때문이다.

하나님과 동행한다는 것은 오직 그분의 시선과 의견이 중요하다는 뜻이다. 남들이 당신에 대해 너무 부정적이거나 너무 긍정적으로 말해도 당신은 기가 죽거나 우쭐하지 않는다(고후 12:10 참조). 자신이 한없이 연약한 죄인이면서도 하늘 도성의 시민, 우주의 왕의 자녀, 자신을 지으신 분의 친한 친구임을 알기 때문이다(고후 4:17-18 참조).

자신을 이해하려고 마음속을 들여다볼 때도 당신은 이제 문화의 범주에서 자유로워진 상태에서 그리한다. 당신에 대한 많은 사실이 있는데, 그중 어떤 것을 "본연의 당신"으로 인정하고 어떤 것을 버려야 할지 어떻게 아는가? (그 앵글로색슨족 전사처럼) 체면과 명예를 중시하는 문화의 지시에 따를 것인가, 아니면 고도로 개인주의적인 현대 사회의 지시에 따를 것인가? 기독교는 둘 다 아니라고 말한다. 당신의 정체성을 알려 줄 능력이 개인이나 사회에 없다고 보기 때문이다. 받아들이고 보강하면 본연의 자아가 되는 데 도움이 될 요소가 당신 마음속에 있는데, 그것이 무엇인지 보여 줄 권리와 지혜는 오직 당신을 창조하고 설계하신 하나님께만 있다.

로마서 7장 14-25절에 내면의 상충하는 갈망과 깊은 갈등이 사실적으로 기술되어 있지만, 그래도 우리는 성장할 수 있다. 에베소서에 보면 터무니없이 속박하는 갈망에 망가진 '옛 사람을 벗어 버리고 하나님을 따라 지으심을 받은 새사람을 입는 법'이 나온다(엡 4:22, 24 참조). 정체성의 근거를 직업이나 인종이나 가정이나 기타 피조물에 두지 말고 하나님을 의지하면, 우리를 속박하던 두려움과 충동이 물러가고 새로운 자유와 안전이 찾아온다.

우리를 늘 보시고 사랑하시는 하나님과 동행하면 새로운 성품과 자의식이 생겨난다. 사람이 매번 새로운 상황에 그냥 섞여 들어, 꼭 필요한 말로 그 상황에서 최고의 이익만 뽑아낼 수는 없다. 실제로 그렇게 사는 사람도 없다. 우리는 관객이 바뀔 때마다 역할도 바꾸어 가며 연기나 하는 게 아니다. 매 순간 하나님이 우리의 주요 관객이시기 때문이다.

나는 누구인가? 기독교인이라면 하나님 앞에서의 내가 곧 진짜 나다. 하나님이 인정하시는 부분은 진짜 나이고, 그분이 금하시는 부분은 외부에서 침투한 죄라는 이물질이다. 후자는 성령이 빚고 계신 본연의 내가 아니다. 나이가 들고 몸이 쇠해도 나의 진짜 정체성은 더 또렷해지고 진짜 자아는 더 견고해진다. "우리의 겉사람은 낡아지나 우리의 속사람은 날로 새로워지도다 우리가 잠시 받는 환난의 경한 것이 지극히 크고 영원한 영광의 중한 것을 우리에게 이루게 함이니"(고후 4:16-17). 이 새로운 정체성보다 더 귀한 것은 없다. 예수님은 "사람이 만일 온 세상을 얻고도 참자아를 잃으면 무엇이 유익하리요 무엇을 주고 그 자아를 다시 사겠느냐"(막 8:36-37 참조)라고 말씀하셨다.[9]

여기 위대한 역설이 있다. 우리의 자아 곧 난공불락의 정체성과 확신을 "얻으려면" 자신을 낮추고 자결권을 버리고 그리스도를 따라야 한다. "자기 목숨을 얻는 자는 잃을 것이요 나를 위하여 자기 목숨을 잃는 자는 얻으리라"(마 10:39). 즉 자신을 찾고 섬기려던 노력을 그만두고 그리스도를 믿으며 힘써 하나님과 사람들을 섬기면, 그때 비로소 자아를 찾게 된다. 물론 이것은 예수님이 가신 길이다. 그분은 우리를 구원하고 섬기시려고 최고의 영광과 명예마저 버리셨으며(빌 2:1-11 참조), 그 결과 지금은 이전보다 더 큰 영광과 명예를 얻으셨다.

기독교의 복음은 우리 가치를 더할 나위 없이 당당하고도 누구도 넘볼 수 없게 확신시켜 주지만, 동시에 자율적 독립을 버리고 겸손히 섬길 것을 요구한다. 그러므로 복음이 창출하는 문화는 자아의 실현과 증진도 아니고 자아의 부정과 극기도 아니다. 복음은 그 둘 중 어느 쪽도 낳지 않지만, 양쪽을 다 최고의 수준으로 충족시킨다. 복음은 자존심을 부풀리지도 않고 짓밟지도 않는다. 이제 사회나 내 감정은 나를 지배하거나 내가 누구인지 말해 주지 못한다. "다만 나를 심판하실 이는 주시니라"(고전 4:4). 그래서 C. S. 루이스는 이렇게 썼다.

> 동일한 원리가 …… 더 많은 일상사에도 적용된다. 대인관계에서 자신이 어떤 인상을 주는지 계속 생각하는 한, 결코 사람들에게 좋은 인상을 줄 수 없다. 문학과 예술에서 독창성에 신경 쓰는 사람치고 독창성을 발휘하는 사람은 없다. 반면에 (이미 얼마나 회자된 내용이든 전혀 개의치 않고) 단순히 진실을 말하려 하면, 열에 아홉 번은 자신도 모르게 독창성이 살아난다. 삶 전체에 이 원리가 속속들이 관통한다. 자신을 내려놓으면 참 자아를 얻는다. 자신의 목숨을 잃으면, 오히려 구원된다. …… 아직 놓아 보내지 않았다면 아무것도 정말 당신 것이 아니다. 아직 죽지 않았다면 당신 안의 그 무엇도 부활하지 못한다. 자신을 구하면 장기적으로 미움과 외로움과 절망과 분노와 파멸과 부패밖에 얻지 못한다. 그러나 그리스도를 구하면 그분은 물론이고 덤으로 모든 것도 함께 얻는다.[10]

남을 배재해서 내 정체성을 떠받치다

오늘날 많은 철학과 사회학과 문학이론에서 인식하듯이 정체성은 "타인을 배제함"으로써 생성된다.[11] "우리"를 규정하려면 "그들"도 규정해야 한다. 대비되는 여타 집단에 "다르다"거나 "타자"라는 딱지를 붙여야만 사회적 소속이 이루어진다. 우리는 다른 사람을 부정적으로 보고 어떤 식으로든 배제함으로써 자신의 정체성을 높이려 한다.[12] 지그문트 바우만(Zygmunt Bauman)이 *Modernity and Ambivalence*(근대성과 양면성)에서 이런 정체성 관념을 아주 독창적으로 기술했다. 그에 따르면 사회에서 정체성을 얻으려면 이분법 또는 "이원론"을 만들어 내야 한다. 내가 선한 부류의 일원임을 느낄 수 있음은 악한 부류의 일원이 아님을 알아서다.

바우만의 말대로 이것은 늘 권력 행사다. 그런데 이 권력은 타자를 비난함으로써 자신을 위장한다. 타자는 "비하되거나 억압당하거나 쫓겨난" 존재다. 역설적이게도 이는 권력을 쥔 사람의 자존감과 정체성이 오히려 그들이 깔보고 경멸하는 사람에게 의존해 있다는 뜻이다.

신학자 미로슬라브 볼프는 타인을 배제함으로써 자존감을 내세우고 떠받치는 방식을 네 가지로 요약했다. 우선 타자를 실제로 죽이거나 우리 생활공간에서 몰아낼 수 있다. 더 교묘하고 흔한 방식은 동화를 통한 배제다. 우리 쪽 습성과 기준에 완전히 맞출 것을 요구하고, 차이점은 아예 표현하지 못하게 막는 것이다. "통째로 삼키게 해 주면 …… 당신을 토해 내지는 않겠다"라는 식이다.[13]

셋째 형태의 배제는 "지배"라 할 수 있다. 타자에게 우리 가운데 살며 정체성을 유지하게 하되 열등한 지위를 조건으로 내건다. 즉 그들은 특정한 일자리를 얻거나 일정한 연봉 수준에 오르거나 어느 지역에 거주해서는 안 된다. 마지막 배제는 유기(遺棄)다. 타자의 필요 따위는 안중에도 없이 그냥 경멸하고 무시함으로써 배제하는 것이다.[14] 우리가 이런 태도와

행동에 빠지는 이유는 타자를 비난하고 탓함으로써 자신은 "무죄하고 강하다는 환영"을 얻기 때문이다.[15]

그래서 많은 사람이 결론짓기를 정체성과 자존감을 얻으려는 현대식 추구에서는 경멸과 배제를 피할 수 없다고 본다. 물론 많은 포스트모던 이론은 모든 이원론적 인생관을 강력히 논박해 왔다. 많은 사람이 우리에게 정상과 비정상, 준법과 탈법, 문명과 야만, 이성과 감성, 선과 악, 무지와 전문성, 남자와 여자, 정통과 이단, 시민과 외국인 등의 이분법을 넘어서라고 말한다.[16]

포스트모던 사상가는 이원론적 사고를 중단하고 모든 가치 판단을 그치라고 촉구한다. "우리는 보편 가치와 특수 정체성을 둘 다 멀리하며 압제를 배격하고 …… 철저한 자율을 지향해야 한다. …… 공간을 창출해서 사람들이 계속 …… 새로운 정체성을 획득하고 …… 양면적이고 단편적인 낡은 정체성을 버리게 해야 한다. 늘 이동하며 이동 외에는 크게 애쓰지 말아야 한다."[17] 그것만이 타인을 더는 압제하지 않는 길이라는 것이다. 즉 우리는 어떤 사회 구조나 "진리" 체계에도 동화해서는 안 된다. 정체성은 끝없이 변하고, 유동적이며, 많은 얼굴을 하고 있다고 전제해야 한다.

그러나 테리 이글턴이 《포스트모더니즘의 환상》(*The Illusions of Postmodernism*, 실천문학사 역간)에서 지적했듯이 정체성 형성에서 이분법을 탈피하기란 불가능하다. "포스트모던 이론은 차이와 다원성과 이질성을 입버릇처럼 강조하지만, 대개 아주 경직된 이원론적 대립을 통해 작동한다. '차이'와 '다원성' 같은 부류의 단어는 이론적 담장의 한편에 명백한 긍정

명제로 용감히 서 있고, 그에 반대되는 명제(연합, 정체성, 전체성, 보편성 등)는
모두 불온하게 반대편에 놓여 있다."[18] 즉 모든 구분과 도덕적 가치 판단
을 지워 없애려 노력하다 보면 결국, "착한 사람 대 나쁜 사람"이라는 새
로운 이원론을 만들어 내고 만다.

　포스트모더니즘을 따르는 사람은 영웅이고, 정체성과 도덕에 관한
관점이 시대에 뒤진 사람은 다 악당이고 타자다. "포스트모더니즘은 타
자에게 열려 있다고 큰소리치지만, 자기가 배격하는 여러 정통만큼이나
배타적이고 까다로울 수 있으며, …… 명맥을 이어 가려면 도깨비와 가짜
표적"이 필요하다.[19] 요컨대 이분법을 피하려는 노력마저도 역으로 남을
희생시켜 내 자아를 구축하는 길이 된다.

'차이'에 마음을 여는 새로운 방식

　우리는 교착 상태에 빠진 것 같다. 가문과 종족과 혈통을 강조하는
전통적 정체성은 폭력과 압제를 일삼은 역사로 유명하다. 그러나 모더니
즘과 심지어 포스트모더니즘도 이분법을 만들어 내서 남을 배척한다. 심
리적 차원에서 이를 피하기란 불가능해 보인다. 내 정체성이 정치와 사회
의 진보적 대의를 위해 노력하는 것에 있다면 필연적으로 나는 보수를 비
웃을 것이며, 보수도 진보에게 똑같이 할 것이다.

　사실 반대쪽을 향한 혐오감이 없다면, 내 정치적 입장이 내 정체성의
중심부에 별로 가깝지 않다는 결론도 가능하다. 내 정체성이 주로 도덕과

종교에 있다면 나는 부도덕한 부류를 경멸할 것이다. 내 자존감이 근면한 품성과 연계되어 있다면 나는 게으른 부류를 얕볼 것이다. 포스트모더니즘을 따르는 사람들이 제대로 지적했듯이 이렇게 타자를 깔보는 고자세야말로 정체성의 작동 원리 중 일부이며, 인간이 자부심과 자신의 중요성을 느끼는 방식이다.

그래서 볼프는 이런 질문을 던졌다. "다른 사람과 조화롭게 살아가려면 **어떤 자아가 되어야 하는가?** …… 정의롭고 진실하고 평화로운 사회를 능히 내다보고 또 창출할 수 있는" 정체성은 어떤 정체성인가?[20] 볼프는 물론이고 그 이전에 영국성공회 정치인이기도 했던 존 스토트(John Stott)도 "십자가를 중심에 둔" 독특한 정체성만이 앞으로 나아갈 수 있는 길이라고 답했다.[21] 어떻게 그런가?

볼프에 따르면 배타의 양대 구성 요소는 역설적이게도 지나친 구속과 지나친 분리다. 서로의 공통점을 인정하지 않을 때 우리는 타자와 지나치게 분리된다. 우리와 그들이 대체로 같음을 인정하지 않는 것이다. 반대로 차이를 허용하지 않으면 타자를 지나치게 구속하게 된다. 그들도 정말 우리와 같다고 또는 같아야 한다고 주장하는 것이다. 전통과 근대와 포스트모던(탈근대)을 모두 아울러, 보통의 정체성은 이 둘을 다 이용한다. 둘 다 우리의 불안한 자존심을 떠받쳐 주기 때문이다.[22]

볼프가 예를 들어 설명했듯이 보통의 정체성은 과오와 불의를 용서하기보다 배제시켜 버린다. "용서는 요원해진다. [타자]를 인간 공동체에서 배제하고 나 자신을 죄인 공동체에서 배제하기 때문이다."[23] 우리는 "나라면 절대로 그들처럼 하지 않는다. 나는 그들과 전혀 다르다"라고 혼

잣말한다. 그러나 배제하거나 종속시키지 않고 용서하고 포용하려면, 굳이 그런 대조를 통해 자신을 보강하지 않아도 되는 자아상이 필요하다.

가해자를 용서하고 나와는 딴판인 사람을 따뜻하게 대하려면 두 가지가 조합을 이뤄야 한다. 우선 타자보다 자신을 우월하게 여기려야 여길 수 없는 철저한 겸손이 필요하다. 자신을 질적으로 더 낮게 여겨서는 안 된다. 동시에 정서 불안이 없어야 한다. 정서가 불안하면 상대를 흠잡아 악마로 만들고 본인의 자의식을 내세울 수밖에 없기 때문이다. 따라서 이 겸손의 원천은 공허하고 무가치한 자아가 아니라 심히 안정된 확고한 자존감이어야 한다. 그래야만 상대를 실제보다 나쁘게 생각하거나 나 자신을 실제보다 좋게 생각할 필요가 없어진다. 그래야만 상대를 있는 그대로 받아들일 수 있다.

한 사람의 마음속에 그런 자신감과 겸손이 어떻게 공존할 수 있을까? 일반적인 정체성 형성에서는 그 둘이 상호 배타적이다. 자존감이 자신의 노력에 달려 있기 때문이다. 내가 성공해서 내 기준에 부합한다면 자신감과 안정감은 들겠지만, 내 기준에 부합하지 못하는 이들을 이해하거나 공감하기는 더 힘들어진다. 반대로 내가 삶의 목표를 이루지 못하면 타인에 대한 공감은 커지겠지만 자신감을 잃는다. 겸손과 자신감 중 하나라면 몰라도 동시에 둘 다 있을 수는 없다.

겸손과 자신감이 함께 자라는 다른 종류의 정체성은 어디서 생겨날까? 볼프는 이렇게 답했다. "누구든지 십자가에 달리신 메시아 하나님의 임재 안에 오래 있으면 …… 적을 괴물 인간의 영역에서 보편 인간의 영역으로 옮겨 놓고, 자신은 교만한 무죄의 영역에서 동일한 죄성의 영역으로 옮겨 갈 수밖에 없다."[24]

　기독교인은 의인인 동시에 죄인이다(*simul justus et peccator*). 즉 하나님 아버지가 보시기에 그리스도 안에서 온전히 의롭지만, 동시에 그 자신은 아주 흠 많은 죄인이다. 그래서 안정과 겸손이 그 안에서 함께 있을 수 있다.

　존 스토트는 이것이 십자가 모양의 정체성으로서, 자아를 긍정함과 동시에 부정하게 해 준다고 역설했다. 예수님은 우리를 구원하려고 십자가에서 죽으셨다. 한편으로 이는 우리가 죄인이라는 냉엄한 진술이다. 우리 허물과 죄가 너무 커서 하나님 아들의 죽음이 아니고는 그 무엇도 우리를 구원할 수 없다는 말이다.

　하지만 동시에 이는 그분이 우리를 사랑하고 귀히 여기신다는 최고이자 가장 강력한 표현이기도 하다.[25] 볼프는 십자가 중심의 정체성을 "중심에서 내려온 중심"이라 표현했다. 구원을 위해 치러진 대가 앞에서 자아는 한없이 낮아지면서도 최고로 인정받기 때문에, 이제 타인을 배제할 수 없고 그럴 필요도 없다. 그리스도의 은혜를 경험하면 자기중심주의는 치명타를 맞는다. 사랑으로 우리를 위해 죽으신 예수님을 보면 교만과 자기혐오가 동시에 사라진다.[26]

　자신을 대적하는 무리를 위해 죽어 가면서도 복수하기보다 그들이 용서받기를 위해 기도하신 분, 그분이 기독교 신앙의 핵심이다. 십자가가 보여 주는 하나님은 십자가가 없어서는 안 될 만큼 정의를 사수하시는 분이다. 죄와 악은 간과될 수 없고 심판받아야만 한다. 그러나 동시에 십자가가 보여 주는 하나님은 사랑이 지극해서 기꺼이 그 대가를 친히 치르고 심판을 당하신다. 그분은 진리와 사랑 중 하나를 택하지 않고 둘 다 취하신다. 그게 가능하려면 용서의 대가를 그분이 치르는 길밖에 없다. 이는 자신을 내주는 희생적 사랑과 용서의 기독교적 모범이다.

그러나 십자가는 우리에게 감동적 본보기를 제시하는 데서 끝나지 않는다. 십자가를 믿으면 정체성의 새로운 기초를 얻는다. 그 정체성은 우리를 낮추어 이기주의에서 벗어나게 할 뿐 아니라, 사랑 안에 절대 무오하게 확고하다. 그 결과 우리는 나와는 다른 사람도 배제하지 않고 포용할 수 있다.

은혜로 받은 구원,
문화적 유연성을 키우다

기독교적 정체성이 그토록 독특하다는 증거가 과연 있는지 당연히 의문이 들 수 있다. 웬만한 사람이라면 미워하고 배제했을 대상에게 기독교인들이 지닌 고유한 영적 자원으로 다가갔던 사례는 적지 않다. 2006년에 어린 학생 다섯 명의 살해범을 용서했던 펜실베이니아 아미시 공동체를 생각해 보라. 더 최근에 사우스캐롤라이나의 마더임마누엘흑인감리교회에서 총기 난사 사건이 벌어졌을 때, 사랑하는 이들을 죽음으로 몰고 간 살해범을 공개적으로 사랑하고 용서했던 피해자 가족을 보라.[27] 아미시 사람들이 범인의 유가족 주변에 모여 원망 없이 도움과 지원을 베푸는 모습을 온 나라가 경이롭게 지켜봤다. 그때 많은 사람이 이게 바로 미국 최고의 모습이라고 공공연히 목청을 높였다.

하지만 이 사건을 분석한 저서에 그런 낙천적 평가를 논박한 사회학자들이 있다. 그들의 설명대로 현대 미국 사회는 사람마다 당연히 자기를 표현하고 권리를 주장하는 "자기주장"의 문화다. 반면에 아미시 기독교 공동체는 십자가, 복수하지 않음, 남을 섬기고자 자신의 권리를 버림(uffgeva) 등에 확실히 기초한 자기희생의 문화다.[28] 다시 말해서 현대 관점의 자아와 표현적 개인주의는 용서와 화해의 문화적 자원을 내놓지 못한다. 그러므로 펜실베이니아주 니켈마인즈와 사우스캐롤라이나주 찰스턴에서 있었던 그런 생생한 사례가 기독교 공동체에서 나왔다는 사실은 놀랄 일이 아니다.

물론 그와 반대되는 예도 열거할 수 있다. 기독교인이 원수를 용서하고 다른 사람에게 마음을 연 사례도 많지만, 신자가 저지른 압제와 불의도 그 못지않게 많다. 그러나 거시적으로 기독교의 문화적 유연성을 보면 도움이 될 것이다.

기독교는 진정으로 세계적인 종교다. 무슬림은 90퍼센트 이상이 동남아시아와 중동과 북아프리카 일대에 거주한다. 모든 힌두교도의 95퍼센트 이상은 인도와 그 접경 지역에 있고, 불교도의 약 88퍼센트는 동아시아에 있다. 그런데 기독교인은 약 25퍼센트가 유럽에, 25퍼센트가 중남미에, 22퍼센트가 아프리카에, 급성장 중인 15퍼센트가 아시아에, 12퍼센트가 북미에 거주한다.[29] 리처드 보컴(Richard Bauckham) 교수는 "기독교가 보여 주는 문화적 다양성은 거의 확실하게 모든 타종교보다 높다. 여기에 시사하는 바가 있다"라고 썼다.[30]

기독교는 이미 한 세기가 넘도록 아시아와 아프리카에서 폭발적으로 성장해 왔다. 기독교는 더는 서구 종교가 아니라(본래부터도 아니었다) 진정한 세계 종교다.

기독교가 이토록 놀랍게 퍼져 나가는 원동력은 무엇인가? 이 시대의 한 아프리카인 작가가 흥미로운 답을 내놓았다. 라민 사네(Lamin Sanneh)는 기독교가 세속주의보다 문화적으로 덜 제국주의적이라고 썼다. 어떻게 그런가? 세상에 선하고 악한 영이 가득하다는 확신은 아프리카다움의 핵을 이룬다. 그런데 문제가 있다. 어떻게 악한 세력으로부터 보호받을 것인가?

어느 아프리카인이 세상에서 명문으로 인정받는 세속 대학에 진학한다면, 교수들은 그 학생의 두려움을 푸는 해법을 이렇게 말해 줄 것이다. 선하고 악한 영이란 없으며 모든 일을 과학적으로 설명할 수 있다고 말이다. 그뿐 아니라 모든 도덕 기준은 개인의 주관이고 문화마다 상대적이며, 모든 도덕 가치는 각자 부여하기 나름이라고도 말할 것이다. 말로는 그의 문화를 인정하고 그의 "목소리"를 듣고 싶다면서도, 교수들은 오히려 이 학생의 아프리카다움 자체를 도려낼 것이다.

기독교는 아주 다르게 접근했다고 사네는 말한다. 위의 도전에 대한 기독교의 응전 덕분에 아프리카의 기존 "관점은 폐기되지 않고 조정됐다." 성경을 읽어 보면 알겠지만, 성경은 거대한 초자연 세계에 선하고 악한 영이 가득하다는 아프리카의 신념을 존중한다. 그러면서 동시에 십자가로 "통치자들과 권세들을 무력화하여" 하나님의 용서와 은혜를 이뤄 내신 분이 있다고 말한다(골 2:12-23 참조). 부활을 통해 그분은 '죽음의 세력을 잡은 자 곧 마귀를 멸하시며 또 죽기를 무서워하므로 한평생 매여 종노릇하는 모든 자들을 놓아주셨다'(히 2:14-15 참조). 이렇듯 기독교는 인생의 상태와 문제에 대한 아프리카의 관점을 존중하면서도, 무적의 구주라는 해법을 제시한다. 사네의 말은 이렇게 이어진다.

> 사람들이 심중에 느꼈듯이, 예수는 신성한 세계를 존중하는 그들의 마음과 또 무적의 구주에 환호하는 소리를 [세속주의와 달리] 비웃지 않으셨다. 그래서 그들은 그분을 위해 신성한 북을 쳤다. …… 기독교 덕분에 아프리카인은 복제된 유럽인이 아니라 새로운 아프리카인이 됐다.[31]

다른 많은 유수한 세계관보다 기독교에 문화 제국주의가 덜한 이유는 무엇인가? 결정적 이유는 기독교인이 은혜로만 구원받는다는 데 있다. 이 구원은 도덕법을 지켜야 시작되거나 유지되는 게 아니다. 그래서 많은 종교와 달리 신약성경에는 레위기 같은 책이 없다. 행동에 대한 일련의 세세한 율법이 없다. 그런 규정은 추종자를 현지 문화로부터 떼어 놓는 경향이 있다.[32] 그러므로 그리스도와 그분의 사랑을 정체성의 핵심으로 삼는 기독교인은 정체성의 다른 요소도 완전히 버릴 필요가 없음을 알게 된다.

인종과 민족 정체성, 일과 직업, 가정과 정치와 공동체 관계가 다 그대로 남아 있어도 된다. 그게 더는 우리 중요성과 안전의 궁극적 기초는 아니지만, 그렇다고 무의미해지거나 버려지는 건 아니다. 오히려 우리는 그것까지도 하나님이 주신 선물로 자유로이 누린다. 다만 그게 구주인 양 더는 거기에 속박되지 않을 뿐이다.

기독교적 정체성을 받은 사람은 이런 여러 이유에서 '차이'에 이전보다 더 마음을 열고 문화적으로 유연해질 수 있다.

"자기를 낮추는 자는 높아지리라"

예수님은 남을 배제하는 일반적인 정체성을 자신의 은혜에 기초한 삶의 정체성과 대조하셨다. "자기를 의롭다고 믿고 다른 사람을 멸시하는 자들에게" 주신 비유를 통해서였다(눅 18:9). "두 사람이 기도하러 성전에 올라가니 하나는 바리새인이요 하나는 세리라"(눅 18:10). 세리는 탐욕스러운 데다 로마제국 권력의 부역자라서 사람들에게 멸시를 받았다.

> 바리새인은 서서 따로 기도하여 이르되 하나님이여 나는 다른 사람들곧 토색, 불의, 간음을 하는 자들과 같지 아니하고 이 세리와도 같지 아니함을 감사하나이다 나는 이레에 두 번씩 금식하고 또 소득의 십일조를 드리나이다 하고 세리는 멀리 서서 감히 눈을 들어 하늘을 쳐다보지도 못하고 다만 가슴을 치며 이르되 하나님이여 불쌍히 여기소서 나는 죄인이로소이다 하였느니라(눅 18:11-13).

한 사람은 정체성의 기초가, 자신의 도덕적 노력과 이를 보강하기 위해 반드시 할 수밖에 없는 배제에 있다. 또 한 사람은 전혀 다른 길을 간다. 즉 죄와 결핍을 인정하되, 하나님의 값없는 자비와 은혜도 함께 인정한다.

예수님의 결론은 이렇다. "내가 너희에게 이르노니 이에 저 바리새인이 아니고 이 사람이 의롭다 하심을 받고 그의 집으로 내려갔느니라 무릇 자기를 높이는 자는 낮아지고 자기를 낮추는 자는 높아지리라"(눅 18:14).

예수님의 메시지를 믿는 사람은 진리를 믿는 것이다. 그런데 이 진리는 배제를 낳지 않는다. 많은 사람이 진리 주장은 배타적이라고 목소리를 높인다. 하지만 그 관점 자체도 이분법을 낳는다. 본인은 훌륭하게 관용적인데 다른 사람은 악랄하거나 한심하게 편협하다는 것이다. 진리 주장과 이원론을 피할 수는 없다. 진짜 문제는 이것이다.

어떤 진리가, 또 그 진리가 낳는 어떤 정체성이 당신과는 딴판인 사람을 포용하게 하는가? 어떤 진리 주장이 당신에게 반대하는 사람을 바보라고 조롱하게 하는가? 어떤 진리 주장이 공동체를 낳는가? 어떤 진리 주장이 당신을 낮추면서도 인정해서, 당신과 다른 사람을 두려워하지도 않고 멸시할 수도 없게 하는가?

내 정체성의 기초를 예수 그리스도가 해 주신 일과 내가 그분 안에서 은혜로 영원한 이름을 얻었다는 사실에 둔다면, 나는 한편으로 누구에게도 우월감을 품을 수 없고 또 한편으로 어느 누구를 두려워할 필요도 없다. 아예 자신을 그들과 비교할 필요가 없다. 내 정체성의 기초는, 나를 위해 배제되신 분, 나 때문에 내쫓기신 분, 원수를 사랑하신 분께 있다. 그래서 나도 타자를 포용하는 사람으로 변한다.

물론 기독교인도 자신에게 주어진 자원을 인식하지 못하거나 그대로 살아가지 못할 때가 많다. 하지만 그렇게 살아갈 역량을 지닌 사람이 세상에 수없이 많이 필요하다. 복음이 우리를 떠밀며 그런 능력을 부여한다.

8

{ —————— 세속주의, '희망'이 바닥나다 ——————

우리에게 필요한 건 낙관론이 아니라 '더 깊은 희망'이다 }

○

"미국의 자살률이 30년 만에 최고치를 경신했다."

2016년 4월에 〈뉴욕 타임스〉 표지 기사에 실린 제목이다. 1999년 부터 2014년까지 전체 자살률은 24퍼센트 증가했고, 후반 8년의 증가율이 초반 7년의 두 배에 달했다. 10-14세 여자의 경우는 세 배로 높아졌고, 증가세는 흑인 남자를 제외한 모든 인종과 성별에 고르게 나타났다. 물론 여러 전문가들이 기사에 설명을 덧붙였다.

한 사람은 일자리 감소와 경기 침체 전망을 원인으로 꼽았다. 하지만 경제적으로 가장 배제된 인구 집단인 흑인 남자의 자살률은 높아지지 않았다. 기사에 인용된 글 가운데 "절망"이라는 단어를 언급한 사람은 하버드대학교 공공정책 교수인 로버트 퍼트넘(Robert Putnam)뿐이었다.[1]

역사상 최고로 생활이 편리해졌고 수명도 길어졌는데 왜 현대인은 더 절망하는 것일까? 이런 권태를 문학에서도 볼 수 있다. 그로부터 불과 며칠 전에 〈뉴욕 타임스〉지는 서평 난에 두 작가를 선정해 이런 질문을 던졌다. "현대 소설에서 충분히 다루지 않는 주제는 무엇인가?" 그중 아야나 매티스(Ayana Mathis)에 따르면 오늘의 작가들은 "기쁨을 당혹스러워한다." 대신 그들은 "절망과 소외와 암울함이 인간 조건의 가장 의미 있고 흥미로운 술어라고 결정한 듯하다. 권태와 종말론적 불안 속에서 우리는 …… 충만한 삶을 …… 미심쩍어 한다."[2]

최고 인기 영화와 텔레비전 프로그램만 얼른 훑어봐도 이 같은 사실을 확인할 수 있다. 블록버스터 영화마다 핵으로 인한 세계 종말과 환경 재앙, 좀비의 침입, 이외에도 부정적인 측면이 극대화된 미래상이 넘쳐난다. 〈브레이킹 배드〉, 〈하우스 오브 카드〉, 〈매드 맨〉 같은 "고품격" 텔레비전 드라마도 다 반영웅적 인물이 주인공이다.[3]

미국과 유럽의 수많은 여론조사에서 보듯이, 미래에 대한 자신감이 떨어지고 있다. 이런 현상을 어떻게 분석하든 결국은 희망의 상실이다. 누구도 희망 없이는 살 수 없다. 이번 장에서 살펴보겠지만, 다른 무엇과도 달리 기독교는 우리에게 앞날에 대한 희망을 준다.

나이도 동갑이고 사회경제적 지위와 교육 수준도 같고 기질까지 똑같은 두 여자가 있다고 상상해 보라. 당신이 그 둘을 고용해서 이렇게 지시한다. "지금부터 조립 라인에서 일하세요. 이 부품을 이 홈에 끼워 조립품을 옆 사람에게 넘기면 됩니다. 하루 8시간 그 일만 반복합니다."

조도와 온도와 통풍 등 작업장 조건도 동일하고 하루 중 휴식 횟수도 똑같다. 아주 따분한 업무다. 모든 조건이 같은데 하나만 다르다. 둘 중 하나에게는 연말에 3만 달러를, 또 하나에게는 3천만 달러를 지급하겠다고 말하는 것이다.

몇 주 후에 한 여자가 "지겹지 않아? 미칠 것 같지 않아? 그만두고 싶지 않아?"라고 말한다. 그런데 다른 여자는 "아니, 마음에 쏙 드는데. 일할 때 휘파람이 절로 나와"라고 대답한다. 어떻게 된 일인가? 두 사람이 동일한 환경을 전혀 다르게 경험하고 있다. 왜 이렇게 다른가? 미래에 대한 기대 때문이다. 이 예화의 취지는 수입만 좋으면 된다는 게 아니라 미래에 대한 신념이 현재를 경험하는 방식을 완전히 좌우한다는 것이다. 우리는 속속들이 희망을 먹고사는 피조물이다.

우리에게 필요한 게 그냥 막연한 희망은 아니다. 사실 쾌활한 기질과 낙천적 성격이 반드시 삶을 더 나아지게 하지는 않는다는 과학적 연구 결과도 많다.[4] 우리에게 필요한 것은 더 깊은 희망이다.

역사의 진보를 믿는 세속적 낙관론

앤드류 델방코(Andrew Delbanco)는 미국 역사를 예리하게 분석한 *The*

Real American Dream: A Meditation on Hope(진정한 아메리칸드림: 희망에 대한 묵상)에, 인간은 연속해서 흘러가는 개개인의 깨달음과 느낌, 삶의 경험들을 특정한 이야기로 꿰어야 한다고 썼다.[5] "그 이야기에 지향점이 있으면 …… 그것이 우리에게 희망을 준다."[6] 델방코에 따르면 현재 속에만 살며 매사를 각기 별개로 대하고, "당장의 갈망"만 추구해서는 누구도 삶을 감당할 수 없다.[7]

우리는 미래 지향적인 존재인지라 자신이 뭔가 "지향점이 있는" 이야기 속에 있음을 알아야 한다.[8] 내 삶이 뭔가 목적을 지향하고 내 행동이 그 희망에 기여한다는 일련의 암묵적 신념이라도 없으면, 인간은 살아갈 수 없다. 델방코는 "우리는 뭔가 삶의 목적을 상상해야 하며, 그 목적은 내 작은 몫의 나날과 시간을 뛰어넘어야 한다. 그래야 자신이 부조리한 세상에 표류하고 있다는 마음 한구석의 희미한 의혹을 떨쳐 낼 수 있다"라고 썼다.[9]

델방코의 미국 문화사는 세 개의 장으로 이뤄져 있다. 지난 세월 사회가 국민에게 준 세 가지 다른 희망 또는 이야기다. 그는 이를 각각 "신," "국가," "자아"로 명명했다. 미국 역사의 첫 단계에서 "희망은 주로 기독교 이야기를 통해 표현됐다. 이 이야기는 고난과 쾌락 둘 다에 의미를 부여했고, 죽음에서 해방되는 것을 약속했다."

그러다 계몽주의 합리성의 영향으로 문화 엘리트층 사이에 신과 초자연을 믿는 신념이 점차 약해졌다. 하나님 나라에서 궁극적 희망을 찾기보다 이제 미국인은 "지상 최고의 나라"가 되는 일을 신성한 소명이라 믿었다. 더 나은 미래로 가는 인류의 길을 온 세상에 보여 주려 한 것이다.

신은 "신격화된 국가"로 사실상 대체됐다. 이렇게 신성시된 국가와 시민을 "공화국 전투 찬가"보다 더 생생하게 보여 준 사례는 없었다. "[예쉬가 죽어서 인간을 거룩하게 했듯이 우리는 죽어서 인간을 자유롭게 하자."

로버트 니스벳(Robert Nisbet)도 *History of the Idea of Progress*(진보 이념의 역사)에 설명하기를, 장차 하나님 나라가 임한다는 이전의 기독교적 개념이 역사 발전의 내러티브로 세속화됐다고 했다. 그의 말처럼 고대 민족은 시간과 역사를 순환으로 봤으나 유독 기독교는 인류에게 진보라는 개념을 선사했다.[10] 기독교 신학은 역사를 선형(線形)으로 이해했다. 하나님이 주권적으로 통치하시는 이 역사는 심판과 정의의 날, 평화로운 신국(神國) 건설의 날을 향해 나아간다.

그러나 현대에 이르러 이 기독교적 개념은 "진보와 이성과 자유와 문명과 …… 인권의 이야기"로 세속화됐다. 이러한 인간 진보의 개념은 우리 의식에 아주 깊이 새겨져 평소 말투에까지 배어들었다. 즉 우리는 좋은 추세를 "진보적이다," 나쁜 추세를 "퇴보적이다, 역행한다," 일부 사상가를 "시대에 앞서 있다"라는 식으로 표현한다.[11]

세속적 낙관론, 빛이 바래다

그러나 오늘날 진보 이념은 무너지고 있다. 우선 이에 대한 철학적 공격이 있다. 세속 사회에 더는 옳고 그름에 대한 합의된 인식이 없어서 절대 도덕이 없다면 무엇이 진보이고 퇴보인지 어떻게 정의할 수 있는가? 무엇무엇이 "진보"라는 모든 주장은 만인에게 자명하지도 않고 경험으로 증명할 수도 없는 가치 판단이 아닌가? 그러므로 모든 진보의 선언은 한 집단의 가치를 나머지 모두에게 강요하는 일이다

또 다른 비판은 진보 이념이 무한한 경제적 팽창을 전제한다는 점이다. 역사 발전이라는 현대 내러티브는 대부분 물질적 번영, 신체적 안락, 자연을 지배하는 첨단기술 등의 신장으로 규정되어 왔다. 그러나 오늘날 우리는 크리스토퍼 래시(Christopher Lasch)의 말처럼 "인간 권력과 자유의 당연한 한계가 …… 불가피해졌다는 인식"에 도달한 것 같다.[12] 래시가 이 말을 한 때가 1991년이었으니 선견지명의 비판이었다. 지금은 환경 파괴 또는 재앙의 위협 때문에 지난 200년간 "선진국"에서 써먹던 각종 경제 모델에 의문이 제기되고 있다. 그런 모델은 소비가 기하급수적으로 성장해야 한다고 부추긴다.

그동안 문화가 현저하게 변해 역사를 보는 이전의 낙관론은 빛이 바랬다. 오늘날 미국 젊은층은 자기네가 부모 세대보다 "형편이 나쁘고" 앞으로도 그럴 거라고 확신하는 첫 세대일 것이다.[13] 세계가 지구촌으로 맞물려 있다 보니 유행병, 세계 경제 붕괴, 기후 변화의 재앙, 사이버 공격, 테러 같은 모든 악몽의 시나리오가 가능한 정도가 아니라 거의 확실시되어 보인다.

문화에 희망이 사라졌다는 또 다른 증거로, 미국 기업이 천문학적 액수의 돈을 그냥 쌓아 놓고만 있는 현상을 들 수 있다. 〈뉴요커〉지 기사에 따르면 이는 경제 역사상 유례없는 일이다. 기업의 생리는 저축이 아니라 빌려다 쓰는 것이다. 그런 고액의 돈을 썩혀 둔다는 것은 "경제적으로 터

무니없는" 일이다. 저축 이자율이 워낙 낮아 거의 아무 데나 투자해도 수익이 그보다는 나을 테니 말이다. 구글(Google)사만 하더라도 은행 계좌나 단기 투자에 묶여 있는 돈이 800억 달러에 달하는데, 그 정도면 골드만삭스(Goldman Sachs)를 충분히 매입할 수도 있는 규모다.

이 전대미문의 상황을 경제 전문가들에게 자문한 결과, 이런 답이 나왔다. 사람들 사이에 미래에도 과거와 똑같이 진보가 이루어지리라는 확신이 더는 없다.[14] 새것이 대개 더 좋다는 현대 신념은 사라지고 있다.

래시에 따르면 진보에 대한 세속적 낙관론은 운이 다했다. "진보 신념 중 더 극단적인 버전들"은 이미 쇠퇴하기 시작했다. 20세기 초에는 다들 각종 사회 문제가 해결되는 미래를 내다봤다. 이는 과학과 교육과 사회 정책을 통해 "인간의 본성이 완전해질 가능성을 전제로 한" 것이었다. 이런 거창한 신념은 세계대전을 연거푸 겪으면서 단계적으로 붕괴됐다. 그러나 경제적 번영, 안락, 개인의 자유 등이 신장할 것을 믿는 이후의 버전은 더 오래 버티다가[15] 이제 와서야 무너지고 있다. 지구 환경 내에서 성장에 한계가 있음을 비로소 깨달았기 때문이다.

세속 개념이 진보하려면 한결같은 무제한 경제 성장으로 "갈망이 무한히 팽창하고 안락의 전반적 수준이 꾸준히 높아져야 한다." 세속 사회의 이상이 실현되려면 그런 물질적 번영이 반드시 필요하다. 그래야 사람마다 자기 기준의 선(善)에 따라 날로 더 자유롭게 행복을 추구할 수 있다.[16] 하지만 이런 식의 경제 성장은 계속 이어질 수 없다.

역경에 맞설 역량을 주는
더 깊은 희망

래시에 따르면 세속적 낙관론은 환경에만 아니라 인간의 정신에도 재앙을 불렀다. 그것은 우리 인간에게서 역경과 고난에 맞설 역량을 떨어뜨리며, 더 큰 목적을 위해 당장의 쾌락을 희생하는 쪽으로 사람을 이끌지 못한다.

"진보 이념은 희생정신을 약화시킨다"라고 래시는 썼다. 그것은 절망을 퇴치할 제대로 된 해법을 내놓지 못한다. 당장의 쾌락 자체가 역사의 전체 요지이기 때문이다.[17] 에릭 카우프먼은 자신의 세속주의 관점이 "지난 세대에게는 헌신을, 장차 올 세대에게는 희생을 불러일으킬 수 없을" 것을 우려했다.[18]

진보를 믿는 세속적 낙관론에 대한 대안은 희망이다. 래시가 정의했듯이 진정한 희망에는 전혀 "진보의 신념이 필요 없다." "이런 자세에 적합한 단어인 희망이나 신뢰나 경이는 …… 동일한 마음가짐과 사고방식의 세 이름으로, 삶의 한계 앞에서도 삶이 선한 것임을 옹호하며 결코 역경에 패할 수 없다."[19] 왜 그럴까? 다른 곳에서 래시는 미국 흑인 노예를 예로 들었다. 그들은 어떻게 끝까지 희망을 살려냈을까? 유진 D. 제노비즈(Eugene D. Genovese)를 비롯한 노예제도 역사가들이 분명히 지적했듯이, "노예에게 진보의 신념이 있었다고 본다면 이는 언어도단일 것이다."

제노비즈는 그들에게 "확실한 기준"을 준 것이 기독교임을 논증했다. 그 기준으로 그들은 상전의 행동을 평가하고 판단했으며, "현세만 아

니라 내세의 백성으로서 구원의 약속을 말로 명확히 표현했다."²⁰ 희망에
필요한 것은 진보의 신념이 아니라 "정의"의 신념이다. "장차 악인이 심판
받고 억울한 일이 신원(伸寃)되며, 세상의 근본 질서를 우롱하면 반드시 벌
이 임한다는 확신"이다.²¹

　희망이 있으면 최악의 사태에도 용감히 맞설 수 있다. 이런 희망은
이생과 현세를 초월하는 무엇을 믿을 때 찾아오며, 초자연을 부정하는 세
계관 속에 살아가는 사람은 이를 누릴 수 없다.

　20세기 중엽 보스턴대학교의 흑인 학자 하워드 서먼(Howard Thurman)
은 1947년에 하버드에서 "흑인 영가"의 의미에 대한 유명한 강연을 했
다.²² 그는 다음과 같은 비판을 논박했다. 즉 흑인 영가가 너무 내세적이
어서 예수 재림 때에 그들에게 주어질 천국과 면류관과 보좌와 옷에 대한
말로 가득하다는 비판이었고, 이런 신념 때문에 그들이 고분고분하게 복
종했다는 주장이었다. 오히려 반대로 서먼은 그런 노래에 담긴 신앙 덕분
에 노예의 지구력이 더 깊어졌다고 역설했다.

　흑인 영가에는 모든 불의가 바로잡힐 최후 심판 날에 대한 기독교인
의 믿음이 담겨 있다. 또 인간이 죄인이라는 믿음, 사랑하는 이들과 다시
만나 영원히 함께할 것이라는 믿음도 담겨 있다. 이런 교리에서 "사랑과
갈망의 간청을 이 우주가 끝내 물리칠 수 없다는 확신이 싹텄다. …… 사
랑하는 이들과의 재회는 결국 불멸성에 대한 희망이 있기에 가능했고, 불
멸성은 신이 존재하기에 가능했다. 그래서 그들은 모든 문제를 하나님이
해결해 주시리라 믿었다."²³

　서먼은 이런 기독교적 희망이 노예의 자존감이나 노예주에게 맞설

힘을 약화시켰다는 주장을 배격했다. 오히려 "그 희망은 그들에게 당당하고 의연하게 살아가는 법, 모든 희망을 산산이 무너뜨리는 현실을 똑바로 직시하는 법, 그런 현실을 원재료로 삼아 그 모든 잔혹한 환경조차도 무너뜨릴 수 없는 희망을 빚어내는 법을 가르쳐 줬다. …… 희망 덕분에 …… 그들은 소멸을 거부하고, 삶을 이어가야 한다는 가혹한 '살 권리'를 긍정할 수 있었다."²⁴ 아무것도 그들의 희망을 꺾지 못한 이유가 무엇인가? 바로 희망이 내세적이었기 때문이다. 이 희망의 근거는 현세의 환경이 아니라 하나님의 미래에 있었다. 이 희망 덕분에 그들은 "삶을 이어가야 한다는 가혹한 '살 권리'를 긍정할" 수 있었다.

강연 도중에 "그걸 다 문자적으로 받아들일 수는 없지요. 면류관이니 천국이니 하는 말은 다 상징입니다"라는 반론이 제기됐다. 서먼은 만일 그게 실재가 아니라 상징일 뿐이라면, 결코 노예들에게 희망의 삶을 주지 못했을 거라고 응수했다. 상황 자체가 나아질 가망성은 거의 없었으니 말이다.

19세기 초에 일단의 노예들 앞에 앉아 이렇게 말해 준다면, 얼마나 황당한 일일지 상상해 보라. "불의가 바로잡힐 심판 날은 없다. 당신들의 소원이 이루어질 내세와 사후의 삶도 없다. 이생이 전부다. 죽는 날 당신들의 존재는 사라진다. 더 나은 세상에 대한 진정한 희망이라곤 사회 정책을 개선하는 길밖에 없다. 그 점을 염두에 두고 제자리로 돌아가, 고개를 꼿꼿이 쳐들고 용감하게 사랑하며 살라. 절망에 굴하지 말라."

이런 사고 실험으로 드러나듯이 역사의 진보를 믿는 한낱 낙관론보다 기독교의 희망이 고난당하는 이들에게 훨씬 큰 능력을 줬다. 서먼은 영원한 정의와 하나님의 복에 대한 희망이 미국 흑인을 지탱해 줬다는 단순한 역사적 사실을 지적했다.

죽음, 별것 아니니 겁낼 것 없다고?

그러나 인간의 희망에 닥친 큰 도전은 역사가 어디로 가느냐는 문제만이 아니라 우리가 어디로 가느냐는 문제에 있다. 죽음을 말이 되게 해석하고, 죽음에 당당히 맞서고, 죽음의 두려움을 이겨 낼 수 있는 희망, 그런 희망을 어떻게 찾아낼 것인지가 큰 문제다.

델방코가 미국 문화사의 마지막 장에 붙인 제목은 "자아"다. 식민지 시대에만 해도 "자아는 …… 광대한 신을 향해 뻗어 나갔다. 그러다 공화국 초창기부터 '위대한 사회'(존슨 대통령의 1960년대 사회개혁 정책-옮긴이 주)에 이르기까지 자아는, 신보다는 작지만 개개 시민보다는 크고 더 영속적인 국가의 이상에 함축되어 있었다. 그런데 오늘날의 희망은 달랑 자아 하나의 소실점으로 축소됐다."[25]

미국 역사의 현 단계는 신과 구원에 대한 믿음을 잃었고, 국가의 위대성과 운명에 대한 공동의 신념도 잃었다. 신이나 국가를 섬기는 일을 자아실현보다 중요하게 여기지 않는다. 종교의 주장이나 국가에 대한 충성이 개인이 추구하는 자유와 행복 위에 군림해서는 안 된다. 이제 우리 희망은 개인의 자유로 각자 자기 기준의 선을 추구하며 진정한 자아를 발견하는 것뿐이다.[26]

그러나 이 이야기 역시 과거의 다른 모든 세계관과 문화 내러티브가 하려던 일을 하지 못한다는 데 심각한 문제가 있다. "자아"는 인생 최대의 확고부동한 사실인 죽음을 통합하거나 의미 있게 해석할 수 없다. 기독교 이야기의 필수 요소 중 하나는 늘 그리스도를 통해 "죽음에서 해방되는 일"이었다. 국가와 애국심 시대의 문화에서도 죽음의 자리는 의미를 지녔다. 목숨을 바쳐 조국을 섬기고, "죽어서 인간을 자유롭게 하는" 것보다 더 큰 명예는 없었다.

이렇듯 처음 두 종류의 희망에는 죽음을 딛고 승리할 길이 있었고, 죽음이 최고의 대망을 이루는 데 일조했다. 인생의 큰 목표가 구원이든 조국과 민족의 영광이든, 잘 죽으면 그 목표에 더 가까워질 수 있었다. 그러나 현대의 개인주의적인 세속적 관점에서 죽음은 이야기를 방해하고 중단시킬 뿐이다. 죽음은 목표 쪽으로 더 진보하게 해 주기는커녕 목표를 파괴해 버린다.

이에 대한 가장 흔한 세속적 반응 중 하나는 인류 역사상 꽤 새로운 현상이다. 많은 현대 사상가들이 죽음은 모종의 종교적 희망으로 극복해야 할 공포의 대상이 아니요, 두려워할 일도 못 되며, 오히려 계속되는 세상 이야기의 일부일 뿐이라고 반박했다.

영국 작가 줄리언 반스(Julian Barnes)의 회고록 제목 '아무것도 두려워할 것 없다'(Nothing to Be Frightened Of)는 곧 죽음을 지칭한다.[27] 그는 죽음이 지극히 자연스러운 현상이므로 겁낼 게 없다고 주장했다. 이는 에피쿠로스(Epicurus) 같은 사상가의 뒤를 이은 입장인데, 에피쿠로스는 죽음과 관련해 가능한 상황은 둘뿐이라는 논리를 폈다.

당신이 살아 있다면 죽음은 다른 데 있다. 당신이 죽었다면 이곳에 없으니 그 사실을 모른다. 당신의 존재는 죽는 순간 끝나므로 고난도 없고 아무것도 없다. 그러니 죽음을 걱정할 이유가 무엇인가?[28] 그래서 죽음은 두려워할 게 못 된다.

이런 접근의 또 다른 예로 영국의 전설적인 편집자인 다이애너 애실 (Diana Athill)의 "죽음을 두려워하다니 우습다"라는 글이 있다. 현재 90대 후반인 그녀는 이 수필과 저서 *Alive, Alive Oh!*(살아 있어, 오, 살아 있다고!)에서 죽음이 지극히 "자연스러운 과정"이라고 역설했다. 그녀는 죽음도 "삶의 일부"요 흙의 생활 주기의 일부이기 때문에, 죽음을 "삶의 종말"이라 부르기를 거부했다. 생명체는 흙에서 왔다가 흙으로 돌아가며, 덕분에 흙은 새 생명을 길러 낼 수 있다. 죽음은 불가피한데 "불가피한 일은 자연스러워서 마냥 나쁠 수 없음"을 그녀는 몽테뉴(Montaigne)에게 배웠다.

그녀는 죽음의 자연스러움을 묵상하다가 "내세에 대한 신념이 녹아 없어져" 전혀 불필요해졌다고 설명했다. 죽음은 "무에 편입되는 일"에 불과하므로 이를 두려워한다면 우스운 일이다.[29] 이 주제를 다룬 수필집 말미에 그녀는 이런 시를 썼다. "무슨 까닭으로 현세보다 더 놀라운 무엇을 바라겠는가?"[30]

이 관점은 죽음을 이해하는 법과 자녀에게 설명하는 법을 다룬 수많은 책과 기사에 이미 두루 배어들었다. 그것이 대중문화에 표현된 가장 유명한 예가 영화 〈라이언 킹〉(The Lion King)이다. 거기서 어린 사자가 듣는 말이 있다. 사자는 영양을 잡아먹지만 결국 죽어 풀의 비료가 되고, 그 풀을 다시 영양이 먹는다는 것이다. "이렇게 우리는 다 삶의 거대한 고리 안에 서로 연결되어 있다."[31] 그래서 죽음은 삶의 일부이며 두려움의 대상이 아니다.

조용히 희망을 고갈시키는
죽음의 그림자

그러나 현실은 달라서 이 모든 생물학적 사실에도 불구하고 절대다수의 사람은 죽음을 무척 두려워한다.

철학자 피터 크리프트(Peter Kreeft)의 책에 일곱 살 난 소년의 이야기가 나온다. 세 살배기 사촌이 죽자 그는 엄마에게 "이제 내 사촌은 어디 있어요?"라고 묻는다. 그녀는 신이나 내세를 믿지 않는지라 마음에도 없이 천국이라 답할 수 없었다. 그래서 현대의 세속적 내러티브를 따라 이렇게 말한다. "네 사촌은 흙으로 돌아갔어. 우리도 다 거기서 왔단다. 죽음은 생활 주기의 자연스러운 일부야. 그러니까 내년 봄에 흙에서 새로 꽃이 피어나는 건 네 사촌의 생명이 꽃에 비료를 줘서 그런 거란다."

어린 소년은 어떻게 반응했을까? "나는 그 애가 비료가 되는 게 싫어!"라고 외친 뒤 뛰쳐나가 버린다.[32] 인간의 자연스러운 직관은 죽음이 전혀 자연스럽지 않다는 것인데, 이 엄마가 그 직관을 억눌렀다고 크리프트는 말했다. 다른 책에 그는 또, 죽음을 그저 "성장의 단계"로 받아들여야 한다는 말은 사지가 마비된 사람에게 마비도 운동의 단계라고 말하는 것과 같다고 했다.[33]

다이애너 애실은 현세 이외의 무엇을 원해서는 안 되며 불가피한 일은 나쁠 수 없다고 했지만, 이런 식의 말은 이성으로 따져 봐도 성립되지 않고 우리의 가장 깊은 도덕적 확신에도 부합하지 않는다. 과학자라면 누구나 동의하겠지만 폭력보다 불가피하고 자연스러운 것은 없다. 진화와 자연도태(natual selection; 생존에 가장 적합한 것만 살아남고 나머지는 사라지는 진화 과정-편집자 주)가 폭력에 기초해 있다. 하지만 우리는 폭력이 나쁜 거라고 믿는다. 게다가 사람은 누구나 현세보다 더 놀라운 세상을 상상하기 쉬울뿐더러 실제로 그런 세상을 원한다.

또 무의식에 "편입되는" 일을 대다수 사람들은 내켜 하지 않는다. 새뮤얼 존슨(Samuel Johnson)의 유명한 전기에 보면, 수어드 양이 그에게 죽음은 "꿈 없는 단잠"일 뿐이라고 말하는 대목이 나온다. 존슨은 극구 부인하며 죽음은 "잠도 아니고 달지도 않다"라고 씩씩거린다.[34] 사람을 폭력으로 무의식에 빠뜨리는 일은 범죄다. 그러므로 죽음도 강도요 살인자로 간주해야 한다.

죽음을 다룬 고대 신화와 전설을 보면 하나같이 죽음이 침입, 궤도이탈, 괴기한 일로 그려진다. 죽음이 등장하는 건 매번 뭔가가 잘못됐기 때문이다.[35] 고금의 지혜를 아무리 살펴봐도 죽음이 지극히 자연스럽다는 주장은 찾아볼 수 없다. 죽음은 당연한 일이 아니다. "아무리 생물학적으로 필요할지 몰라도 죽음은 자연스럽게 느껴지지 않는다. 이런 직관을 …… 자연 주기에 대한 이성적 사고로 죽일 수는 없다. 자신이 재활용 비료로 느껴지는 사람은 없다."[36] 대다수 사람은 딜런 토머스(Dylan Thomas)의 말에 더욱 공감할 것이다. 그는 우리에게 죽음의 밤으로 "순순히 들어가

지 말라"고, "꺼져 가는 빛에 맞서 격노하고 격노하라"라고 조언한다.[37]

어느 작가의 표현처럼 "죽음이라는 현실은 인간이 기를 쓰고 억압하는 만인 보편의 '콤플렉스'다. …… 죽음은 환영처럼 입막음당하고 있다."[38] 죽음을 두려할 게 없다는 주장이야말로 죽음의 부조리를 입막음하는 또다른 환영일 뿐이다. 우리는 죽음을 부정하며 살지만, 모든 억압된 사실이 그러하듯 죽음도 자꾸 우리를 방해하고 괴롭히며 조용히(또는 썩 조용하지 않게) 희망을 고갈시킨다.

우리는 왜 죽음이 두려운가

우리는 왜 죽음을 두려워하는가? 왜 죽음에 격노하는가? 첫째 이유는 죽음으로 모든 관계가 끝나기 때문이다. 에피쿠로스 등은 영원한 무의식을 두려워할 게 없다고 말했지만, 사실은 두려운 일이다. 죽음은 사랑의 종말을 의미한다. 카를 융(Carl Jung)이 단도직입적으로 말했다.

> 죽음은 정말 무섭도록 잔인한 일이다. 그렇지 않은 척해 봐도 소용없다. 죽음은 물리적 사건으로써만 잔인한 게 아니라 심리적으로는 훨씬 더하다. 한 인간이 우리에게서 뜯겨져 나가 남는 거라곤 움직임을 멈춘 싸늘한 죽음뿐이다. 더는 관계의 희망이 조금도 존재하지 않는다. 모든 다리가 일격에 붕괴됐기 때문이다.[39]

융은 에피쿠로스와 반스가 논증한 것의 허점을 보여 준다. 삶을 의미 있게 하는 요소는 무엇보다 사랑의 관계다. 그런데 죽음은 오랜 세월에 걸쳐 그런 관계를 하나씩 둘씩 빼앗아, 당신을 점점 나목처럼 만든다. 그러다 마침내 당신에게 찾아와, 뒤에 남을 사랑하는 이에게서 당신을 빼앗아 간다. 진정한 사랑은 거의 본질상 영속성을 갈구하며, 결코 사랑하는 이와 이별하는 것을 바라지 않는다. 그런데 죽음은 삶을 의미 있게 하는 요소를 모두 앗아 간다. 그러니 죽음을 어떻게 두려워하지 않을 수 있는가? 반대로 죽음은 우리의 최후의 원수다(고전 15:26 참조). 사랑하는 이의 시신을 보는 일보다 더 무참한 경험은 없다. 이생의 무엇도 당신의 깊은 상처를 치유해 줄 수 없다.

우리가 죽음을 두려워하는 이유가 적어도 하나 더 있다. 죽음이 자연스럽다는 관점은 사후에 아무것도 없음을 전제한다. 아무런 존재도 없고 의식도 없다는 것이다. 하지만 이는 입증할 수 없으며, 그렇게 확신하려면 맹신이 필요하다. 에피쿠로스는 "인간이 죽음을 겁냄은 죽음이 곧 소멸이 아니라는 생각 때문이다"라고 썼다. 죽는다는 사실 자체가 아니라 불확실한 사후 때문에 우리는 혼란스럽다.[40]

셰익스피어(Shakespeare)는 햄릿의 입을 통해, 사후의 무엇에 대한 두려움 곧 "어느 길손도 갔다가 돌아오지 못하는 미답의 나라"를 두려워하는 탓에 우리는 "우리가 알지 못하는 저 세상으로 달아나느니 차라리 지금 이 세상의 고통을 묵묵히 견딘다"라고 말했다. 그러면서 그 이유는 "양심이 우리 모두를 겁쟁이로 만들기" 때문이라 했다.[41]

시인 존 드라이든(John Dryden)은 "죽음 자체는 아무것도 아니로되 우리는 죽음이 무엇이고 사후 세계가 어디인지 몰라서 두려워한다"라고 썼다. [42] 루소(Rousseau)도 같은 생각에서 "죽음을 두려움 없이 맞이하는 척하는 사람은 거짓말쟁이다"라고 말했다. [43]

지난 수십 년간 나는 목사로서 아픈 사람과 죽어 가는 사람을 많이 심방했다. 병원의 중환자들이 성직자에게 선뜻 말문을 여는 건 놀랄 일이 아니다. 신이나 내세를 믿지 않는 사람도 반성하며 이렇게 자문한다. '나는 가족과 친구들을 충분히 사랑했을까? 돈을 충분히 베풀었을까? 내 삶에 변화가 필요한 줄 알면서도 늘 뒤로 미루지는 않았을까?' 죽음의 문턱에 서면 왠지 누구나 자신이 제대로 살았는지 묻게 되고, 그 답은 거의 부정이다. 죽음이 임박하면 양심이 수많은 사람을 "겁쟁이로 만들" 만도 하다. 게다가 죽은 뒤 무슨 일이 벌어질지 알 길이 없으니 더하다.

암으로 죽어 가던 한 남자가 내게 T. S. 엘리엇(T. S. Eliot)의 이런 시구를 인용한 적이 있다. "죽음 자체가 두려운 게 아니라 죽음이 곧 끝이 아닐까 봐 그게 우리는 두려운 거다."[44]

그에게 죽음 이후가 어떨 것 같으냐고 물어 봤다. 그는 모른다면서도, 세속적인 친구들이 어떻게 사후에 아무것도 존재하지 않는다고 철석같이 확신할 수 있는지 이해가 안 간다고 말했다. "이상하잖아요. 그들은 신의 존재에 목숨을 거는 순전한 믿음의 사람을 조롱합니다. 그래 놓고 자기들은 사후에 심판도 없고 아무것도 없다는 데 전부를 겁니다. 어떻게 그렇게 확신할 수 있을까요?"

잠시 침묵이 흐른 뒤에 내가 "그래서 후회하시나요?"라고 물었다. 그는 많은 사람에게 피해를 입혔다며 힘주어 고개를 끄덕였다. 그러면서 불의하고 악한 행위가 왠지 "우리를 따라올" 것 같은 강한 직감이 든다고 했다. 죽기 전에 "잘못을 바로잡을" 길이 없음을 그는 알았다. 냉혹한 죽음 앞에 무력해지자 비로소 그의 속마음이 드러났으나 희망은 없었다.

차를 시속 100킬로미터로 운전하는데 창밖을 내다볼 수 없다면 무서울 것이다. 죽음을 향해 달려가는데 앞일을 볼 수 없다면 그 또한 두려운 일이다.

죽음으로 죽음의 세력을 꺾으신
우리의 챔피언

그렇다면 기독교의 희망은 무엇인가? 죽음이 그토록 부당하게 느껴지는 이유를 설명해 줄 뿐 아니라 우리에게 죽음에 맞서 이겨 낼 능력까지 주는 그 희망은 무엇인가?

요한복음 11장에 보면 예수님이 며칠 전에 죽은 친구 나사로의 무덤으로 가신다. 33절과 38절에 두 번이나 나와 있듯이, 그분은 슬피 울었고 분노로 가득하셨다. 나사로 때문에 우셨을 리는 없다. 잠시 후에 그를 다시 살리실 거였으니 말이다. 그렇다면 무엇 때문에 그토록 슬퍼하고 노하셨을까? 그분은 사랑하는 인간과 창조세계를 파멸에 빠뜨린 죄와 죽음에 격렬히 분노하셨다.[45]

요한복음에 밝혀져 있듯이 예수님은 하나님으로 자처하셨다. 따라서 그분이 죽음에 격노하셨을 뿐 자신에게 노하지 않으신 데는 큰 의미가 있다. 창세기에 그 근거가 나와 있다. 죽음은 본래 하나님의 설계에 들어 있지 않았다. 우리는 늙어서 약해지고 병들어 죽도록 창조되지 않았다. 기껏 죽음으로 끝날 사랑의 관계를 위해 창조되지도 않았다. 죽음은 침입이며 인류가 죄를 짓고 하나님을 등진 결과다. 아직도 우리 안에 인간이 이별 없는 사랑을 나누며 영원히 존재하도록 지어졌다는 의식이 있는데, 이는 우리가 신에게서 기원했다는 기억의 흔적이다. 지금 우리는 죽음의 세계에 갇혀 있거니와 본래는 이런 세계에 살도록 설계되지 않았다.

이 딜레마의 해법이 신약성경 히브리서에 단적으로 표현되어 있다. 그 가르침에 따르면 불멸의 성자 하나님이 세상으로 보냄을 받아 우리처럼 연약한 인간이 되어 마침내 죽음을 당하셨다. 하지만 죽음으로 그분은 죽음의 세력을 꺾으셨으니 이는 "죽기를 무서워하므로 한평생 매여 종노릇하는 모든 자들을 놓아 주려 하심"이다(히 2:14-15).

그 일을 그분은 어떻게 이루셨는가? 우리의 "챔피언"으로서 하셨다. 하나님이 "그들의 구원의 창시자(챔피언)를 고난을 통하여 온전하게" 하셨다(히 2:10).[46] 고대의 "챔피언"은 다윗이 이스라엘을 대표해 골리앗과 싸웠듯이 대리전에 나선 사람을 뜻했다(삼상 17장 참조).

예수님도 우리를 대신해 죽음을 상대로 사투를 벌이셨다. 언뜻 보면 그분이 이기지 못하셨다. 십자가에서 죽으셨으니 말이다. 하지만 성경 이야기에서 죽음은 우리의 원수일 뿐만 아니라 사형 집행자이기도 하다. "죄의 삯은 사망이요"(롬 6:23). 죽음은 하나님을 등진 것에 대한 형벌이다. 그런데 누군가가 내 빚을 완전히 갚아 주면 나를 지배하는 채권자의 세력이 꺾이듯이, 예수님이 우리 형벌을 치르고 우리 대신 죽으셨으므로, 우리를 지배하는 사망의 권리와 세력도 꺾였다.

예수님의 죽음은 사망의 권세를 멸한다. "하나님께서 그를 사망의 고통에서 풀어 살리셨으니 이는 그가 사망에 매여 있을 수 없었음이라"(행 2:24). 다시 말해서 예수님은 사망의 어둠에 삼켜져 그 안에 들어가셨으나 뒤쪽을 부수고 다시 나오셨다. 그분은 무죄하시므로 죽음은 그분을 건드릴 권리가 없었다. 나아가 죽음은 믿음으로 그분 안에서 "자는" 이들을 건드릴 최후의 권리도 없다(살전 4:13-18 참조). 우리 몸은 죽지만 이제 죽음은 예수님과 함께 누릴 영생으로 들어가는 문일 뿐이다.

그리스도를 믿는 사람들은 더는 죽음을 두려워하는 노예가 아니다. 그들은 이런 찬송을 부를 수 있다.

> 주께서 살아 계시니
> 사망은 영광의 관문
> 내 영혼아 담대하라
> 너 영생을 받으리니.[47]

그러므로 햄릿은 틀렸다. 미답의 나라 죽음에서 다시 돌아온 길손이 한 분 계시다. 그분은 그곳을 통과해 생명 속으로 도로 나오셨다. 그분을 따르는 모든 사람도 똑같은 길을 간다. 조지 허버트(George Herbert)는 죽음이 한때 "기껏해야 사형 집행자"였다면서 이렇게 말을 이었다.

> 너 죽음은 이제 산지기요

아득히 먼 별나라 너머로

영혼을 안내하는 시종이라.[48]

죽음이 기독교인들에게 할 수 있는 일이라곤 우리 삶을 무한히 더 나아지게 하는 것뿐이다.

존 업다이크(John Updike)는 회고록 *Self-Consciousness*(자의식)에 "모종의 도덕적 우월감으로 …… 기독교의 희망인 내세를 비웃는" 사람에 대해 말했다. 그들의 주장대로라면 기독교에 약속된 바를 원하는 일, 즉 "동물처럼 볕이나 쬐는 산책 그 이상을 바라는" 일은 이기적이고 자기중심적이다. 우리도 "모든 피조물이 그래야 하듯 감사하는 마음으로 영원히 잠들어야" 하지 않겠는가?[49] 리처드 도킨스(Richard Dawkins) 등은 천국의 상급 개념을 우주적 뇌물이라 비판했다.[50] 영원한 복이라는 보상을 주요 목적으로 삼아 착하게 살아간다면, 이는 얄팍하고 타산적이라는 것이다.

이런 반론은 기독교적 희망의 특성을 잘 모르는 항간의 오해에서 비롯됐다. 세속주의와 달리 대부분의 종교는 사후의 삶에 대한 희망을 제시한다. 그러나 기독교적 관점은 여러 가지 면에서 구별될 뿐 아니라 독특하다.

기독교의 희망, 인격적이다

앞서 봤듯이 세속적인 사상가들이 흔히 말하는 사후의 존재란 우리 몸의 물질이 흙의 비료로 변한다는 식이다. 오늘의 동양 종교는 우리 영

238 답이 되는 기독교

혼이 사후에 우주의 영혼과 합일한다고 가르친다. 물방울이 바다로 돌아가면 전체에 합쳐져 개별성을 잃듯이, 우리도 만물을 하나로 합치는 비인격적 정신계의 비인격적인 일부가 된다는 것이다.

하지만 사후에 아무것도 존재하지 않거나 비인격적 존재나 무의식만 남는다면 사랑도 없다는 뜻이다. 인격체만 사랑할 수 있으니 말이다. 사후에 자아가 없다면 우리는 전부를 잃은 것이다. 삶에서 우리가 가장 원하는 게 사랑이기 때문이다.

인격체 간의 사랑이야말로 기독교적 희망의 정수이자 핵심이다. 그래서 천국은 뇌물이 아니다. C. S. 루이스도 여자의 돈을 보고 결혼하는 남자는 비난받아 마땅하다고 했다. "돈은 사랑에 합당한 보상이 아니기" 때문이다. 그러나 그는 "결혼 자체는 진정한 연인에게는 참된 보상이며, 결혼을 바라는 사람은 타산적인 게 아니다"라고 덧붙였다.[51]

기독교에서 약속한 천국에 대해서도 똑같이 말할 수 있다. 물론 사람에 따라 천국을 타산적으로 볼 수도 있다. 다년간 〈뉴요커〉지에 근무한 업다이크가 지적했듯이, 구름 타고 하프를 뜯는 흰옷 입은 사람들에게 "둥근 모양의 후광까지 둘러 웃음을 더한" 그림으로 천국에 대한 믿음을 조롱하는 만평이 너무 많다.[52] 아무리 풍자라 해도 거기에는 천국을 소비자의 낙원으로 보는 인식이 잘 드러나 있다. 지상에서 공들여 산 모든 쾌락과 안락을 천국에서 공짜로 실컷 누린다는 식이다. 아닌 게 아니라 목사로서 40년 넘게 사람들과 이런 문제로 대화해 보니, 대중의 종교적 상상력은 천국을 그저 아무 문제도 없는 편안한 곳으로 상상하는 경향이 있다. 그러면 성경에 약속한 천국의 진수를 놓친다. 우리가 바라는 천국이 연인이 바라는 결혼과도 같다면 어떨까? 그러면 이야기가 달라진다.

18세기에 철학자이자 목사였던 조나단 에드워즈(Jonathan Edwards)는 "천국은 사랑의 세계다"라는 유명한 설교로 기독교의 희망을 생생하게 전했다.[53] 그는 기독교의 궁극적 희망을 광채와 불멸 따위의 추상적 개념이 아니라 관계로 봤다. 천국 한가운데에 막연한 신이 있는 게 아니라 기독교의 삼위일체 하나님이 계신다. 한 하나님이 성부, 성자, 성령 세 인격체이시되 "서로를 향한 한없이 귀중하고 이해할 수 없는 사랑으로 연합되어" 계신다.[54] "성부와 성자 사이에 서로를 향한 거룩한 에너지가 영원하다. 이 순전하고 거룩한 행위로 하나님은 다름 아닌 무한하고 변함없는 사랑의 행위가 되신다."[55]

셋이면서 하나이신 이 하나님은 상상을 초월할 정도의 능력과 기쁨으로 서로에게 사랑을 쏟아부어 "사랑의 샘"이 되신다. 천국의 이 샘은 "접근을 막는 아무런 장애물도 없이 열려 있어 …… 사랑과 기쁨의 시내와 강으로 흘러 누구나 실컷 마시고 헤엄칠 뿐 아니라, 그야말로 사랑의 홍수로 온 세상에 흘러넘친다."[56]

우리도 다 사랑의 놀라운 기쁨을 맛보기는 했지만, 에드워즈가 지적한 것처럼 이 땅의 모든 관계는 심히 "막혀 있다."[57] 흙과 오물로 거의 꽉 막혀 있어 그나마 오염된 물이 조금밖에 흐르지 못하는 수도관을 상상해 보라. 인간이 경험하는 사랑은 모두 그와 같다. 아무리 현세 최고의 인간 관계라 해도 우리의 연약함 때문에 사랑은 막힌 수도관의 물처럼 찔끔찔끔 흐를 뿐이다.

그러나 천국에 흐르는 사랑은 말할 수 없이 더 풍성하고 깨끗하다.

그러므로 그곳의 기쁨을 조금이나마 가늠해 보려면, 이곳의 모든 사랑을 더럽히거나 약화시키거나 고통스럽게 하는 요인을 떠올린 뒤에 그런 요인이 다 없어진 세상이 어떠할지 생각해 보면 된다.

예컨대 이 세상에서는 상대를 향한 내 사랑이 나를 향한 상대의 사랑과 대등할 때가 드물다. 어느 한쪽의 사랑이 더 많거나 적기 때문에 고통이 따른다. 그러나 천국에서는 모든 사랑에 "응답이 있어" 완전히 상호적이다.[58] 또 사랑하면 "칭찬하고 싶고" 어떻게든 그 사랑을 명확히 표현하고 싶은 법인데, 이 땅에서는 "사랑을 …… 실천하려 해도 …… 막힌" 느낌이 든다. 그러나 천국에는 그런 어려움이 없다. 우리 혀와 목소리로도 사랑이 완전하게 표현되어, 생전 몰랐던 방식으로 사랑의 기쁨이 완성될 것이다.[59]

또 에드워즈의 논리에 따르면 이 땅에서는 우리 사랑이 늘 시기심과 이기심 때문에 형편없이 오그라든다. 우리는 나를 인정해 주고 행복하게 해 줄 것 같은 사람에게 자연스레 끌린다. 그런데 상대가 그렇게 해 주지 않으면 우리는 분노하고, 상대가 나보다 잘되면 질투한다. 우리는 하나님이든 인간이든 상대를 그 자신을 위해 사랑하지 못한다. 상대를 섬기고 기쁘게 하려는 사랑이 아니다. 나 자신을 섬기려고 나를 위해 상대를 사랑한다. 그래서 "이 세상의 사랑은 대부분 …… 이기적 동기에서 …… 비롯되며 목적이 치사하고 야비하다."

그러나 천국의 "사랑은 순수한 불꽃이어서" 누구나 "하나님 그분을 위해 그분을 사랑하고, 그분을 위해 …… 즉 상대를 감싸고 있는 그분의 형상 때문에 서로를 사랑한다. …… 사랑의 실천을 막거나 방해할 교만이나 이기심이 없다 보니 모두의 마음이 사랑으로 충만하다."[60] 하나님의 사랑으로 충만해서 더는 속이 허하거나 결핍이 없기에, 우리는 "사랑하는 대상의 행복을 내 행복으로 삼는다." 즉 상대의 기쁨이 곧 내 기쁨이 된다.

"사랑이 온전하면, 사랑하는 대상이 잘될수록 사랑의 주체도 더 기쁘고 즐거워진다. 사랑하는 대상의 형통이 곧 사랑의 양분이기 때문이다. 따라서 그 형통이 클수록 사랑의 잔치는 더 풍성해진다." 시기심은 들어설 자리가 없다. 자신이 행복할수록 우리는 서로를 더 행복하게 해 준다. 천국에서 우리 기쁨과 영광은 "상상을 초월하는 뜨거운 마음으로" 영원히 기하급수적으로 배가한다는 뜻이다.[61]

아울러 사랑하는 이와 이별할 두려움도 다시는 없다. 이 땅의 삶에서 가장 큰 슬픔은 사랑이 중단되는 일이다. 반면 천국에서는 "서로의 사랑을 온전히 즐거워하되 그 상태가 영원히 지속됨을 모두가 안다." 거기서는 모든 게 "영원한 젊음으로 활짝 피어난다. …… 끝없이 솟아나는 생수의 샘과 같고 …… 마르지 않고 늘 맑게 넘실넘실 흐르는 강과 같다."[62]

무엇보다 중요하게 "그때 그리스도가 자기 마음속의 큰 사랑의 샘을 모두에게 열어 보이실 것이다. 그렇게 큰 샘을 난생처음 보며 …… 우리는 그분이 늘 죽음도 불사하고 우리를 사랑하셨음을 알게 된다."[63] 상대가 내게 뜨겁게 사랑을 고백하고 표현할 때보다 더 큰 변화를 낳는 일은 없다. 그렇다면 우리의 변화는 어떻게 나타날까?

하나님의 지극한 사랑을 경험한 천국의 사람은 저마다 "음악회의 한 음표가 되어 다른 모든 음표와 아름다운 화음을 이룬다. …… 그렇게 모두가 최선을 다해 서로를 도와, 사랑을 표현하게 하고 …… 그 사랑의 샘에 도로 사랑을 붓게 한다. 그 샘에서 사랑과 영광이 우리에게 넘치도록 채워진다. 그리하여 우리는 사랑으로, 그 사랑의 복된 열매인 하나님을 닮은 기쁨으로 살아가며 다스린다. 이는 이 세상 누구도 여태 눈으로 보거나 귀로 듣거나 마음으로 생각하지도 못한 세계다(고전 2:9 참조).[64]

인간이 사후에 흙이 될 뿐이라면 이 모든 일은 불가능하다. 많은 동양 종교에서처럼 비인격적 존재가 되어 비인격적 우주의 영혼과 합일한다 해도 마찬가지다. 사랑은 인격체 사이에만 가능하다. 기독교는 그리스도를 통해 우리가 (업다이크의 표현으로) "영원히 자아로 남을" 것을 약속한다. 복음서 기사에 보면 부활하신 그리스도는 이전의 그분과 같고도 달라서, 제자들이 처음에는 그분을 알아보지 못하지만 결국은 알아본다(눅 24:16, 31; 요 20:14, 16). 열 살 난 소녀를 안 뒤로 오랫동안 못 보다가 아름답고 지성을 갖춘 25세 여성으로 다시 만나는 일과 비슷하다. 처음에는 아마 그녀를 알아보지 못하겠지만 점차 그녀임이 분명해질 것이다. 미래에 영화로워질 자아는 지금 우리의 연속이면서도 지혜와 선과 능력은 무한히 더 자라 있을 것이다.

기독교는 "인간이란 원인 없는 거대한 소용돌이 속에 우연히 생겨난 무의미한 존재"라는 현대 세속 신념을 거부한다. 오히려 기독교는 "우리 삶은 이야기이고 우주의 구조는 인격적이다"라고 선언한다. 업다이크는 회의적 기질이 강했지만 결국 기독교 신앙 쪽으로 기울어, "내 삶과 예술을 이제 막 시작했다는 느낌을 떨칠 수 없다"라고 썼다.[65]

기독교의 희망, 구체적이다

업다이크가 지적했듯이 내세에 대한 갈망을 이기적이라 여기는 사람이 많다. 그러나 그는 기독교가 채워 주는 동경은 "이기심의 반대다. 오히려 세상을 사랑하고 찬미하는 마음이다. …… 이는 딴 세상을 위한 게 아니라 이 세상을 위한 것이다"라고 반박했다.[66]

여기서 업다이크는 기독교적 희망의 독특한 측면 하나를 살짝 건드렸다. 성경은 그저 우리가 이 세상과 동떨어진 무형의 영적 낙원에서 영원토록 산다는 약속을 내놓은 것이 아니다. 성경은 역사의 종말을 인간의 모든 범주를 압도하고 초월하는 온갖 상징으로 기술한다. 그런데 그때 우리가 하늘로 올라가는 게 아니라, 하나님의 하늘 영광과 아름다움과 능력이 내려와 이 물질세계를 정화하고 새롭게 한다. 그리하여 악과 고난과 노화와 질병과 빈곤과 불의와 고통이 영원히 사라진다(계 21:1-5; 22:1-4 참조).

기독교인은 영혼 구원만 아니라 육체의 구원도 고대한다(롬 8:23 참조). 예수님처럼 우리도 장차 부활한다(살전 4:14-17 참조). 그래서 스리랑카의 한 기독교 설교자는 "타종교에도 구원이 있다고 생각하지 않습니까?"라는 질문에 "어떤 구원을 말하는 겁니까?"라고 되물었다. 이 구원은 아니라는 말이다! 우리 영혼과 육체까지 망라해서 이 세상을 구원할 희망이 있다고 주장이라도 하는 타종교는 하나도 없다.[67]

고난과 악과 죽음은 이 세상의 삶을 망쳐 놓았다. 가장 찬란한 순간조차도 고통스러움은, 그 순간이 너무도 금방 우리를 떠나가기 때문이다.

에드거 앨런 포(Edgar Allan Poe)의 신기하고 유명하고 어두운 시 "갈까마귀" (*The Raven*)에 보면 검은 까마귀가 "이젠 끝이야, 이젠 끝이야"라고 울어 댄다.[68] 일각에서는 포가 여기서 회복 불능의 삶을 말한다고 해석한다.

오래 살수록, 우리가 잃는 것들이 다시는 돌아오지 않으리라는 느낌도 더 짙어진다. 적어도 이 세상에서는 복원되지 않을 것이다. 그것은 우리가 놓친 기회일 수도 있다. 사랑하는 장소가 말 그대로 헐렸을 수도 있다. 좋은 관계와 공동체가 와해되어 되살릴 수 없는 경우도 있다. 세월이 가면서 우리는 이 모두를 돌이킬 수 없음을 깨닫는다. 인생의 한복판에 벌어지는 끊임없는 죽음이다.

그러나 기독교인은 단지 잃어버린 삶에 대한 위로를 바라는 게 아니라, 원하면서도 아예 얻지 못했던 삶의 회복을 고대한다. 부활하신 예수님은 유령이 아니었으며 우리도 유령이 되는 게 아니다. 그분은 새 몸을 받으셨고 우리도 장차 새 몸을 받는다. 그분은 깜짝 놀란 제자들에게 "또 나를 만져 보라 영은 살과 뼈가 없으되 너희 보는 바와 같이 나는 있느니라"(눅 24:39)라고 말씀하셨다.

우리는 단지 삶을 돌려받는 게 아니라, 늘 열망하면서도 결코 이룰 수 없었던 삶을 얻는다. 부활은 '이젠 끝이야'를 단호히 거부한다. 우리는 아무것도 잃지 않는다. 부활은 단순한 위로가 아니라 회복이기 때문이다.

업다이크의 말이 맞다. 이 세상을 너무도 사랑해서 처음 창조됐을 때의 모습을 보고자 하는 마음은 이기적인 게 아니다. 수많은 진보주의자들과 세속적인 사람들도 오염되지 않은 자연, 더는 인간의 착취로 망가지지 않은 자연을 보기를 열망한다. 그들도 기아와 질병이 끝나고 인간이 빈곤과 압제에서 해방되기를 바란다. 그들도 현 시점의 기독교 신자들과 같은 것을 소망한다. 물론 그들은 기독교의 희망을 믿지 않는다. 하지만 자신이 회의하는 이유를 그 희망이 우리의 환심을 사려는 뇌물이기 때문이라고 말해서는 안 된다. 오히려 그 희망이 너무 좋아 꿈만 같기 때문이라고 말해야 할 것이다.

하워드 서먼의 논증을 다시 떠올려 보면 알겠지만, 기독교적 희망이 구체성을 가진 것은 매우 중요하다. 예부터 수많은 빈민과 압제받는 무리가 기독교에 끌린 이유가 무엇이겠는가? 부활을 문자적으로 취할 수 없다며 한낱 상징으로 보는 사람이 많다. 하지만 무엇의 상징인가? 가장 암울한 시절에도 어떻게든 상황이 호전될 수 있다는 상징인가?

현실 생활은 그렇지 않다. 어둠 끝에 빛이 올 때도 있으나 대개는 아무런 빛도 없다. 그러므로 부활이 '결국 좋은 날이 온다'라는 상징일 뿐이라면, 그런 부활은 우리를 실망시킬 수밖에 없다. 그러나 예수님의 부활이 역사적 사실임을 믿으면, 장차 어느 날 모든 불의가 바로잡히고 이 땅에 진정한 정의가 이루어진다.

예수 그리스도의 부활이 실제 벌어진 사건임을 믿는다면, 그분은 이상과 현실 사이의 장벽을 허무신 셈이다. 세상의 압제받는 무리는 "이제 내게도 뭔가가 생겼다. 희망이 있다. 미래의 희망이다"라고 말할 수 있다. 사는 데 여유가 있는 사람이야 철학과 윤리적 원칙 따위에 열을 올릴 수 있으나, 세상의 어둠에 갇혀 꼼짝도 할 수 없는 일반 대중은 그렇지 못하다.

그런데 상징이 아니라 구체적 사실로 믿는 부활은, 압제받는 무리를 일으켜 세우고 세상을 변화시킨다. 최후의 심판을 믿으면 충분한 희망이 생겨나기 때문에, 정의를 이루려고 폭력을 동원할 일도 없고 그냥 포기한 채 불의에 타협할 일도 없다.[69]

기독교의 희망, 상상을 초월할 정도로 경이롭다

정의도 위대하지만 부활이 약속하는 내용은 그 훨씬 이상이다. J. R. R. 톨킨(J. R. R. Tolkien)은 "허구 이야기"라는 탁월한 에세이에서, 사람들이 허구 이야기인 영화와 연극과 책에 그토록 많은 돈과 에너지를 소비하는 이유를 설명했다. 소위 "판타지" 문학의 독자층은 현실주의 소설이나 그밖에 비평가들이 선호하는 작품의 독자층보다 훨씬 두터워, 세상의 문학자들을 여간 곤혹스럽게 하는 게 아니다. 왜 그런 것일까?

톨킨에 따르면 모더니즘이 여태 소멸시키지 못한 "인간의 원초적 갈망"이 많다.[70] "공간과 시간의 깊이를 알아내려는" 갈망, 가능하다면 죽음에서 벗어나려는 "가장 오래되고 간절한 갈망" 등도 거기에 포함된다.[71] 우리는 또 인간이 아닌 다른 생명체와 교류하고, 아직 멀게만 느껴지는 새와 짐승과 나무와 소통하며, 혹 다른 지성적 존재를 알기를 원한다.[72] 충분히 오래 살아 창조와 예술의 꿈을 실현하고, 이별 없이 사랑하고, 선이 악을 이기는 최종 승리를 보는 것도 원한다.[73] 이야기가 허구인 줄 뻔히 알면서도 이런 열망이 워낙 깊다 보니, 우리는 이야기에 빠져들면서 특유의 만족을 누린다. 잘 구성된 이야기라면 특히 더하다.

이런 이야기가 공감을 얻는 이유는 근본적 실재를 증언해 주기 때문이다. 우리는 성경의 줄거리 즉, 세상이 본래 낙원으로 지어졌으나 지금은 상실됐다는 사실을 직관적으로 이해하고 있다. 허구의 이야기에 우리가 기쁨을 느끼는 데는 이유가 있다. 이야기 안에서 묘사하는 세상 본연의 모습과 우리가 지음받은 목적이 가슴 깊이 느껴지기 때문이다. 현실주의 소설은 이런 목마름을 결코 해갈시켜 주지 못한다고 톨킨은 말했다. 머리로는 그런 지식을 억누른다 해도 상상으로는 아는데, 이야기는 바로 그 마음에 불을 지핀다.

에세이 후기에 톨킨이 충분히 밝혔듯이, 예수 그리스도의 복음은 "모든 허구 이야기의 정수를 담아낸 더 큰 이야기"다.[74] 그가 복음을 허구 이야기에 견주었다 해서 복음이 한낱 전설이라는 뜻은 결코 아니다. 반대로 "이 이야기[만]이 역사와 원초적 세계 속에 실제로 들어왔다."[75] 기쁨을 가져다주고 주문을 걸고 마음을 빚어내는 다른 모든 옛이야기는 이 궁극의 이야기를 드러낼 뿐이다.

왜 그런가? 이 이야기만이 그런 열망을 다 채워 주며 나아가 역사적 사실이기 때문이다. 그 일은 실제로 있었다. 복음의 내용과 의미와 선물을 제대로 이해할진대, "인간에게 사실로 밝혀질 만한 이야기, 수많은 회의론자조차도 자체적 진가를 보고 사실로 받아들인 이야기는 일찍이 없었다."[76]

톨킨에 따르면 짜임새가 좋은 이야기는 하나같이 복음의 맛을 풍긴다. "기적 같은 돌연한 은혜"와 "해방의 기쁨"이 등장해, "이 세상을 초월하는 궁극적 기쁨, 슬픔만큼이나 사무친 그 기쁨을 잠시나마 살짝" 보여 준다.[77] 그런데 복음은 살짝 보여 주는 정도가 아니라 훨씬 그 이상이다. 예수 그리스도의 죽음과 부활은 실제로 있었던 일이다. "이 이야기가 사실이자 최고이기에 예술도 정당성을 얻는다."[78]

예수 그리스도가 정말 죽음에서 부활하셨다면, 또 그분이 정말 하나님의 아들이고, 당신이 그분을 믿는다면 우리의 가장 간절한 열망인 이 모든 일은 마침내 이루어진다. 정말로 우리는 장차 시간과 죽음에서 벗어나고, 이별 없이 사랑하고, 인간이 아닌 존재(이를테면 천사)와 소통하고, 악의 영원한 패퇴를 볼 것이다.

"현실 세상"에서는 우리의 가장 깊은 갈망이 모두 철저하게 저지당한다. 그래서 우리는 허구 이야기를 통해 잠시나마 정서적으로 그런 세상에서 벗어난다. 짜임새 있게 잘 구성된 이야기일수록 더 좋다. 그러나 복음을 믿으면 장차 이 모든 열망이 실제 시간과 공간과 역사에서 현실이 된다.

기독교의 희망, 확실하다

대부분의 종교는 내세를 가르치지만, 대개 우리 쪽에서 종교 규율을 지키며 착하게 살아야 한다는 조건이 붙는다. 그러나 앞서 봤듯이 기독교에서 제시하는 구원은 선물이다. 구원은 착한 사람의 몫이 아니라 자신이 충분히 착하지 못해서 구주가 필요함을 인정하는 사람의 몫이다. 그래서 기독교인은 자신이 영생을 누리기에 합당한 자로 밝혀질지 긴가민가한 상태로 죽음을 맞이하지 않는다. 영생을 누리기에 합당한 이력은 예수님께만 있는데, 우리는 그분을 믿기에 그분 안에서 안전하다.

그리스도를 믿으면 그런 미래를 맞이한다고 어떻게 확신할 수 있을까? 첫 번째 근거는 그리스도의 부활이다. 볼프하르트 판넨베르크(Wolfhart Pannenberg), N. T. 라이트(N. T. Wright) 등의 학자들이 예증했듯이 그분이 부활하셨다는 역사적 증거는 가공할 만하다.[79] (그 증거를 이 책 12장에서 더 살펴볼 것이다.)

희망의 또 다른 근거는 지금 살짝 맛보는 미래의 예고편이다. 기도를 통해 하나님의 사랑을 한순간만 경험해도 우리는 거기에 흠뻑 취한다. "소망이 우리를 부끄럽게 하지 아니함은 우리에게 주신 성령으로 말미암아 하나님의 사랑이 우리 마음에 부은 바 됨이니"(롬 5:5).

이런 이유에서 디트리히 본회퍼(Dietrich Bonhoeffer)는 히틀러를 암살하려고 계획한 죄로 감방에서 처형을 기다리면서도 기독교인의 죽음을 "자유로 가는 길목의 최고의 축제"라 부를 수 있었다.[80] 마찬가지로 그보다 50년 전에 미국의 한 목사는 자신의 묘비명을 이렇게 썼다. "어느 날 신문에 이스트 노스필드의 D. L. 무디(D. L. Moody)의 부고가 실리거든 절대로 믿지 말라. 그 순간 나는 지금보다 더 살아 있을 것이다."[81]

이는 끝없는 어둠을 향해 쥐어지르는 반항의 종주먹이 아니다. 그대로 끝인 줄만 알았던 십자가의 강도처럼 우리에게도 그리스도의 음성이 들려온다. "내가 진실로 네게 이르노니 오늘 네가 나와 함께 낙원에 있으리라"(눅 23:43).

슬픔은 이 기쁨을 더 깊어지고 풍성하게 할 뿐이며, 그러다 결국 기쁨에 완전히 밀려난다. 이것이야말로 희망이다.

9

────── 세속주의, '도덕'의 난제에 빠지다 ──────

선을 추구한다면,
이미 신을 믿고 있는 것이다

○

A. N. 윌슨(A. N. Wilson)은 1970년대 초 옥스퍼드를 졸업한 뒤 성공회 목사가 되려 했다. 그러나 1980년대에 그는 완전히 신앙을 다 잃었고, 무신론자임을 자처하며 *Against Religion: Why We Should Try to Live Without It*(종교를 반박함: 종교 없이 살아야 할 이유)이라는 얇은 책을 썼다.[1] 그는 상까지 타는 전기 작가가 되었으며, 학자로도 활동했다. 그는 옛 동료인 리처드 도킨스와 회동했고, 크리스토퍼 히친스(Christopher Hitchens)와도 식

사 자리를 가졌다. 가장 두드러진 "신흥 무신론자"인 두 사람은 윌슨이 신앙을 버렸다는 말을 듣고 기뻐했다. "이제 신은 절대로 없는 거지요?"라는 히친스의 물음에 윌슨은 "그럼요"라고 자신 있게 답했다.[2]

그런데 몇 년 후에 윌슨은 영국 잡지 〈뉴 스테이츠먼〉(New Statesman)과 〈데일리 메일〉(Daily Mail)에 실린 장편의 두 기사에서 자신이 다시 하나님을 믿는다고 발표해 많은 사람을 충격에 빠뜨렸다. 무엇이 그를 다시 믿음으로 이끌었을까? 여느 회심이나 재회심의 경우처럼 실존적 증거와 이성적 증거가 양쪽 다 묵직하게 쌓인 결과였다. 다만 그에게 설득력 있게 다가온 가지각색의 증거는 주로 한 가지 문제와 관련이 있었다. 바로 현대 세속주의가 좀처럼 정립하지 못하는 도덕적 나침반의 문제다.

"실존적" 증거에는 그가 기독교인에게서 본 도덕적 성품의 힘도 포함됐다. 특히 그가 지목한 대상은 "유명인사나 성인(聖人)이 아니라" 설명할 수 없이 침착하고 용감하게 악과 죽음에 맞선 사람들이었다. 그는 기독교의 "뚜렷하고 놀라운 위력이 인생을 변화시키는" 실상을 봤다.[3]

윌슨은 이성의 힘도 느꼈다. 그는 "유물론적 무신론은 …… 완전히 비이성적이다"라고 딱 잘라 말한 뒤, 그것으로는 사랑이나 예술미나 도덕의 의미를 설명할 수 없다고 덧붙였다.[4] 철저한 세속적 관점의 문제점으로 그는 특히 도덕을 꼽았다. 기사에 보면 그가 신을 불신하는 데서 벗어나게 한 마지막 증거 중 하나는 이렇다. "바그너(Wagner) 일가와 나치 독일에 대한 책을 쓰다가 히틀러의 신다윈주의 광란이 철저하게 모순임을 깨달았다. 반면에 그를 배격하는 논리는 아주 탄탄했는데 대부분이 기독교인에게서 나왔다. 그런데 그들에게 돌아온 대가는 지성의 완승이 아니라

피 흘림이었다. 본회퍼 목사의 책 《윤리학》(*Ethik*, 대한기독교서회 역간)을 읽어 보라. 그러면서 윤리를 순전히 인간이 만들어 낸 구성물로 여기는 사람들이 도대체 어떤 미친 세상을 만들어 냈는지 자문해 보라."[5]

신이 없다면 도덕적 의무가 있을 수 없다

표도르 도스토예프스키(Fyodor Dostoyevsky)도 자기 앞에 놓인 난제 앞에서 윌슨과 같은 심정이었다. "신과 내세가 없다면 …… 무슨 일이든 가능하다. 사람이 못할 일이 없다." 도스토예프스키가 남긴 유명한 말이다.[6] 이 말에 세속적인 사람들은 대부분 심적으로 동요하는데, 그만한 이유가 있다. 신을 믿지 않는 사람이 믿는 사람보다 덜 착하고 덜 도덕적이라는 뜻으로 이 말을 인용할 때가 많기 때문이다.

하지만 그것은 사실이 아니다. 무신론자가 개인으로나 전체로나 남들보다 덜 도덕적이라는 주장은 상식적으로도 맞지 않고, 현실과도 틀리다. 기독교인에게는 그런 말을 의심할 이유가 더 있다. 신약성경에, 모든 인간을 믿음과 무관하게 도덕적 양심을 지닌 존재로 지으셨다고 기록했기 때문이다(롬 2:14-15 참조). 또한 동일한 본문에서 신자를 포함해 모든 인간은 흠 많은 죄인이라고도 기술한다(롬 3:9-12 참조). 이렇듯 기독교 교리에 비추어 보더라도, 신앙이 없는 사람은 착해질 수 없다는 주장이나 암시는 틀렸다.[7]

윌슨과 도스토예프스키도 무신론자가 신자보다 덜 착하고 덜 도덕적이라고 주장하지는 않았다. 그들의 말을 그렇게 해석하면 난제의 요지를 놓친다. 도스토예프스키는 신이 없다면 도덕적 행동을 할 수 없으며 심지어 도덕적 감정조차 없다고 말하지 않았다. 신이 없다면 '도덕적 의무'가 없으므로 무슨 일이든 "가능하다"라고, 즉 허용된다고 말했을 뿐이다. 이 말은 무슨 뜻인가?

"나는 이게 옳다고 생각한다. 그래서 나는 이렇게 행동하겠다." 이 말은 누구나 할 수 있다. 이 경우 내면의 느낌이 바로 "도덕의 근원"이다. 그러나 세속적 현실관대로라면 누구도 남에게 "당신의 느낌과 무관하게 당신의 그 행동은 옳다(또는 틀렸다)"라고 말할 수 없다. 남에게 그렇게 말할 수 있으려면 도덕의 근원이 내면이 아닌 우리 바깥에 있어 우리가 그것을 존중해야만 한다. 전지전능하고 무한히 선한 신이 존재한다면, 신 자신이나 신의 법이 그런 도덕의 근원이 될 수 있다. 그러나 신이 존재하지 않으면 큰 문제가 생긴다. 우리 내면의 느낌과 직관 바깥에 대안이 될 만한 도덕의 근원이 없어 보이기 때문이다. 그러므로 신이 없어도 도덕적 감정과 확신은 있을 수 있지만, 도덕적 의무(느낌과 무관하게 객관적으로 존재하는 도덕적 "사실")는 있을 수 없다.

무신론자 작가인 줄리언 바지니도 이 난제에 선뜻 동의했다. 우선 그는 "신 없는 삶이 도덕적일 수 없다고 비난하는 데에 무신론자들이 첨예하게 맞서는 것은 아주 정당하다"라고 썼다. 그러나 이어 인정하기를 "신앙인에게는 적어도 어떤 기본 신념이 있다. 그리고 그것은 도덕의 실재성과 궁극적 승리를 믿을 근거로 작용한다. 그러나 무신론자의 우주에는 도덕을 실재라고 믿을 분명하고 설득력 있는 근거가 없기에 …… 도덕

을 배척할 수 있으며, 이따금씩 실제로 도덕을 배척한다"라고 했다.[8]

물론 세속적인 사람들이 다음 사실을 인정한다면 이것은 전혀 난제가 못 된다. 즉 도덕적 의무란 존재하지 않고, 모든 도덕적 직관은 주관적이며, 각자의 느낌과 무관하게 객관적으로 옳거나 그른 행동은 없다고 말이다. 하지만 실제로 그렇게 믿는 사람은 사실상 없다. 도덕적 사실이 존재하지 않는다고 생각하는 사람은 없다. 그래서 도덕은 세속적 관점이 안고 있는 중대한 이성적 난제다.

그러나 공정하게 말하자면 도덕은 신자에게도 문제다. 다만 방식만 크게 다를 뿐이다. 누군가가 말했듯이 도덕의 근원이 세속주의의 경우는 너무 약한 반면, 신앙인의 경우는 종종 너무 강해 보인다. 신앙인은 신이 정한 도덕 진리를 선포해 놓고는 그것으로 남을 모질게 대하거나 배제하거나 노골적으로 학대했다. 이렇듯 도덕이 종교 신자의 손에 들리면 무서워질 수 있다.

이번 장에서는 우선 세속적인 사람들의 도덕 문제를 알아보고, 신자의 문제는 10장에서 따로 더 살펴볼 것이다. 그때 보겠지만 신에게서 기원한 절대 도덕을 믿으면 종교가 압제 세력으로 변할 때가 많다.

정신분열증에 걸린 현대 도덕

지금의 서구 사회는 역사상 가장 도덕적인 문화 중 하나라 할 수 있다. 과거에 비해 지금은 어느 인생이든 중히 여긴다. "오늘 우리 시대에는 이전 어느 때보다도 더 사람 간의 연대와 자비가 절실하다. 전에는 문밖의 타인을 향해 이렇게 일관되고 체계적이고 당연하게 멀리까지 손을 내밀지 않아도 됐다." 게다가 보편적 자비에 보편적 정의까지 요구한다. "우리는 평등이라는 이념을 지키려고 날로 더 넓은 계층의 사람을 포용해야 하고, 날로 더 많은 부류의 간극을 이어 주며, 우리 삶에 날로 더 많은 영향을 미친다."[9]

그러나 "왜 이런 식으로 살아야 하는가? 왜 평등을 지지하고, 왜 권리를 수호하며, 왜 희생을 무릅쓰면서까지 빈민을 도와야 하는가?"라고 묻는다면, 오늘날의 문화 관련 제도와 기관들은 아무런 답도 내놓을 수 없다. 이전의 모든 사회에서는 경전, 고대 전통, 현인의 지혜에서 우리가 마땅히 그래야 하는 도덕적 원리를 제시했다. 그 모두에 우주의 도덕 질서가 밝혀져 있었다.

반면에 이 시대 세속적인 사람들의 도덕은 "자체적으로 정해진다."[10] 이제 모든 도덕은 각자 선택하거나 혹은 동일 문화권의 집단이 선택해야 한다. 안타까운 것은, 둘 중 어느 경우도 "바깥 어딘가에" 우리가 객관적으로 발견하고 수용해야 할 도덕적 사실이 존재하지 않는다는 것이다. 도덕적 헌신은 우리가 만들어 내는 것이며, 찰스 테일러의 말처럼 우리는 스스로 "의미의 입법자"가 되어야 한다. 이런 면에서 우리는 독특하다. "생활 규범을 자체적 권위로 제정한다는 주장"은 역사상 어느 사회에도 없었다.[11]

이런 현상은 일종의 지적인 정신분열증을 낳았다. 앞서 봤듯이 가치가 개인의 산물이라면 남에게 왜 굳이 이를 받아들이라고 요구한단 말인가? 또는 가치가 집단의 산물이라면 어떻게 이를 다른 문화에 권유할 수 있는가? 하지만 우리는 불가피하고도 강경하게 늘 그런 일을 한다. 토론토대학교 마리 루티(Mari Ruti) 교수는 이렇게 썼다. "내가 믿기로 가치란 신이 내린 게 아니라 사회적 구성물이다. …… 그럼에도 나는 성차별이 인종차별보다 조금이라도 더 옹호될 수 있다고 보지 않는다. 성차별을 불의로 보지 않고 특정 문화의 '관습'으로 일축하려는 집요한 시도는 잘못이다."[12]

보다시피 처음에 그녀는 이 시대를 살고 있는 세속적인 사람으로서 말한다. 모든 도덕 가치는 신에게서 기원한 게 아니라 인간이 만들어 낸 사회적 구성물이라는 것이다. 하지만 그때 그녀에게 반론이 들려온다. 그렇다면 성 평등도 문화적으로 구성된 서구의 관습에 불과하므로, 이를 촉구하는 그녀의 말도 들을 필요가 없다는 반론이다. 그러자 그녀는 아니라고 극구 반박한다. 성 평등은 어느 문화에서나 존중받아야 할 보편 도덕규범이라는 것이다. 하지만 어떻게 그럴 수 있는가? 모든 도덕이 사람마다 다르거나 사회적 구성물이라면, 어떻게 어느 한 옳고 그름의 진술이 만인에게 참일 수 있는가? 루티의 말은 사실상 이런 것이다. "당신의 도덕 가치는 사회적 구성물일 뿐이지만 내 도덕 가치는 그렇지 않으므로 만인에게 참이다." 이처럼 스스로 정당화하는 자기모순의 태도가 오늘날 세속적 문화에 만연해 있다.

이는 테일러가 말한 "지독한 형용모순에 빠진 …… 현대 문화"의 단적인 예다. 이런 문화는 "도덕적 입장이란 결코 이성이나 순리에 기초하지 않고 결국 각자가 마음에 끌리는 대로 정하기 나름"이라는 관점에서 비롯된다.[13] 오늘날에는 도덕적 주장을 정당화할 방도도 없고, 그 주장에 동의하지 않는 사람과 대화할 방도도 없다. 더 큰 목소리로 상대를 제압하는 수밖에 없다.

이런 정신분열증은 학계에만 존재하는 게 아니다.[14] 이제 그것이 만연하며 특히 청년들의 일상생활이 그렇다. 사회학자 크리스천 스미스(Christian Smith)의 연구 결과에 따르면 미국 청년의 도덕관은 두 가지인데, 그 둘이 팽팽한 긴장을 이루거나 심지어 서로 모순된다.

그들 대부분은 불변의 절대 도덕을 믿지 않는 상대주의자다.[15] 그럼에도 그들은 많은 도덕적 확신을 철석같이 품고 있으며, 남들도 이를 존중해야 한다고 주장한다. 특정 행동이 도덕적인지 여부를 어떻게 아느냐고 물으면 대부분은 "어떤 상황에서든 무엇이 옳고 그른지 …… 자동으로 안다"라고 답했다.[16] 특정 행동을 해야 하는지 여부를 남에게 어떻게 설명할 것이냐는 물음에도 그들은 무엇이 옳고 그른지 "누구나 이미 안다"라고 자꾸 우겼다.[17] 하지만 만인에게 명백히 당연한 일련의 도덕 가치란 존재하지 않는다.

다시 말하지만 그런 이유로 이 시대의 세속적인 사람들은 다음과 같은 입장에 빠진다. 남의 도덕은 사회적 구성물이라고 우기면서 마치 자신의 도덕만은 그렇지 않다는 듯 남을 대하는 것이다. 우리는 이론상으로는 상대주의자이지만, 이견을 품은 사람들과 실제로 교류하는 방식을 보면 절대주의자다. 우리 문화에 양극화가 점증하는 것도 바로 이런 정신분열증 때문이다.

우리 교회에 공립학교 교사로 재직중인 한 여성이 다닌다. 그녀는 학교에서 쓰는 "인성 교육" 커리큘럼 때문에 너무 답답하다고 말했다. 내용상으로는 정의, 재물에 대한 이타심, 진실한 말 같은 도덕 가치를 가르치도록 되어 있었다. 하지만 그 어느 가치를 가르칠 때든 종교적 근거를 끌어들여서는 안 된다고 교사용 지침서에 엄격히 금지되어 있었다.

언뜻 보기에는 일리가 있어 보였다. 하지만 실제 결과를 보면 학생들이 "왜요?"라고 물을 때마다 그녀는 어떤 답도 줄 수가 없었다. 어떻게 대답하든 금지된 영역으로 넘어갈 수밖에 없었기 때문이다. "어떤 일은 그냥 옳고 어떤 일은 악하기 때문이다"라고 답한다면 "그걸 누가 정하는데요?"라는 질문으로 이어질 것이다. "절대 도덕이 없는 상황에서 그게 사회에 실용적이라서 그렇다"라고 답해도 역시 종교나 철학의 영역으로 넘어간다.

결론적으로 신과 인간 본성과 도덕과 삶의 의미에 대한 신념을 끌어들이지 않으면서 도덕 가치를 가르치려면, 그냥 일련의 가치관을 아무런 근거도 없이 가르치는 수밖에 없었다. "학생들의 가장 기본적인 질문인 '왜요?'에 도저히 답할 수가 없습니다. 가치관이 허공에 붕 뜬 것처럼 근거가 없어야 하니까요."[18]

사회과학의 실패

세속 사회에서 공동으로 동의할 수 있는 도덕의 근원을 찾으려면 어디로 가야 할까? 사회과학에 의지하면 될까? 그것도 답이 아니다.

예일대학교 사회학자 필립 고스키(Philip Gorski)는 최근에 "사회과학은 윤리 생활의 만족스런 이론을 개발하지 못했다. …… 그래서 인간이 왜 끊임없이 판단하고 평가하는지를 설명하지 못한다"라고 썼다. 그는 사회 과학자가 종교에 의지하지 않고 도덕을 설명하려고 내놓는 이론을 주로 두 가지로 봤다.

우선 인간의 도덕적 확신을 진화의 산물로 보는 부류가 있다. 희생 적 사랑이 옳다고 느꼈던 조상들은 동일한 도덕적 느낌이 없었던 조상들 에 비해 생존율이 높았다. 그래서 전자의 느낌이 지금까지 우리 모두에게 전수됐다. 고스키는 이 이론을 불충분하다고 일축했다. 다른 많은 사람 처럼 그도 이런 의문이 들었다. 현재 우리가 칭송하는 자기희생이 어떻게 생존율을 높이는 특성이 될 수 있었단 말인가? 특히 자기 집안이나 부족 이나 민족 바깥의 사람을 위한 희생은 더 말할 것도 없다. 그뿐 아니라 고 스키가 지적한 것처럼 이 이론으로 설명되지 않는 게 또 있다. 일부 선조 에게 "애초에 도덕적 느낌"[특정 행동에 대한 "당위" 의식]이 있었던 이유는 무엇 인가?[19]

이어 그는 더 영향력 있는 이론인 "문화상대주의와 사회구성주의" 로 넘어간다. 내용은 이런 식이다. "옛날에 우리는 보편 도덕이 있다고 생 각했다. …… 나중에 알고 보니 …… 한 문화에서 금지된 사항을 다른 문 화에서는 오히려 권장할 수도 있다. …… 별이 총총한 저 하늘에는 고사 하고 우리 안에도 [우주적] 도덕법이란 존재하지 않음을 우리는 깨달았다. …… 모든 [도덕]법은 결국 자의적이라는 결론에 도달했다. 도덕법은 신이 나 인간의 이성의 산물이 아니라 권력의 산물이다."[20]

이 이론이 가장 "지성적으로 만족스럽다"라는 점은 고스키도 인정한다. 이 이론은 세속적 유물론 세계관과 맞아들고, 진화론에 비해 도덕이 더 우리의 자체 소관이라는 느낌을 준다. 그러나 결국은 둘 중 어느 이론으로 보든, 유전자나 문화나 감정에 상관없이 또는 생존이나 사회에 실용적인지 여부와 관계없이, 어떤 행동은 그냥 악한 것같이 "도덕적 사실"이 존재한다는 우리 느낌은 환영에 불과하다. 생물학이나 사회가 우리를 그렇게 속여 온 것이다. 논의의 취지상 이타적 사랑의 행위가 선조의 생존에 일조했고, 그 결과 그런 행동을 선하게 느끼는 화학 작용이 지금까지 우리 뇌에 새겨졌다고 하자. 그런 행동이 과거에 실용적이었다고 해서 지금까지도 우리가 따라야 할 도덕적 의무(단지 느낌이 아니라)가 되는가? 물론 아니다.

그러므로 진화론에도 구성주의 이론에도 도덕의 객관적 절대 기준이나 사실이나 의무는 들어설 여지가 없다. 그 두 이론대로라면 설령 살인과 강간을 악으로 느낀다 해도, 그 이유는 순전히 이런 행동이 우리의 물리적 생존이든 사회의 안녕이든 이기적 이해관계에 비실용적이라서 그렇다는 뜻이 된다. 그러나 그런 행동이 진짜 "악"이 되려면, 생물학적으로나 사회적으로 우리에게 주입된 느낌 외에 도덕의 외부 근원이 있어야만 한다.

어떤 사상가는 진화나 문화에서 비롯된 내면의 도덕적 직관이 의무까지 생성한다고 주장하지만, 이는 사실이 아니다. 데이비드 벤틀리 하트(David Bentley Hart)가 썼듯이, 유전적으로 주입된 욕망에 저항하기 힘들 수는 있으나, 꼭 저항해야만 할 의무를 생성하는 요인은 없다. 결국 "과거에

종(種) 전체에 유전적으로 유익했던 무엇이 현재의 개인에게는 딱히 유익하지 않을 수도 있다." "도덕이 개인의 이해관계를 초월하는 영적 의무가 아니라 정말 득실의 문제라면," 윤리 지침도 "다른 실용 도구처럼 각자 취사선택하기 나름이 된다."[21]

진화론자의 견해로 보든 해석주의자의 견해로 보든, 아무런 뒷탈만 없다면 무엇이든 자기 욕심대로 행하지 못할 이유가 없다. 옳고 그름을 가릴 방도가 아예 없으므로 시도조차 해서는 안 된다.[22]

그러나 고스키가 예리하게 지적했듯이, 이 두 이론의 문제점은 아무도 실제로 그렇게 믿지 않는다는 데 있다. 그렇게 믿는다고 주장하는 사람조차도 마찬가지다. 그는 "우리의 상대주의는 결코 그 이론이 요구하는 것만큼 철저하지 못하다. 오늘날 유태인 대학살을 악이 아니라고 말할 사람이 누가 있겠는가?"라고 썼다.[23] 니콜라스 월터스토프(Nicholas Wolterstorff)도 같은 생각에서 이렇게 덧붙였다. "[도덕을 상대주의라고] 생각하고 말하는 사람은 거의 언제나 안락한 삶을 특권처럼 누리는 부류다. …… 당신이 고문당하고 있다고 상상해 보라. 그래도 그런 견해에 마음이 끌리겠는가?"[24] 진화론과 구성주의에서는 유전된 느낌이나 문화 규범과 무관하게 그 자체로 잘못인 "악한" 행동의 범주를 허용하지 않는다. 하지만 두 이론을 옹호하는 사람치고 실제로 그게 허용되지 않은 것처럼 살아갈 수 있는 사람은 아무도 없다.

고스키는 "인간은 일상생활에서 완전히 상대주의자가 될 수는 없다"라고 결론지었다.[25] 그러면서 학계의 사회과학자를 예로 들었다. 그들은 이론상으로는 상대주의자이지만, 다른 과학자의 "자료 조작"에는 도덕적으로 격노한다. 마리 루티처럼 그들도 남의 가치관은 사회적 구성물이라고 주장하면서 어쩔 수 없이 자신의 가치관만은 그렇지 않다는 듯이 행동한다.

세속적 관점의 도덕에도 동화 《벌거벗은 임금님》(*The Emperor Has No Clothes*)과 똑같은 제목을 붙여 줄 수 있다. 그럴 만한 정당한 이유가 있다. 예일대학교 법학교수 아서 레프(Arthur Leff)가 지적했듯이, 로버트 노직(Robert Nozick)의 영향력 있는 책 《아나키에서 유토피아로》(*Anarchy, State, and Utopia*, 문학과지성사 역간)는 이런 말로 시작한다. "인간 개개인은 권리가 있어 어떤 사람이나 집단도 이를 침해할 수 없다."[26] 이 첫 문장은 널리 칭송받았다. 그러나 레프가 지적했듯이 이는 논증이 아니라 주장일 뿐이다. 모든 도덕이 문화마다 상대적이거나 진화생물학의 산물에 불과하다면 어떻게 그런 절대적 단언이 가능한가? 예컨대 비서구인이 서구의 인권 개념을 받아들여야 할 이유가 무엇인가?

고스키가 제대로 봤다. 이는 이론이 실패했다는 증거다. 말로는 도덕의 객관적 사실이 없다고 믿는다는 사람도 다음 순간에 속내를 드러낸다. 즉 가장 깊은 차원의 직관으로는 그들도 도덕적 사실이 존재함을 안다. 이렇듯 진화론도 해석주의도 인간이 옳고 그름을 판단하며 살아가는 지극히 일상적인 방식을 설명하지 못한다. 둘 중 어느 쪽도 성공하지 못한 것이다. 지금도 세속주의는 신이 없다면 왜 도덕적 의무가 존재하는지 초보적 설명조차 내놓지 못한다.

현대 문화는 도덕적 신념 면에서 정신분열증에 걸려 있고, 신념을 자녀에게 물려 줄 확실한 방도가 없으며, 그런 신념이 우리에게 있는 이유조차 제대로 설명하지 못한다. 현대인은 말로는 절대적 도덕 가치를 믿지 않는다지만 실제로는 그런 가치를 전제하지 않고는 살아갈 수 없다. 그런데도 그들은 자기가 그렇게 살아가고 있음을 부인한다. 이런 유례없는 상황이 대체 어떻게 생겨났는가?

우리는 어쩌다 여기까지 왔는가

1958년에 옥스퍼드의 철학자 엘리자베스 앤스컴(Elizabeth Anscombe)은 "현대 도덕 철학"이라는 아주 영향력 있는 논문을 썼다.[27] 그녀에 따르면 과거에는 도덕을 진술할 때 필요한 "당위"의 근거를 신의 뜻이나 우주 질서에 두었다. 인간은 자신을 피조물이나 적어도 그런 영적 질서의 소산으로 여겼으므로, 그 질서를 존중할 의무가 있었다. 그러나 오늘 우리는 도덕의 근거를 신이나 우주의 절대 도덕에 둘 마음이 더는 없다. 그렇다면 지금은 특정한 방식으로 살아야 한다는 의무감이 어디서 올까? 내 도덕적 느낌을 공유하지도 않은 사람이 의무처럼 거기에 따라야 할 이유는 무엇인가?

앤스컴은 세속의 답변들을 두루 살펴봤으나 하나같이 부실했다.[28] 앤스컴의 결론은 인상적이다. 당위를 정당화할 길이 더는 없으므로 현대인은 "당위"라는 단어를 아예 폐기해야 한다는 것이다. 남과 대화할 때 그 단어를 쓰면, 우리 바깥에 도덕 기준이 있어 양쪽 다 그 기준을 지킬 의무가 있다는 인상을 풍긴다. 그런 규범이나 법이 있다고 믿지 않으면, 당신의 말은 실제로 이런 뜻이다. '내 느낌에 이건 잘못이다. 네가 네 느낌보다 내 느낌을 따랐으면 좋겠다.'[29] 물론 이 표현은 '너는 이렇게 할 당위가 있다' 라는 표현보다 권위가 훨씬 덜하다. 하지만 앤스컴은 오늘날 가장 정직한 말하기 법은 전자뿐이라고 밝힌다.

그녀는 또 이렇게 썼다. "도덕적 의무, 도덕적 본분, 도덕적 옳고 그름, 도덕적 '당위' 의식 …… 등의 개념은 다 버려야 한다. …… 더는 대체로 살아남지 못할 과거 윤리관의 잔존물이거나 그 파생물이기 때문이다. 과거의 윤리관 없이 그런 개념만 있으면 오히려 해로울 뿐이다."[30]

앤스컴의 저작물을 토대로 철학자 알래스데어 매킨타이어(Alasdair MacIntyre)는 그녀가 기술한 바 우리를 오늘 이 자리에 이르게 한 역사적 과정을 짚어 냈다.[31] 그에 따르면 고대 그리스 철학자와 중세 기독교 사상가는 도덕이 인간을 어떤 목표점으로 인도한다고 봤다. "윤리의 전체 취지는 …… 사람을 현 상태에서 자신의 진정한 목표로 능히 나아가게 하는 것이다."[32] 이것은 목적(telos)의 개념이다. 인간의 목적을 기술하려면 '우리는 무엇을 위해 존재하는가?'라는 물음에 답해야 한다.

우리의 목적은 무엇인가? 그런데 18세기 계몽주의 사상가는 고대 전통이나 신의 계시가 없이, 인간의 이성과 과학만으로도 세상을 이해하고 제대로 살아가는 데 필요한 지식을 얻을 수 있다는 신념에 천착했다. '인간은 무엇을 위해 존재하는가?'라는 물음에 답하려면 신이나 신적 계시나 영적 우주 질서에 대한 신념이 필요했다. 그런데 과학이나 이성만으로는 이를 확인할 수 없었기에, 계몽주의는 인간의 목적이나 "인간성의 본질에 대한 모든 개념"을 거부했다.[33]

그리하여 근대 사상가는 인류의 목적을 다룬 개념을 모두 배제한 채로 도덕과 윤리 규정의 기초를 정하려 했다. 흄과 칸트와 키에르케고르 등이 객관적 도덕 주장을 옹호하려 해 봤지만 다 실패했다. 그래서 오늘날 우리 사회는 도덕 담론에서 타협 불능으로 양극화된 대체 우주들로 갈라져 있으며, 그중 어느 쪽도 다른 쪽을 조금도 설복시키지 못한다.[34]

매킨타이어의 논증은 계몽주의 도덕 기획이 실패했다는 정도가 아니라 실패할 수밖에 없었다는 것이다. 그 이유가 무엇인가? 뭔가를 도덕적으로 판단하려면 그 대상의 주어진 목적을 살펴보지 않고는 불가능하다.[35] 이를 증명하고자 매킨타이어는 회중시계를 예로 들었다. 시계가 "심히 부정확해서 시간이 들쭉날쭉하다"라는 불평이 나온다면 "이 시계는 나쁘다"라는 결론이 정당하다.[36] 그러나 시계를 고양이에게 던져 잘 명중하지 않는다는 이유로 그 시계가 나쁘다고 말하는 사람은 없다.[37] 왜 그런가? 시계가 왜 존재하는지 우리가 알기 때문이다.

시계는 고양이나 무엇을 맞추려고 있는 게 아니라 시간을 알려 주는 도구다. 그 목적을 수행하면 좋은 시계고 그렇지 못하면 나쁜 시계다. 그런데 논의의 취지상 시계가 무엇이고 무엇을 위해 존재하는지 전혀 모르는 사람이 시계를 처음 봤다고 하자. 그는 시계가 좋은지 나쁜지 판정할 방도가 없다.

사물이나 사람이 좋거나 나쁘다는 모든 판단은 목적을 아는 데 기초해 있다. 목적이 무엇인지 알면 그 대상에 대한 도덕적 평가는 사실적 진술이다. 우리의 개인적 호불호와 무관하게 존재하는 진실이다. 당신이 나름의 이유를 가지고 어떤 시계를 좋아하지 않을 수도 있으나, 좋은 시계라면 좋은 시계라고 인정해야 한다. 농부의 목적은 땅에서 소출을 내는 데 있다. 그런데 해마다 아무런 수확도 없는 농부가 있다면 그는 미숙한 농부다. 우리가 그 사람을 개인적으로 얼마나 좋아하든 관계없다. 대상의 목적을 전혀 모르는 사람이 그 대상에 대해 '좋다'거나 '나쁘다'고 하는 말은 모두 철저히 주관적이며, 순전히 내면의 선호에 기초한 것이다.

그렇다면 인간의 선과 악은 어떻게 가릴 수 있을까? 역시 인간의 목적을 알아야만 가능하다. 인생은 무엇을 위해 존재하는가? 이 물음의 답을 모르면 인간의 행동이 선한지 악한지 결코 판정할 수 없다. 세속적 관점대로 우리가 목적을 위해 지음받은 존재가 아니라면 도덕적 선악을 논하려는 것 자체가 헛일이다.[38]

이렇듯 세속적 관점의 도덕에는 심각한 문제가 있다. 인간의 목적을 전혀 알 수 없으므로 특정 행동이 '선하다'거나 '악하다'는 말은 다 주관적이며 결코 사실 진술이 아니다. 그러므로 논쟁에 결론이 날 수 없고 끝없는 싸움뿐이다.

옳고 그름도, 선악도 원래 존재하지 않는다?

이쯤에서 많은 독자는 상황이 내가 제시한 것만큼 암담하지는 않다고 반론을 펼 수 있다. 도덕적 의무가 내가 말한 것만큼 세속적 관점에 난공불락의 문제를 야기하지는 않는다고 말이다. 그동안 세속적인 사상가들은 이런 주장을 두 가지 방식으로 피력해 왔다.

첫째 접근은 도덕적 의무가 아예 존재하지 않으며, 옳고 그름이나 선악도 실제로 없다고 주장한다. 대다수 사람이 이를 선뜻 받아들이려 하지 않는데도 말이다. 고스키는 이런 입장을 취하려는 사람이 별로 없다고 했지만, 크리스천 스미스가 미국 청년을 상대로 조사한 결과 그렇게 드물지도 않았다. 그에 따르면 "도덕적 상대주의가 강한" 사람이 30퍼센트에 달했는데, 이는 만인에게 참인 명백한 옳고 그름이 없다는 입장이다.[39] 한 젊은 여성은 절대적 "극악"이라 할 만한 테러 행위가 존재하느냐는 물음에 그렇지 않다며 이렇게 말했다.

> 테러리스트가 왜 그러는지는 나도 모른다. 그들에게는 악이 아니다. …… 그들 나름대로 자기가 할 수 있는 최선의 일을 하니까 선행이다. 최근에 친구와 이런 문제로 대화했는데, 그녀는 "하지만 그들은 수많은 사람을 죽이니까 그것만으로도 악이지"라고 말했다. 그래서 나는 "하지만 수많은 사람을 살상하는 게 정말 악이라는 개념이 있어?"라고 되물었다. 그런 말의 뜻부터가 대체 무엇인가? 그러니까 이렇게 말할 수 있다. 테러리스트들은 …… 많은 사람을 죽이는 일이 괜찮고 필요하며 정말 중요하다고 가르치는 문화에 태어났다.[40]

이 길을 간 가장 유명한 사상가는 니체였다. 그는 신이 없으므로 "도덕적 사실도 전혀 있을 수 없다"라고 말했다.[41] 인간을 결코 수단이 아니라 목적 자체로 대해야 한다는 칸트의 정언명령을 니체는 자명하지도 않고 논리적 결론도 아니라고 (제대로) 반박했다. 기독교적 관점을 슬쩍 도용하는 일이라는 것이다.[42] 마찬가지로 니체는 공리주의도 비웃었다. 공리주의에 따르면 "최대 다수의 최대 행복"에 기여하는 행동은 다 도덕적이다. 어떻게 자신에게 돌아올 보상이라는 이기적 동기에 궁극적으로 호소해, 인간에게서 이타적 사랑의 행위를 불러일으킬 수 있는가?[43]

니체처럼 도덕적 사실이란 없으며, 따라서 결국 선악도 없다는 신념을 품은 부류는 우리 시대에도 있다. J. L. 맥키(J. L. Mackie)는 《윤리학: 옳고 그름의 탐구》(*Ethics: Inventing Right and Wrong*, 서광사 역간)에 도덕의 객관적 사실은 과학으로 그 존재가 입증될 수 없기에 존재하지 않거나, 적어도 우리가 그것을 믿어서는 안 된다고 잘라 말했다.[44]

이 부류 사상가의 결론인즉, 선악이 없다는 말이 무슨 문제냐는 것이다. 그냥 그렇게 말하고 쭉 살아가라. 하지만 정말 문제가 있다. 맥키도 결국은 사회가 돌아가려면 도덕이 필요함을 인정했다. 또 도덕이 동기로 작용하려면 도덕의 객관적 사실이 존재한다고 우리가 (잘못) 믿어야만 함도 인정했다. 그러면서 최종 결론은, 사람들이 최고 기량을 발휘하려면 맥키 자신이 참이라고 가르치는 바를 그들이 믿지 말아야 한다고 했다![45] 하지만 이것을 사람들에게 현실적으로 받아들여질 만한 세계관으로 보기는 어렵다.

누구를 향해 도덕적 책임을 지는가

세속적인 사상가들이 취하는 둘째 접근은 도덕적 의무를 그냥 "주어진 사실"로 치부하는 것이다. 한번은 우리 교회 회의론자 모임이 끝난 후에 어떤 남자가 내게 다가와 말했다. "나는 무신론자이지만 상대주의자는 절대로 아닙니다. 살인, 인종차별, 빈민 착취, 거짓말, 속임수 따위는 언제 어디서 누가 하든 다 악입니다." 신이 없다면서 왜 그렇게 생각하느냐고 물어 봤다. "나무가 보이면 나무인 줄 알지요. 나무는 그냥 존재할 뿐, 신이 존재한다는 증거는 아닙니다. 선과 악도 보이니까 알 수밖에요. 이 또한 그냥 존재할 뿐, 신이 존재한다는 증거는 아닙니다."

이 사람은 수많은 세속적 사상가들의 길을 따르고 있다. 도덕적 의무가 실존하며 이 의무는 단지 진화나 문화가 생존 능력을 키워 주려고 우리 안에 주입한 감정일 수 없음을 그들도 인정한다. 선을 행하고 악을 삼가려는 참된 의무감은 진화나 문화에서 생성될 수 없다. 그들은 "도덕의 객관적 사실은 그냥 존재한다. 숲과 산이 그냥 존재하는 것과 같다. 하지만 그게 신이 존재한다는 증거는 아니다"라고 말한다.

이 견해의 지지자로 잘 알려진 인물은 로널드 드워킨(Ronald Dworkin)이다. 어느 글에 그는 독자들에게 "우리는 잘 살아야 할 **책임**이 있으며, 잘 산다는 말은 즐겁기만 한 삶이 아니라 선한 삶을 창출한다는 뜻이다"라고 역설했다.[46] 드워킨은 도덕이 상대적이거나 그저 실용적인 사익의 문제라는 개념을 배격했다. 그러면서 "누구를 향해 책임을 지느냐는 물음이 가능하다"라며 정당한 의문을 제기했다. 답을 찾다가 그는 "책임을 지운 대상이 우리 자신이라는 답은 틀렸다"라고 말했다. 책임을 지운 대상은 우리의 책임을 면제해 줄 수 있는데, 도덕적으로 선하게 살아갈 의무를 "우리 스스로 면제받을 수는 없기" 때문이다. 그렇다면 우리에게 책임을 맡긴 대상은 누구인가? 드워킨은 결국 답하기를, 우리는 "자의식을 지닌 생명체로 존재한다는 사실만으로" 선하게 살아갈 "책임"이 있다고 했다.[47]

도덕 문제에 대한 드워킨의 정직한 씨름은 훌륭하지만 결국 신비를 더 깊어지게 할 뿐이다. 그 자신도 인정했듯이 의무나 책임은 인격적 관계 안에서만 성립된다. 그래서 그는 "무엇을 향해 책임을 지는가?"라고 묻지 않고 "누구를 향해 책임을 지는가?"라고 물었다. 특정 방식의 삶을 우리에게 요구할 권리와 권한을 지닌 인격체가 없고서야 어떻게 도덕적 의무가 존재할 수 있겠는가? 그러니 신적 인격체가 존재할지도 모른다. 도덕적으로 살아가야 할 의무의 대상은 바로 우리 마음의 심연에 지각되는 그분일지도 모른다.

그날 밤 내게 다가온 남자에게도 그렇게 답해 줬다. 그가 지각한 대상이 나무의 경우에는 물체였지만, 선을 행하고 악을 삼가야 할 의무의 경우에는 관계라는 말도 했다. "악을 삼가야 할 책임을 느낀다고 하셨는데, 누구를 향해 그 책임을 지는 겁니까?" 그는 책임을 준 대상이 타인이나 자신이라고 답했다. 내가 그 답에 대한 드워킨의 논박을 제시했더니 그는 생각해 보겠노라고 했다.

이어 나는 의무란 사물과의 관계에서가 아니라 인격체와의 관계에서만 생겨난다고 말했다. 문화와 생물학보다 상위에 실존하는 절대 도덕은 만유의 배후에 절대적 인격체가 존재함을 암시한다. "나무를 눈으로 지각하셨지요. 그렇다면 하나 생각해 보실 게 있습니다. 당신의 도덕적 직관은 당신을 지으신 분과의 관계와 그분이 주신 책임을 지각하고 있습니다."

데이비드 벤틀리 하트는 이렇게까지 말했다. "신을 명백히 믿어야만 사람이 선해지는 것은 결코 아니지만, 이것만은 틀림없는 사실이다. …… 선을 추구한다면 본인이 원하든 원치 않든 이미 신을 믿고 있는 것이다."[48]

신의 존재를 증명하는 도덕 논증

지금까지 우리는 이른바 "신의 존재를 증명하는 도덕 논증"의 노선을 따라왔다. 신의 존재를 증명하는 모든 고전적 논증처럼, 도덕 논증에도 많은 종류와 형태가 있다.[49] 그러나 가장 기본적인 형태를 두 개의 전제와 하나의 결론으로 제시할 수 있다.

> **전제 1** 객관적으로 구속력 있는 도덕적 의무가 존재한다면 신도 존재한다.
> **전제 2** 객관적으로 구속력 있는 도덕적 의무가 존재한다.
> **결론** 그러므로 신은 존재한다.[50]

이것은 신이 존재한다는 확실하고 빈틈없는 증거일까? 아니다. 왜 아닐까? 앞서 봤듯이 이 두 전제를 부정할 수 있다. 드워킨과 맥키가 각각 전제 1과 전제 2를 부정했다. 하지만 그 두 입장에는 여러 심각한 난점이 있다. 필연적으로 우리는 객관적 선악의 실재를 지각할 뿐 아니라, 선을 행하고 악을 물리쳐야 한다는 지속적이고 포괄적이고 인격적인 의무까지 지각한다. 그 이유는 결국 무엇인가? 책임을 부여한 신적 인격체가 존재하지 않는다면 말이다.

철학자 조지 매브로즈(George Mavrodes)는 도덕적 의무의 실재가 신의 존재를 증명하지는 못할지라도 아주 강력한 증거라고 했다. 그는 세 종류의 우주를 개괄했다. 세속적 우주가 있고, 이데아라는 초자연 영역이 존재하는 플라톤의 우주가 있고, 도덕적으로 선한 창조주 신이 존재하는 전통적 우주가 있다. 이어 그는 도덕적 사실이나 의무가 예상되는 세계는 그중 무엇이냐고 물었다. 답은 세속적 우주에서는 그것을 예상할 수 없지만, 플라톤의 세계나 기독교의 세계에서는 예상 가능하다는 것이다. 이론 물리학에서 당신이 수립한 어떤 이론이 있는데, 그 이론에서 예상한 것과 다른 새로운 현상이 관찰됐다고 하자. 이때 당신은 "그 현상은 내 관심 밖이다. 그냥 내 이론을 악착같이 고수하겠다"라고 말하지 않는다. 오히려 당신의 이론이 틀렸고 다른 이론이 실재에 더 부합할 수 있다는 가능성에 최소한 마음을 열어 둔다.[51]

매브로즈는 세속적 사상가들이 다음 사실을 인정해야 한다고 결론지었다. 즉 그들이 도덕적 사실과 의무를 믿는다면, 그 두 가지는 신과 초월 세계가 부재하는 세계에서보다 존재하는 세계에서 훨씬 더 말이 된다.[52] 그들은 자기네 세계관 이론으로는 인생의 가장 지울 수 없는 핵심 요소 중 하나인 도덕을 설명할 수 없음을 깨달아야 한다. 그리하여 다른 세계관 이론이 실재에 더 부합할 수 있다는 가능성에 마음을 열어야 한다.[53]

지난 세월 나의 많은 세속적 친구들과 대화 상대들이 바로 이 주제에서 자신의 관점에 좀 무리가 있다고 느꼈을 것이다. 그동안 나는 기독교 신앙 쪽으로 옮겨 간 회의론자를 많이 봤는데, 그중 대부분은 나중에 내게 이런 말을 했다. 자신의 관점이 자기가 살고 있는 실제 세상에 정말 부합하는지 처음 의문이 들었던 부분이 바로 도덕적 의무의 문제였다고 말이다.

도덕 논증이 위력을 발하는 한 가지 이유는 앞서 A. N. 윌슨의 삶에서 봤듯이 이성적 증거와 인격적 증거가 하나로 맞물리기 때문이다. 선과 진리의 신이 존재하고 우리가 그 신과 관계를 맺는다면, 그 선과 진리가 당연히 인간의 삶에도 드러나지 않겠는가? 윌슨은 그렇다고 강변한다.

> 아무도 믿지 않는다 해도 복음은 여전히 진리다. 복음을 머뭇머뭇 부족하게나마 그대로 따라 보면 정말 통한다는 데 희망이 있다. 북아일랜드[와 남아프리카공화국]의 평화 협상 과정에서도 그랬고, 올 크리스마스에 구세군의 많은 보호 시설에서도 그렇다. 보이지 않는 무수한 기독교인의 삶에서 복음의 빛이 깜박인다. 복음에 인생을 변화시키는 명백하고도 신기한 능력이 있기에, 우리는 그리스도가 세상에 태어나실 때 아주 놀라운 일이 정말 시작됐다고 믿을 수 있다.[54]

10

'압제받던 사람'이 '압제자'로 변하는 악순환을 끊다

○

맨해튼에서 목사로 일하던 초창기에 근처 어느 대학에서 열린 패널 토의에 참여한 적이 있다. 거기서 어느 유명한 교수와 대화를 나누었는데, 그는 자신이 세속적인 사람이지만 여러 인본주의 가치를 강력히 지지한다고 말했다. "그래서 나는 교회를 피합니다." 교수가 그렇게 덧붙이기에 무슨 뜻이냐고 물었더니 이런 대답이 돌아왔다. "교회는 딱 두 종류뿐이거든요. 율법주의 교회와 상대주의 교회. 나는 둘 다 싫습니다. 내가 원하는 건 마음이 열려 있으면서도 확실한 진짜 가치인데, 교회에서는 그런 조합을 만날 수 없습니다."

그는 아주 편협하고 위압적이고 독단적인 몇몇 교회에서 겪은 비참한 사연을 들려준 뒤, 반면에 '무엇이든 마음대로 믿어도 된다'라는 교단도 딱 질색이라고 말했다. "그런 교회에는 나처럼 율법주의자를 피해서 온 사람들이 넘쳐 납니다. 하지만 그런 사람들이 만들어 낸 교회는 친목동호회와 다를 바 없지요."

두 종류 외에 다른 교회가 없다는 말은 틀렸다. 그러나 우리는 우선 문제를 온전히 인정하고 대처해야 한다. 실제로 그 두 종류의 교회가 많다. 여태 내가 만난 사람 중에 이성적 증거가 없어 보여서 신앙을 등진 사람이 하나라면, 잘난 척하고 독선적이고 오만한 교인 때문에 신앙을 버린 사람은 훨씬 많았다. 변명할 수 없는 일이다. 기독교인은 이런 반론에 아주 신속히 귀를 기울여야 한다.

세속적인 사람은 도덕과 진리라는 막연한 개념이 손에 잡히지 않아 애먹을 수 있다. 그러나 신앙인은 그 문제가 정립됐다 해도 이를 무기로 삼을 때가 많다. 그것으로 같은 입장인 사람을 위협해서 통제하고, 그렇지 않은 사람을 단죄하고 벌하는 것이다. '내가 진리 편'이라고 생각하는 사람은 이단적 견해를 품은 듯한 사람을 막 대하면서 속으로 정당화할 수 있다. 다시 말해서 세속적인 사람은 상대주의에 따라오는 문제로 고민하고, 신앙인은 도덕주의로 씨름한다.

'종교는 세상에 정의와 선을 이루는가, 아니면 불의를 낳는가?' 이렇게 묻는다면 부정적 답과 긍정적 답 양쪽 모두를 뒷받침해 줄 구체적이고 잘 입증된 역사적 사건과 운동을 얼마든지 열거할 수 있다. 아주 확실하고도 단적인 예로 아프리카 노예 매매와 이후 노예제도 폐지를 들 수 있다. 노예제도 폐지는 기독교인이 기독교적 동기와 도덕적 이유에서 선도했다. 그러나 노예 매매를 시작하고 옹호한 사람들도 기독교인이었다. 많은 신학자와 성경 교사가 성경을 자기 마음대로 끌어다 대며 그 행위를 지지했다.

오늘날 많은 종교 국가에서나 서구 사회 종교 기관에서나, 여성과 아동을 학대하는 사례가 빈번히 드러난다. 그러나 여러 사회학 연구로 밝혀졌듯이, 미국 내 거의 모든 도시나 지역사회에서 교회와 종교 단체가 각종 형편이 어려운 집단에 제공하는 구제금 액수, 자원봉사 시간, 비영리 서비스는 엄청난 증세 없이는 결코 정부 지원으로 메워질 수 없다. 펜실베이니아대학교의 한 교수가 교회 열한 곳과 회당 한 곳을 선정해 연구한 결과, 이들 각 단체가 필라델피아 지역에 기여하는 경제 가치는 연평균 400만 달러가 넘었다.[1]

아울러 공유된 신앙과 종교 기관은 "사회 자본"을 창출한다. 이는 동네와 지역사회에 사회경제적 협력을 유발하는 더 깊은 단체적 신뢰다. 사회 자본은 경제 거래 비용을 낮추고 사회적 유대를 증진한다. 그 결과 범죄율, 노숙자 수, 학교 중퇴율이 감소한다. 정부 정책과 프로그램은 사회 자본을 창출할 수 없다.[2] 빈민층의 주민 조직화에 가담한 학생들도 종교 기관과 특히 교회의 필요성을 증언한다. 뒷짐 진 정부와 대기업에 맞서 소외 집단의 빈곤을 대변하는 풀뿌리 주민 조직화는 교회에 크게 의존하고 있다.[3]

〈뉴욕 타임스〉지 칼럼니스트 니콜라스 크리스토프(Nicholas Kristof)는 "포스터 의사에게 경의를 표하며"라는 기사를 썼다. 잘 알려지지 않은 이 복음주의 기독교인 의사는 아동 사망률이 세계 최고이던 앙골라 어느 시골에서 병원을 운영했다. 더할 나위 없이 위험한 그곳에서 자기 아이들도 길렀다. 크리스토프의 글을 보자.

> 물론 대부분의 복음주의자가 그런 험한 길을 가지는 않는다. 또 세속적인 의사 중에 훌륭한 일을 하는 사람이 많은 것도 사실이다. …… 그러나 지난 세월 가장 열악한 지역에서 내가 만났던 국제 구호원 중에는 복음주의자나 수녀나 신부가 월등히 많았다. 그들은 웬만한 사람이 위협을 느껴 다 대피한 후에도 오래도록 자리를 지켰다.[4]

결국 종교와 정의의 관계는 장부 한편에 종교의 압제와 불의를 합산하고 맞은편에 종교의 선행과 미덕을 열거하는 식으로 간단히 정리될 수 없다. 미덕이 압제보다 훨씬 많겠지만, 그래도 나쁜 일일수록 기억과 의식 속에 더 깊게 새겨진다. 결국 신앙과 정의의 관계를 살펴보려면 다른 근거를 찾는 게 나을 것이다.

세속주의 인권,
서구 제국주의의 최신형일 뿐

우선 이런 물음으로 시작할 수 있다. 종교와 세속주의 중에서 어느 쪽이 인권을 더 지지하는가?

'인권'이란 무엇인가? 철학자 니콜라스 월터스토프는 인권을 '상대가 내 앞에 서는 순간 내게 부과하는 의무나 요구'라고 정의한다. 상대는 살해나 고문이나 사취나 유괴를 당하지 않을 권리가 있으며, 그 밖에도 권리가 더 있을 수 있다. 특정 인종이나 성별, 일정한 도덕적 성품, 사회와 경제에 기여할 수 있는 능력 등은 이런 권리의 근거가 못 된다. 이는 순전히 인간이라는 이유로 부여받는 권리다. 이 사람이 저 사람보다 여러모로 훨씬 나을 수는 있으나 모두 평등한 인간이기에 권리도 평등하다.[5] 인권에 대한 이 기본 설명은 서구의 대다수 세속적인 사람들이 가진 신념이다. 그들 중 다수가 보기에 종교는 세상에서 권리 추구를 막는 큰 걸림돌 중 하나다.

그러나 문제는 인간에게 이런 권리가 왜 있느냐는 것이다. 국제연합의 "세계 인권선언"은 이 물음에 답하지 않고 그냥 인권을 열거할 뿐이다.[6] 그것으로 충분한가? '인권은 그냥 존재하며 그 이유는 우리도 모른다'라는 말로 충분한가? 세계 인권선언이 증언해 주듯이 그것은 세속적인 접근이다. 웬만한 사람은 인권을, 설명하거나 증명하지 않아도 저절로 알 만큼 명백하다고 여길 것이다. 하지만 이런 접근은 날로 더 문제점을 드러낸다.

마이클 이그나티에프(Michael Ignatieff)가 *Human Rights as Politics and Idolatry*(정치와 우상으로서의 인권)에서 밝혔듯이 세계 인권의 증진은 서구 바깥에서는 그저 최신 유형의 서구 제국주의라고 공격받고, 서구 문화 안에서는 인권의 이론적 기초에 대한 확신이 허물어지고 있다. 그는 인권 운동이 진척되는 듯하지만 사실은 위기에 빠져 있다고 역설한다.[7] 비슷하게 찰스 테일러도 "인권에 자발적으로 합의하기 위한 조건"이라는 글에, 아시아와 중동 국가의 저항에 직면한 서구의 딜레마를 설명했다. 그는 "상호 이해에 이르는 …… 길목에 놓인 이 장애물은 많은 서구인이 자기네 문화를 많은 문화 중 하나로 보지 못하는 데서 비롯된다"라고 썼다.[8]

서구 세속주의자들은 인권 개념이 '합리적 인간이라면 누구에게나 자명한 것'이라고 주장하지만, 비서구 문화는 "자명함과는 거리가 멀다"라는 반응을 보인다.[9] 그래서 인권 운동가는 제국주의자로 비난받기 십상이다. 인권과 평등이 "그냥 우리가 존재한다고 말하니까" 존재하는 것이라면, 운동가는 설득 대신 강요할 수밖에 없다. 다른 문화를 향해 서구 개인주의 개념의 권리와 평등을 받아들이라고 돈과 정치권력과 심지어 군사력까지 써서 강요하는 것이다. 하지만 이 모두가 식민 지배를 꾀하는 서구의 고질적 성향의 최신형일 뿐이라는 비난은 여전히 남아 있다. 서구 국가는 늘 하던 일을 계속할 뿐이되, 이제 엉큼하게 "인권"을 기치로 내건다는 것이다.

'우리 똑똑하고 착한 사람들에게는 이게 보이는데 당신네는 왜 못 보는가?' 우리가 할 말은 정말 이뿐인가? 아니면 인권을 옹호할 다른 방도가 있는가? 인권이 존재하는 이유를 설명하려 한 세속적 사상가들이 있다. 월터스토프는 "인권의 근거에 대한 세속적 설명은 거의 전부가 …… 소위 능력 이론이다. 인권의 근거가 되는 가치는 인간이 지닌 특정 능력에 뒤따른다는 것이다. …… 이는 이성 능력 전반일 수도 있고, 그 능력의 특정한 형태 즉 …… 선을 이해하고 실천하는 능력 등일 수도 있다"라고 썼다.[10] 다시 말해서 인간에게 권리가 있음은 합리적 선택 능력이나 다른 무슨 적성 때문이라는 주장이다.

이 견해의 문제점은 심각하다. 예를 들어 "갓난아기는 아직 그런 능력이 없고," 혼수상태에 빠진 사람, 정신장애가 있는 사람, 나이가 많은 노인들도 마찬가지다. 따라서 인권의 정의와 근거를 다룬 주요 세속 이론에 따르면 유아나 노인은 인권이 없다. 그러나 사실상 모두가 동의하듯이 "총에 맞아 쓰레기장에 시체로 버려지지 않을" 권리는 그런 능력이 없는 사람에게도 있다.[11]

인권의 기초를 능력에 두지 않는다면 어디에 둘 것인가? 월터스토프는 아주 최근의 역사학을 요약하면서, 개인 인권을 처음 정립한 게 계몽주의가 아니라 성경의 여러 신학적 주제에 기초한 중세 기독교였다고 논증했다.[12] 아울러 인권의 기초로써 본래의 종교적 기초보다 더 개연성 있거나 더 나은 대안은 없다고 주장했다. 이 모두는 신을 믿는 신앙이 인권을 뒷받침하는 더 나은 지지물이자 기초라는 뜻이다. 지금부터 월터스토프의 논지를 예증해 주는 두 사상가를 비교해 보자.

인권의 기초를 밝히려는 시도들

20세기에 인권과 민주주의를 옹호한 아주 잘 알려진 두 인물이 있었다. 하나는 학자이고 하나는 운동가였다.

학자는 하버드의 철학자 존 롤스(John Rawls)로, 그는 유명한 사고 실험을 제안했다. 사람들이 함께 모여 어떤 사회를 건설할지 결정하되, 그 일을 "무지한 상태"에서 한다고 상상해 보라. 즉 그들은 새 사회에서 자신의 인종, 나이, 지능, 재능, 성별, 교육 수준 등이 어떠할지를 모른다. 그냥 원하는 거주지에 자신들이 살고 싶은 사회를 건설해야 한다. 그 사회에서 자신이 빈민이나 약자가 될 수도 있는데, 이를 아는 상태에서 그들이 건설하고 싶은 사회는 어떤 사회일까? 롤스는 그들이 단순히 합리적 사익을 구할 때, 당연히 인권을 존중하는 사회가 나올 거라고 믿었다.[13] 또 도덕 가치나 신앙도 전혀 필요 없으리라 봤다. 그런 요소는 다 사생활로 남아야 했다.

그러나 이런 접근에는 중대한 문제가 있다. 객관적인 중립 이성만을 구사해서는 이 연습을 완수해서 사회를 설계할 수 없다. '좋은 인생이란 무엇인가, 선한 인간이란 무엇인가, 인생의 목적은 무엇인가' 등에 대한 각자의 확신도 거기에 깊은 영향을 미친다. 예를 들어 당신의 인간관이 더 개인주의적이라면, 자신이 아무리 가난할지라도 개인의 주도권과 자유시장을 한껏 강조하는 사회를 원할 것이다. 자유로운 사업에 제약이 없기를 바랄 것이다. 반면에 다른 관점에서 사회를 설계한다면, 빈민을 돕고 시장을 규제하는 정부의 역할이 훨씬 커질 것이다. 둘 중 어느 쪽이든 당신이 선호하는 것은 합리적 사익을 넘어 인간 본성에 대한 신념과 연결된다.

따라서 아무리 "무지한 상태"라 해도 사람들이 선택할 사회는 동일하지 않다. 하버드의 정치철학자 마이클 샌델(Michael Sandel)이 역설했듯이, 모든 정의 개념에는 "어쩔 수 없이 가치 판단이 개입되기" 때문이다. "정의에 대한 공론에 도덕적, 종교적 확신을 연관시켜서는 안 된다"라는 개념은 정말이지 불가능하다. 샌델은 "우리의 논제가 구제 금융 …… 대리모, 동성 결혼, 차별 철폐 …… CEO 연봉 등 무엇이든 간에 …… 정의 문제에는 명예와 덕, 자부심과 인정(認定) 등의 개념이 맞물려 서로 다툰다"라고 썼다.[14] 알래스데어 매킨타이어의 책 제목 *Whose Justice? Which Rationality?*(누구의 정의인가? 어떤 합리성인가?)에 샌델의 논지가 압축되어 있다. 정의를 추론하거나 이해할 단 하나의 간단한 방법이란 없다. 우리의 합리성과 정의관은 옳고 그름에 대한 신념, 덕의 본질, 개인과 집단의 관계 등 많은 요소에 의존한다.[15]

이렇듯 종교적, 도덕적 관점을 사생활로 남겨 둔 상태에서 새로운 사회 연합을 이룬다는 롤스의 희망은 꺾여야 한다. 물론 늘 꺾여 왔다. 한 세대 동안 이 방법을 썼으나 통하지 않았다. 우리 문화는 정의와 공익에 대한 근본적으로 상이한 관점 때문에 파벌 싸움으로 갈라지고 분열되어 있다. 순전히 "합리적 사익"에 기초해 인권에 호소하는 일은 설득력이 없다.[16]

이와 대조적으로 마틴 루터 킹 주니어 박사는 상당히 더 탄탄한 기반 위에 정의 사회를 이루려 했다. 그는 인종 차별이 전체적 공익에 실용적이지 않을 뿐 아니라 죄라고 역설했다. 인권을 그저 다수가 만들어 내거나 사법부의 결정을 통해 강요한다면, 그 인권에는 힘이 없음을 그는 알았다. 인권에 힘이 있으려면 인권이 자체적으로 "엄연히" 존재해야 한다. 당신 앞에서 배상을 요구하는 피해자도 인간이라는 사실, 거기에만 인권의 기준을 둬야 한다. 모든 인간이 하나님의 형상으로 창조됐다는 성경의 가르침에 기초해 그는 이렇게 썼다(창 1:26-27 참조).

> 우리 안에 하나님의 형상이 있기에 모든 개인은 독특하며 가치와 존엄성을 지닌다. 이 나라가 결코 잊지 말아야 할 사실이 있다. 하나님의 형상에는 등급이 없다. 흰건반과 검은건반이 키보드에 다 중요하듯이 백인과 흑인도 하나님께 다 중요하다. 바로 모든 인간이 하나님의 형상대로 지음받았기 때문이다.[17]

인권 개념의 가장 탄탄한 기초는 성경에 있다. 당신 앞에 선 이웃은 고유의 가치와 불가침의 존엄성을 지닌 존재다(창 9:6 참조). 마틴 루터 킹 주니어가 미국 백인에게 흑인의 자유를 보장하도록 촉구한 것은 백인의 합리적 사익을 추구하라는 뜻이 아니었다. 그들 각자가 정의한 대로 삶의 만족을 얻으라는 뜻이 아니었다. 오히려 그는 성경의 아모스서 5장 24절을 인용해 "정의를 물같이, 공의를 마르지 않는 강같이 흐르게 할" 때까지 만족해서는 안 된다고 촉구했다.[18] 롤스의 세속적 접근은 킹 박사가 제시한 정의의 기독교적 기초 앞에서 무색해진다.

모더니즘의 전체주의 성향,
인간을 압제한다

많은 사람이 인권의 추구를 세속적 관점의 일부라고 생각하지만, 사실 세속주의의 두 단계는 모두 인권과의 관계가 껄끄러웠다. 첫 단계는 모더니즘이고, 둘째 단계는 흔히 포스트모더니즘으로 불린다.

앞서 봤듯이 프랑크푸르트학파를 이끈 막스 호르크하이머와 테오도르 아도르노(Theodor Adorno)는 우익 자본주의와 좌익 사회주의가 둘 다 압제를 일삼을 수 있음을 지적했다. 예컨대 파시즘과 공산주의는 도덕적 방향을 상실한 채 폭력을 정당화했고, 관료주의와 과학적 방법을 동원해서 폭력에 효율을 더했다. 그게 그들이 정의한 "공익"이었다. 이 두 이념의 사회적 이상은 지독히도 전체주의적어서 거기에 반대하는 사람을 무조건 배제하고 착취했다. 그래서 아도르노는 모든 "전체주의" 사상 체계를 "부정 변증법"으로 논박했다. 전체주의는 모든 실재를 설명하고 고치고 개선할 수 있다고 주장했고, 자기네 설명에 동의하지 않는 사람을 모두 탄압하고 차별했다.[19]

프랑크푸르트학파에서 나온 이런 비판이 나중에 소위 포스트모더니즘과 탈구조주의가 됐다.[20] 철학자 장 프랑수아 리오타르(Jean-François Lyotard)의 유명한 정의에 따르면, 포스트모더니즘은 "거대담론에 대한 불신"이다.[21] 거대담론, 즉 큰 이야기는 "모든 사건, 모든 관점, 모든 형태의 지식을 하나의 종합적 설명 속에 빨아들이려는 전체주의 이론이다."[22] 리오타르도 아도르노의 뒤를 이어 이런 "거대이론"의 정체를 드러냈다. 그런 이론은 유토피아를 지향하는 정도를 넘어, 자신의 권력을 좋게만 떠받든 나머지 모든 이견을 말살하는 경향이 있었다. 리오타르는 우선 노동자 계급이 반드시 승리하리라 믿는 마르크스주의를 이 범주에 넣었을 법하다. 그래서 포스트모더니즘은 좌익 쪽에서는 별로 인기가 없다.[23]

동시에 리오타르와 그를 뒤이은 사람들은 자본주의의 주장 애덤 스미스(Adam Smith)가 말한 시장의 "보이지 않는 손"에도 반대한다. 이 거대담론에 따르면 인간을 합리적 행위자와 소비자로 보는 게 최선의 인간관이며, 인간의 모든 자산은 자유시장을 통해서만 가장 합리적이고 효율적으로 배분되도록 되어 있다. 세상에 번영과 평화를 이루는 길은 정부가 아니라 시장에 있다.

이 범주의 셋째 거대담론은 인간의 모든 행동과 역사를 종합적으로 설명한다고 주장하는 신다윈주의다. 이에 따르면 인간은 진화생물학과 신경과학으로 다 설명이 가능하다. 리오타르가 살아 있다면 틀림없이 실리콘밸리의 주장도 전체주의 거대담론으로 볼 것이다. "세상을 변화시킨다"라는 실리콘밸리의 일상적 주장도 그렇고, 기술공학으로 빈곤과 인종 차별과 질병과 노화를 해결하고 죽음까지 극복할 거라는 예측도 그렇다.[24]

포스트모던 사상가들은 모더니즘의 모든 거대담론이 차이를 억압하기 때문에 본질상 권위주의적이라고 주장한다. 그중 하나에라도 이견을 보이면 단순한 견해 차이가 아니라 반이성적이고 반사회적이고 원시적인 야만성으로 간주한다.

포스트모더니즘은 모더니즘의 거대담론에 대항하고자 보편적인 참

가치를 전부 부정했다. 모든 실재를 통찰하고 이해할 수 있는 이성의 능력도 전부 부정했다. 흔히 통치 세력은 진리를 "사회를 통제하는" 수단으로 이용한다.[25] 그래서 모든 "진리" 주장을 권력 실세가 비판 세력을 따돌리고 지배하기 위해 동원하는 말장난으로 인식한다. 그런 비판 때문에 자신의 지배력이 위축되지 않도록 말이다.

포스트모더니즘을 따르는 사람들은 "진리"(늘 따옴표를 붙인다) 대신 서로 모순되고 경쟁하는 수많은 "미시담론"을 지지한다. 인간은 각자 지어낸 인생 이야기 속에 살아갈 수 있다. 시쳇말로 "내게 진리인 것이 당신에게는 진리가 아니다." 개인과 사회의 무수한 "진리"를 우리는 인정해야 한다. 그런 진리는 개인에게는 문제가 없지만, 하나의 일관성 있는 전체에 꼭 들어맞지는 않는다. 사회의 합의와 평화에 이르려는 모든 시도는 리오타르와 그의 후계자들이 보기에 늘 어떤 개인이나 집단을 압제하는 것이다.

일대 아이러니는 포스트모더니즘도 그 자체의 거대담론을 만들어낸다는 사실이다. 테리 이글턴이 지적했듯이 포스트모더니즘도 똑같이 세상을 "착한 사람"과 "나쁜 사람"의 이원론으로 갈라놓기 일쑤다. 전자는 복수의 다원적, 지역적, 가변적 미시담론을 지지하는 부류이고 후자는 보편 가치, 절대 원리, 거대담론을 옹호하는 부류다.[26]

포스트모던 주창자도 자기가 배격하는 여러 정통만큼이나 "배타적이고 까다로우며," 반대 의견을 신속히 악마로 둔갑시켜 주변으로 몰아낸다.[27] 차이라면 모더니즘 거대담론은 반론을 입막음하고 따돌릴 때 거기에 반사회적이라는 딱지를 붙이는 반면, 포스트모더니즘 거대담론은 반대자를 소외시킬 때 누구든지 보편 가치를 주장하는 사람은 압제자의 자리에 앉아 있는 거라고 강변한다. 모든 토론은 특권을 유지하려는 특권 세력의 책략이라는 것이다. 그 주장 하나로 논의는 종결된다.

이 또한 과거 모더니즘의 거대담론만큼이나 전체주의적이고 사람을 숨 막히게 한다. 포스트모더니즘은 "진리 개념을 완전히 버린" 결과, 압제를 휘두를 또 하나의 도구로 전락하고 만다. "진리를 권력과 욕망의 도구라고 치부함으로써 그들은 실제로 권력 실세가 취하는 입장과 아슬아슬하게 비슷해진다."[28] 다시 말해서 진리 주장이 정말 권력을 얻는 방편에 불과하다면, 진리는 없고 권력만 있다는 주장도 역시 권력을 얻는 방편에 불과하다.

결국 이 전략으로는 압제를 막을 수 없다. 진리가 없다면 무슨 근거로 약자가 강자에게 강자의 행동이 틀렸다고 말할 수 있겠는가? 진리는 없고 권력만 있다면 강자가 그냥 권력을 고수하며 마음대로 휘두르지 못할 이유가 무엇인가? 어떤 학자는 이렇게 썼다. "'진리'가 정말 강자가 약자를 복종시키려고 써 먹는 환영이라 하자. 강자가 그 명제에 수긍해 이제부터 권력을 행사해서 약자를 복종시킨다면, 약자의 형편이 더 나아지겠는가?"[29]

막다른 골목에 몰린
포스트모더니즘

이 모두로 인해 많은 사람이 포스트모더니즘도 이제는 저물고 있다는 주장을 내놓았다. 빅토리아와 앨버트 박물관은 2011년에 "포스트모더니즘 그 양식과 전복, 1970-1990년"이라는 제목으로 "최초로 포스트모더니즘을 종합적으로 회고하는" 전시회를 개최했다. 박물관이 말한 포스트모더니즘은 주로 미술의 한 운동이었지만, 에드워드 독스(Edward Docx)는 한 중요한 기사에 이렇게 썼다. 모든 진리 주장과 거대담론을 해체하는 철학 운동도 어언 그 영향력이 다해 가고 있음을 이번 전시회에서 볼 수 있다고 말이다. [30]

독스는 미술에서 포스트모더니즘이 쇠퇴한 이유를 설명했다. 처음에는 "포스트모더니즘의 반어 전법을 구사하는 게 서구 자본주의 패권에 맞서는 최선의 방책인 듯 보였다." 그러나 "포스트모더니즘은 모든 것을 공격하기 때문에" 미적 기준을 세울 방도가 없었다. 아무도 이 미술품이 좋거나 나쁘다고 말할 권리가 없어진 것이다. 이제 예술 작품을 환금 가치로밖에 평가할 수 없게 됐다는 뜻이다. 역설적이게도 "모든 기준을 없애자 이제 남은 것은 시장뿐인데, 이는 본래 포스트모더니즘이 의도하던 바와 정반대 결과를 낳았다." [31]

그의 말대로 포스트모더니즘 퇴조 현상은 철학과 정치 분야에서도 비슷했다. 포스트모더니즘은 모든 주장을 공격하고 무엇에 대해서든 판단 기준을 다 거부하기 때문에, "혼란과 의혹의 기류가 무성하게 자라나 결국 근년에 들어서는 아예 편만해졌다." 사회 운동이나 정의 계획을 수립하려 할 때마다 제동이 걸린다. "모든 입장의 힘을 걷어내면 아무런 입장도 주장할 수 없고, 사회나 집단에 참여할 수 없다. 결국 현실 세계에서 극단적 포스트모더니즘은 자력으로 움직일 수 없는 변종 보수주의와 사실상 분간이 어려워진다. 이렇게 보면 포스트모더니즘의 힘이 약해지는 이유를 더 쉽게 알 수 있다."[32]

리처드 보컴은 덧붙이기를 "포스트모던 상대주의"는 "무제한 소비생활"에 만족이 있다는 담론에 "설득력 있게 저항하지 못한다"라면서, 그렇게 되면 시장과 자본주의만 더 유리해지는데 이거야말로 포스트모더니스트가 본래 피하려던 바라고 했다.[33]

놀랍게도 최근 들어 좌익의 많은 전통적 세속 지식인이 세상에 정의를 시행하려면 종교가 중요하다고 인정하는 쪽으로 돌아섰는데, 아마 이는 모더니즘 과학 및 이성의 전체주의 성향은 물론 포스트모더니즘의 막다른 골목을 인식한 결과일 것이다. 종교 신자가 아닌 철학자 사이먼 크리츨리(Simon Critchley)는 《믿음 없는 믿음의 정치》(The Faith of the Faithless, 이후 역간)라는 책을 썼다.[34] 거기에서 그는 "종교 없이 정치를 구상할 수 있는가?"라고 물은 뒤 그렇다고 답했다. 롤스의 이론을 포함해 세속적 정치 이론이 많기 때문이다.

그러나 질문은 더 이어진다. "종교 없이 …… 초월에 전혀 의지하지 않고 정치를 실행할 수 있는가? …… 정치 집단이 …… 신성한 순간, 종교, 의식(儀式) 없이도 유지될 수 있는가? 믿음이라고밖에 할 수 없는 무엇 없이 그 연합과 정체를 유지할 수 있는가?" 그는 "그렇지 않다고 본다"라고 답했다.[35] 또 "이 결론에 도달하면서 전혀 기쁘지 않았다"라고 덧붙였다. 크리츨리에 따르면 많은 사람이 사랑의 "압도적이고 무한한 요구"를 믿고 느끼지 않는 한, 누구도 정의로운 사회가 출현하는 데 필요한 희생을 감내하지 않는다. "이 요구는 그리스도가 산상설교에 '너희 원수를 사랑하며, 너희를 저주하는 자를 위하여 축복하며, 너희를 미워하는 자를 선대하며, 너희를 모욕하고 박해하는 자를 위하여 기도하라'라고 말한 바로 그 요구다"(마 5:44).[36]

원수까지 포함해 모든 사람을 희생적으로 사랑하라는 명령은 결국 실행이 불가하다. 이생에서는 거기에 도달할 수 없다. 개인의 이익을 추구하는 이성은 이런 요구를 내놓을 수 없다. 크리츨리는 이 "무한한 윤리적 요구"를 느끼려면 우주의 초월적 차원을 믿어야 한다고 말했다. 그러면서 많은 사람이 이 믿음을 품고 이 요구를 경험하지 않는 한, 사회 정의를 향한 의미 있는 수준의 진전은 있을 수 없다고 봤다.[37]

하나님과 그분의 때를
희망하는 것

지금까지 봤듯이 세속적 관점은 도덕 가치와 인권을 잘 설명하지도 못할뿐더러, 꾸준히 이를 존중하며 살도록 사람의 마음을 움직이지도 못한다. 문제가 워낙 심각해서 많은 세속적 작가와 사상가들은 더 정의로운 사회로 조금이라도 나아가려면 종교가 필요하다고 본다. 하지만 정의와 관련된 문제점은 기독교에도 있지 않은가? 기독교는 특히 그 자체가 하나의 "전체주의 거대담론"이 아닌가? 진리와 보편 가치를 보유하고 있다고 주장하며, 그 진리를 빙자해서 모든 차이와 이견을 악한 이단으로 몰아세우며 배제하지 않았는가?

물론 답은 "그렇긴 하지만 너무 성급해서는 안 된다"이다. 위의 개괄에서 드러났듯이 모더니즘과 포스트모더니즘이 보편 도덕 진리를 부정한 결과는 꼭 평화와 자유가 아니라 새로운 형태의 지배와 소외였다. 도덕의 객관적 사실을 믿지 않고는 정의로운 계획을 수립할 길도 없다. 그러나 많은 종교가 절대적 주장으로 인간을 학대하고 압제한 것도 사실이다. 전진할 수 있는 길은 어디에 있는가?

세인트앤드루스대학교의 리처드 보컴은 "다시 보편 가치를 인정하면서도 그 가치가 지배 세력에 이용되지 못하게 막아 주는 이야기가 우리에게 필요하다"라고 썼다.[38] 요컨대 "전체주의 아닌 거대담론," 압제 없는 절대 진리가 필요하다. 앞서 봤듯이 보편 도덕 가치를 어느 정도 인정하지 않고는 정의를 추구할 수 없다. 모더니즘과 포스트모더니즘이 도덕 규범을 해체한 결과는 우리가 바라던 자유와 평화가 아니었다. 그래서 우리에게는 보편 가치가 필요할 뿐 아니라, 남을 지배하려는 인간의 집요한 본능적 성향을 저지해 줄 장치도 함께 필요하다.

보컴은 우리에게 필요한 그것이 성경에 있다고 믿는다. "기독교 이야기도 …… 압제적 왜곡으로 최소한 똑같이 더럽혀졌음"을 그도 부인하지는 않는다. 그럼에도 그는 "그런 이념적 왜곡에 …… 저항하는 요소를 성경 이야기에서 도출할" 수 있다고 역설한다.[39] 그렇다면 기독교 신앙에서 정의를 시행할 근거를 제공함과 동시에 우리 자신을 압제자가 되지 못하게 막아 주는 그 요소는 무엇인가?

첫째, 거대담론은 모든 실재를 설명하려 든다. 그래서 모든 반대자와 이견의 소유자를 반이성적이라든지 위험하게 현혹되어 있다고 보는 오만에 빠질 수 있다. 그러나 성경 이야기는 인간의 본성과 목적과 관련해 많은 근본적인 통찰을 주면서도, "이해할 수 없는 영역"을 많이 남겨 둔다.

시편 88편 등 시편에는 고난당하는 신자의 기도가 나오는데, 분명한 해결이나 답 없이 어둡게 끝날 때도 있다. 욥의 친구들은 하나님의 방식을 다 통달했다고 속으로 뻐기며, 고난은 항상 죄에 대한 벌이라고 단정한다. 이런 단순논리 때문에 그들은 세상을 착한 부류와 악한 부류로 양분하고, "정말 이해할 수 없는 역사 속의 많은 악"을 아무렇게나 설명해 버린다. 또 이견을 품은 사람을 독단적으로 단죄하고 무시한다. 그러나 욥기 말미에서 하나님은 그들이 틀렸다고 판결하신다. 하나님만이 사안의 전체를 다 보신다. 우리는 일부만 볼 뿐이다.

이렇듯 성경 이야기는 신자들을 무슨 답이든 다 아는 교만한 자리로 이끌지 않는다. "실재에 대한 종합적 설명"이되, 그런 식의 깔끔한 설명은 아니다.[40]

둘째, 거대담론은 세상 모든 문제를 해결하려는 전망을 내놓는다. 물론 기독교 이야기는 포스트모더니즘과 달리 예수 그리스도를 통한 하나님의 구원 활동으로 불의를 바로잡고 만물을 새롭게 한다는 희망을 제시한다. 그러나 모더니즘과 달리 기독교는 이 구원을 인간이 이룰 수 있다고 가르치지 않는다. 미래의 구원은 "인간의 이성이나 정복을 통해서가 아니라 하나님의 자유와 목적을 통해" 이루어진다.[41]

문학과 연극과 영화 속 이야기인 모더니즘 내러티브의 주제는 주로 "인간의 성취"다. 인간이 "재난을 극복하고 스스로 정한 목표를 이룰 수 있다"라는 것이다. 이는 우리 스스로 의미와 도덕을 만들어 내고 이성과 과학으로 세상의 제반 문제를 해결할 수 있다는 모더니즘 거대담론에 잘 맞다. 그래서 지배의 유혹이 생겨난다. 반면에 성경 이야기는 우리를 그런 사고로 이끌지 않는다. 성경 등장인물이 상대하는 선한 세력과 악한 세력은 양쪽 다 그들의 통제 소관 밖에 있다. 그들은 믿음으로 초자연적 은혜에 힘입어 승리한다. "그들의 세상은 쉽게 이해되기보다 오히려 신비로우며, 그들은 세상 정복하기를 꿈꾸지도 않는다."[42]

기독교인에게 구원이란, 필연적 진보나 인간의 재주에 대한 유토피아적 희망이 아니라 오직 하나님과 그분의 때를 희망하는 것이다.

반전의 이야기

끝으로 거대담론의 진리 주장은 지배로 치달을 수 있지만 성경의 줄거리는 "하나님이 피지배자, 비루한 인생, 약자, 소외층을 거듭 택하시는 이야기"를 보여 준다.[43]

성경은 창세기로 시작되는데, 그 책이 기록되던 당시에는 집안의 재산과 땅을 다 장남에게 물려주던 장자상속권이 사실상 모든 사회의 철칙이었다. 그런데 이 문화 규범은 창세기 전체에 걸쳐 지켜지지 않는다.[44] 하나님은 번번이 사회 권력이 없는 둘째 아들을 택해서 그를 통해 일하신다. 가인 대신 아벨, 이스마엘 대신 이삭, 에서 대신 야곱, 르우벤 대신 요셉을 택하신다. 여자를 통해 일하실 때도 미모와 성적 매력이라는 문화 권력을 갖춘 여자를 택하지 않으신다. 그분은 젊은 하갈 대신 늙어 단산

한 사라, 아리따운 라헬 대신 볼품없어 사랑받지 못하는 레아를 통해 구원을 이루어 가신다.

하나님의 은혜로운 활동은 한사코 세상이 기대하는 영향력과 특권의 노선을 따라가지 않는다. 창세기 25장에서 그분은 두 아들 중 형 에서 대신 동생 야곱을 통해 일할 것을 예언하시는데, 이 대목을 주해하면서 성경학자 월터 브루그만(Walter Brueggemann)은 "이 예언이 모든 인습적 지혜에 어긋난다"라는 데 창세기의 교훈이 있다고 설명했다.

> 이스라엘 백성은 늘 문제투성이인 이 족장을 틀림없이 의아하게 여겼을 것이다. …… 하나님은 당연히 중시되던 장남에게 맞추지 않으신다. 이 예언은 도치(倒置)를 말한다. 현재 세상이 돌아가는 방식대로 우리 운명이 정해진 게 아님을 확증해 준다. 이는 예수님의 사역에서도 전제가 된다. 가난한 자, 애통하는 자, 온유한 자, 주린 자 …… 하나님 나라를 상속받는다(마 5:3-7 참조).[45]

이어지는 성경의 이야기를 죽 보면, 노예로 살아가던 이스라엘 곁에서서 세계 최강 제국의 압제에 맞서시는 하나님이 보인다. 사사기(士師記)로 넘어가 보라. 나라가 강대국의 지배에 들어갈 때마다 차례로 지도자가 나타나 이스라엘을 구한다.

그런데 성경 독자들이 늘 지적해 왔듯이 입다, 기드온, 삼손 등 하나님이 세우시는 사람은 더 작은 지파, 신분이 낮은 가문, 심지어 사회적으로 버림받은 계층 출신일 때가 많다. 다윗 왕은 이새의 여러 아들 중 제일

어린 막내였다(삼상 16장 참조). 신약으로 넘어가 보자. 예수님이 명망 있는 남자와 사회적으로 소외된 여자(요 3, 4장 참조), 종교 지도자와 세리(눅 18장 참조), 종교 교사와 타락한 여자(눅 7장 참조) 등을 대면하실 때마다, 그분과 가장 쉽게 소통하는 쪽은 언제나 도덕적, 인종적, 성적 약자요 사회적으로 소외된 사람이다.

약자와 강자, 빈자와 부자에 대한 반전 내러티브 외에도 성경에는 깊고 넓은 강물 같은 윤리적 가르침이 있다. 그 윤리가 호소하는 대로 모든 신자는 정의롭게 살며 세상에서 사회 정의의 주역으로 살아야 한다. 구약 선지자는 빈민과 약자를 돌보지 않으면 이는 하나님을 믿는 진정한 믿음이 없다는 증거라고 역설했다(사 1:17; 58:6-7 참조). 신약성경도 마찬가지로 빈민을 향한 실질적인 사랑이 곧 마음이 은혜로 변화된 증표라고 가르친다(약 2:14-17; 요일 3:17-18 참조). 하나님은 '가난한 사람을 먼지 더미에서 일으키시며, 궁핍한 사람을 거름 더미에서 들어 세워 지도자들과 함께 세우시며, 또 임신하지 못하던 여자를 집에 살게 해 자녀들을 즐겁게 하는 어머니가 되게 하시지만'(시 113:7-9 참조), '멀리서도 교만한 자를 아신다'(시 138:6; 약 4:6 참조).[46]

성경에 이런 이야기가 연속되는 이유는 그저 저자들이 약자를 좋아해서가 아니라, 세상에서 일하시는 하나님의 궁극적 모본이 예수 그리스도이기 때문이다. 주요 종교의 창시자가 모든 사랑하는 제자에게 둘러싸이지 않고, 아버지를 비롯해 자신이 소중히 여기는 모두에게 버림받은 채 수치스럽게 죽은 경우는 그분뿐이다. 그분은 잘못된 심판의 피해자로서 무력하게 압제당하며 죽으셨다. 예수 그리스도의 구원은 그분의 빈곤과 거부당함과 연약함을 통해 우리에게 온다. 기독교인은 힘을 다해 큰 공을 세움으로써 구원받는 게 아니라 자신의 연약함과 구주의 필요성을 인정함으로써 구원받는다.

대부분의 거대담론은 '일을 이루려면 이렇게 하라. 정신을 바짝 차려 자신을 정복하고 상황을 정복하라. 강해지라. 당신은 할 수 있다'라고 말한다. 그러나 예수님은 사실상 '네 힘으로는 안 된다. 나를 의지해야 한다'라고 말씀하신다. "너희가 돌이켜 어린아이들과 같이 되지 아니하면 결단코 천국에 들어가지 못하리라"(마 18:3).

구원을 선행과 도덕적 노력으로 얻는다면 능력과 자격과 실적과 특권을 더 갖춘 사람이 유리할 것이다. 그러나 순전히 은혜로 받는 구원은 실패자와 외부인과 약자에게 유리하다. 구원이 순전히 은혜여야 함을 아는 사람만 구원받기 때문이다. 그 표시로 예수님도 부자와 권력자로 오지 않고 미혼모의 아들이자 가난한 사람으로 오셨다.

성경은 일취월장하는 "신앙의 영웅" 이야기를 줄줄이 늘어놓은 책이 아니다. 오히려 모든 내러티브의 등장인물은 세상 기준으로 보면 영적 본보기와 지도자가 될 기대주가 아니다. 실질적인 교훈도 많긴 하지만, 성경은 단지 도덕 사례집이 아니라 사람의 삶에 은혜로 개입하시는 하나님의 역사를 기록한 책이다. 인간은 은혜를 구하지 않고, 받을 자격도 없고, 끊임없이 은혜에 저항하며, 은혜로 구원받고 나서도 고마운 줄을 모른다.

이 모두가 뜻밖으로 다가온다면 당신이 그동안 완전히 잘못된 개념을 받아들였던 것일 수 있다. 도덕적으로 착하게 사는 사람이 그 결과로 천국에 가는 게 기독교라고 말이다. 반대로 성경 이야기 전체와 그 속의 작은 이야기의 중심 주제 중 하나는, 아브라함과 다윗처럼 역사상 가장 유능했던 인물도 냉혹한 문화와 이기적 본성을 초월할 수 없다는 사실이다. 그런데 하나님의 은혜가 도덕적 실패자에게 주어진다는 놀라운 약속을 붙들어 그들은 승리했다.

압제의 악순환을 끊으신 분

성경 이야기에는 짓밟힌 사람을 사랑하시는 하나님이 계신다. 하지만 그게 다가 아니다. 보컴이 예리한 통찰력으로 말했듯이, 구원의 이야기를 믿으면 "압제받던 사람이 나중에 압제자로 변하는 악순환도 끊어진다."[47] 구약의 이스라엘 백성은 '너희도 애굽 땅에서 거류민이 되었으니' 이민자와 다른 인종을 압제하지 말라는 경고를 수시로 받았다(레 19:33-34 참조). 그들이 노예로 살다가 해방된 것은 자기 힘으로 된 일이 아니라 하나님의 은혜였다. 그 기억 때문에 그들은 남을 지배하려는 인간 본성을 아예 버려야 했다. 나아가 보컴은 "십자가야말로 [압제받던 사람이 압제자로 변하는] 악순환을 결정적으로 끊은 사건이다"라고 썼다.[48]

잠언 14장 31절에 보면 하나님은 자신을 빈민과 동일시하신다. 가난한 사람을 학대하는 것은 곧 "그를 지으신 이를 멸시하는" 일이고, 궁핍한 사람에게 베푸는 것은 곧 "주를 공경하는" 일이다. 그러나 가난하고 압제받는 무리와 말 그대로 완전히 동화하시는 하나님의 모습은 예수님을 통해서만 볼 수 있다.

그분은 가난한 집에 태어나셨고 버림받은 소외층과 어울려 사셨다. 재판에서 오심을 받고 빈털터리이자 벌거벗은 모습으로 비명에 죽으셨다. 하나님의 아들이 불의의 희생자가 되어 부패한 제도를 감내하며 죽임을 당하신 것이다. 기독교인이 믿듯이 그분이 그 길을 가신 뜻은 우리 죄를 속죄해 죄의 형벌에서 해방시켜 주시기 위해서다. 그래서 기독교인은 우리도 하나님 보시기에 영적으로 가난하고 무력한 존재임을 안다. 우리도 나그네요 노예였는데 하나님이 우리를 위해 압제받으셔서 구원해 주셨다.

물론 보편적인 도덕 진리를 믿으면 그 믿음이 남을 압제하는 데 악용될 수 있다. 그러나 그 절대 진리가 한 인격체이며 그분이 자신을 대적하는 무리를 위해 죽으셨다면 어찌할 것인가? 그분이 폭력을 폭력으로 갚지 않고 오히려 그들을 용서하셨다면 말이다. 그 이야기가 당신 삶의 중심이 된다면, 어떻게 그것이 당신을 이끌어 권력을 장악하고 남을 지배하게 만들 수 있겠는가? 그러므로 놀랍게도 우리는 이런 결론을 내릴 수 있다. 예수를 자신의 구원자로 믿는다는 기독교인이 빈민과 소외층을 위한 구제와 정의의 삶에 헌신하지 않는다면, 이는 하나님의 아들이신 그리스도의 복음에 어긋나는 삶이다.

성부 하나님은 "억눌린 사람들을 위해 정의로 심판하시며 주린 자들에게 먹을 것을 주시는 이"시다(시 146:7). 보컴은 "성경 이야기를 압제의 이념으로 왜곡하면, 십자가의 성경적 의미를 억압할 수밖에 없다"라고 말했다. 이런 모든 특성 때문에 성경 이야기는 "압제의 도구로 유독 어울리지 않는다."[49]

십자가가 압제의 악순환을 끊는 방식이 하나 더 있다. 정의에 열심인 사람은 압제자로 보이는 사람을 상대할 때, 독선적이고 냉혹해지는 경우가 많다. 그러나 그리스도를 믿는 사람은 배운 대로 이렇게 고백한다. 자신도 하나님의 형상대로 지음받은 사람을 함부로 대함으로써 그분을 함부로 대했다고 말이다. 우리는 내가 대접받고 싶은 대로 이웃을 사랑하고 존중하지 못했다. 다시 말해서 복음을 깨달은 모든 기독교인은 자신도 여태 압제자였음을 인정한다.

거짓말할 때 우리는 상대의 권리인 진실을 박탈한다. 약속을 어길 때 우리는 상대의 권리인 선을 박탈한다. 자기보다 가난한 사람에게 마음을 닫을 때 우리는 상대의 권리인 생계를 박탈한다. 기독교인은 자신에게 압제자의 마음이 있는데도 은혜로 구원받았음을 안다. 그러므로 압제자를 상대할 때도 우리는 단호한 결의로 용감히 행하되, 복음의 가르침대로 독선적이거나 거만한 자세는 버린다. 상대가 미워해도 우리는 그를 미워할 수 없고, 상대가 압제자로 보여도 그를 압제하며 그 압제를 정당화할 수 없다.

예수 그리스도의 복음은 압제 없는 절대 진리를 내놓는다. 이 진리는 우리 바깥의 규범을 제시해서 무익한 상대주의와 이기적인 개인주의에서 벗어나게 하지만, 결코 남을 압제하는 도구가 될 수는 없다. 테리 이글턴에 따르면 "신앙은 각종 사회 체제가 존재하는 이유를 정당화하는 근거로 이용된다. 그러나 신앙이 그런 부담을 벗을 수만 있다면 홀가분하게 본연의 목적을 되찾아 오히려 그런 모든 정치를 비판할 수 있다." 그는 또 이렇게 믿는다. "신앙이 공중도덕에 더해 주는 요소는 무슨 초자연적인 지원이 아니라 다음과 같은 심히 불편한 소식이다. 즉 우리 삶의 형태가 정의와 연민의 공동체로 거듭나려면 철저한 해체를 거쳐야 한다. 빈민과 약자와 연대하는 것이 그 해체의 징후다. 바로 거기서 새로운 형태의 신앙과 문화와 정치가 태어날 수 있다."[50]

Part 3

Making Sense of
GOD

당연하게 따르던 '모든 것'을 다시 생각하라

미로를 헤매는
현대 세속주의의

출구 찾기

11

{
# 하나님을 신앙하는 것,
# 가장 말이 되는 선택이다

—— 믿지 않을 때보다 믿을 때 더 삶이 이해된다면 ——
}

○

만약 당신이 현대의 세속적 관점 편에 서서 이 책을 펴 든 사람이라면, 장기적으로 종교가 쇠퇴할 거라 짐작하고 있었을 것이다. 종교의 필요성을 보거나 느끼는 사람이 점점 줄어들 테니 말이다. 또 종교란 순전히 믿음의 문제고, 세속주의가 더 이성적이고 과학적인 관점이며, 신의 존재를 증명할 입증 책임이 신앙을 가진 사람 쪽에 있다고 아마도 생각했을 것이다. 나는 거기에 초점을 맞추어 이 책 1부에 그런 관점이 지나친 단순논리거나 중대한 오류임을 논증했다.

세계관을 비교해 보면 안다

앞서 논증했듯이, 종교는 쇠퇴하지 않는다. 현대 사회에서 더더욱 쇠퇴하지 않았다. 또 온갖 다양한 세속주의가 득세하는 것도 단순히 믿음의 부재 때문이 아니라 일련의 신념 문제다. 사실 "당신이 내게 신을 증명해야 한다"라는 말 자체도 일종의 합리주의를 선택해서 믿는 일이며, 오늘날 대부분의 철학자는 그 일을 고지식하다고 여긴다.

종교도 세속주의도 둘 다 명백히 증명될 수 없다. 둘 다 사고와 신념 체계이므로 서로 비교하고 대조해서 어느 쪽이 가장 말이 되는지 판정해야 한다. 즉 설명을 요하는 우리 지식과 경험을 어느 쪽이 가장 잘 해석해 주는가? 사회적 경험을 어느 쪽이 가장 잘 해석해서, 공동생활에 발생하는 문제를 처리해 주는가? 또 어느 쪽이 논리적으로 가장 일관성이 있는가? 요컨대 두 현실관 중 어느 쪽이 정서적, 문화적, 이성적으로 가장 말이 되는지 따져 봐야 한다.

이 시대의 주요 전통과 세계관을 이 책에서 다 비교할 수는 없었다. 예를 들어 힌두교나 불교나 이슬람교는 거의 논하지 못했다. 그러나 기독교와 서구 세속주의만은 분명히 비교 검토했다. 이를 위해 그것 없이는 살 수 없는 인생의 6가지 필수 요소를 살펴봤다. 바로 삶의 의미, 만족, 자유, 정체성, 희망, 정의다. 주제마다 상충되는 내러티브가 있어 각 필요를 이해하고 다루려는 세속적 방식과 기독교 방식이 병존한다. 영역별로 논증했듯이 세속적 내러티브는 대개 일부 옳긴 하지만 명백하지 못하며, 수많은 문제점을 안고 있다. 이어 우리 삶의 영역별 경험에 대한 기독교의 예리한 분석과 설명을 간단히 서술했다. 끝으로 각 장마다 타의 추종을 불허하는 기독교의 선물을 살펴봤다. 바로 고난조차 앗아 갈 수 없는 삶의 의미, 환경에 좌우되지 않는 만족, 피해를 주기는커녕 사랑을 더욱 깊어지게 하는 자유, 당신을 짓누르거나 남을 배제하지 않는 정체성, 당신을 압제자로 둔갑시키지 않는 도덕적 나침반, 죽음까지 포함해 무엇에든 맞설 수 있는 희망 등이다.

책 전체에 논증했듯이 기독교는 정서적, 문화적으로 가장 말이 되고 타당하다. 이제 우리는 하나님과 기독교를 믿을 만한 이성적 증거를 개괄할 수 있는 자리까지 왔다. 여기서 중요한 단어는 '개괄'이다. 기독교 신앙을 믿을 만한 탄탄한 증거와 논증을 탁월하고 상세하게 제시한 책은 많이 나와 있다. 나는 회의적인 시선으로 종교를 오해해 마음을 닫았거나, 종교에 관심 없거나 진지하게 생각조차 하지 않는 이들을 '기독교 진리의 광범위한 기초를 탐색하는 일이 현명하고 바람직하다고 여겨지는 자리'까지 인도하고 싶어 이 책을 썼다.

그래서 이번 장에서는 하나님의 존재를 믿는 게 이성적으로 정당한 일임을 개략적으로 논증할 것이다. 지금부터 약술할 기본 증거는 다른 책의 도입부 역할을 해 줄 것이다. 여기에 다 다룰 수 없는 더 충분한 논리는 다른 자료에 많이 나와 있다.

하나님은 분명 살아 계시다

전통적으로는 신자 쪽에서 비신자에게 하나님이 존재한다는 증거를 제시하도록 되어 있었다. 존재한다는 증거도 없는데 히말라야 설인(雪人)이나 네스 호(湖)의 괴물 따위를 믿을 사람은 없다. 그러니 입증 책임은 신을 믿는 사람 쪽에 있다는 것이다. 그러나 설인이나 괴물은 있더라도 세상 속에 있지만, 타종교도 마찬가지이고 성경이 말하는 하나님은 물리적 우주 속에 계시지 않는다. 그분은 존재 자체이시며 만유가 존재하는 기초이자 조건이다. 존재하는 모든 것은 매 순간 그분께 의존한다. 하나님이 없으면 아무것도 존재할 수 없다. 그런데 신을 믿지 않는 사람은 물체가 "저절로" 존재한다고 생각한다.[1]

그래서 철학자 C. 스티븐 에번스는 신의 존재를 판가름하는 일은 물질세계 내에 있는 그 무엇의 존재를 판가름하는 일과는 다르다고 썼다. "신을 믿으면 곧 우주의 특정한 속성을 믿는 것이고, 신을 믿지 않으면 곧 우주의 …… 속성이 아주 다르다고 믿는 것이다."[2] 하나님을 믿는 사람들이 역설해 왔듯이, 하나님의 존재는 마치 그분이 물체인 양 경험적으로 입증될 수 없다.

대신 많은 종교 철학자의 말대로 하나님의 존재는 논리적으로 추론될 수 있다. 많은 과학 이론과 특히 물리학 이론이 이런 식으로 수립된다.[3] 이론 1이 자료(우리 눈에 지각되는 내용)를 이론 2보다 더 잘 설명한다면, 이론 1이 이론 2보다 더 합리적이다. 물론 이것이 실험실의 결론 같은 최종 증거는 아니다. 그러나 파동과 입자와 빛과 분자에 대한 대부분의 이론은 이런 식으로 수립된다. 비슷하게 신의 존재를 증명하는 논증도 하나님을 믿지 않을 때보다 믿을 때 세상이 이성적으로 더 말이 된다고 주장한다. 그래야 자료 곧 우리가 세상에 대해 보고 아는 내용이 설명되기 때문이다.

하나님의 존재를 증명하는 논증은 많은데 여기서는 여섯 가지만 제시하고자 한다. 각각 존재, 미세조정, 도덕의 실재, 의식, 이성, 아름다움 등에 기초한 논증이라 할 수 있다.

경이로운 우주를 보라

하나님의 존재를 논증하는 방법 중 하나는 존재 자체로부터 그분의 존재를 추론하는 것이다. 무에서 유가 나올 수는 없다. 모든 것은 이미 존재하는 무엇으로부터 와야 한다. 그렇다면 원인 없이 존재하는 어떤 독특한 존재가 있어야만 한다는 뜻이다. 그 존재는 무에서 나오지 않았고, 자기 자신의 원인이자 다른 모든 것의 근원이다. 존체 자체이신 이 존재가 바로 하나님이다. 요컨대 모든 자연에는 원인이 있으므로 원인 없이 존재하는 초자연적 존재가 있어야만 한다. 만유는 그 존재에서 비롯됐다.

이 논증에 대한 반응은 두 가지다. 하나는 최초의 원인은 없고 원인의 "무한한 소급"만 있을 뿐이라는 것이다. 하지만 연쇄되는 사건에 시발점이 없다면 이는 과학이 아니다. 그렇다면 그런 연쇄가 어떻게 시작될 수 있었단 말인가? 또 다른 흔한 반응은 '모든 일에 원인이 있다면 신을 존재하게 한 원인은 무엇인가?'라는 논리로, 물질은 그냥 늘 존재했다고 주장하는 것이다.

이 두 반론은 신의 필요성을 부정하려 하지만 역설적이게도 여전히 초자연을 믿으라고 요구한다. 신이 존재하지 않는다면 본래의 물질은 무에서 나왔거나, 원인 없이 늘 존재했거나, 시발점 없이 원인이 무한히 소급된다. 각 입장마다 과학의 영역을 벗어나 우리가 아는 우주 밖으로 나간다. 기적과 다를 바 없다. 어떤 존재나 물리적 과정이 무에서 나왔거나 시발점이 없다면, 이는 과학이 아니기 때문이다.

그러므로 일치된 역설적 결론인즉, 현대 과학은 세상의 실존을 설명할 능력이 전혀 없다는 것이다. 세상이 어떻게 생겨났든 그 원인은 자연 바깥 또는 초자연적인 무엇일 수밖에 없다. 이렇듯 초자연적 신의 존재에 대한 논증을 부정하는 사람도 사실은 그 논증을 지지하고 있다. 이 물질세계가 우주의 전부일 수는 없다.[4]

이것은 하나님에 대한 결정적 증거인가? 아니다. 성경이 말하는 거룩하고 전능하신 인격신의 존재는 그것으로 입증되지 않기 때문이다. 그러나 이는 자연 세계 너머에 그 자연 세계를 존재하게 했고 지금도 지탱시키는 뭔가가 있다는 강력한 증거다.

위 몇 문단의 논리 전개가 약간 따분하게 느껴질 수도 있다. 그러나 우주의 존재 자체는 우리 오감에 더 직접 증거를 제시한다. 앞서 봤듯이 알베르 카뮈는 신도 없고 우주에 아무런 의미나 설명도 없다고 믿었다. 그럼에도 그게 부조리하게 느껴졌다. 우주에 의미와 목적이 있어야만 한다고 느껴졌다. 어떤 사상가는 카뮈의 모순을 지적했다. 그러나 우주가 너무 신비롭고 경이로워 그냥 저절로 존재할 수는 없음이 카뮈에게 지각됐을 뿐인지도 모른다. 신비한 우주는 많은 사람에게 우주 너머의 뭔가를 가리켜 보이는 증거가 된다. 우주의 경이를 하나님이 실존하신다는 설득력 있는 징후로 보는 사람이 많다.[5]

창조 설계를 직관으로 느끼다

하나님을 증명하는 또 다른 논증은 세상의 명백한 미세조정 및 설계와 관계된다. 최근에 많은 기독교 사상가가 물리학의 여러 상수를 지적했다. 빛의 속도, 일정한 중력, 강하고 약한 핵력의 세기 등 이 모든 수치가 거의 정확히 현재와 같아야만 유기적 생명체가 존재할 수 있다. 여러 개의 눈금판을 전부 일정하게 맞춰야만 하는 셈인데, 그 모두가 지금처럼 일제히 생명을 허용하도록 조정될 확률은 약 10^{-100}이다. 가능한 조정 상태는 무한대인데 그중 지구상에 생명이 출현할 수 있는 상태는 하나뿐이다.

예화로 거기에 담긴 의미를 도출해 볼 수 있다. 총살대 앞에 선 사형수가 있다고 하자. 열 명의 정예 사격수가 불과 3미터 거리에서 사형수에게 총을 쏜다. 그런데 전부 빗나간다. 우연일 수 있을까? 그렇다. 그날 아침 열 명 다 술 취한 상태이거나 하필 재채기나 기침이 나와 총알마다 과녁을 벗어날 수 있다. 그러나 뭔가 음모가 있어 누군가가 고의로 그렇게 설계했다는 게 더 합리적인 결론이다.

마찬가지로 하나님을 믿는 사람은 창조자와 설계자가 있는 우주라야 우주의 미세조정이 훨씬 더 말이 된다고 주장한다. 논점을 교묘히 피해 신의 존재 가능성을 아예 차단하지 않는 한 말이다. 우주의 모든 상수가 어쩌다 저절로 생명체에 꼭 맞게 조정됐을 개연성은 없다. 의도적인 설계가 있었다고 보는 게 더 합리적인 결론이다.[6]

이것은 결정적 증거인가? 아니다. 신이 없기보다 있을 가망성이 더 높다는 논증일 뿐이다. 그러나 이 논증은 정말 위력이 있다. 많은 무신론자가 여기에 대응해야 할 의무를 느끼고, 대부분 "다중 우주론"으로 맞선다. 서로 다른 우주가 무한대로 많아 그중 일부나 하나는 생명체에 맞게 조정될 수밖에 없다는 논리다.

하지만 MIT 교수 앨런 P. 라이트먼(Alan P. Lightman)은 〈하퍼스 매거진〉(Harper's Magazine)에 "우연한 우주: 과학에 닥친 신앙의 위기"를 말했다. 그의 말마따나 미세조정 논증은 과학자들이 다중 우주론을 들고 나올 정도로 탄탄하다. 그들의 다중 우주론에 일말의 증거도 없고 시험할 방도도 없는데도 말이다.[7] 다시 말해서 인간은 믿음의 큰 도약으로 우주를 설계한 신이 있다고 믿든지, 아니면 믿음의 큰 도약으로 그런 신이 없다고 믿든지 둘 중 하나다. 이로써 이 논증의 위력이 증언된다.

우주의 존재와 마찬가지로, 세상에서 지각되는 질서와 설계도 굳이 일련의 세세한 논리적 명제가 아니더라도 인간의 직관에 직접 작용한다. 저명한 내과의사 루이스 토머스(Lewis Thomas)는 "나는 우연 이론과 화해할 수 없다. 자연이 목적 없는 맹목적 우연이라는 개념을 용납할 수 없다. 하지만 그 자리를 무엇으로 채워야 내 사고가 정리될지 모르겠다"라고 썼다. C. 스티븐 에번스에 따르면 토머스는 지각되는 설계의 "징후에 마음이 끌린" 사람이다.[8] 에번스가 또 지적했듯이, 위대한 철학자 임마누엘 칸트는 설계 논증이 신에 대한 엄밀한 증거는 아니라고 단정하면서도 "자연 어디에나 보이는 수려한 질서, 아름다움, 섭리"에 자주 감동했고, 거기서 "지혜롭고 위대한 세상의 창시자에 대한 믿음"이 자연스럽게 싹튼다고 봤다.[9]

세상에는 '객관적인 도덕적 의무'가 존재한다

하나님을 증명하는 셋째 전통적 논리는 이른바 도덕 논증이다.[10] 일각에서는 이를 가장 강력한 논증으로 본다.[11] 9장에서 이런 추론 방식을 충분히 논의했으므로 여기서는 요약만 하고 넘어가려 한다.

대부분의 사람은 도덕적 감정만 아니라 도덕적 의무도 존재한다고 믿는다. 도덕적 감정이라는 실재를 설명하는 데는 굳이 신이 필요 없다. 그러나 인간에게는 어떤 행동은 감정과 무관하게 나쁘다는 믿음도 있다. 남에게 "설령 개인적으로 옳게 느껴지더라도 당신은 이런 행동을 하지 말아야 할 의무가 있다"라고 말한다. 이런 의무의 기초는 도대체 무엇일까? 신이 없다면 도덕적 의무는 진화생물학이나 문화에서 기인한 환영처럼 보인다. 하지만 웬만한 사람은 모든 도덕 가치를 환영으로 치부하지도 않을뿐더러 어떤 행동은 절대적으로 악하다고 주장한다. 그러므로 도덕적 의무는 신 없는 비인격적 우주보다 인격신이 창조한 우주에서 더 말이 된다. 우리는 그 신에게 책임을 받았음을 직관적으로 느끼는 것이다.

도덕 논증의 또 한 갈래는 인권의 문제다. 왜 모든 인간에게 생명과 자유의 평등한 권리가 있다고 믿어야 하는가? 세속주의의 한 답은 인권이 있어야 사회가 가장 잘 돌아감을 알았기에 우리가 법으로 인권을 만들어 낸다는 것이다. 하지만 만들어 낸 인권이라면 다수결 투표로 제거될 수도 있다. 대부분의 서구 세속주의자는 권리란 제거될 수 없으며, 압제 정부에서 법으로 인정하든 말든 "엄연히" 존재한다고 답할 것이다.

우리가 지어내는 게 아니라면 인권은 어디서 오는가? 행여 누가 인권은 지어내는 게 아니라 그냥 자연스러운 고유 개념이라 답한다면 당장 이런 반론에 부딪친다. 자연은 그런 게 아니라 인정사정 봐주지 않는다고 말이다. 약육강식으로 진화하는 삶에서 인권의 개념이 자연스러울 이유는 없다. 그런데 인권은 왜 존재하는가? 역사가에 따르면 권리의 개념은 성경의 하나님을 믿는 사회에서 출현했다. 그게 하나님이 존재하신다는 증거는 아니다. 그럼에도 인권은 하나님이 창조하신 우주에서 더 말이 된다. 하나님 없이는 인권이 왜, 어떻게 존재하는지 설명하기 어렵다.

도덕 논증 역시 인격신의 존재를 입증하지는 못한다. 그러나 이 세상 너머의 무엇을 생생히 가리켜 보인다. 과학으로 증명되는 자연적 원인 외에는 아무것도 믿지 않는 골수 유물론자도 도덕적 의무와 인권만은 믿지 않을 수 없어, 이를 설명하느라 몹시 쩔쩔맨다. 토머스 네이글은 이렇게 썼다.

> 내 확신은 변함이 없다. 고통은 그저 우리가 싫어하는 무엇이 아니라 정말 악하고, 기쁨은 그저 우리가 좋아하는 무엇이 아니라 정말 선하다. …… 대다수 사람도 그렇게 믿을 것이다. …… 다윈주의 설명에서는 이것이 환영으로 치부될 수밖에 없다. 아마도 객관성이라는 환영

일 텐데, 이 환영 자체도 번식 적합성에 기여했으므로 자연도태의 산물이다.[12]

"다윈주의의 과학적 성과"에도 불구하고 네이글은 "기본적 가치 판단의 객관성이 결코 환영이 아니라는 직관적 확신을 다윈주의로 무너뜨리기에는 역부족이다"라고 결론지었다.[13]

여기서 우리는 도덕 논증의 위력을 본다. 객관적 절대 도덕과 도덕적 의무를 환영으로 받아들일 수 없다면, 당신도 네이글처럼 가시적 물질 세계 너머에 그 세계를 설명해 주는 뭔가가 있어야 함을 수긍할 수밖에 없다. 그게 무엇인지는 확실히 모를지라도 말이다.

인간의 두뇌 활동과 사고의 연관성

하나님의 존재를 증명하고자 흔히 제시해 온 논증으로 세 가지가 더 있다. 하나는 인간의 의식과 관계된다. 네이글에 따르면 인간의 "의식은 물리적 과학이라는 자원에만 의지해" 실재를 설명하려는 "포괄적 자연주의의 가장 두드러진 장애물이다."[14] 왜 그럴까?

네이글이 "박쥐가 된다는 것은 무엇일까?"라는 유명한 글에서 말했듯이, 특정 존재가 됐다는 자기만의 느낌이 있다면 그 존재에는 의식적 정신 상태가 있다.[15] 데이비드 벤틀리 하트는 생물학만으로는 설명하기 힘든 의식의 놀라운 특성을 열거했다. 우선 그는 네이글이 말한 "특질"로 시작한다. 인간의 모든 경험에는 주관적 특성이 있다는 뜻이다. 나는 붉은 장미를 의식할 뿐 아니라 장미에 대한 내 의식도 의식한다. 그 장미가 내게(내 아내에게는 아닌) 어떤 의미인지를 의식한다. 의식의 또 다른 표증은 특정 물체와 사건에 대해 추상적 개념과 추론을 이끌어 내는 능력이다. 이런 추상화는 오감으로 지각되는 물체 간의 물리적 유사성을 초월해서, 많은 복잡한 차원으로 뻗어 나간다. 또 심리 철학자들이 지적하듯이 인간은 과거와 현재를 서로 연관시켜 과거와는 전혀 다른 미래를 그려 낼 수 있다. 그런가 하면 세상의 난해한 수학적 구조를 지각하고, 복잡한 수학 연산도 풀 수 있다.[16]

이 모든 개념 형성과 자의식의 요소를 어떻게 설명할 것인가? 세속적인 사상가는 이 모든 정신 상태를 첫째는 뇌 속에 발생하는 순전히 중립적 사건의 부산물로, 둘째는 진화 과정에서 오로지 선조들의 번식 적합성을 높여 줬기 때문에 개발된 결과로 설명할 수밖에 없다. 그러나 복잡한 수학과 추상적 철학을 수행하는 능력이 어째서 선조들이 생존하는 데 유리했는지 설명하기 어렵다.[17] 철저한 유물론자 스티븐 핑커도 어쩔 수 없이 이런 논증에 수긍한다. 그런 능력이 왜 개발됐는지 그도 모른다.[18] 다만 자아를 성찰하는 능력과 기타 의식의 특성 대부분을 그는 진화 초기에 정말 유용했던 여타 능력에서 우연히 나온 불필요한 잉여의 산물로 본다.

그러나 이런 억지 끼워 맞추기 식 설명을 설령 받아들인다 해도, 아무도 두뇌 활동과 사고의 연관성을 과학으로 설명할 수 없다. 사고에 뇌의 화학 작용이 개입되는 거야 알지만, 그렇다고 사고가 화학 작용으로만 생겨난다는 증거는 아니다. 또 전기화학 작용에서 어떻게 소위 사고가 생성될 수 있는지 밝혀 낸 사람도 없다. 이렇듯 의식은 인간의 번식 적합성의 수단으로만 설명될 수 없으며, 신경화학에서 어떻게 주관적 경험이 생성되는지 아무도 설명할 수 없다. 그런데도 많은 과학자는 이 모두가 밝혀지는 일이 시간문제일 뿐이라고 주장한다.

그러나 과학의 진화론적 설명이 반드시 필요하다고 주장하려면, 물질이 아닌 초월적 실재는 있을 수 없다고 전제해야 한다. 앞서 봤듯이 이는 과학적 가설이 아니라 철학적 전제다. 현 상태에서 인간 의식은 자연세계 너머의 뭔가를 가리켜 보인다.

의식 전체를 신경화학으로 설명하려는 시도에는 다른 문제가 더 있다. 앞서 봤듯이 사람들은 도덕적 의무를 유전자에서 기인한 환영이라고 받아들이지 않는다. 마찬가지로 대부분의 사람은 우리의 관념과 희망과 사랑이 화학 작용에 불과하다고 믿기도 어렵다. 유수한 분자생물학자이자 신경과학자인 프랜시스 크릭(Francis Crick)은 이런 유명한 글을 썼다. "사실 당신과 당신의 기쁨과 슬픔과 기억과 야망과 정체감과 자유 의지는 다 신경 세포 및 관련 분자의 방대한 결합 행위에 불과하다."[19] 하나님이나 영적차원이 존재하지 않는다면 그게 거의 논리적 결론일 것이다.

요컨대 사랑의 감정에 대한 우리 의식은 정말 유전자가 유전 암호를 전수하는 방식에 불과한가? 의미 있다고 의식되는 사랑의 감정은 도덕적 의무감만큼이나 철저히 환영일 뿐인가? 핑커와 제리 코인처럼 한결같은 골수 유물론자는 그렇다고 말한다. 그러나 네이글 같은 무신론자를 포함한 대부분의 사람은 우리 이상과 사랑과 심오한 통찰이 전기화학 작용으로 환원될 수 있다는 데 동의하지 않을 것이다. 데이비드 스킬은 "개념 형성에 아무런 진정한 의미도 없다는 주장," 즉 본질상 그것이 더 중요한 정신 능력의 불필요한 부산물이라는 주장은 "왠지 못내 만족스럽지 못하다"라고 썼다.[20]

당신의 자의식, 자유로운 선택, 현실을 돌아보는 능력을 당신은 인간됨의 핵심이라 믿는가? 사랑을 의미 있게 느끼는 당신의 의식이 유전자가 만들어 낸 환영이 아니라고 믿는가? 그렇다면 당신은 물리적 실재가 전부라는 관점을 어떻게든 거부해야 한다. 의식과 개념 형성은 개념을 형성하시는 의식적인 하나님이 창조하신 우주에서 훨씬 더 말이 된다.[21]

인간의 이성 능력과 아름다움

지난 두 세대 동안 하나님의 존재를 증명하는 다른 논의가 나타났는데, 이를 "이성에 기초한 논증"이라고 부른다. 주된 주창자는 철학자 알빈 플란팅가다.[22]

이 논증은 인간의 이성 능력이 자연도태의 산물이라는 즉 진화를 통해 인간의 이성 능력이 생겼다는 가정부터 따지고 들어간다. 뇌과학자이자 철학자인 패트리샤 처칠랜드(Patricia Churchland)는 "본질상 …… 신경계는 신체 부위들에 질서를 부여하여 유기체가 생존하게 하는 데 주력한다. …… 진리가 무엇이든 당연히 그 진리는 맨 뒤로 처진다"라고 말했다.[23] 그녀의 요지에 따르면 우리 뇌는 생존을 가능하게 하기 위해서만 진화해 왔으며, 많은 생명체가 이성 능력이 전혀 없이도 그 일을 아주 잘하고 있다.

즉 우리 뇌의 이성적 능력은 실재에 대한 참된 신념을 가져다주려고 진화한 게 아니라, "먹고 도망가고 싸우고 번식하는" 데 필요한 것을 제공하려고 진화했다는 것이다.

물론 우리는 이성적 역량이 작동하여 실재에 대한 진리를 말해 준다고 느끼고 믿을 수 있으나, 기억해야 할 게 있다. 진화론적 자연주의에 따르면, 우리의 유전자가 객관적인 도덕적 의무가 존재하고 사람과 사상이 의미 있다고 느끼도록 우리를 이끄는 것이다. 사실 진화론적 심리학자들은 인간이 꾸준히 신과 초자연에 대한 신앙을 가져온 것도 우리 선조들의 생존에 유리했기 때문이라고 주장한다. 인류 대부분이 신의 존재를 지각하건만, 유물론적 자연주의에 따르면, 그런 인식은 그저 우리의 번식에 유리하도록 우리의 유전자가 우리에게 주는 착각이다.

그러면 여기서 질문이 생겨난다. 도덕적, 종교적 감수성이 진리를 말해 준다고 보장할 수 없다면, 그리고 그것은 단지 환경에 잘 적응하도록 하기 위해 진화가 주는 착각이라면, 우리의 이성이 진리를 말해 준다고 어떻게 믿을 수 있는가? 진화론적 회의론의 칼을 도덕과 종교에는 들이대고 이성에만 적용하지 않는 건 매우 불공정한 처사다.

물론 이것은 유물론 전체에 치명타가 된다. 유물론이 이성으로만 실재를 이해할 수 있다는 확신에서 출발하기 때문이다. 토마스 네이글은 "진화론적 자연주의는 우리의 이성 능력에 대한 신뢰를 떨어뜨리며, 그것은 또한 진화론적 자연주의 자체를 불신하게 한다"라고 썼다.[24] 자연주의라는 이론을 낳은 이성을 믿을 수 없다면, 자연주의 자체도 믿을 수 없는 것이다.

끝으로 하나님을 증명하는 논증 가운데 논리적 정밀성은 가장 낮지만 인간적으로 가장 매력 있는 것은 아름다움에 기초한 논증일 것이다. 1장에서 이 주제를 잠깐 다루었다. 모든 인간은 다양한 예술과 사상에서 아름다움과 깊은 감동을 느낀다. "아름다움은 우리에게 사상만으로는 흔히 이루어 낼 수 없는 물리적 영향을 미친다. 거기에는 동경과 아울러, 아름다움이 본래처럼 영속적이지 못하다는 느낌이 혼합되어 있다."

데이비드 스킬에 따르면, 아름다움이 실존하긴 하되 거기에 반영된 우주가 본연의 모습에서 크게 벗어나 있다는 이 지울 수 없는 의식이야말로 "아름다움의 역설"이다.[25]

앞서 봤듯이 인간이 갈망하는 아름다움을 대하는 과학의 흔한 설명 하나는, 식량을 풍성하게 생산해 낼 만한 특정한 풍경을 선조들이 아름답게 인식했다는 것이다.[26] 하지만 거주하기에 부적합한 사막 같은 풍경이 왜 아름다워 보이는지는 그것으로 설명되지 않는다. *The Art Instinct*(예술 본능)의 데니스 더튼(Denis Dutton)처럼, 우리의 미적 감각이 자신을 과시해 배우자감에게 매력을 풍기거나 상대의 건강과 번식력을 알아차려야 할 필요성에서 기원했다고 주장하는 사상가도 있다. 하지만 "떡 벌어진 어깨, 균형 잡힌 엉덩이 …… 등에 자극받거나 흥분하는 일은 특정한 색조의 배열, 귓가에 쟁쟁한 후렴구, 황홀한 시상(詩想) 등에 감동하거나 매료되는 일과는 다르다." 후자의 무엇 하나도 번식 적합성과는 털끝만큼도 상관이 없어 보인다.[27]

반면에 데이비드 벤틀리 하트의 말처럼, 한없는 아름다움이 유용성 때문인 경우는 드물다. 사실 쓸모를 따질 때는 대상을 목표의 수단으로 보지만, 아름다움은 달라서 "순전히 선물"이다. 아름다움은 즉시 깊은 만족을 주되 내게 무슨 유익을 끼쳐서가 아니라 그 자체로 그렇다. "아름다움은 전혀 당연하지 않고 불필요한, 그러면서도 놀랍도록 안성맞춤인 선물로 우리에게 다가온다."[28] 하트에 따르면 그 어떤 아름다움도 "균형이나 조화나 배열이나 명암"으로 정의되거나 축소될 수 없다. 아름다움은 "신비롭고 헤프고 종종 뜻밖이며 변덕스럽기까지 하다." 황량한 들판이나 폭풍으로 파괴된 숲에서 "뭔지 모를 묘한 영광"이 복병처럼 우리를 덮칠 수도 있다.[29]

결국 아름다움에 기초한 논증은 인간의 의식과 도덕적 실재에 기초한 논증과 아주 비슷하게 작용한다. 진화론적 자연주의는 우리의 미적 감각이 왜, 어떻게 작용하는지를 개연성 있게 설명하지 못한다. 이에 따르면 '의미 있는 아름다움'이란 그저 환영일 뿐인데, 대부분의 사람은 우리 삶에 큰 의미를 부여해 주는 미적 경험을 그런 식으로 설명하는 단순논리를 받아들이지 않을 것이다.

기독교에서 설명하는 "아름다움의 역설"이란 우리를 둘러싼 세상이 선하되 더럽혀졌다는 인식이다. 추한 면은 고유의 상태가 아니며 사실 본래의 설계에는 없었다.[30] 오히려 달이 햇빛을 반사하듯이 우리 눈에 보이는 세상의 영광은 창조주의 아름다움을 반사해 준다(시 19:1-6 참조).

뤽 페리가 도덕, 의식, 이성, 아름다움 등의 논증을 잘 요약했다. 그에 따르면 자신이 경험하는 "진리, 아름다움, 정의, 사랑은 …… 유물론자가 뭐라고 말하든 본질상 항상 초월적이다." 이 말은 "수학적 진리도 예술 작품의 아름다움도 도덕적 삶의 의무도 내가 만들어 낼 수는 없다. …… 마치 딴 세상에서 오듯 그것들이 나를 덮쳐 온다"라는 뜻이다. 그는 또 "윤리적 가치를 내가 선택할 뿐이라는 논증은 내게 전혀 설득력이 없다"라고 덧붙였다.[31] 이런 것은 우리 마음과 사고에 표징으로 새겨져 우리가 하나님을 볼 수 있도록 돕는다.

하나님을 믿지 않는 것도 '믿음'의 행위다

지금까지 살펴본 모든 논증과 표징은 기독교 신앙을 강요할 만큼 강하지는 못하지만, 이로써 기독교 신앙이 철저히 합리적인 일이 되는 것만은 분명하다. 사실 이는 하나님을 믿지 않는 쪽보다 믿는 쪽이 더 합리적이고 맹신이 덜 필요하다는 논증이다. 신이 없다는 당신의 전제에서 지극히 자연스럽게 도출되는 결론들이 명백히 사실과 다르다면, 즉 도덕적 의무와 아름다움과 의미, 사랑의 유의미성, 자아의 의식 등이 다 환영이라고 결론지어진다면 그 전제를 수정하지 않을 까닭이 무엇인가?

결국 하나님을 믿지 않는 것도 믿음의 행위다. 세상과 그 안의 만물과 깊은 수학적 질서와 물질 자체가 외부의 출처 없이, 그냥 주어진 사실로 저절로 존재한다고 입증할 길이 없기 때문이다. 신이 존재한다는 이론은 현실에 부합하는데 신이 존재하지 않는다는 신념은 그렇지 못하다면, 일단 잠정적으로라도 신이 존재한다는 이론을 받아들이고 더 알아보지 않을 까닭이 무엇인가?

12

기독교 신앙은
답을 줄 수 있다

—— 철학적 추론이 아니라 예수 자체가 논증이다 ——

○

많은 사람이 지적하기를 이상의 논증으로는 신의 존재를 증명하지도 못할뿐더러, 그나마 그 신도 성경이 말하는 거룩하고 전능하신 사랑의 하나님이 아니라 "최초의 원인" 즉 막연한 추상적 타자에 불과하다고 말한다. 그러나 소위 신의 존재 증명은 하나님을 구체적으로 기술하려는 목적이 아니다. 이런 논증을 하는 주 목적은 "[세속적] 자연주의로는 불충분함을 드러내고" 자연 바깥에 아마도 초월적인 무엇이 있음을 보이는 것이다.[1] 이런 "유신 논증"은 수세기 전부터 있었다. 그러나 오늘의 세상에서 이를 활용할 때는 목표를 분명히 하되 분수를 지켜야 한다. 주로 이런 논증은 "자연주의와 유물론이 이성적 우주관의 기본값이라는 …… 독단적 확신을 뒤흔드는" 수단이다.[2]

하나님을 구체적으로 아는 주된 방법은, 우리의 철학적 추론이 아니라 그분의 자기계시를 통해서이고, 우리의 사고가 먼저가 아니라 그분이 해 주시는 말씀을 통해서다. 물론 기독교인은 하나님이 그 일을 예수님을 통해 해 주셨다고 믿는다. 자신에 대한 예수님의 주장이 사실이고 그분이 죽음에서 다시 살아나셨다면, 이는 하나님이 존재하실 뿐 아니라 예수님이 바로 신구약 성경의 그 하나님이라는 강력한 증거다. 그러므로 기독교를 믿어야 하는 이유의 주된 논증은 예수님 그분 자체다.

기독교인이 예수 그리스도라 부르는 사람은 역사상 단연 가장 영향력 있는 인물이다. 이 책 전체에서 봤듯이 서구 문명은 대부분 성경과 특히 기독교 신학으로 형성됐다. 심지어 오늘날 세속주의가 보여 주는 인본주의 가치의 흔적도 기독교적 관점에서 비롯됐다.

예수님의 영향력은 과거에만 국한되지도 않는다. 오늘날 세계 인구 중 기독교인의 비율은 이전 어느 때보다도 높다. 기독교에 새로 더해지는 사람 수는 하루 5만 명이 넘고 매년 1900만 명이 조금 못 된다.[3] 예수님을 따르는 사람들의 운동은 처음 중동의 발상지에서 온 사방으로 퍼져 나갔다. 유럽으로만 아니라 북아프리카, 터키와 아르메니아, 페르시아와 인도로 확산됐다. "기독교는 유럽 종교이기 오래전부터 세계 종교였다."[4] 7장에서 봤듯이 오늘날에도 기독교는 세계 모든 대륙에 가장 고르게 분포되어 있다. 요컨대 "다른 어떤 종교도 …… 여태 인류의 문화적 경계를 이토록 광범위하게 뛰어넘어 각양각색의 문화적 정황 속에 정착하지 못했다."[5]

19세기 미국 남부에서처럼 압제를 정당화하는 데 예수님이 이용됐을 때도, 흑인 노예들은 지배 세력에 저항할 영감과 힘을 예수님에게서 얻었다. 근대 초기에 기독교가 유럽과 미국 제국 및 식민주의와 너무 밀접하게 얽혀 있었음에도 불구하고, 오늘날 가장 생명력 있고 규모가 큰 기독교 인구는 대부분 백인과 서구인이 아니다. 예수님을 붙잡아 제국주의적 목적에 동원하려는 시도가 수없이 많았으나 그분은 늘 빠져 나가셨다.[6]

"역사상 행진했던 모든 군대, 개회했던 모든 국회, 통치했던 모든 군왕"도 "이 한 고독한 생애"만큼 세상에 영향을 미치지 못했다.[7] 다소 지나치게 표현했다 싶을 수 있으나, 사실 이 유명한 말을 논박하기란 어렵다. 예수님의 영향력이 그토록 큰 이유는 무엇인가? 이에 답하려면 그분의 생애와 말씀과 행적을 살펴보는 수밖에 없다.

사복음서, 목격담이요 역사다

그러나 예수님을 살펴보기에 앞서 그분에 대한 정보가 어디에서 나왔는지 출처를 평가해 봐야 한다. 그분이 뭐라고 말씀하시고 행동하셨는지 어떻게 알 수 있는가? 성경에 기록된 예수님 정보는 어느 정도 전설 일색이 아닌가? 그것을 곧이곧대로 믿어도 되는가?

예수님이 역사적 실존 인물임에는 역사학자들의 견해가 거의 전원 일치하지만,[8] 예수님 관련 정보가 대부분 나오는 신약성경의 마태복음, 마가복음, 누가복음, 요한복음 등 사복음서의 역사적 신빙성을 두고는 논란이 있다. 그러나 근년 들어 예수님의 생애를 기록한 복음서의 신빙성을 강력히 입증해 주는 학술서가 많이 나왔다.[9]

마가복음은 예수님이 죽으신 지 30년쯤 후인 약 AD 65년에, 마태복음과 누가복음은 그로부터 10년쯤 후에, 요한복음은 다시 그로부터 10년쯤 후에 기록됐다는 데 의견을 일치한다. 또 "모든 학자가 동의하듯이 복음서의 전승들은 본래 예수의 제자에게서, 그분을 만났고 사건들을 목격했고 그분의 가르침을 기억하는 다른 사람들에게서 기원했다."[10] 진짜 질문은 이것이다. '그분의 삶의 내용은 그 수십 년간 어떻게 보전됐다가, 어떻게 복음서 저자의 손에 들어가 기록됐는가?'

거의 한 세기 동안 "양식 비평"이라는 견해가 성경학을 지배했다. 양식 비평가들은 복음서가 민속 문학이자 구전의 산물이라 믿었다. 그들에 따르면 구전이란 공동체가 자기네 필요에 맞추고 자기네 의문에 답하려고 이야기를 마음대로 고치고 미화하고 다듬어 낸 결과물이다. 내용의 역사적 사실성 여부는 공동체의 관심사가 아니었다는 것이다. 이것이 예수의 삶에 대한 정보가 어떻게 복음서 저자들의 손에 들어갔는가라는 질문에 대한 양식 비평가들의 답이었다.

이 견해대로라면 복음서는 믿을 수 없으며, 참예수가 누구이고 무엇을 하셨는지 말해 주지 못한다. 그래서 많은 역사가가 성경에 축적된 전설의 "배후로 들어가" 본래의 진짜 역사적 예수를 찾으려 했다. 하지만 이렇게 "역사적 예수를 찾으려는 추구"의 결과는 줄잡아 말해도 일대 실망이었다. 잘 알려져 있다시피, 학자마다 자신의 신념을 반영해 예수를 만들어 내는 경향이 있기 때문이다. "양식 비평의 전제하에 수행된 …… 이 '추구'에서 그토록 잡다한 결과가 나왔다는 사실로 봐서, 거기에 쓰인 역사적 방법론은 신빙성이 떨어진다."[11]

그래서 지난 20년간 양식 비평가의 전제 자체가 공격받았다. 이제 더는 그런 전제를 당연시해서는 안 된다. 우선 전승에 대한 그들의 관점에서부터 시작해 보자. 예를 들어, 많은 무명의 취급자가 유럽의 민담을 마음대로 고쳤다. 그러나 근래에 인류학자들이 다양한 문화의 구전을 연구해서 밝혀냈듯이, 항상 그랬던 것은 아니다. 역사적 사건을 공동체가 본래대로 기억하려 할 때는 대개 이야기를 고치지 않고 그대로 전수해야 했다.[12]

무엇보다 중요하게 복음서 내용은 (유럽 민담처럼) 전수된 지 몇 세기 후에 기록된 게 아니라 사건 목격자들이 살아 있는 동안 기록했으므로, 구전 즉 구술 전승이라기보다 구술 역사 또는 역사 증언으로 보는 게 더 맞다.[13] 양식 비평가는 목격자들의 생전에도 교회가 예수의 삶의 이야기를 마음대로 주무르며 고쳤다고 가정한다. 또 그들은 다수의 직접 목격자가 생존해 있었고 많은 교회에서 존경받는 주요 인사였음에도, 복음서 저자들이 문서를 기록할 때 그들에게 자문하지 않았다고 가정한다.[14]

그러나 리처드 보컴은 《예수와 그 목격자들》(Jesus and the Eyewitnesses, 새물결플러스 역간)에서 그런 가정은 지극히 현실성이 없다고 역설했다. 고대 세계의 충실한 역사가들은 대개 목격자를 인터뷰했고, 그 증거로 작품에 이름까지 밝혔기 때문이다. 복음서 저자 누가도 책 서두에 정확히 그렇게 말했다. "처음부터 목격자 …… 된 자들이 전하여 준 그대로" 기록했다고 말이다(눅 1:2).[15] 보컴 등이 지적했듯이 당대의 역사 기술 관례대로 복음서에도 구레네 시몬, 그의 두 아들 루포와 알렉산더, 글로바, 말고 등 목격자의 실명이 수시로 등장한다.[16]

요컨대 양식 비평이 틀린 이유 중 하나는, 복음서가 전설로 뒤덮인 민간 전승이기에는 기록 시점이 너무 이르기 때문이다. 복음서는 목격담이고 역사다. 양식 비평이 잘못된 또 다른 이유는 복음서가 당시 문화와 공동체의 필요와 정서에 맞게 고쳐졌다는 징후가 보이지 않기 때문이다.

폴 에디(Paul Eddy)와 그레고리 보이드(Gregory Boyd)는 역작 *The Jesus Legend*(예수 전설)에 "예수님의 정체가 …… 마땅히 예배 받아야 할 야훼 하나님이라는 주장, 메시아가 십자가에 달린다는 개념, 일개 개인의 부활, 흐리멍덩한 제자들, 예수님이 끌어들인 볼품없는 군중" 등 복음서 기사의 특징을 많이 지적했다. 그들에 따르면 기독교인에게 이 모두는 예수 이야기의 매우 "당혹스러운 요소"였다. 하나같이 그리스 세계관과 히브리 세계관 둘 다에 지독히 어긋났을 뿐 아니라 기독교인을 조롱과 심하면 박해까지 당하게 했다.[17] 기독교인은 복음서에서 이런 내용을 다 빼거나 축소시킬 동기가 얼마든지 있었으나, 반대로 그런 요소가 본문에 두드러지게 나타난다. 따라서 이 이야기가 기독교 공동체의 필요에 맞게 윤색된 전설일 가능성은 매우 희박하다.

에디와 보이드는 보컴의 뒤를 이어 이렇게 덧붙였다. "이 이야기는

(그분을 대적하던 부류는 물론이고) 예수님의 어머니와 동생들과 첫 제자들이 아직 살아 있을 때 시작되고 받아들여졌다. 이 사실로 봐서 이게 전설이라는 설명은 더욱더 개연성을 잃는다." 결론적으로 이 두 저자는 "역사적 뿌리가 탄탄하지 않은 한, 그런 환경 속에서 그토록 단기간에 어떻게 이 이야기가 생겨났는지 이해하기 어렵다"라고 말했다.[18]

진리와 사랑이 조합된 성품

그렇다면 복음서에 드러난 예수님의 모습은 어떠한가? 한 가지 남다른 특징은 예수님의 외모를 묘사한 부분이 없다는 점이다. 현대 언론의 인물 기사에 인물의 생김새와 심지어 옷차림에 대한 말이 조금이라도 없다는 것은 상상도 못할 일이다. 우리가 사는 이 시대는 이미지와 외모에 관심이 깊다 못해 거의 강박적인 수준이다. 그런데 복음서의 강조점은 이를테면 그분의 피부색이 아니라 온통 성품에 있다. 게다가 그 성품은 탁월하다.

오랜 세월 동안 독자들에게 특히 강한 인상을 준 부분은 "예수 그리스도의 서로 다른 탁월한 면들의 절묘한 연합"이다.[19] 즉 그분은 한 사람 안에 공존할 수 없는 여러 자질과 덕목을 겸비하셨다. 겸비가 불가능해 보이는 것들이 겸비되어 있기에 빼어나게 아름답다.

예수님은 위엄이 높으면서도 지극히 겸손하시고, 정의에 온 마음을 다 쏟으면서도 놀라운 자비와 은혜를 베푸시며, 스스로 초월적으로 충분하면서도 하늘 아버지를 전적으로 신뢰하고 의지하신다. 연약하지 않은 부드러움, 매정하지 않은 담대함, 불안하기는커녕 당당한 확신에 찬 겸손 등은 보기만 해도 놀랍다. 누구나 읽고 확인할 수 있듯이 그분은 소신을 굽히지 않되 붙임성이 더없이 좋으시고, 진리를 고수하되 늘 사랑을 물씬 풍기시고, 강하되 둔감하지 않으시고, 정직하되 완고하지 않으시며, 열정적이되 편견이 없으시다.

예수님의 생애에서 가장 직관에 반하는 조합 중 하나는 복음서 어디서나 볼 수 있는 진리와 사랑의 조합이다. 지금처럼 그때도 사람들은 신념이나 행동이 잘못되고 부도덕해 보이는 부류를 배격하고 모욕했다. 그런데 예수님은 로마제국 점령군에게 부역하던 세리와 기꺼이 함께 음식을 드심으로써 모두를 놀라게 하셨다. 그러자 압제와 불의에 열렬히 항거하던 소위 "좌익"은 격노했다. 그분은 창녀들과도 반갑게 함께 먹어(마 21:31-32 참조) 전통 도덕을 지지하던 보수 "우익"의 반감을 사셨다.

예수님은 또 일부러, 나환자에게 다정히 손을 대셨다(눅 5:13 참조). 당시 신체적으로나 의식(儀式)상으로나 오염되고 부정한 사람들로 여겨졌지만 다른 사람과의 접촉을 누구보다 간절히 바랐던 사람들이었다. 그런가 하면 그분은 바리새인과도 수시로 함께 식사해서(눅 7:36-50; 11:37-44; 14:1-4 참조) 편협한 부류에게도 편협하지 않은 모습을 보이셨다. 자기를 십자가에 못 박는 원수들(눅 23:34 참조)과 가장 필요할 때 자기를 버린 친구들(마 26:40-43 참조)도 용서하셨다.

이렇게 예수님은 누구든 반기며 친구가 되셨지만, 그럼에도 놀랍도록 끈질기게 진리를 증언하셨다. 멸시받던 세리 삭개오는 자기를 품어

주시는 예수님의 사랑에 깜짝 놀랐지만, 회개하라는 그분의 부름을 듣고는 그간 정부를 등에 업고 일삼던 강탈과 갈취를 그만두었다(눅 19:1-9 참조). 사회에서 성적으로 부도덕하게 여겨지던 여자들을 대하실 때도 그분은 정중히 상대를 존중해 주변 사람을 충격에 빠뜨리셨다(눅 7:39; 요 4:9, 27 참조). 그런 그분이 사마리아 여인에게 실패 연속의 처참한 남자관계를 지적하시며, 여태 찾던 영혼의 만족을 그분의 영생에서 얻도록 부르셨다(요 4:13-18 참조). 간음하다 현장에서 잡힌 여자에 대한 유명한 기사에서도 예수님은 "나도 너를 정죄하지 아니하노니"라는 말씀 바로 뒤에 "가서 다시는 죄를 범하지 말라"라고 덧붙이셨다(요 8:11).[20]

이렇듯 직관에 반하지만 진리와 사랑이 찬란하게 공존하고, 정의를 향한 열정과 자비에 대한 헌신이 공존한다. 과연 예수님은 은혜와 진리가 충만하신 분이다(요 1:14 참조).

신약학자 크레이그 블롬버그(Craig Blomberg)가 설명했듯이 예수님 시대에 종교적으로 반듯한 부류는 세리와 창녀 같은 소위 죄인과 교류하거나 함께 먹지 않았다. 도덕적으로 오염될까 봐 두려워서였다. 그들은 깨끗하고 정결해진 사람과만 조건적으로 우정과 사랑을 나누었다. 그런데 예수님은 그런 지배적인 사회 관습을 거꾸로 뒤집어 도덕적, 사회적으로 버림받은 부류와 스스럼없이 함께 먹었다. 부정한 사람도 친구로 반기셨고 자기를 따르도록 부르셨다(막 2:13-17 참조). 그분은 그들한테서 오염될까 봐 두려워하신 게 아니라 오히려 자신의 온전한 사랑이 그들에게 전염되어 그들을 변화시킬 줄을 아셨고, 실제로 늘 그대로 됐다.[21]

융통성 있는 지혜자,
최고의 자유인

사람마다 특유의 "기질"이 있다고들 말한다. 우리 성격에 각기 일정한 기본값이 있다. 내성적인 사람도 있고 외향적인 사람도 있다. 거침없이 말하는 사람도 있고 말을 아끼는 사람도 있다. 앞장서서 이끄는 사람도 있고 합의를 구하는 사람도 있다. 더 이성적인 사람도 있고 더 직관적인 사람도 있다. 이것은 일면 우리의 약점으로 작용한다. 상황에 맞든 말든 대개 기질대로 반응하기 때문이다. 그래서 말을 아끼는 사람은 분명히 목소리를 내야 하는 상황에서 기회를 놓친다.

그런데 복음서에 나타난 예수님은 사상 최고로 융통성 있고 지혜로운 사람이다. 헛다리를 짚거나 말투가 어긋난 적이 없다. 부드러워야 할 때 강하거나 강해야 할 때 부드러운 모습도 그분에게서는 볼 수 없다. 명망 있는 종교 지도자에게 기탄없이 맞서신 그분이(요 3장 참조), 바로 다음 장에서 사회적으로 버림받은 여인을 온유하고 참을성 있게 대하신다(요 4장 참조).

마리아와 마르다 두 자매는 오빠의 죽음으로 둘 다 슬퍼하며 힘들어했고, "주께서 여기 계셨더라면 내 오라버니가 죽지 아니하였겠나이다"(요 11:21,32)라고 예수님께 한 말까지 똑같았다. 그런데 그분은 둘을 대하실 때 마르다에게는 진리로 반응하셨고("나는 부활이요 생명이니," 요 11:25) 마리아 앞에서는 아무 말 없이 울기만 하셨다. 한 여인의 병을 고쳐 주신 뒤에 공적인 증언을 명하신 그분이(막 5:30-34 참조), 청각장애와 언어장애가 있는 사람을 치유하실 때는 무리의 눈에 띄지 않는 데로 데려가 아주 은밀하게 하셨다(막 7:31-36 참조).

이렇듯 그분이 관계 맺는 방식에서 온전한 융통성과 완전한 지혜를 볼 수 있다. 그분은 각자에게 꼭 필요한 방식으로만 사람들을 대하셨으며, 그 방식이 무엇인지 언제나 정확히 아셨다.

복음서 독자들은 예수님의 자유에도 감명을 받는다. 그분은 편견이 없었다. 계층화가 굳어진 당대의 인종과 성의 장벽으로부터 늘 자유로운 모습을 보이셨다. 고하를 막론하고 모든 부류의 사람과 교류하며 함께 먹었다. 그분은 부자와 강자를 피하지 않았으나 그들의 인정(認定)에 의존하지 않으셨다. 구약성경의 진리에 깊이 헌신하셨지만 구약의 많은 율법과 교훈의 의미를 자유자재로 재해석하셨다. 그런가 하면 당대의 성경 해석법을 장악하던 랍비들의 잡다한 행동 수칙을 깨끗이 무시하셨다.

그분은 두려움으로부터도 자유로우셨다. 항상 사람들에게 "두려워하지 말라"라고 말씀하셨다. 풍랑을 두려워하지 말라(요 6:16-24 참조), 죽음을 두려워하지 말라. 그분의 손을 잡고 있으면 죽음은 잠에 불과하다(막 5:35-43 참조). 생애 끝에 결박되어 재판받으실 때에야말로 그분은 가장 자유로워 보이셨다. 한 재판관에게 하나님의 계획이 아니고는 그에게 아무런 권한도 없다고 당당히 말씀하셨다(요 19:11 참조). 어느 성경 주석가는 "재판 중의 예수를 생각해 보라. 그분은 피고인가 원고인가? …… 주관자는 그들이 아니라 그분이다. 자유를 다른 그 무엇보다 중시하는 이 시대에, 예수는 사상 최고의 자유인으로서 우리와 마주 서 계신다"라고 말했다.[22]

예수님의 말씀과 행적과 생애를 읽고 묵상한 사람들은 자기가 본 것을 제대로 묘사하고 설명할 방도를 모색했다. 그러다 그분 자신에 대한 예수님의 놀라운 주장이야말로 유일하게 앞으로 나아가는 길일 수 있음을 많은 사람이 점차 깨달았다. 한 작가는 그것을 이렇게 표현했다.

> 이 사람 예수를 생각해 보라. 저항할 수 없을 만큼 강력하고 일시에 전체를 보는 하나님의 통찰력이 그분 안에 있다. 이 통찰력은 그분이 휘청대며 반사하는 순간적인 번쩍임이 아니라, 인간의 지적 눈높이에 맞추어져 있는 동시에 지속적인 실재다. 그렇기 때문에 유일무이하게 그분 자체가 광채인 것이다. …… 그분은 피조물의 한복판에 계신 창조주시다.[23]

신성의 주장과
아름다운 삶의 조화

이제 우리는 예수님의 삶에서 가장 경이롭고 신기하고 아름다운 조합에 도달한다. 바로 겸손과 긍휼과 애정 등의 성품과 병존하는 그분의 어마어마한 주장이다. 놀라운 점은 그분의 주장이 그토록 자기중심적인데 반해, 성품과 행동은 털끝만큼도 자기중심적이지 않다는 사실이다.

그분은 거들먹거리거나 신경질을 부리거나 자기 위신을 내세우는 법이 없다. 아무리 약하고 마음이 상한 사람도 그분께는 쉽게 다가갈 수 있다. 그분은 변덕이나 짜증을 부리지 않는다. 예수님의 성품과 가르침에는 비할 데 없는 도덕적, 영적 아름다움이 있다. 휴스턴 스미스(Huston Smith)는 《세계의 종교들》(*The World's Religions*, 연세대학교대학출판문화원 역간)에서 말하기를 부처와 예수님만이 동시대인으로부터 "당신은 누구인가?" 정도가 아니라 "당신은 도대체 무엇인가? 어느 위계에 속한 존재인가? 어느 종(種)을 대표하는가?"라는 질문을 받을 만큼 깊은 감화를 끼쳤다고 했다.[24] 스미스의 주장에 따르면 이 두 인물의 성품은 그런 질문이 꼭 필요할 정도로 인간의 평범한 삶을 초월했다.

문제는 그 뒤다. 부처는 주변 사람에게 자신이 신이나 하다못해 천계의 신적 존재도 아니라고 아주 분명히 힘주어 단언했다.[25] 반면에 예수님의 접근은 전혀 다르다. 그분은 자신이 유일신 곧 우주의 창조주라고 늘 되풀이해 주장했다.

여기서 큰 난제가 생겨난다. 세계 역사상 가장 영향력이 큰 이 인물을 이해하려면 누구나 부딪칠 수밖에 없는 문제다. 우선 유수한 세계 종교를 창시했거나 플라톤이나 아리스토텔레스처럼 장구한 세월 동안 인류의 사고와 삶에 방향을 제시한 인물은 역사상 극소수인데, 예수님이 그중 하나다. 그 소수 정예 집단에 그분이 속해 있다.

다른 한편으로, 암시적으로든 명시적으로든 자신이 딴 세상에서 온 신적 존재라고 주장한 사람은 역사상 많았다. 그중 많은 사람이 민중 선동가였고, 또 독실한 신자로 이루어진 작은 자립 종파의 지도자도 많았다. 그런데 예수님의 독특성은 첫째 부류와 둘째 부류에 동시에 해당하는 인물이 오직 그분뿐이라는 사실에 있다.

첫째 부류는 무수히 많은 사람에게 지대한 영향을 미쳤다. 훌륭한 가르침이 주된 이유였지만, 우러를 만한 삶과 성품 덕분이기도 했다. 물론 겸손도 빼놓을 수 없다. 부처는 자신이 신이 아니라고 못 박아 말했고, 마호메트도 알라로 자처했을 리가 만무하며, 공자도 자신을 하늘과 동일시하지 않았다. 둘째 부류는 자신이 신이라고 주장했으나 소수 인원밖에 설득하지 못했다. 그 이유가 무엇일까? 대다수 사람에게서 '당신은 한낱 인간이 아니다'라는 결론이 나오려면 삶이 아주 비범해야 하는데, 그렇게 살기가 사실상 불가능하기 때문이다.

자신이 신이라고 주장했을 뿐 아니라 엄청난 다수로 하여금 그렇게 믿게 만든 인물은 세계 역사를 통틀어 하나뿐이다. 오직 예수님만이 자신의 신성을 주장함과 동시에 더없이 아름다운 인성의 삶으로 조화를 이루었다. 이것을 어떻게 설명할 것인가? 다섯 가지 방법밖에 없다.

첫째는 그냥 이런 일에 관심도 없고 정리할 필요도 못 느낀다고 보는 입장이다. 이는 이유라기보다 태도이며, 감정을 두고 왈가왈부할 수는 없다. 그러나 당신이 은행으로부터 이런 편지를 받았다고 상상해 보라. 처음 듣는 어떤 부자의 이름을 명시하면서 그 부자가 당신 앞으로 돈을 남겼다는 것이다. 설령 당신이 본래 의심이 많고 그게 사실일 만한 증거가 없다 해도, 일단 알아보기라도 하지 않는 건 현명하지 못한 것이다. 어떤 사람이 역사 속에 들어와 '영원한 삶'이라는 선물과 모든 의미의 열쇠가 자신에게 있다고 주장했다. 그런데 그는 다른 주장자들처럼 용두사미로 끝난 게 아니라 많은 사람에게 자신이 옳다는 것을 납득시켰다. 그렇다면 이 또한 일단 알아보지 않는다면 현명하지 못해 보인다.

둘째는 예수님의 생애와 주장을 설명하는 가장 흔한 방식으로, 예수가 위대한 스승이요 현인이었다고 보는 입장이다. 그분을 주로 그렇게 대해야 한다는 것이다. 이런 관점은 세상 사람에게 끼친 그분의 비범한 영향력을 인정한다는 장점이 있다. 그러나 한편으로는 우리를 막아 그분께 다른 스승이나 종교 지도자보다 높은 자리를 드리지 못하게 한다. 이는 자신이 신이라는 예수님의 주장에 담긴 위력을 간과해서 생기는 문제다.

우선 그분이 간접적이면서도 의도적으로 하시는 모든 주장을 보라. 예수님은 자신에게 모든 죄를 용서할 권한이 있다고 전제하셨다(막 2:7-10 참조). 죄란 그 죄에 피해를 입은 당사자만이 용서할 수 있기에, 예수님의 전제는 모든 죄는 그분을 상대로 지은 것이며, 따라서 자신이 곧 하나님이라는 것이다. 죄를 범할 때마다 하나님의 법을 어기는 것이며, 하나님의 사랑은 짓밟힌다. 예수님은 또 자신만이 영생을 줄 수 있다고 주장하셨다(요 6:39-40 참조). 그런데 생명을 주거나 거둘 권리는 하나님께만 있다.

나아가 예수님은 자신에게 죽음을 실제로 제거할 능력과 죽은 사람을 살릴 능력이 있음은 물론이고, 자신이 곧 사망을 멸할 능력 자체라고 주장하셨다(요 11:25-26 참조). 예수님처럼 자신에게 진리가 있다고 주장한 사람은 일찍이 없었다. 모든 선지자는 "주의 말씀이니라"라고 말했지만 예수님은 "그러나 나는 너희에게 이르노니"라며 자신의 권위로 가르치셨다(막 1:22; 눅 4:32 참조). 더욱이 그분은 자신에게 진리가 있는 정도가 아니라 자신이 곧 진리 자체요 모든 진리의 근원이자 출처라고 주장하셨다(요 14:6 참조).

예수님은 자신에게 세상을 심판할 권한이 있다고 전제하셨다(막 14:62

참조). (창조주와 주인으로서) 모든 사람을 평가할 권리와 무한한 지식은 둘 다 하나님께만 있기에, 예수님의 전제는 그 두 가지 신의 속성이 자신에게 있다는 것이다. 나아가 예수님은 종말에 이르면 그분 자신을 어떻게 대했는지를 근거로 우리를 심판하실 거라고 주장하셨다(마 10:32-33; 요 3:18 참조). 그분은 또 자신이 예배받을 권리가 있다고 전제하셨는데(요 5:32; 9:38; 20:28-29; 눅 5:8 참조), 아무리 위대한 인물이나 심지어 천사조차도 감히 언급할 수 없는 주장이다(계 22:8-9; 행 14:11-15 참조).

그분의 즉석 발언과 즉흥 행동에도 늘 신적 지위가 밑에 깔려 있다. 예를 들어 그분은 성전에 가서서 이제 안식일 준수 규정이 모두 폐해졌다고 말씀하신다. 안식일의 창시자가 왔기 때문이다(막 2:23-28 참조). 그분은 또 자신의 지식을 하나님 아버지의 지식과 대등한 차원에 두셨고(마 11:27 참조), 자신에게 죄가 조금도 없다고 주장하셨다(요 8:46 참조). 세계 역사상 가장 큰 인물은 세례 요한이라고 말씀하시고는, 그리스도를 따르면 아무리 미약한 사람도 요한보다 크다고 하셨다(마 11:11 참조). 이런 예를 일일이 다 꼽자면 한이 없다.

예수님의 직접적인 주장도 충격적이기는 마찬가지다. 그분을 알면 하나님을 아는 것이고(요 8:19 참조), 그분을 봤으면 하나님을 본 것이며(요 12:45 참조), 그분을 영접하면 곧 하나님을 영접하는 것이다(막 9:37 참조). 누구라도 그분을 통해서만 하나님을 알거나 하나님께로 갈 수 있다(마 11:27; 요 14:6 참조). "하나님의 독생자"라는 그분의 호칭도 자신이 아버지와 대등하다는 주장이었다. 고대의 외아들은 아버지의 재산과 지위를 다 물려받았고, 그리하여 아버지와 대등했기 때문이다. 예수님이 자신을 "아들"로 지칭하실 때마다 당시 청중은 그 말을 그분 자신이 곧 온전한 하나님이라는 뜻으로 제대로 알아들었다(요 5:18 참조). 결정적으로 예수님은 "나는 있느니라"라는 하나님의 이름으로 자칭해 자신이 불붙은 떨기나무 가운데 모세에게 나타나셨던 그 "야훼"라고 주장하셨다(요 8:58; 출 3:14; 6:3 참조).[26]

요컨대 회자되는 말처럼, 예수님은 미친 선동가이거나 사기꾼이거나 하나님의 아들일 수는 있어도 그냥 위대한 스승일 수는 없다. 그분이 주장하신 내용으로 봐서 그런 가능성은 아예 배제된다. 그냥 훌륭한 사람은 결코 그런 말을 하지 않는다. 자신을 설명하는 그분의 발언이 "만일 진실이 아니라면 과대망상중 환자의 망발이며, 이에 비하면 히틀러는 지극히 겸손하고 제정신인 인간이었다."[27]

하나님이거나,
미치광이거나, 사기꾼이거나

예수님의 주장과 성품이라는 수수께끼를 설명하는 셋째 방식은 그분이 정말 신으로 자처한 적이 없다고 보는 입장이다. 본인이 하지도 않은 신성 발언을 남들이 그렇게 갖다 붙였다는 것이다. 이에 따르면 예수는 평범하게 살다가 평범하게 죽은 일개 인간일 뿐 자신이 신이라고 선언한 적이 없다. 세월이 가면서 추종 세력이 점차로 더 그분을 추앙하다가 급기야 신의 지위로 떠받들기에 이르렀다는 것이다. 한때는 이 견해가 신약 역사학을 크게 지배했으나 지금은 그렇지 않다.

이 견해는 전수된 복음서를 목격된 사실(史實)이 아니라 민간 구전으로 보는 양식 비평을 전제로 한다. 그러나 이번 장 서두에 봤듯이 복음서 기록을 그렇게 보는 관점을 옹호하기는 힘들다. 그러므로 그리스도의 신성에 대한 신약의 진술을 후대에 역사책에 삽입된 내용이라 일축할 수 없다.

예수의 신성을 추종 세력이 지어냈다는 발상에는 또 다른 문제가 있다. 부처는 단호한 강변으로 자신이 신이 아님을 추종 세력에게 능히 납득시켰다. 그래도 부처 제자들의 신관(神觀)에는 일종의 신인(神人)이 존재할 가능성이 허용됐다. 반면에 1세기 유대인의 신학과 문화는 신이 인간이 된다는 개념을 모든 면에서 완전히 배격했다. 그렇다면 이런 의문이 생겨난다. 예수도 부처처럼 자기가 신이 아니라고 부정했다면, 왜 다른 창시자들은 이를 성공리에 납득시켰는데 그분은 그러지 못했는가? 그것도 스승을 신격화할 소지가 지상에서 가장 적은 집단을 상대로 말이다.

바울은 예수님 사후 불과 15-25년 만에 편지들을 기록했는데, 거기 보면 주로 유대인으로 구성된 최초 기독교인들은 그분이 죽으신 직후에도 이미 그분을 예배했다. (빌립보서 2장 5-11절 같은) 바울이 인용한 '바울 서신보다 더 이른 시기의' 찬송과 신경(信經)을 보더라도 마찬가지다. 단 하나의 공정한 설명은 그런 주장을 예수님이 친히 하셨다는 것이다. 즉 그분은 지속적으로 강력하게 자신의 신성을 주장하셨고, 그리하여 마침내 그들의 저항의 벽이 허물어졌다.

튀빙겐대학교 마르틴 헹엘(Martin Hengel) 교수에 따르면, 바울은 서신서에 "예수의 선재성(先在性)과 신성, 그분이 중재하신 창조와 구원 등 예수의 신적 지위를 탁월하게 논증했다." 예수님 사후 10년도 채 못 되어 지중해 동부에서 공적으로 사역했던 바울은 이를 기반으로 그분의 사후 불과 20년 만에 그런 편지들을 썼다.[28] 헹엘 등이 지적했듯이 기독교인은 예수님의 말씀을 직접 들은 수많은 목격자가 아직 생존해 있던 때부터 그분을 예배했다. 그분도 부처처럼 신성이나 예배를 전혀 언급하지 않았다면, 그분을 단지 인간이라고 주장했을 일부 기독교 공동체 관련 증거가 다만 얼마라도 남아 있을 것이다. 나머지 공동체는 그분의 신성 쪽으로 "진화했다" 하더라도 말이다.

그런데 그런 증거가 하나도 없다. 현재까지 알려진 바로는 모든 기독교인은 처음부터 곧바로 그분을 하나님의 부활하신 아들로 예배했다. 마르틴 헹엘, 에든버러대학교의 래리 허타도(Larry Hurtado), 세인트앤드루스대학교의 리처드 보컴 등이 역사 연구에 근거해 풍부한 증거를 제시했듯이, 맨 처음 예수님을 따르던 무리도 이미 그분을 하나님으로 예배했다.[29] 그러므로 예수님이 하나님으로 자처하신 적이 없다는 말로 이 난제에서 슬쩍 빠져나갈 수는 없다.

이 문제를 설명하는 넷째 방법은 누구든지 예수님처럼 과대망상증 성향의 발언을 하는 사람은 정신병자(본인이 실제로 그렇게 믿을 경우)이거나 사기꾼(본인은 실제로 그렇게 믿지 않을 경우)일 수밖에 없다고 보는 입장이다. 그러나 지난 세월 이를 설득력 있는 설명으로 본 사람이 극소수였던 데는 그만한 이유가 있다.

우선 다음 사실로 돌아가 보자. 1세기 유대인은 인간이 신일 수도 있음을 성향상 아예 믿을 수가 없었다. 동양 종교는 "범신론"이라서 신을 만물에 깃든 영적 존재로 봤다. 그래서 동방에서는 "나는 신의 일부다"라든지 "나는 신과 하나다"라는 말이 딱히 유별날 게 없었다. 반면에 그리스와 로마 등 서양의 많은 종교는 "다신론"이라서 다양한 신이 인간의 겉모습을 취할 수 있다고 믿었다. 그러나 유대인이 신을 말할 때는 시작점이 없고 만유보다 무한히 높으신 창조주를 의미했다. 이 땅의 피조물을 예배해서는 안 된다는 게 그들의 머릿속과 가슴속에 각인되어 있었다. 십계명에도 그 사상이 속속들이 배어 있다. 따라서 예수님이 야훼 곧 "아브라함이 나기 전부터 **내가 있느니라**"(요 8:58)로 자칭하신 일이야말로 사상 최대의 엄청난 주장이었고, 그 말을 들은 사람들은 당연히 그분을 즉시 죽이려 했다.[30]

그렇다면 이런 의문이 남는다. 예수님이 능히 주변 유대인에게 자신이 하나님임을 믿게 하신 비결은 무엇일까? 생각할 수도 없는 그 벽을 어떻게 뛰어넘으셨을까? 신으로 자처하면서 또한 큰(실제로 최대) 운동과 신앙을 창시하는 데 성공한 인물이 그분 하나뿐인 이유가 무엇일까? 첫째 이유는 그분의 삶이 더없이 아름다워서다. 복음서에 언뜻 보이는 그분의 위대하신 모습에 틀림없이 주변 사람들이 매료됐을 것이다. 완전한 신으로 자처하되 실제로 함께 사는 사람을 대상으로 그렇게 믿게 만들기란 불가능에 가깝다. 그런데 예수님은 그 일을 해내셨다. 그러니 그 삶이 얼마나 훌륭했겠는가.

복음서 기사를 쭉 읽고 직관에 반하는 뛰어난 예수님을 보면서, 이 모든 이야기가 "미치광이나 거짓말쟁이"에게서 비롯됐다고 결론짓기란 극히 어렵다. 앞서 역사적 증거를 봤듯이 이 내러티브는 그냥 날조된 것일 수 없다. 그러기에는 기록된 시기가 너무 이른 데다 목격자의 증언이라는 형태를 띤다. 설령 그 점을 차치한다 하더라도 복음서 독자들은 예수님을 생각할 때, 이 인물이 단순히 누군가가 지어낸 허구의 산물일 수 없다는 직감을 떨칠 수 없다.

초기 기독교인의 변화된 삶,
예수 부활을 증거하다

그러나 생각할 수도 없던 일이 현실로 바뀐, 즉 유대인이 예수님을 하나님으로 예배한 또 다른 이유는 바로 그분의 부활이다. 예수님이 부활하셨다는 역사적 증거는 막강하며, 최근에 N. T. 라이트의 《하나님의 아들의 부활》(*The Resurrection of the Son of God*, 크리스천다이제스트 역간) 등 많은 사람이 광범위한 학문적 증거를 내놓았다.[31] 처음부터 이미 주입된 철학적 편견에 따라 기적의 가능성을 배제하지 않는 한, 예수님의 부활은 고대의 다른 어느 역사적 사건 못지않게 증거가 많다. 기본적으로 세 가닥의 증거가 하나로 귀결된다.

첫째는 무덤이 비어 있었다는 사실이다. 많은 사람이 지적하듯이 빈 무덤이 없었다면 기독교는 시작될 수 없었을 것이다. 맨 처음부터 기독교가 부활하신 주님을 선포했으니 말이다. 반대 측에서 시신을 꺼내 공개할 수 있었다면 얼마든지 그랬을 것이다. 또 하나 주목할 점으로 초기 기독교인이 예수님의 무덤을 참배와 순례의 장소로 삼았다는 기록이 전혀 없다. 당시에는 그런 종교 의식이 다반사였음에도 말이다. 무덤에 그분의 시신이 있었다면 그런 일이 벌어졌을 게 거의 틀림없다. 무덤이 하찮게 여겨지려면 비어 있어야만 했다. 그래서 역사가들은 빈 무덤을 기정사실로 여긴다. 문제는 예수님의 시신이 어떻게 됐느냐는 것이다.

둘째로, 목격자의 증언 및 그들에 관한 증언이다. 바울은 해당 사건이 있은 지 약 20년 후에 공문서에 쓰기를, 부활하신 그리스도를 본 목격자가 수백 명에 달한다고 했다. 또 그중 대다수가 아직 살아 있으므로 누구든지 찾으려면 그들의 증언을 들을 수 있다고 했다(고전 15:3-7 참조).

그분이 자신을 큰 무리에게 일시에 보이신 적이 많았다는 바울의 말이 흥미롭다. 이로써 개별 신자가 소원 성취의 의미에서 주님을 환각처럼 경험했다는 설은 배제된다. 앞서 봤듯이 유대인은 신성을 지닌 인간이라든지 역사 도중에 벌어지는 일개 개인이 부활했다는 것을 성향상 믿을 수 없었다. 하지만 그게 아니더라도 한꺼번에 수백 명이 환상을 볼 수는 없다.

게다가 사실상 모든 역사가가 지적하듯이 부활하신 그리스도를 처음 본 목격자는 복음서마다 다 여자다. 당시에 여자는 사회적 지위가 낮아서 여자의 증언은 법정에서 채택되지도 않았다. 복음서 저자들이 마음대로 내러티브를 고쳤다면 이 기사에 굳이 여자를 등장시킬 동기가 없다. 알다시피 초기에 기독교를 비판한 이교도들은 바로 그 점을 붙들고 늘어지며, 이를 "히스테리에 빠진 여인네들"의 증언으로 일축했다.[32] 그러므로 여자들이 최초의 목격자가 아닌데도 그렇게 기록할 이유는 없다. 요컨대 십자가에서 죽으신 후 다시 살아나신 예수님을 많은 사람이 정말 봤다고 결론지을 수 있다.

셋째 증거는 예수의 부활이 그분을 따르던 무리에게 미친 영향과 관계가 있다. 주변부의 가난한 소수였던 그들이 능히 확신과 용기에 차서 목숨까지 바쳐 즐거이 복음을 전했다. 일각에서는 제자들이 시신을 훔쳤다고 보지만, 날조된 거짓말을 위해 죽는 사람은 없다. N. T. 라이트와 리처드 보컴이 지적했듯이 메시아를 사칭한 이들로 바르 코크바(Bar Kokhba) 등 여럿 있었으나, 입지를 굳히려 그들도 역시 죽었다. 그때마다 그들의 운동은 즉시 시들해졌다. 그들이 메시아일 수 없음이 죽음으로 입증됐다는 논거에서였다. "예수의 이야기가 십자가의 죽음으로 끝났다면 그분도 실패한 자칭 메시아로만 기억됐을 것이다."[33] 그래서 보컴은 역사의 물줄기를 바꾸어 놓은 제자들에게 뭔가 비상한 일이 일어났을 수밖에 없다고 결론지었다.

수천 명의 유대인이 하룻밤 사이에 한 인간을 하나님의 부활하신 아들로 믿었고, 세상에 나가 그 신앙을 위해 목숨을 버렸다. 그 이유를 달리 설명하려면 역사적으로 개연성 있는 대안이 필요하다.

일본 소설가 엔도 슈사쿠의 말마따나 예수의 부활을 믿지 않는다면 "종류는 다르되 대등한 위력을 지닌 어떤 굉장한 사건에 제자들이 온통 감전됐다고 믿을 수밖에 없다."[34] 첫 그리스도인들의 변화된 삶을 달리 설명하려면, 예수님의 부활을 믿을 때보다 더 큰 믿음의 도약이 필요하다.

"내가 곧 길이요"

이렇듯 기독교의 신빙성을 보여 줄 증거의 핵심에 커다란 수수께끼가 있다. 여기 신으로 자처한 사람이 있는데, 그분은 삶이 워낙 훌륭해서 인류의 상당수를 납득시켜 정말 자신을 신으로 믿게 한 유일한 인물이다. 이것을 어떻게 설명할 것인가? 위에 논증했듯이 이런 주장을 하찮게 여길 수는 없다. 그분이 위대한 스승일 뿐이라는 말도 해답이 못 된다. 그분의 선언 자체가 그런 가능성을 허락하지 않기 때문이다. 그분이 그런 주장을 편 적이 없다는 반응도 역사적 증거 때문에 성립되지 않는다. 그렇다고 그분이 미쳤거나 사기꾼이라는 설명에 만족할 수도 없다. 그분이 지혜롭고 위대한 삶으로 따르는 이들에게 영향을 미쳤을 뿐 아니라 부활의 증거가 명확하기 때문이다.

그래서 결국 남는 설명은 하나뿐이다. 예수님의 정체는 바로 그분이 말씀하신 그대로다. 그분을 이 땅에 오신 하나님으로 믿기 어려운 만큼, 그렇게 믿지 않기도 똑같이 어렵다. 하지만 하나님이 인간이 되신다는 게 정말 불가능할까? 그분이 정말 전능하신데 왜 그 일을 하실 능력이 없겠는가? 또 그분이 정말 사랑이신데 왜 그 일을 하실 마음이 없겠는가?

기독교 신앙을 믿을 만한 증거가 이번 장에 다 나온 것은 물론 아니다. 기독교 신앙을 배격하는 아주 강력한 반론도 꽤 많이 있어, 사려 깊고 광범위하고 잘 정리된 반응을 요한다. 그중 가장 강한 반론은 성경에 나오는 전능한 사랑의 하나님을 세상에 존재하는 악과 고난에 입각해서 배격하는 논증일 것이다.

또 하나는 하나님이 성전(聖戰)을 명하신 성경 자체의 기록과, 이후 세계사에서 종교와 기독교가 폭력을 조장한 이력과 관계가 있다. 성경이 가르치는 심판과 지옥에 대한 반론도 있고, 과학과의 관계를 비롯해 성경 자체에 대한 반론도 있다. 나는《팀 켈러, 하나님을 말하다》라는 책에서 이런 반론들에 답했으며, 다른 책들도 많이 보기를 바란다. 그런 책들이 모든 독자를 궁극적으로 납득시켜 주지는 못할지 모르나, 이번 두 장에 걸쳐 정리하려 한 문제를 결론짓는 데는 분명 도움이 될 것이다. 즉 하나님과 기독교를 믿는 일은 매우 합리적이다. 하나님과 기독교를 믿을 만한 탄탄한 이유가 많다.[35]

예수님이 사마리아 우물가 여인과 대화하실 때 그녀는 "메시아"를 언급했다(요 4:25 참조). 사마리아 사람들은 "타헤브"(Taheb)라는 선지자 또는 스승이 장차 임해서 궁극적 진리를 보여 줄 거라고 믿었다.[36] 예수님은 그녀에게 "네게 말하는 내가 그라"(요 4:26)라고 말씀하셨다. 그런데 그 장 끝에 보면 이 여자를 비롯한 사마리아 사람은 그분을 "세상의 구주"(요 4:42)로 고백한다. 그들이 바라던 바는 구주가 아니라 스승이었고, 그것도 온 세상이 아니라 자기 나라만을 위한 스승이었다. 예수님은 그들의 염원과 희망에서 출발하되 근본적인 도전을 제안하셨다.

늘 그렇다. 예수님은 각 개인과 문화를 찾아오셔서 우리의 가장 깊은 갈망과 최고의 동경을 채워 주겠다고 제의하신다. 하지만 동시에 우리 신념과 행위에 근본적 도전을 가하신다. 그분은 여태 우리가 그런 갈망을 심히 잘못된 방식으로 충족시키려 해 왔다고 말씀하신다. 이제부터 우리의 모든 소원, 즉 삶의 의미, 만족, 자유, 정체성, 희망, 정의를 친히 이뤄 주겠다고 제의하신다. 그러면서 우리를 불러 회개하고 전부를 그분 안에서 찾으라 하신다. 이것이 그분의 기본적 메시지이며, 이로써 그분의 신적 차원의 어법도 의미가 풀린다. 어떤 사람은 이것을 이렇게 요약했다.

다른 사람들은 "이것이 우주에 대한 진리요 너희가 가야 할 길이다"라고 말했다. 그분은 "내가 곧 길이요 진리요 생명이니"라고 말씀하신다. 이런 말이나 같다. "나를 통하지 않고는 아무도 절대적 실재에 도달할 수 없다. 자기 목숨을 보전하려는 사람은 반드시 망하지만 자신을 내주는 사람은 구원받는다. …… 끝으로, 두려워하지 말라. 내가 온 우주를 이겼노라."[37]

인 간 의   이 기 심 에 서   해 방 될   유 일 한   길

'인간의 교만'과 '하나님의 은혜' 사이에서
최후의 결전이 벌어지다

랭던 길키(Langdon Gilkey)는 가장 개화되고 교양 있는 환경에서 자랐다. 1919년 태생의 그가 다닌 초등학교는 시카고대학교 실험학교로 존 듀이(John Dewey)가 설립한 진보적 교육 기관이었다. 길키의 아버지는 시카고대학교 교수였는데, 사실 그 학교 학부모 절반이 같은 직업이었다. 길키는 1939년에 하버드를 우등생으로 졸업하며 철학 학위를 받았고, 이듬해에 중국에 있는 한 대학으로 영어를 가르치러 갔다. 그러다 일본이

그 지역을 점령하면서 그는 다른 서구인과 함께 가택 연금을 당했다가 결국 산둥(山東)성 포로수용소에 수용되었다. 거기서 살아남아 훗날《산둥수용소》(*Shantung Compound*, 새물결플러스 역간)라는 책에 그곳에서의 경험을 담아냈다.[1]

세속적 인본주의를 확신하다

수용소를 빙 둘러싼 담장에는 전기 철조망이 쳐져 있었고, 감시용 망루마다 기관총으로 무장한 군인이 지키고 서 있었다.[2] 도시의 큰 블록 정도밖에 안 되는 약 1만 평방미터 면적의 수용소에 2천 명이 갇혀 지냈다. 개인 공간은 침상 하나가 전부였고, 그나마 침상 양옆으로 각각 45센티미터와 발치 쪽에 90센티미터 공간이 있어 개인 소지품을 거기 둘 수 있었다. "사람마다 가로 1.4미터, 세로 2.7미터 되는 그 작은 세상에 저마다 자신의 모든 소지품을 무사히 간수해야 했고 동시에 자신의 존재까지 건사해야 했다."[3]

식량은 턱없이 모자랐고 위생도 형편없었다. 사람은 2천 명인데 변기는 20여 개뿐이라서 늘 줄을 서야 했고 그마저도 재래식이었다.[4] 평소 지위의 상징이던 돈과 가문과 교육 수준이 수용소 내에서는 아무런 영향력을 발휘하지 못했다. 아무도 사생활을 보장받을 수 없었고, 무엇보다 수감자들의 목숨 자체가 늘 위협당하는 상태였다. 간수들이 끊임없이 "장광설"을 늘어놓으며 그들에게 총구를 겨누었던 것이다.

길키에게는 인간의 의미와 본성과 목적에 대한 일련의 신념 즉 '인생관'이 있었다. 수용소 생활을 시작할 때만 해도 그는 "진보 학계의 뚜렷한 특징인 인본주의를 굳게 믿고 있었다."[5] 그가 보기에 인본주의를 이루는 근본 요소는 두 가지였다. 첫째로 길키는 인간의 "합리성과 선함"을 믿었다. 그는 인간에게 인류의 기본 문제를 해결할 재주가 있다고 믿었다.[6] 둘째로 그가 보기에 종교란 "그저 개인 취향과 기질의 문제로, 원하는 사람에게만 필요할 뿐" 인류의 대사를 이루는 데는 무용지물이었다.

길키는 "종교 없이 세속주의의 기술과 용기와 이상만 있어도 인간은 삶을 충만하게 누릴 수 있다"라고 믿었다.[7] "나는 이렇게 자문했다. '윤리적 헌신에 …… 또한 세계 평화와 사회 정의라는 절대 도덕에, 종교라는 허식을 덧댈 까닭이 무엇인가?'" 그는 도덕적 헌신을 종교라는 "허식"으로 지탱할 필요가 없다고 봤다. 오히려 종교적 신념은 사람을 정말 중요한 본질에서 벗어나게 했다.[8]

수용소 생활을 시작하고 처음 두어 달은 길키의 "세속적 인본주의"를 확증해 주는 듯했다. 졸지에 한식구로 내던져진 2천 명의 낯선 이들은 점차 조직을 갖추었고, 각 사람의 직업 분야를 파악해 보직을 맡겼다. 음식 준비, 위생, 건강관리 등의 문제에도 독창적으로 대응했다. 배우와 음악인은 무대를 설치해 예술 행사를 선보였다. 또 사람들은 새로운 기술도 배웠다. "미장이의 흙손을 본 적도 없는 이들이 방 안에 기발한 벽돌 화덕을 쌓아 …… 난방 해결은 물론 그럴듯한 과자까지 구웠다."

이 모두는 "문명의 기술적 측면 즉 실용 지식을 개발하는 [인류의] 능력이 무한하다"는 길키의 신념을 확증해 주었다. "지식 면에서나 실제 기술 면에서나 인간의 진보 능력에 다시는 절망할 일이 없겠다는 확신이 들었다."[9] 길키가 보기에 인생의 문제를 해결하는 인간의 재주는 "무한한" 데 반해, 종교와 철학이 "다루는 척하는" 형이상학적 이슈는 "시의성이 없었다."[10]

내 이익을 최우선하는
인간 본성의 실체

그러나 길키의 나머지 기록을 보면, 2년 동안 인간의 원초적 본성을 매우 가까이서 대면하면서 그의 "세속주의"는 철저히 무너져 내렸다. 사람들은 석탄과 음식을 훔치기 시작했고, 아무리 공개적으로 망신을 당해도 도둑질을 그만두지 않았다. 공간과 물자 분배를 두고 싸움이 벌어졌고, 조금이라도 더 가진 이들은 나누어 쓰기보다 움켜쥐기에 급급했다. "기술 붕괴가 아니라 성품 붕괴 때문에" 위기가 끊이지 않았다. 그의 "인본주의" 의 문제점은 "과학과 기술에 대한 확신이 아니라 그런 도구를 부리는 인간의 합리성과 선함에 대한 순진하고 비현실적인 믿음"에 있었다.[11]

알고 보니 모든 인간은 지극히 자기 본위에다 이기적인데, 그런 속셈을 아주 교묘하게 도덕적이고 합리적인 언어로 포장할 뿐이었다. 길키는 이를 가리켜 "인간이라는 동물의 본질적인 고집스러움"이라 표현했다. 계층이나 교육 수준이 낮은 사람들만 그런 문제가 있는 게 아니라 함께 수용된 선교사와 신부도 똑같은 특성을 보였다.[12]

바로 이것이 그곳의 "작은 문명"에 위기를 불러온다는 것을 그는 깨달았다. "도덕의 붕괴가 어찌나 심각했던지 우리 공동체의 실존 자체를 위협할 정도였다." 특히 희생이 꼭 필요한데도 꾸준히 자기를 희생할 줄 아는 사람이 거의 없어 보였다. "건강한 도덕이 없는 공동체는 물자 조달이 없을 때만큼이나 길을 잃고 무력해짐을 나는 점차 깨달았다."[13]

길키가 주거위원회 대표로 뽑혔던 수용소 생활 초기에 아주 교훈적인 사건이 벌어졌다. 작은 방에 거주하던 11명의 독신 남자는 9명의 독신 남자가 똑같은 크기의 공간에 살고 있음을 알게 됐다. 그들은 길키를 찾아가 각 방에 10명씩 살도록 한 명을 저쪽 방으로 옮겨 달라고 부탁했다. 길키는 기뻤다.

"드디어 완전히 명쾌한 사례가 생겼다. 삶의 불의가 명약관화했던 적이 있다면 바로 이 상황이다. …… 누구든지 숫자를 세고 계산할 줄만 안다면 …… 이 불평등이 보일 것이다." 그는 "웬만한 사람이라면 명확한 불의의 상황 앞에서 …… 설령 자신에게 불리할지라도 그 불의를 바로잡는 데 적어도 수긍할 것"이라 생각했다. 또 바다에서 한 뗏목에 탄 사람들처럼 당연히 자신들이 모두 공동 운명체라는 생각도 함께 들었다. 그래서 49호실에 거주하는 9명이 새 식구를 반가워하지는 않더라도 어쨌든 받아들이기로 동의할 줄로 알았다.

하지만 그런 일은 없었다. 그중 하나는 "그쪽 방 사람들 사정이 딱하긴 하지만 그게 우리랑 무슨 상관인가? 여기도 이미 비좁은데. 그네들의 걱정이야 자기네 팔자소관이지"라고 말했다. 길키는 "크기가 똑같은 방에 각각 9명과 11명이 사는 건 전혀 불합리하다"며 반박에 열을 올렸다.

공정한 분배가 합리적일뿐더러 결국 그들에게도 이익이라는 논리였다. 그들이 반대 입장이 될 경우에도 공정대우가 보장될 테니 말이다. 물론 길키가 그런 말을 하고 나중에 글로 옮겨 쓴 당시는, 존 롤스가 영향력 있는 저서에 거의 동일한 논지를 펴기 이전이었다. 평화롭고 공정한 질서를 세우려면 합리성과 개인의 이익 이외의 다른 것에는 호소할 필요가 없었다.

49호실 남자들은 길키의 탁월한 논리를 듣더니 그중 하나가 대꾸했다. "이보게, 그야 그럴 수도 있겠지. 하지만 분명히 말해 두지. 이 방에 사람을 넣으면 우리가 도로 쫓아낼 거고, 자네가 이 일로 다시 오면 자네까지 쫓아낼 걸세."[14] 몇 사람은 더 부드럽게 말하려 했지만 인원 조정에 단호히 반대하기는 마찬가지였다. 그들은 길키의 논리에 맞서 어떻게든 자기네가 비현실적이거나 불합리하거나 불공정하지 않은 이유를 설명하려 했다.

실패해서 돌아가는 길키에게 불현듯 떠오른 생각이 있었다. "불쑥 이상한 생각이 들어 하마터면 웃음이 터져 나올 뻔했다. 사람이 소중한 공간을 잃어 가면서까지 이성이나 도덕을 추구해야 할 까닭이 무엇인가?" 합리적 인간이 되어야 할 의무는 어디서 비롯되는가? 합리적 행동이 본인에게 가장 유익해서라고 주장한다면, 이는 기껏해야 이기심이라는 가치에 호소하는 꼴이다. 그러니 사람이 이기적으로 행동하지 말아야 할 이유가 무엇인가? 결국 합리성과 논리는 인간들 사이에 합의를 도출해 사회 공익을 증진하는 쪽으로 행동하게 하기에 역부족이었다. 뭔가 다른 게 필요했다.

하나님을 믿는 신앙만이
할 수 있는 일

  그날 밤 혼란과 동요 속에 방으로 돌아오면서 길키는 인류의 "기본 선함"에 대한 믿음을 잃었다. "공정한 행위에 대한 논리 주장은 약한 데 반해 개인의 이익은 거의 전능해 보였다." 그 뒤로도 그는 똑같이 이기적인 "처치 곤란성"에 끊임없이 부딪쳤다. "우리 모두의 자아 전체는 근본적으로 안으로, 즉 자신의 행복과 이익 쪽으로 굽어 있었다. 거기에 워낙 찌들어 있어 그 딜레마에서 벗어나기는 고사하고 자신의 그런 내면을 좀처럼 보지 못할 정도였다."[15]

  사람들은 스스로에게나 타인에게나 자기 행동을 결코 인정할 줄 몰랐다. 늘 "이미 행동을 정해 놓고는 …… 뒷북치듯 합리적이고 도덕적인 구실"을 찾아냈다.[16] 가장 도덕적이고 종교적인 이들마저도 여느 누구와 마찬가지로 "선한 의지를 품기가, 즉 객관적이고 …… 너그럽고 공정해지기가 불가능까지는 몰라도 지극히 힘들었다. 뭔가 내면의 세력이 이웃의 이익에 맞서 자신의 개인 이익을 추구하도록 우리를 몰아가는 것 같았다. …… 주어진 상황에서 무엇이든 원하는 대로 할 의지의 자유가 꽤 있었건만, 우리는 남을 사랑할 자유가 없었다. 의지가 정말 원하지 않았기 때문이다."[17]

  산둥 수용소는 예의라는 가면을 벗겨 냈다. "얄팍한 허울뿐인 편리한 도덕"은 닳아 없어졌다. 더 안락한 환경에서는 누구나 정의와 연민과 정직 등의 덕을 흉내 낼 수 있다. 그러나 수용소에서는 참으로 "공정하고 합리적이고 …… 정의롭고 너그러워지려면 뭔가 소중한 이익을 희생해야 했는데" 누구에게도 그게 쉽지 않았다. 참된 덕은 값비싼 대가를 요하며 인간 본성에 속속들이 어긋남이 산둥에서 밝혀졌다. 시카고와 하버드에서 길키를 가르쳤던 교사들은 위급한 상황에서 인간의 "실상"이 드러날 때면 인간은 서로에게 선을 행한다고 믿었다. 그런데 알고 보니 "오류도 그런 전적인 오류가 없었다."[18] 사회 질서가 개선되거나 하다못해 유지되려면 사람들이 덕을 행할 수 있어야 하건만, 본성의 상태로는 그럴 능력이 없었다. 수용소에서 길키는 참된 덕이 "정말 보기 드물다는 것"을 배웠다.[19]

이 책에 논증한 많은 개념을 길키도 터득했다. 예컨대 서구 세속주의가 신념의 부재가 아니라 일련의 새로운 신념임에 그도 눈떴다. 그 신념에 인간의 합리성과 선함도 포함됐고, 특히 외부의 도움 없이 인간의 이성만으로 평화와 정의라는 목표를 추구하기에 충분하다는 믿음도 빼놓을 수 없었다. 그런데 이런 신념과 세계관은 인간 본성이라는 현실을 그리고 열악한 환경에서의 인생살이를 당해 내지 못했다.

합리성만으로는 인간에게 도덕적 의무의 기초를 제시할 수 없음을 그는 봤다. 특히 자신에게 어떻게 유익한지 잘 모르는 상황에서, 굳이 남을 위해 희생해야 할 까닭이 무엇인가? 그뿐 아니라 길키는 인간의 마음속에서 처치 곤란한 잔인하고 이기적인 성향을 봤다. 단지 도덕적 이상(理想)에 호소해서는 이를 몰아낼 수도 없고, 사람들에게 자기 내면의 그 성향을 능히 보게 할 수도 없었다. 그래서 결국 길키의 생각은 완전히 바뀌었다.

중요한 이슈를 자아에 얽매이지 않고 공평하게 볼 수 있는 사고의 소유자는 우리 수용소에 정말 드물었다. 공공 활동에서 합리적 행동은 주로 지적 성취가 아니라 도덕적 성취이며, 도덕적으로 자기를 희생할 줄 아는 사람만이 가능하다. 수많은 철학자가 도덕적 이타심을 이성적 삶의 결과라 주장하지만, 나는 진정한 의미에서 오히려 전자가 후자의 선결 조건임을 믿게 됐다.[20]

올바로 사고하고 합리적으로 살려면 우리에게 새로운 마음이 필요하다. 자아 실현과 인정과 가치 추구에 절박하게 매달리지 않도록 무언가 우리를 돌려세워 줘야 한다. 남을 사랑하되 자신을 위해서가 아니라 상대를 위해 사랑할 수 있게 말이다. 길키는 하나님을 믿는 신앙만이 그 일을 할 수 있다고 믿게 됐다.

[인간]에게는 하나님이 필요하다. 언제 어찌 될지 모르는 인간의 불확실한 삶은 그분의 전능하고 영원한 목적 안에서만 최종 의미를 발견할 수 있고, 파편으로 이루어진 인간의 자아는 그분의 초월적 사랑 안에서만 궁극의 구심점을 얻을 수 있기 때문이다. 자신의 성취에만 인생의 의미를 둔다면 그 성취 또한 역사의 곡절 앞에 무너지기 쉽고, 그런 삶은 늘 무의미와 타성의 나락 위를 맴돈다. 인간이 궁극적으로 추구하는 것이 자기 자신(자아 성취)이라면 그가 속한 공동체는 결국 파멸하고 만다. 우리 모두가 기대 사는 공동체 말이다. 불의와 잔인한 행위를 낳지 않는 궁극의 충절은 하나님 안에만 있다. 천지 그 무엇도 우리에게서

앗아 갈 수 없는 의미 역시 그분 안에만 있다. [21]

우리 부부가 본래 《산둥 수용소》를 읽은 이유는 그 속에 에릭 리델 (Eric Riddell)의 이야기가 실려 있어서였다. 올림픽 금메달리스트 리델이 중국 선교사가 된 이야기는 〈불의 전차〉(Chariots of Fire)로 영화화되기도 했다. 하지만 그는 결국 거기서 죽음을 맞이했다. 길키가 기탄없이 기술했듯이 수용소 내의 다른 선교사며 성직자들은 누구 못지않게 철저히 이기적이고 인색했고, 많은 경우 오히려 남보다 더했다. 행실이 그러한데도 그들은 걸핏하면 독실한 척했다. 그러나 리델은 달랐다. 리델을 묘사한 길키의 말은 놀랍기 그지없다.

"성인(聖人)을 만나는 행운은 여간해서 드문 일인데 그는 내가 여태알았던 누구보다도 성인에 가까웠다."[22] 리델은 특히 수용소의 청소년들을 힘써 섬겼다. 그들에게 음식도 해 먹이고 레크리에이션 감독도 해 주며 자신을 쏟아부었다. 그에게서는 그곳의 누구보다도 유머, 삶을 사랑하는 마음, 남을 위해 희생하는 친절, 내면의 평화가 넘쳐흘렀다. 그가 뇌종양으로 돌연사하자 온 수용소가 망연자실했다.

리델은 그리스도를 믿는 헌신된 장로교 선교사로서, 자신의 구원이 순전히 하나님의 값없는 은혜로 이루어진 일임을 믿었다. 길키가 지혜롭게 지적했듯이 "종교" 자체가 꼭 사람의 마음을 변화시켜 도덕적 이타심을 가능하게 하는 것은 아니다. 흔히 종교는 우리의 자기중심성을 더 악화시킬 수 있다. 특히 자신의 도덕적 성취를 자랑하게 만든다면 그렇다. 하나님의 무조건적 사랑과 과분한 은혜를 충분히 아는 사람은 마음이 낮

취지면서도 그 사랑으로 깊이 인정받는다. 그런 사람의 전형을 리델에게서 볼 수 있다. 길키는 라인홀드 니버(Reinhold Niebuhr)의 말을 인용해 이렇게 말했다.

> 종교는 인간의 자기중심성이라는 문제가 자동으로 해결되는 곳이 아니다. 오히려 종교는 인간의 교만과 하나님의 은혜 사이에 최후의 결전이 벌어지는 곳이다. 이 싸움에서 인간의 교만이 이기면 종교는 죄의 도구가 될 수 있고 실제로 그렇게 된다. 반면에 거기서 자아가 하나님을 만나 개인의 이익 너머의 무엇에 굴복하면, 인간 보편의 이기심으로부터 아주 요긴하고 진귀하게 해방될 유일한 가능성이 종교에서 열릴 수 있다.[23]

감사의 말

내게 세 명의 젊은 동역자가 있다는 건 나로서는 특권이다. 뉴욕에 사는 그들은 근년 들어 내 중요한 대화 상대이자 상담자가 됐다. 크레이그 엘리스(Craig Ellis), 마이 하리우-파월(Mai Hariu-Powell), 마이클 켈러(Michael Keller)는 지칠 줄 모르고 방법을 찾아서 (수많은 뉴요커에게 이상해 보이는) 기독교 신앙의 제의와 주장을 도시에 사는 우리 친구와 이웃이 더 잘 이해하도록 돕고 있다. 이 책의 원고와 여러 개념에 피드백을 들려준 그들 모두와 또 로즈 샤벳(Rose Shabet)에게 감사를 전한다.

영국 컴브리아주 앰블사이드에 있는 피셔벡호텔의 레이(Ray)와 길 레인(Gill Lane) 부부, 플로리다의 재니스 워스(Janice Worth) 등 이 책을 쓰도록 좋은 자리와 공간을 내준 이들에게 감사한다. 늘 그렇듯이 데이비드 맥코믹(David McCormick)과 브라이언 타트(Brian Tart)에게도 감사한다. 그들의 편집과 문학적 지혜가 없었다면 이 책은 물론 다른 책들도 독자들 손에 있지 못했을 것이다. 무엇보다 캐시에게 감사한다. 아내의 철이 나의 철을 날카롭게 해 준다(잠 27:17 참조).

주

프롤로그

1. Samuel G. Freedman, "Evangelists Adapt to a New Era, Preaching the Gospel to Skeptics," *New York Times*, 2016년 3월 16일. 우리 교회가 주최하는 이런 식의 토론회에서 어떤 일이 벌어지는지 이 기사에 잘 소개되어 있다. 덧붙이거니와 여기서 말하는 신앙에 대한 대화법은 새삼스러운 게 아니다. 지난 40년간 사역하면서 나는 이런 방식으로 사람들에게 신앙에 대해 말해 왔으며, 내 많은 동료도 똑같이 했다.

2. "Evangelists Adapt to a New Era, Preaching the Gospel to Skeptics," Reddit.com, 2016년 3월 4일. www.reddit.com/r/skeptic/comments/48zdpe/evangelists_adopt_to_a_new_era_preaching_the/.

3. "세속"이란 단어의 세 가지 용법은, 다음 책에 나오는 찰스 테일러의 분석에 기초한 것이다. Charles Taylor, *A Secular Age* (Cambridge, MA: Harvard University Press, 2007), pp. 1-22.

우선 테일러는 세속주의의 두 가지 가장 흔한 정의를 내놓는다. 첫째로, **세속 사회는 정부와 주요 사회 기관이 어느 한 종교와 연계되어 있지 않은 사회다**. 종교 사회에서는 정부를 포함한 모든 기관이 일련의 특정 종교적 신념에 기초해 있고 그 신념을 지지한다. 그러나 세속 사회에서는 기관과 정치 구조가 어느 종교와도 단절되어 있다(예외인 영연방과 스칸디나비아 제국 등도 역사로만 연관성이 있을 뿐 본질적으로는 아니다). 정치 생활과 권력을 신자와 비신자가 대등하게 공유한다.

둘째로, 세속 사회는 다수, 혹은 대다수 사람이 신 또는 무형의 초월 세계를 믿지 않는 사회다. 이 정의에 따르면, 세속적인 사람이란 종교가 없고 삶과 우주의 초자연적 차원을 믿지 않는 개인이다. 그중에는 명백한 무신론자나 불가지론자도 있지만, 종교 예배에 계속 참석하면서 삶의 도덕적 진리를 종교에서 도출하는 사람도 있다. 그러나 결국 그들은 삶의 의미와 개인적 만족, 도덕성과 정의 추구 등에 필요한 모든 자원을 순전히 인간의 현세적 자원에서 얻는다. 테일러의 표현으로 이는 "독립적 또는 배타적 인본주의다. …… 세속 시대는 인간의 번영을 제외한 모든 목표를 상실하는 게 가능한 시대다"(p. 19). 삶의 만족을 완전히 현세적 자아실현의 기준에서 인식한다면, 영생에 이르고자 자아를 부인하고 하나님께 순종한다는 개념을 거부한다면, 종교 기관과 계속 연계된 사람도 여전히 세속적인 사람이다. 이 문화는 사람들에게 타인이나 숭고한 이상에 기여하기 위한 자아부인은 정서적으로 해로울 수 있으며 압제 세력에 부역하는 길이라고 경고한다. 테일러는 "세속"이란 단어가 대개 이 두 가지 의미로 쓰임을 인정한 뒤 셋째 의미를 제시했다.

그가 생각하는 **세속 사회는 신념의 조건이 달라진 사회다**(pp. 2-3). 종교 사회에서는 신앙이 자연스레 전제된다. 종교는 선택 소관이 아니다. 종교를 선택한다면 이는 지독히 자기중심적이고 위험한 태도로 간주될 것이다. 그러나 세속적 문화에서 종교란 각자가 선택해야 할 무엇이며, 실제로 세속 사회의 다원주의란 결국 우리가 종교를 취하거나 버릴 수 있다는 뜻이다. 그러므로 누구나 자신의 신념에 정당한 근거가 있어야 한다. 그 근거는 이성일 수도 있고 직관과 실용일 수도 있다. 세속적 문화에서 신념은 더는 명백한 이치나 자동적인 게 아니다. 이런 의미에서 테일러는 (서구 사회의) 우리 모두를 세속 시대와 세속 사회의 사람들로 봤다.

4. 찰스 테일러는 "사회적 상상"(social imaginary)을 말하는데, 이는 "의미와 의의를 구축하는 한 방법"이다(A Secular Age, p. 26). 전체를 형성하는 일련의 깊은 배후 신념인 소위 세계관과 비슷한 개념이다. 그러나 테일러가 "세계관"이라는 단어를 피하고 이 용어를 대신 쓴 것은, 어떻게 살아갈 것인지에 대해 "세계관"이라는 말로는 담아낼 수 없는 몇 가지 중요한 측면을 전달하기 위해서다. 그는 "지적인 체계보다 …… 훨씬 넓고 깊은 무엇"에 도달하려 했다(p. 171). 그가 말하는 사회적 상상에는 어떻게 살아갈 것인지에 대한 명제만 들어 있는 게 아니라, "그런 기대의 배후에 깔린 더 깊은 규범적 관념과 이미지"도 포함되어 있다(p. 171). 이 말은 무슨 뜻인가?

첫째, 사회적 상상은 주로 무의식이다. 그중 일부는 구체적 신념으로 포착되어 표현될 수도 있으나, 많은 부분이나 어쩌면 대부분은 빙산처럼 표면 아래에 있다. 우리 세계관을 형성하는 요인은 미셸 푸코(Michel Foucault)의 표현으로 대부분 "비(非)사유"(p. 427) 또는 "배경"이다. 즉 "전체 상황에 대해 대체로 정리되거나 표현되지 않은 인식"이다(p. 173). 이런 가장 깊은 "규범적 관념"은 대개 의식적으로 품은 명제가 아니라, 있을 수 있고 상상 가능한 현실에 대한 "당연한 상식"에 더 가깝다. 자명한 것으로 간주되다 보니 심사숙고를 거친 정당한 근거도 없으며, 근거를 요구한다면 대개 상대는 매우 방어적인 태도를 보인다. 누구도 그런 근거가 필요하다고 느끼지 못한다. 그냥 원래 그런 것이다. 사회적 상상이 진리가 아닐 거라고는 생각하거나 상상할 수 없다. 거기에 이의를 달면 그냥 틀린 정도가 아니라 "몰상식한" 웃음거리가 된다.

둘째, 사회적 상상은 지적인 체계 훨씬 이상이다. 그것이 "전달되는" 매체는 이론적 술어가 아니라 "이미지와 이야기 …… 등"이다. 대체로 그것은 체험(우리는 본능적으로 이를 내러티브 형태로 해석한다)과 우리에게 전해지는 이야기를 통해 형성된다. 그래서 사회적 상상은 (주로) 사고만 아니라 상상까지 빚어낸다(pp. 171-172). 우리가 가능하다고 상상할 수 있는 내용과 그 상상을 선하고 바람직하고 아름답게 보는 기준이 이것으로 결정된다.

셋째, 사회적 상상은 두 가지 보완적 의미에서 "사회적"이다. 우선 그것은 "사회 공간에 대한 암묵적 인식"이다. 즉 어떻게 타인과 더불어 살아갈 것인지와 관계가 있다(p. 173). 사회 공간에 대한 이 인식에는 사실과 규범이 공존한다. 즉 "대개의 현실이 …… 당위에 대한 개념과 맞물려 있다"(p. 172). 아울러 사회적 상상이 "사회적"인 이유는 그것이 "공동의 인식"이기 때문이다. "당연한 이치로 널리 공유되어" 있기에 공동의 실천도 가능해진다(p. 172). 사회적 상상이 너무 빨라서 이론적 근거가 필요 없는 이유 중 하나는 "내가 아는 사람이 다 똑같이 느끼기" 때문이다. 그래서 사회적 상상은 공동으로 형성된다. 내가 가장 많이 교류하는 사람들의 신념일수록 가장 개연성 있어 보이고, 특히 내가 소속되고 싶은 단체라면 더하다.

그러나 테일러가 지적했듯이, 사회적 상상 자체는 이론 체계가 아니지만 대개 그렇게 시작된다. 사회적 상상이 변화하는 방식을 보면 처음에 소수의 사람이 이를 생각해 내 이론화한다. 새로운 개념을 제시하고 옹호한다. 또 그 개념으로 상상을 빚어낼 방법도 제시한다. 그러나 "처음에 소수가 품었던 이론이 사회적 상상 속에 침투하되, 아마 엘리트층에서 시작해 사회 전체로 확산될 수 있다"(p. 172). 이론으로 지지되던 새로운 개념이 결국은 "너무 빨라서 언급할 필요조차 없는 당연한 이치"로 변한다(p. 176). 요컨대 사회적 상상이란 삶의 "주관적 정황"이며, 우리가 "모든 주어진 행위에 의미를 부여하는" 방식이다(p. 174). 사람들은 이를 사회 집단 내의 타인에게서 습득하는데, 그것의 출처인 의식적 신념은 아예 받아들여지지 못할 때가 많다.

PART 1

1. 종교는 곧 사라질 것이란 전망, 속단이었다

1. Sarah Pulliam Bailey, "The World Is Expected to Become More Religious-Not Less," *Washington Post*, 2015년 4월 24일.

2. 같은 기사. https://www.washingtonpost.com/news/acts-of-faith/wp/2015/04/24/the-world-is-expected-to-become-more-religious-not-less/. 필명 "KoltirasRip Tallus"의 댓글을 참조하라.

3. Maureen Cleave, "The John Lennon I Knew," *Telegraph*, 2005년 10월 5일. www.telegraph.co.uk/culture/music/rockandjazzmusic/3646983/The-John-Lennon-I-Knew.html.

4. 이 논제는 다음 책에 잘 논증되어 있다. Stephen LeDrew, *The Evolution of Atheism: The Politics of a Modern Movement* (Oxford: Oxford University Press, 2015).

5. 다음 여러 책을 참조하라. Alasdair MacIntyre, *Whose Justice? Which Rationality?* (Notre Dame, IN: University of Notre Dame Press, 1988). Alasdair MacIntyre, *After Virtue*, 제3판 (Notre Dame, IN: University of Notre Dame Press, 2007), 《덕의 상실》(문예출판사 역간). Charles Taylor, *A Secular Age* (Cambridge, MA: Harvard University Press, 2007). Alvin Plantinga, *Warranted Christian Belief* (Oxford: Oxford University Press, 2000). Alvin Plantinga, *Where the Conflict Really Lies: Science, Religion, and Naturalism* (Oxford: Oxford University Press, 2011). 하나님을 믿는 신자들만이 수준 높은 학문을 산출해 내는 게 아니다. 과학과 이성만으로는 인간의 본질적 의문에 다 답할 수 없다고 역설하는 유수한 세속적 사상가들도 요 몇 해 사이 놀랍도록 많아졌다. 예컨대 위르겐 하버마스(Jürgen Habermas), 토머스 네이글(Thomas Nagel), 로널드 드워킨(Ronald Dworkin), 테리 이글턴(Terry Eagleton), 사이먼 크리츨리(Simon Critchley) 등이다. 그들은 완전히 자연주의적인 세계관(모든 일이 과학적이고 물리적인 원인에서 비롯되는 세상)으로는 도덕 가치의 실재를 설명하거나 정의를 추구하고 인권을 옹호할 수 없음을 다양한 방식으로 논증한다. 다음 여러 책을 참조하라. Jürgen Habermas 외, *An Awareness of What Is Missing: Faith and Reason in a Post-Secular Age* (Cambridge: Polity Press, 2010). Thomas Nagel, *Mind and Cosmos: Why the Materialist Neo-Darwinian Conception of Nature Is Almost Certainly False* (Oxford: Oxford University Press, 2012). Ronald Dworkin, *Religion Without God* (Cambridge, MA: Havard University Press, 2013), 《신이 사라진 세상》(블루엘리펀트 역간). Simon Critchley, *The Faith of the Faithless: Experiments in Political Theology* (London: Verso, 2012), 《믿음 없는 믿음의 정치》(이후 역간). Terry Eagleton, *Reason, Faith, and Revolution: Reflections on the God Debate* (New Haven, CT: Yale University Press, 2009), 《신을 옹

호하다: 마르크스주의자의 무신론 비판》(모멘토 역간). 같은 저자, *Culture and the Death of God* (New Haven, CT: Yale University Press, 2015), 《신의 죽음 그리고 문화》(알마 역간). 이들 각 사상가의 기여에 대해서는 뒤에서 차차 살펴볼 것이다.

6. 이 주제를 다룬 문헌은 방대하다. 처음으로 대중의 이목을 끈 학술서는 이것이다. Philip Jenkins, *The Next Christendom: The Coming Global Christianity* (Oxford: Oxford University Press, 2002; 제3판, 2011), 《신의 미래》(도마의길 역간). 이 책에 대한 최근의 서평을 다음 책에서 볼 수 있다. Rodney Stark, *The Triumph of Faith: Why the World Is More Religious Than Ever* (Wilmington, DE: Intercollegiate Studies Institute, 2015). 아울러 다음 여러 책도 참조하라. David Barrett, George T. Kurian & Todd M. Johnson, *World Christian Encyclopedia*, 재판 (Oxford: Oxford University Press, 2001). Scott W. Sunquist, *The Unexpected Christian Century: The Reversal and Transformation of Global Christianity, 1900-2000* (Grand Rapids, MI: Baker Academic, 2015). Peter Berger, Grace Davie and Effie Fokas, *Religious America, Secular Europe?* (Burlington, VT: Ashgate, 2008).

7. 이번 단락에 나오는 모든 통계 수치는 다음 연구를 참조하라. Pew Research Center, "The Future of World Religions: Population Growth Projections 2010-2050." 다음 웹사이트에서 볼 수 있다. www.pewforum.org/2015/04/02/religious-projections-2010-2050/. 한 가지 짚어 둘 것은 다른 명망 있는 연구 기관에 따르면, 퓨의 추정치가 중국의 교회 성장을 과소평가한 탓에 오히려 너무 낮게 잡혀 있다는 사실이다. 보스턴대학교(Boston University)와 고든콘웰신학교(Gordon-Conwell Seminary)의 'The Center for the Study of Global Christianity'에서 퓨의 연구에 내놓은 다음 반응을 참조하라. www.gordonconwell.edu/ockenga/research/documents/CSGCPewResponse.pdf.

8. 주오 신핑(Zhuo Xinping, 卓新平)은 전국인민대표회의 상임위원회 위원이며 중국 사회과학원 세계종교연구소 소장이다. 그런 그가 "기독교적 관점의 초월을 기준으로 받아들여야만 자유, 인권, 관용, 평등, 정의, 민주주의, 법치, 보편성, 환경 보호 같은 개념의 참뜻을 이해할 수 있다"라고 썼다. Zhuo Xinping, "The Significance of Christianity for the Modernization of Chinese Society," *Crux 33* (1997년 3월): 31. 다음 책에도 인용되어 있다. Niall Ferguson, *Civilization: The West and the Rest* (New York: Penguin Books, 재판, 2012), p. 287, 《시빌라이제이션: 서양과 나머지 세계》(21세기북스 역간). 중국 기독교의 괄목할 만한 성장과 그것이 문화에 미치는 광범위하고 긍정적인 영향에 대해서는 Ferguson, pp. 256-294를 참조하라. 아울러 다음 논문도 참조하라. Zhuo Xinping, "Christianity and China's Modernization." 다음 웹사이트에서 볼 수 있다. www.kas.de/wf/doc/kas_6824-1522-1-30.pdf?051011091504. "1978년 이후로 …… 기독교가 치관이 중국 문명화와 근대화의 전개에 다방면으로 영향을 미칠 수 있다고 보는 중국인이 점점 늘어났다. 오늘날 중국인은 기독교의 죄 개념 덕분에 자아를 새로운 관점에서 이해하고 있고, 구원과 초월 개념에 감화를 받아 민주주의 쪽으로 나아가고 있다." Jinghao Zhou, *China's Peaceful Rise in a Global Context: A Domestic Aspect of China's Road Map to Democratization* (Lanham, MD: Lexington, 2012), p. 169. 중국 학자들이 기독교를 우호적으로 분석하는 사례로 다음 책을 참조하라. Zhuo Xinping, *Christianity*, Zhen & Caroline Mason 번역 (Leiden, Germany: Brill, 2013), p. xxv. "기독교는 원죄 개념을 고수하지만 인간의 존엄성을 보호하고 강화하는 반면, 공자의 사상은 대체로 인간의 성선설을 내세우지만 실제로는 인권을 침해해 왔으니 수수

께끼가 아닐 수 없다." 중요하게 염두에 두어야 할 점이 있다. 주오 신평 같은 학자들은 중국이 철저히 기독교화하거나 서구화하기를 바라거나 기대하지 않는데도 중국 기독교의 성장을 좋은 현상으로 본다. 인권과 평등과 법치의 더 나은 기초가 서구 세속주의보다 기독교에 있다고 믿기 때문이다.

9. 하버마스는 삶을 어떻게 영위해야 하는지를 종교의 구원 없이도 인간의 협력으로 알아낼 수 있다고 다년간 역설했다. "[이전의] 신성한 권위는 …… [이성으로] 얻어 낸 합의의 권위로 대체 됐다"라고 쓴 적도 있다(다음 기사에 인용되어 있다. Stanley Fish, "Does Reason Know What It Is Missing?" *New York Times*, 2010년 4월 12일). *An Awareness of What Is Missing*, pp. 1-14 등에서 이성과 종교를 주제로 하버마스가 말하는 "진화"가 다음 평론에 간략히 설명되어 있다. Michael Reder & Josef Schmidt, "Habermas and Religion." 아울러 다음 책도 참조하라. Jürgen Habermas, *Between Naturalism and Religion* (Cambridge: Polity, 2008).

10. Habermas 외, *An Awareness of What Is Missing*, pp. 18-21. 더 최근에 똑같은 논지로 말한 또 다른 사상가로 역사가 캐런 암스트롱(Karen Armstrong)이 있다. 2014년 11월 23일에 〈살롱〉 (*Salon*)지와의 인터뷰에서 그녀는 이런 질문을 받았다. "우리 사회에서 종교는 '불합리의 소치' 가 아닌가? 그래서 우리는 '닥치는 대로 이 불합리를 일소해야' 하는가?" 암스트롱의 답변에 따르면, 공산주의는 "사회를 건설할 더 합리적인 방법으로 여겨졌으나" 치료 국가라는 신화에 기초했고, 프랑스 혁명가들은 "계몽주의 정신에 고취되어" 종교와 교회를 맹렬히 배격했고 "이성의 여신"까지 들먹였으나 1만 7천 명을 공개 참수했다. 과학과 이성은 옳고 그름, 의미와 무의미를 말할 수 없기에 완전히 이성적인 사람은 아무도 없다고 그녀는 역설한다. 과학과 이성은 특정 목표에 도달할 가장 효율적이고 실용적인 방법을 알려 줄 뿐, 결국 그 이상의 행동을 지도하지는 못하며 목표가 선하고 옳은지 여부도 말해 줄 수 없다. 그러므로 인간에게 필요한 것은 "우리가 스스로에게 들려주는 이야기들이다. …… 아무리 열심히 이성을 추구해도, 결국 우리가 모종의 궁극적 의미를 발견할 수 있음은 그런 이야기들 덕분이다." 결론적으로 그녀는 이성만으로는 의미를 찾을 수 없는데, 공공 담론에 오직 이성만 허용될 때가 많다 보니 "여러 위대한 성취에도 불구하고 현대 문화에 아주 큰 구멍이 뻥 뚫려 있다"라고 말한다. "허무주의"와 권태와 목적 없음을 우리 문화에 범람하는 범죄와 사회 불안의 배후로 본 것이다. "의미의 결핍은 사회의 위험 요소다." 다음 기사를 참조하라. Michael Schulson, "Karen Armstrong on Bill Maher and Sam Harris," *Salon*, 2014년 11월 23일. www.salon.com/2014/11/23/karen_armstrong_sam_harris_anti_islam_talk_fills_me_despair/.

11. 이렇게 반박할 사람이 있을 수 있다. 사회과학이 행복을 측정해 줄 수 있고, 행복의 극대화를 위해 어떻게 살아야 하는지 말해 줄 수 있다고 말이다. 그러면 따라오는 질문이 있다. '인간의 삶이 행복을 추구해야 한다고 믿는 이유는 무엇인가?' 과학은 이 물음에 답할 수 없다. 도덕적 또는 철학적 논증이 필요하다. 과학과 시장에 제약을 가해 인간의 선과 번영을 추구하는 비전은 종교만이 줄 수 있으며, 세계화와 세속 국가가 그 비전을 제시하려면 종교가 필요하다. 이에 대한 자세한 논의는 다음 책을 참조하라. Miroslav Volf, *Flourishing: Why We Need Religion in a Globalized World* (New Haven, CT: Yale University Press, 2015), 《인간의 번영》(IVP 역간).

12. Habermas, *An Awareness of What Is Missing*, p. 81.

13. Thomas C. Leonard, *Illiberal Reformers: Race, Eugenics, and American Economics in the Progressive Era* (Princeton, NJ: Princeton University Press, 2016).

14. 같은 책, p. 111.

15. Frank M. Spinath & Wendy Johnson, "Behavior Genetics," *The Wiley-Blackwell Handbook of Individual Differences*, Thomas Chammoro-Premuzic 외 편집 (Oxford: Wiley-Blackwell, 2011), pp. 295-296.

16. Leonard, *Illiberal Reformers*, p. 190.

17. 전체를 인용하면 이렇다. "자유와 또 연합된 공동체 생활의 이상, 자율적 삶의 영위와 해방, 개인적 도덕성인 양심과 인권과 민주주의 등은 다 만인 평등주의에서 출현했는데, 이 평등주의는 유대교 윤리인 정의와 기독교 윤리인 사랑의 직접적 유산이다. 계속 비판적 원용과 재해석의 대상이 된 것도 본질상 달라진 바 없는 이 유산이다. 현재까지 다른 설명은 없다. 오늘날 탈(脫)민족 합종연횡의 도전 속에서 우리가 계속 의지하는 것도 이 유산의 골자다. 나머지는 다 포스트모더니즘이 내놓는 잠담에 불과하다." Jürgen Habermas, *Time of Transitions* (Cambridge: Polity, 2006), pp. 150-151. 이 평론은 다음 책에도 등장한다. Habermas, *Religion and Rationality: Essays on Reason, God, and Modernity* (Cambridge: Polity, 2002), p. 149. 요컨대 하버마스는 현대 국가가 중시하는 평등권조차도 성경의 유산이라 말한다. 이런 논리의 흐름으로 봐서 하버마스가 그의 스승인 프랑크푸르트학파의 막스 호르크하이머(Max Horkheimer)의 뒤를 이었다고 말할 사람도 있을 것이다. 호르크하이머도 비슷하게 세속 이성만으로는 인간의 존엄성을 높일 수 없고, 우리의 가장 깊은 열망을 채울 수도 없다고 말했다. 그의 추적에 따르면, 현대의 세속 이성은 우리를 모든 절대 진리와 보편 진리에 대한 믿음에서 떠나게 했다. 이성과는 별개인 그런 진리가 있어야, 인간의 행동이 옳고 그른지 분간할 수 있는데 말이다. 다음 두 책을 참조하라. Max Horkheimer & Theodor W. Adorno, *Dialectic of Enlightenment: Philosophical Fragments*, Gunzelin Schmid Noerr 편집, Edmund Jephcott 번역 (Stanford, CA: Stanford University Press, 2002), 《계몽의 변증법》(베리타스알파 역간). Stephen Eric Bronner, *Critical Theory: A Very Short Introduction* (Oxford: Oxford University Press, 2011). 호르크하이머와 아도르노(Adorno)는 세속적 사상이 무형의 실재를 부인한 결과 "도구적"이 됐다고 역설했다. 즉 논리를 전개하는 당사자의 발전과 보존에 효율적으로 유익만 된다면, 어떤 행동이든 옳고 합리적이다. 이제는 이런 "선"이 다수결로 정해진다. 무엇이든 다수에게 가장 유익하다고 간주되면 그게 곧 선이다. 빈민을 굶기거나 특정 소수 민족을 나라의 유전자 풀에서 제거한다 해도 그게 "최대 다수의 최대 행복"이라는 주장이 가능하다. 그래도 세속 이성은 그런 결론을 논박할 수 없다. 과학은 효율성과 비용편익만 판단할 수 있기 때문에 결국 사람을 경제라는 기계의 톱니바퀴이자 물건으로 취급하게 된다. 호르크하이머와 아도르노가 책을 쓴 때는 2차대전 직후였으므로 그들은 좌익 공산주의와 우익 파시즘이 양쪽 다 이런 식의 과학적 논리로 폭력을 정당화하는 것을 봤다. 다음 책을 참조하라. Max Horkheimer, *Eclipse of Reason* (Oxford: Oxford University Press, 1947), 《도구적 이성 비판》(문예출판사 역간). 그래서 그들은 사회주의에서 자유시장 자본주의까지 현대의 모든 정치 경제 체제를 비판했다. 방법만 다를 뿐 그런 체제는 모두 "질을 양으로 둔갑시킨다." 인격적, 정신적, 도덕적, 인간적 재화까지도 상품으로 전락시켜 측정 수치로 관리하고 규정하려 한다. 하나같이 물질적 번영을 궁극의 선으로 제시할 뿐 "영원, 아름다움, 초월, 구원, 신"에 대한 갈망 또는 호르크하이머의 표현으로 "절대 타자에 대한 열망"은 결코 채워 주지 못한다(Bronner, *Critical Theory*, p. 92). 아울러 다음 글도 참조하라. Max Horkheimer, "The Ego and Freedom Movements," *Between Philosophy and Social Sciences*, G.

F. Hunter, M. S. Kramer, & John Torpey 번역 (Cambridge, MA: MIT Press, 재판, 1995).

18. 피터 왓슨도 토머스 네이글과 로널드 드워킨과 하버마스를 "각자 자기 분야의 정상에 올라 있는 대서양 양안의 3대 철학자"로 보고 그들의 말을 인용했다. 그에 따르면 이들 셋은 하나같이 말하기를, 유물론적 무신론은 우리가 진리로 아는 도덕 가치와 인간의 양심과 자유 의지 같은 것들을 전혀 설명하지 못한다고 했다. 셋 다 자신이 인격신을 믿지 않는다면서도 "우리는 초월을 찾으려는 추구에서 벗어날 수 없다"라고 시인했다. Peter Watson, *The Age of Nothing: How We Have Sought to Live Since the Death of God* (London: Weidenfeld & Nicolson, 2014), p. 5, 《무신론자의 시대》(책과함께 역간). 이 책에 왓슨은 앞서 소개한 하버마스의 저작과 아울러 다음 두 책을 언급했다. Nagel, *Mind and Cosmos.* Dworkin, *Religion Without God.*

19. 스콥스(Scopes)를 기소했던 윌리엄 제닝스 브라이언(William Jennings Bryan)이 작성한 변론이다. 레너드의 책에 대한 다음 서평에 인용되어 있다. Malcolm Harris, "The Dark History of Liberal Reform," *New Republic,* 2016년 1월 21일. https://newrepublic.com/article/128144/dark-history-liberal-reform. 이 변론에 대한 더 자세한 내용은 다음 웹사이트를 참조하라. www.pbs.org/wgbh/amex/monkeytrial/filmmore/ps_bryan.html.

20. Paul Kalanithi, *When Breath Becomes Air* (New York: Random House, 2016), 《숨결이 바람 될 때》(흐름출판 역간).

21. 같은 책, p. 168.

22. 같은 책, p. 169.

23. 같은 책, pp. 169-170.

24. 같은 책, pp. 168, 171. 하나님의 존재에 마음이 열리면서부터 칼라니티는 종교에 주목했고, 그러자 은혜와 구원에 대한 기독교의 가르침이 도덕적 성취를 통해 신의 복을 얻어 내야 한다고 강조하는 타종교들보다 더 설득력 있게 다가왔다. 이 주제는 나중에 이 책 3-9장에서 자세히 살펴볼 것이다.

25. Rebecca Pippert, *Hope Has Its Reasons: The Search to Satisfy Our Deepest Longings* (Downers Grove, IL: InterVarsity, 2001), p. 117, 《토마토와 빨간 사과》(사랑플러스 역간).

26. 같은 책, p. 119.

27. James Wood, "Is That All There Is? Secularism and Its Discontents," *New Yorker,* 2011년 8월 14일.

28. 같은 기사.

29. Walter Isaacson, *Steve Jobs* (New York: Simon & Schuster, 2011), p. 571, 《스티브 잡스》(민음사 역간). 다음 책에 인용되어 있다. James K. A. Smith, *How (Not) to Be Secular: Reading Charles Taylor* (Grand Rapids, MI: Wm. B. Eerdmans, 2014), p. 13.

30. Lisa Chase, "Losing My Husband-and Finding Him Again Through a Medium," *Elle,* 2014년 10월 5일.

31. Andrew Delbanco, *The Real American Dream: A Meditation on Hope* (Cambridge, MA: Harvard University Press, 1999), p. 3.

32. Julian Barnes, *Nothing to Be Frightened Of* (London: Jonathan Cape, 2008), p. 54, 《웃으면서 죽음을 이야기하는 방법》(다산책방 역간).

33. Steven Pinker, *How the Mind Works* (New York: Norton, 1997), pp. 524, 537, 《마음은 어떻게 작동하는가》(동녘사이언스 역간). 다음 책에 인용되어 있다. David Skeel, *True Paradox: How Christianity Makes Sense of Our Complex World* (Downers Grove, IL: InterVarsity, 2014), p. 67.

34. Taylor, *A Secular Age*, p. 607.

35. C. S. Lewis, "On Living in an Atomic Age," *Present Concerns* (New York: Harcourt, 1986), p. 76.

36. Leonard Bernstein, *The Joy of Music* (New York: Simon & Schuster, 2004), p. 105, 《레너드 번스타인의 음악의 즐거움》(느낌이있는책 역간).

37. 테일러가 논한 "충만함"은 다음 책에 나와 있다. *A Secular Age*, pp. 1-22, 16장 "Cross Pressures," pp. 594-671.

38. 같은 책, p. 6.

39. Frank Bruni, "Between Godliness and Godlessness," *New York Times*, 2014년 8월 30일.

40. Hubert Dreyfus & Sean Dorrance Kelly, *All Things Shining: Reading the Western Classics to Find Meaning in a Secular Age* (New York: Simon & Schuster, 2011), p. 201, 《모든 것은 빛난다》(사월의책 역간). 코넬리우스 플란팅가도 다음 저서 1장 "Longing and Hope"에 이런 체험에 대해 썼다. Cornelius Plantinga, *Engaging God's World: A Christian Vision of Faith, Learning, and Living* (Grand Rapids, MI: Wm. B. Eerdmans, 2002), pp. 1-16, 《기독 지성의 책임》(규장 역간).

41. Roger Scruton, *The Soul of the World* (Princeton, NJ: Princeton University Press, 2014). 철학자 스크루턴은 현상학을 이용해 종교적 신념의 "자리를 확보한다."

42. 다음 기사에 인용된 말이다. Stuart Babbage, "Lord Kenneth Clark's Encounter with the 'Motions of Grace,'" *Christianity Today*, 1979년 6월 8일, p. 28.

43. Václav Havel, *Letters to Olga* (New York: Knopf, 1988), pp. 331-332. 다음 책에 나온다. Taylor, *A Secular Age*, pp. 728-729.

44. 이런 옥중의 "회심" 덕분에 하벨이 기독교 신앙을 고백하거나 유일신 종교의 전통적 신을 믿은 것은 아니다. 그러나 모든 종교와 문화의 배후에 신적 "존재"가 있다고 보게 됐다. 다음 기사를 참조하라. M. C. Putna, "The Spirituality of Vaclav Havel in Its Czech and American Contexts," *East European Politics and Societies 24*, no. 3 (2010년 8월): 353-378. 다음 웹사이트에서 볼 수 있다. http://eep.sagepub.com/content/24/3/353.full.pdf+html.

45. Kristin Dombek, "Letter from Williamsburg," *Paris Review 205* (2013년 여름호). www.theparisreview.org/letters-essays/6236/letter-from-williamsburg-kristin-dombek. 웹사이트에는 "무신론자가 된 지 15년이 넘는 동안"으로 되어 있으나 실물 잡지에는 "믿다가 그만둔 지 15년째인 지금"으로 되어 있다. 어느 쪽이 개정판인지 잘 모르지만 전자를 인용했다.

46. Barbara Ehrenreich, *Living with a Wild God: A Nonbeliever's Search for the Truth About Everything* (New York: Twelve Books, 2014), p. 1, 《신을 찾아서: 어느 무신론자의 진리를 향한 여정》(부키 역간).

47. 같은 책, pp. 37-44, 77.

48. 같은 책, p. 115.

49. 같은 책, p. 116.

50. 같은 책, p. 203.

51. 같은 책, p. 127.

52. 같은 책, p. 197.

53. 같은 책, pp. 226-227.

54. 다음 역본에서 인용했다. Saint Augustine of Hippo, *The Confessions: With an Introduction and Contemporary Criticism*, David Vincent Meconi 편집, Maria Boulding 번역 (San Francisco: Ignatius, 2012), 제7권 23장, p. 186, 《고백록》.

55. Henry Chadwick, *Augustine: A Very Short Introduction* (Oxford: Oxford University Press, 1986), p. 23, 《교부 아우구스티누스: 그리스도교 신학의 아버지》(뿌리와이파리 역간).

56. C. S. 루이스의 이 말을 참조하라. "'비인격 신.' 이거라도 다행이다. 우리 머릿속에 들어 있는, 진선미의 주관적 신, 이게 그보다는 낫다. 우리 속을 관통하는 무형의 생명력, 우리가 받아 누릴 수 있는 거대한 능력. 그중 제일 낫다. 그러나 살아 계셔서 역사를 주관하시는 하나님, 어쩌면 무한대의 속도로 다가오시는 사냥꾼, 왕, 남편. 그거라면 전혀 다른 문제다." C. S. Lewis, *Miracles* (New York: Touchstone, 1996), p. 125, 《기적: 예비적 연구》(홍성사 역간).

57. 에런라이크의 책에 대한 다음 서평을 참조하라. Francis Spufford, "Spiritual Literature for Atheists," *First Things*, no. 257 (2015년 11월). "야성의 정의(중재와 여과가 없는 정의)는 우리가 법정에서 힘들여 이루려는 정의와는 다르다." 스퍼포드는 또 야성의 사랑, 한사코 우리를 잘되게 하려는 사랑은 결코 우리가 해를 자초하도록 그냥 두지 않는다고 썼다. "그 사랑은 우리에게 익숙해진 변질된 제품과는 완전히 다르다. …… 자신이 만나는 존재를 [에런라이크처럼] '도덕과 무관한' 존재로 본다 해도, 적어도 그 존재가 다르다는 사실만은 인정하는 셈이다"(pp. 47-48).

58. Rudolf Otto, *The Idea of the Holy* (London: Oxford University Press, 1931), p. 28, 《성스러움의 의미》(분도출판사 역간).

59. Ehrenreich, *Living with a Wild God*, pp. 203, 215.

60. Taylor, *A Secular Age*, p. 8.

61. Mark Lilla, "The Hidden Lesson of Montaigne," *New York Review of Books* 58, no. 5 (2011년 3월 24일). 다음 책에 인용되어 있다. James K. A. Smith, *How (Not) to Be Secular: Reading Charles Taylor* (Grand Rapids, MI: Wm. B. Eerdmans, 2014), p. 1.

62. Matt Ridley, "Why Muslims Are Turning Away from Islam," *Times* (London), 2015년 11월 23일.

63. Peter Berger, Grace Davie and Effie Fokas, *Religious America: Secular Europe? A Theme and Variation* (Farnham, UK: Ashgate, 2008), p. 10.

64. 중국이 근대화되면서 기독교인이 더 많아졌다는 정도가 아니라, 중국 학자들은 기독교의 성장

이 더 심도 깊은 근대화와 민주주의를 이끌고 있다고 본다. 8번 주석에 소개한 주요 신평 등의 저작을 참조하라.

65. 다음 사회학자의 기념비적 연구를 참조하라. José Casanova, *Public Religions in the Modern World* (Chicago: University of Chicago Press, 1994). 그는 스페인, 폴란드, 브라질, 미국을 비교해 근대화 과정 중에 종교와 교회가 보인 매우 상이한 궤적(상향 또는 하향)을 찾아냈다. 교회가 근대 문화에 어떻게 반응하느냐가 그 궤적의 큰 변수로 작용한다. 너무 적대적이거나(격리나 공격) 너무 우호적인(순응과 동화) 교회는 대체로 쇠퇴한다. 궤적의 또 다른 변수는 과거에 종교에 소속된 방식이 전통과 국가 통제 때문이었는가 아니면 더 국지적이고 자발적으로 이루어졌는가 하는 점이다. 과거의 독점 체제를 통해 국가 정체와 연계되어 있을수록(예: 국교) 그 종교는 쇠퇴한다. 반대로 자유롭고 자발적인 소속에 기초한 종교일수록 근대 문화 속에서도 강하게 살아남는다. 요컨대 근대성의 영향으로 쇠퇴하는 것은 종교 자체가 아니라 '물려받은 종교'다. 회심에 기초한 선택 종교는 얼마든지 성장할 수 있다.

아울러 다음 책도 참조하라. Mark Noll, *From Every Tribe and Nation: A Historian's Discovery of the Global Christian Story* (Grand Rapids, MI: Baker Academic, 2014), pp. 72-75, 《나는 왜 세계기독교인이 되었는가》(복있는사람 역간).

66. Eric Kaufmann, *Shall the Religious Inherit the Earth? Demography and Politics in the Twenty-First Century* (London: Profile Books, 2010), pp. 1-45.

67. 같은 책, p. 253.

68. 다음 기사를 참조하라. Caspar Melville, "Battle of the Babies," *New Humanist*, 2010년 3월 22일. http://newhumanist.org.uk/2267/battle-of-the-babies. 이 기사는 *Shall the Religious Inherit the Earth?*에 대한 서평과 아울러 저자 카우프먼과의 인터뷰로 이루어져 있다.

69. 실제로 예배에 전혀 참석하지 않는 사람은 가끔씩 참석하는 사람보다 자녀가 적고, 후자는 다시 매주 예배를 드리는 사람보다 자손이 적다. 독일 학자 마이클 블룸(Michael Blume)의 연구를 참조하라. 그는 전 세계적으로 예배 빈도와 자녀 수 사이에 명백한 상관관계가 있음을 입증했다. Jesse Bering, "God's Little Rabbits: Religious People Out-Reproduce Secular Ones by a Landslide," *Scientific American*, 2010년 12월 22일. "종교 예배에 '전혀' 참석하지 않는 사람은 평생 낳는 자녀 수가 평균 1.67명인데 반해[인구보충 수준인 2.0보다 낮다], '월 1회'이면 2.01명으로 높아지고, '주 1회 이상'이면 2.5명이 된다."

70. 같은 기사.

71. 다음 책을 참조하라. Jeffrey Sachs, *The End of Poverty: Economic Possibilities for Our Time* (New York: Penguin, 2015), pp. xli-xlii, 《빈곤의 종말》(21세기북스 역간).

72. Kaufmann, *Shall the Religious Inherit the Earth?*, p. 45. 카우프먼은 또한 이렇게 썼다. "지구상의 모든 종교가 인구통계학적 변천을 다 거치려면 아직 멀었다. …… 그 변천이 마무리될 22세기에는 지구상의 세속 국가들이 세계 인구에서 차지하는 비율이 지금보다 훨씬 낮아질 것이다. 그나마 서구 [자체]의 세속화가 현 수준으로 유지된다고 전제했을 경우인데, 그렇게 유지될 소지는 낮다. …… 서구에 유입되는 '갈색 인종'은 세속 사회에 새로운 종교적 피를 주입하고 있다"(p. 254).

73. 같은 책, p. 255.

74. 다음 기사를 참조하라. David Brooks, "Creed or Chaos?" *New York Times*, 2011년 4월 21일.

75. Berger, Davie and Fokas, *Religious America, Secular Europe?*, pp. 40-41.

76. 같은 책, pp. 41-42. 아울러 pp. 33-34도 참조하라.

77. 퓨리서치센터의 연구에 따르면, 결단과 회심을 요하는 복음주의와 오순절 교회는 지난 7년 사이에 실제로 200만 명이나 성장한 반면 주류 개신교와 가톨릭은 가파른 감소세를 보였다. 다음 기사를 참조하라. Sarah Pulliam Bailey, "Christianity Faces Sharp Decline as Americans Are Becoming Even Less Affiliated with Religion," *Washington Post*, 2015년 5월 12일.

78. Noll, *From Every Tribe and Nation*, p. 130.

79. "Christianity in Its Global Context, 1970-2020: Society, Religion, and Mission," Center for the Study of Global Christianity, Gordon Conwell Theological Seminary, 2013년 6월. http://www.gordonconwell.edu/ockenga/research/documents/ChristianityinitsGlobalContext.pdf, p. 36.

80. 같은 기사, p. 22.

81. Noll, *From Every Tribe and Nation*, p. 130.

82. Kaufmann, *Shall the Religious Inherit the Earth?*, p. 269.

83. Melville, "Battle of the Babies."

84. Rabbi Jonathan Sacks, *Not in God's Name: Confronting Religious Violence* (New York: Schocken Books, 2015), p. 18.

85. Saint Augustine of Hippo, *The Confessions: With an Introduction and Contemporary Criticism*, David Vincent Meconi 편집 (San Francisco: Ignatius, 2012), p. 3.

2. 세속주의의 기초는 '이성'과 '증거'다?

1. S. A. Joyce, "One Night I Prayed to Know Truth. The Next Morning I Discovered I Was an Atheist," 연도 미상. 다음 기사에 나온다. "Into the Clear Air: Extended Testimonies," Patheos.com. www.patheos.com/blogs/daylightatheism/essays/into-the-clear-air-extended-testimonies/.

2. 물론 이것이 역회심 이야기의 유일한 틀은 아니다. 불의한 악이나 고난의 끔찍한 경험과 더 직결되는 경우도 있고, 성장기에 속했던 종교 공동체의 위선과 심지어 학대가 원인인 경우도 있다. 그러나 대개는 이 세 가지 요소, 즉 이성적 요소(증거의 결핍), 실존적 요소(악의 경험 또는 신앙에 반하는 기타 직관), 관계적 요소(반감을 주는 종교인)가 어느 정도 공존한다. 본문에 소개한 역회심 내러티브는 이성적 사고의 부류로, 인터넷상에서 아마 더 전형적으로 나타날 것이다.

3. "Barry Benedict." 다음 웹사이트에서 볼 수 있다. www.mlive.com/news/kalamazoo/index.ssf/2015/11/agnostics_evangelicals_growing.html

4. 같은 기사.

5. Talal Asad, *Formations of the Secular: Christianity, Islam, Modernity* (Stanford, CA: Stanford University Press, 2003). "현대 세계에서 자유주의 원리를 옹호하려면 …… 추상적 논증으로는 제대로 할 수 없다. …… [세속주의자들은] 자유주의를 제시하고 옹호하고자 …… '계속 잠식당해 오는 정글에 정원 만들기'와 '빛으로 구원받아야 할 캄캄한 세상'이라는 이미지를 쓴다"(p. 59). 다음 책의 3장 제목에도 이 이미지가 쓰였다. Stephen LeDrew, *The Evolution of Atheism: The Politics of a Modern Movement* (Oxford: Oxford University Press, 2015), 3장 "A Light in a Dark Jungle," pp. 55-91.

6. Charles Taylor, *A Secular Age* (Cambridge, MA: Harvard University Press, 2007), pp. 26-29.

7. Barbara Ehrenreich, *Living with a Wild God*, pp. 37, 61, 《신을 찾아서: 어느 무신론자의 진리를 향한 여정》(부키 역간).

8. William Kingdon Clifford, "The Ethics of Belief," *Contemporary Review* 29 (1876년 12월-1877년 5월): 289. www.uta.edu/philosophy/faculty/burgess-jackson/Clifford.pdf.

9. 무신론자 철학자 버트런드 러셀(Bertrand Russell)도 만일 죽어서 신 앞에 선다면 어떻게 하겠느냐는 질문을 받았을 때, 동일한 전제하에 이렇게 자신을 변호하겠다고 답했다. "이보세요, 왜 나한테 더 나은 증거를 주지 않았습니까?" Leo Rosten, "Bertrand Russell and God: A Memoir," *Saturday Review*, 1974년 2월 23일, pp. 25-26.

10. 다음 책을 참조하라. Peter van Inwagen, "Quam Dilecta," 출전: *God and the Philosophers: The Reconciliation of Faith and Reason*, Thomas Morris 편집 (Oxford: Oxford University Press, 1999), pp. 44-47.

11. "신흥 무신론자"들인 리처드 도킨스(Richard Dawkins)와 샘 해리스(Sam Harris) 같은 일부 세속주의자는 여전히 클리퍼드 식의 배타적 합리성을 모든 지식에 적용하려 든다. 하지만 이제 그런 사람은 드물다. 반 인와겐의 요지인즉, 대다수 세속주의자가 배타적 합리성을 지식 전반의 방편으로서는 버렸으면서 유독 종교적 신념에만 계속 적용한다는 점이다. 이는 일관성에 어긋날 뿐 아니라 엉큼하기까지 한 일이다.

12. 특정 명제가 참이 아니라는 말에는 "전혀 의문의 여지가 없는 어떤 기준을 이미 수용했음이 암시되어 있다. 그래야 그 명제가 증명 가능하다거나 불가능하다고 말할 수 있기 때문이다." Michael Polanyi, *Personal Knowledge: Toward a Post-Critical Philosophy* (New York: Harper Torchbooks, 1964), p. 274, 《개인적 지식》(아카넷 역간).

13. Michael P. Lynch, *In Praise of Reason: Why Rationality Matters to Democracy* (Cambridge, MA: MIT Press, 2012), p. 4, 《이성 예찬》(진성북스 역간). 린치가 실용적으로 잘 논증했듯이, 우리는 무조건 서로 이념적 구호를 외칠 게 아니라 공공 담론에 이성을 구사해야 한다. 그럼에도 코네티컷대학교 철학 교수 린치가 다음과 같이 말한 것은 인상적이다. "나는 이성을 옹호하되 이상화할 생각은 없다. 이성이 가치중립적이라거나, 근거 없는 근거가 존재한다거나, 편견 없는 순전한 '기정사실'이 경험을 이룬다는 것은 환상이다"(p. 5).

14. 다음 책을 참조하라. Charles Taylor, "Overcoming Epistemology," *Philosophical Arguments* (Cambridge, MA: Harvard University Press, 1995), pp. 1-19. 제임스 K. A. 스미스는 메를로 퐁티

(Merleau-Ponty), 피에르 부르디외(Pierre Bourdieu) 등 유럽 대륙의 사상가들이 설명한 인식론을 다음 책 전반부에서 기독교적으로 옹호했다. James K. A. Smith, *Imagining the Kingdom* (Grand Rapids, MI: Wm. B. Eerdmans, 2013).

15. 다음 책에 나온다. Ludwig Wittgenstein, *On Certainty*, G. E. M. Anscombe & G. H. Von Wright 편집, Denis Paul & G. E. M. Anscombe 번역 (New York: Harper & Row, 1969), 83-110항, pp. 12c-15, 《확실성에 관하여》(책세상 역간).

16. C. Stephen Evans, *Why Christian Faith Still Makes Sense: A Response to Contemporary Challenges* (Grand Rapids, MI: Baker Academic, 2015), p. 23.

17. 같은 책.

18. Lesslie Newbigin, *The Gospel in a Pluralist Society* (Grand Rapids, MI: Wm. B. Eerdmans, 1991), p. 20, 《다원주의 사회에서의 복음》(IVP 역간). 폴라니의 사상을 요약하고 이를 종교적 믿음과 회의의 문제에 적용한 내용은 뉴비긴의 책 pp. 1-65를 참조하라.

19. 행여 누가 "자연의 균일성," 즉 "X가 Y의 원인이라면 X가 존재할 때마다 Y도 반드시 존재한다"라는 개념이 증명됐다고 반박한다면, 18세기 철학자 데이비드 흄이 부정할 것이다. 그가 유명하고도 유력하게 논증했듯이, 실험실에서 하나가 다른 하나를 뒤따른다는 이유만으로 앞으로도 또 그러리라고 증명할 수는 없다. 미래가 얼추 과거와 비슷하리라는 우리 신념은 신앙의 전제이며 경험적으로 입증될 수 없다. 그래서 흄에 따르면 인과관계의 추론은 "'결정짓는 요인은 이성'이 아니며, [따라서] 우리를 그런 추론에 도달하게 하는 '대등한 무게와 권위의 다른 원리'가 있을 수밖에 없다. 흄은 그 원리를 관습 또는 습관으로 봤다. …… 그러므로 '사고를 결정지어 …… 과거와 유사한 미래를 가정하게' 하는 요인은 이성이 아니라 관습이다(초록16). …… 흄은 '과거에 발생한 일과 비슷한 흐름의 사건을 미래에도 예견하게 하는' 것은 오직 관습이라고 결론지었다(EHU 5.1.6/44)." William Edward Morris & Charlotte R. Brown, "David Hume," *The Stanford Encyclopedia of Philosophy* (2016년판 봄), Edward N. Zalta 편집. http://plato.stanford.edu/entries/hume/. 아울러 다음 평론도 참조하라. "Probable Reasoning Has No Rational Basis." "인간은 자연의 균일성을 믿는다. 그런 식으로 우리의 경험은 아주 풍성한 인과(因果) 정보를 산출할 수 있다. 그 정보는 우리를 실재와 연결시켜 주고, 이를 바탕으로 우리의 오감은 더 큰 실재를 알게(느끼게) 된다. 더 큰 실재는 오감의 범위를 벗어나 있으나, 사실은 생생한 개념 형태로 우리의 상상 속에만 존재한다. 그러나 균일성의 원리가 모든 경험적 이성의 기초임에도 불구하고, 그 원리 자체는 입증 또는 증명 가능한 이성에 기초해 있지 않다." 이 평론은 웨인 왁스먼(Wayne Waxman)이 뉴욕대학교에서 가르친 "근대 철학사"(The History of Modern Philosophy) 강좌의 일부였다. 다음 웹사이트에서 볼 수 있다. www.nyu.edu/gsas/dept/philo/courses/modern05/Hume_on_empirical_reasoning.pdf.

20. Polanyi, *Personal Knowledge*, p. 88. 이번 장의 이 부분은 폴라니의 책 9장 "The Critique of Doubt"과 10장 "Commitment," pp. 269-324에 많이 기초했다.

21. "패러다임"은 토머스 쿤을 통해 유명해진 용어다. Thomas S. Kuhn, *The Structure of Scientific Revolutions*, 제4판 (Chicago: University of Chicago Press, 2012), 《과학 혁명의 구조》(까치 역간). "전통"은 다음 책에 쓰인 용어다. Alasdair MacIntyre, *After Virtue*, 제3판 (Notre Dame, IN: University of Notre Dame Press, 2007), 《덕의 상실》(문예출판사 역간). 로버트 벨라는 "전통"을 이렇게 정의한다.

"전통이란 세월이 가면서 공동체 내에 형성된 이해와 평가의 틀이다. 인간의 모든 행동에 전통의 차원이 내재되어 있다. 한 전통의 관점에서 다른 전통을 비판할 수는 있어도 전통을 완전히 벗어날 길은 없다. **전통**은 **이성**과 대조되어 쓰이지 않는다. [오히려] 전통은 그 전통으로 정체성이 규정되는 공동체나 기관이 왜 계속 필요한지 그 가치와 쓸모를 평가하는 합리적 논거일 때가 많다." Robert Bellah 외, *Habits of the Heart: Individualism and Commitment in American Life, with a New Preface* (Oakland, CA: University of California Press, 2007), p. 336.

22. 마르틴 하이데거의 제자 한스-게오르크 가다머(Hans-George Gadamer)는 영향력 있는 저서 《진리와 방법》(*Truth and Method*, 문학동네 역간)에 이런 "선입견"(독일어로 'Vorurteil')의 개념을 전개했다. "무에서 불쑥 솟은 관점"이란 존재하지 않는다. 우리는 기존 입장에서 출발하며, 본문을 분석할 때 그 속의 세계를 자신의 세계와 비교한다. 다음 책을 참조하라. Robert J. Dostal, "Introduction," *The Cambridge Companion to Gadamer*, Robert J. Dostal 편집 (Cambridge, UK: Cambridge University Press, 2002), p. 6. 아울러 다음 책도 참조하라. Fred Dallmayr, *Integral Pluralism: Beyond Culture Wars* (Lexington, KY: University of Kentucky Press, 2010), pp. 103-122. 토머스 쿤이 하이데거와 가다머의 해석학을 과학 연구에 응용했다고 보는 사람이 많다.

23. James Wood, *The Broken Estate: Essays on Literature and Belief* (New York: Picador, 2010). "신 아래의 삶을 목적으로 삼기에는 그 삶은 무의미해 보인다(이때의 목적이란 아마 신을 사랑하고 그 대가로 사랑받는 일일 것이다). 신 없는 삶도 내게는 목적으로 삼기에 무의미해 보인다(직업, 가정, 섹스 등 평소의 모든 소일거리가 이에 해당한다). 이점이란 말을 써도 된다면, 후자 즉 신 없는 삶의 이점은 그 거짓 목적을 적어도 인간이 만들어 냈다는 사실을 아는 것과, 누구나 그것을 벗겨 내고 실제 무의미를 드러낼 수 있는 것이다"(p. 261). 에런라이크는 "자연재해와 선천적 장애"를 유일신의 "탓으로 돌릴 수 있다"라고 썼다. Ehrenreich, *Living with a Wild God*, p. 226.

24. Taylor, *A Secular Age*, p. 232.

25. Polanyi, *Personal Knowledge*, p. 272.

26. "Into the Clear Air," Patheos.com, 연도 미상. www.patheos.com/blogs/daylightatheism/essays/into-the-clear-air/#sthash.LosBmEcu.dpuf.

27. Polanyi, *Personal Knowledge*, p. 265.

28. 다음 기사를 참조하라. A. I. Jack 외 (2016년), "Why Do You Believe in God? Relationships Between Religious Belief, Analytic Thinking, Mentalizing and Moral Concern," *PLoS ONE* 11, no. 3 (2006년): e0149989.

29. Michael Polanyi, *Personal Knowledge*, p. 266. 어거스틴은 모든 지식이 궁극적으로 하나님의 은혜의 선물이라고 가르쳤으므로, 폴라니는 그가 탈비판적 철학을 창시했다고 주장했다. 이성은 선행하는 믿음에 근거해서만 작용한다. 믿지 않고는 이해할 수 없다(*Nisi credideritis, non intelligetis*). 아울러 p. 268도 참조하라.

30. 세속주의가 신앙과 형이상학적 신념이 없는 게 아니라 일련의 다른 신념이라는 주장은 대중 토론방에서는 아직도 논쟁이 많지만, 학계에서는 점점 더 유력하고 정교하게 입증되고 있다. 그런 학문을 숙지하려면 다음 책에서 출발하면 좋다. Stephen LeDrew, *The Evolution of Atheism: The Politics of a Modern Movement* (Oxford: Oxford University Press, 2015). 르드류는 자신도 무신론자이지만 "신흥 무신론자" 층을 고도로 비판한다. 그가 보기에 그들은 자신들의 입

장이 순수한 과학적 합리성이 아니라 하나의 이념임을 인정하지 않는다. 이 이념을 그는 "여러 신념과 태도의 안정된 구조물로써, 지식이 어떻게 구성되고 해석되어 모종의 권위를 정당화하는지를 그 구조가 결정짓는다"라고 정의했다(p. 56). 이번 장의 논지와 일치하게 르드류도 이성이 믿음 없이도 작동한다는 신흥 무신론자들의 인식론을 고지식한 발상으로 본다. 그러나 신흥 무신론자의 "맹목적 합리성"에 동의하지 않는 듯한 그도 "인본주의적 도덕성"에서는 그들과 똑같다. 그래서 그는 "무신론에도 과학적 무신론과 인본주의적 무신론 두 종류가 있다"라고 봤다(p. 32). 르드류가 요약하고 참고하는 다른 학자들은 다음과 같다. Asad, *Formation of the Seclular*. Terry Eagleton, *Reason, Faith, and Revolution: Reflections on the God Debate* (New Haven, CT: Yale University Press, 2009), 《신을 옹호하다: 마르크스주의자의 무신론 비판》(모멘토 역간), 같은 저자, *Culture and the Death of God* (New Haven, CT: Yale University Press, 2014), 《신의 죽음 그리고 문화》(알마 역간). Max Horkheimer & Theodor W. Adorno, *Dialectic of Enlightenment: Philosophical Fragments*, Gunzelin Schmid Noerr 편집, Edmund Jephcott 번역 (Stanford, CA: Stanford University Press, 2002), 《계몽의 변증법》(베리타스알파 역간). Craig Calhoun 외, *Rethinking Secularism* (Oxford: Oxford University Press, 2011). Philip Gorski 외, *The Post-Secular in Question: Religion in Contemporary Society* (New York: New York University Press, 2012). Eduardo Mendieta & Jonathan VanAntwerpen 편집, *The Power of Religion in the Public Square* (New York: Columbia University Press, 2011). 르드류는 또 테일러와 하버마스도 참고한다. 다음 여러 책을 참조하라. Taylor, *A Secular Age*. Jürgen Habermas 외, *An Awareness of What Is Missing: Faith and Reason in a Post-Secular Age* (Cambridge: Polity Press, 2010). Jürgen Habermas, *Between Naturalism and Religion* (Cambridge: Polity, 2008). 같은 저자, *Religion and Rationality: Essays on Reason, God, and Modernity* (Cambridge: Polity, 2002). 주지하다시피 르드류의 관심은 특히 "신흥 무신론자" 층을 분석하는 데 있으며, 그의 표현으로 "과학적 무신론" 계통인 그들은 심히 이념적인데도 그 사실을 인정하지 않는다. 그럼에도 세속주의 신념의 역사적 계보를 밝히려는 르드류의 노력은 모든 형태의 세속주의에 적용된다.

31. "계몽주의 이후로 종교를 불신하는 전통적 공격에는 …… '신이 죽었다'라는 비판의 '도덕적' 측면이 들어 있다. …… 비신자는 …… 인간들이 [신 없이] 자력으로 해 나가야 함을 안다. 하지만 그렇다고 굽힐 그가 아니다. 반대로 그는 인간의 가치와 선을 인정하고, 거짓된 환상이나 위안 없이 이를 위해 노력하기로 결심한다. …… 나아가 그는 어느 누구를 이단자로 배제할 이유도 없다. 그래서 박애는 만인 보편의 것이 된다. …… 이 이야기는 그런 식으로 진행된다." Taylor, *A Secular Age*, pp. 561-62.

32. Charles Mathewes & Joshua Yates, "The 'Drive to Reform' and Its Discontents," 출전: Carlos D. Colorado & Justin D. Klassen, *Aspiring to Fullness in a Secular Age: Essays on Religion and Theology in the Work of Charles Taylor* (Notre Dame, IN: University of Notre Dame Press, 2014), p. 153.

33. 필명 "Casey K"가 다음 기사에 남긴 댓글이다. Tony Schwartz, "The Enduring Hunt for Personal Value," *New York Times*, 2015년 5월 1일. www.nytimes.com/2015/05/02/business/dealbook/the-enduring-hunt-for-personal-value.html?_r=0.

34. 다음 책에 인용되어 있다. Taylor, *A Secular Age*, p. 596.

35. Jacques Derrida, "On Forgiveness: A Roundtable Discussion with Jacques Derrida," Richard Kearny 진행, 출전: *Questioning God* (Bloomington: Indiana University Press, 2001), p. 70.

36. 이런 사상가로 래리 시덴톱(Larry Siedentop, 옥스퍼드), 필립 S. 고스키(Philip S. Gorski, 예일), 에릭 T. 넬슨(Eric T. Nelson, 하버드), 찰스 테일러 등 다수가 있다. 그들의 관련 저서가 이 책의 주에 인용될 것이다.

37. 다시 한 번 인용한다. "자유와 또 연합된 공동체 생활의 이상, 자율적 삶의 영위와 해방, 개인적 도덕성인 양심과 인권과 민주주의 등은 다 …… 유대교 윤리인 정의와 기독교 윤리인 사랑의 직접적 유산이다. …… 현재까지 다른 설명은 없다. …… 우리가 계속 의지하는 것도 이 유산의 골자다. 나머지는 다 포스트모더니즘이 내놓는 잡담에 불과하다." Habermas, *Religion and Rationality*, p. 149.

38. Luc Ferry, *A Brief History of Thought: A Philosophical Guide to Living*, Theo Cuffe 번역 (New York: Harper Perennial, 2011), "The Victory of Christianity over Greek Philosophy," pp. 55-91, 《사는 법을 배우다》(기파랑 역간).

39. 같은 책, p. 58.

40. 같은 책, pp. 72-73.

41. 호르크하이머가 지적했듯이 인종이나 계급을 초월해 각 영혼이 "하나님의 처소"가 될 수 있다는 개념 자체는 "기독교에서만 생겨났으며, 이에 비하면 모든 고대 유산은 공허하고 냉랭한 면이 있다." 그는 또 덧붙이기를 "투박한 어부들과 목수들"이 하나님의 기름부음을 받고 위대한 지도자와 교사와 치유자와 설교자가 된다는 복음서 기사는, 대조적으로 "그리스의 걸작을 무색하고 영혼 없게 만들고 …… 고서의 주인공을 조잡한 야만인으로 퇴색시키는 듯하다"라고 했다. 위와 같은 책을 참조하라. 서구 자유주의와 인권과 개인주의의 성경적이고 유대-기독교적인 뿌리를 본격적으로 해설한 책으로는 다음을 참조하라. Larry Siedentop, *Inventing the Individual: The Origins of Western Liberalism* (New York: Allen Lane, 2014), 《개인의 탄생》(부글북스 역간). 그렇다고 그리스 철학이 서구 개인주의와 민주주의에 기여한 부분까지 폄훼하려는 것은 아니다. 귀족 정치의 와중에도 개인의 중요성이 옹호됐다. 예컨대 다음 책을 참조하라. Christian Meier, *A Culture of Freedom: Ancient Greece and the Origins of Europe* (Oxford: Oxford University Press, 2009). 그러나 이미 지적했듯이 온 인류의 평등이라는 급진적 개념은 성경에서 유래했다.

42. 다음 책을 참조하라. Brian Tierney, *The Idea of Natural Rights: Studies on Natural Rights, Natural Law and Church Law 1150-1625* (Atlanta, GA: Scholars Press for Emory University, 1997). 티어니가 논증했듯이 인권에 대한 사고는 12세기와 13세기에 기독교 사법 관할권 내에서 시작됐으며, 그 구체적인 뿌리는 모든 인간이 하나님의 형상대로 창조됐으므로 존엄성을 타고났다는 기독교 교리에 있다. 아울러 다음 여러 책도 참조하라. Brian Tierney, "The Idea of Natural Rights: Origins and Persistence," *Northwestern Journal of International Human Rights* 2 (2004년 봄). Richard Tuck, *Natural Rights Theories: Their Origin and Development* (Cambridge, UK: Cambridge University Press, 1979). Michael J. Perry, *Toward a Theory of Human Rights: Religion, Law, Courts* (Cambridge, UK: Cambridge University Press, 2006), p. 18. Martin Luther King Jr., "The American Dream," 1965년 7월 4일 조지아주 애틀랜타의 에브니저(Ebenezer) 침례교회에서 한 설교. 다음 웹사이트에서 볼 수 있다. http://kingencyclopedia.stanford.edu/encyclopedia/documentsentry/doc_the_american_dream/.

43. Peter Brown, *The Body and Society: Men, Women, and Sexual Renunciation in Early Christianity* (New York: Columbia University Press, 1988), p. 34.

44. "온 인류는 하나님의 위엄 앞에 그분보다 하위인 타자(他者)로 섰다. 육체와 영혼이 함께 그분을 대면했다. 양쪽 다 지으신 그분이 양쪽 다 심판하실 것이다. 모든 인간은 이질적인 육체를 잘 간수하는 일, 부질없지만 꼭 필요한 그 일에 당분간 헌신한 영혼으로서 하나님을 대면한 게 아니라 '마음'의 소유자로서 대면했다." 같은 책, p. 35.

45. 같은 책.

46. 다음 책을 참조하라. Taylor, *A Secular Age*, pp. 274-276. 이것은 복잡한 분야를 고차원적으로 논의한 것일 수밖에 없다.

47. Henry Chadwick, *Augustine of Hippo: A Life* (Oxfor UK: Oxford University Press, 2009), p. 93. 채드윅의 말마따나 고전 그리스와 라틴의 사상가들은 대체로 덕(용기, 정직, 절제, 지혜, 충절)을 제멋대로 날뛰는 감정을 억제할 때 얻어지는 산물로 봤다. 그러나 성 어거스틴은 "우리 감정이 무질서하긴 하나 기분 자체가 무질서의 원인은 아니다"라고 가르쳤다. 감정을 억압할 게 아니라, 감정의 방향을 다른 것들에서 하나님 쪽으로 틀어야 한다.

48. 어거스틴의 《고백록》은 자아를 이해하는 일의 중요성을 확립했고, "인간의 감정을 매우 긍정적으로 평가하는 면에서 선구자 역할을 했다." 그에 따르면 감정을 다스릴 "최종 권위"는 지성에 있지 않다. Henry Chadwick, *Augustine: A Very Short Introduction* (Oxford, UK: Oxford University Press, 2001), p. 4, 《교부 아우구스티누스: 그리스도교 신학의 아버지》(뿌리와이파리 역간). 아울러 다음 책도 참조하라. Sandra Dixon 외, *Augustine and Psychology: Tradition and Innovation* (Lanham, MD: Lexington Books, 2012). 다시 말하지만 기독교와 그리스 철학을 과장해서 구별하지 않도록 주의해야 한다. 피터 브라운이 지적했듯이, 그리스의 감정 개념도 완전히 부정적이지는 않았다. 아울러 다음 두 책도 참조하라. David Konstan, *Pity Transformed* (New York: Bristol Classical, 2001). 같은 저자, *The Emotions of the Ancient Greeks: Studies in Aristotle and Classical Literature* (Toronto: University of Toronto Press, 2007).

49. 다음 두 책을 참조하라. Diogenes Allen, "The Christian Roots of Modern Science and Christianity's Bad Image," 출전: *Christian Belief in a Postmodern World: The Full Wealth of Conviction* (Louisville, KY: John Knox, 1989), pp. 23-35. Rodney Stark, *How the West Won: The Neglected Story of the Triumph of Modernity* (Wilmington, DE: Intercollegiate Studies Institute, 2014). 사실 뤽 페리가 지적한 대로 기독교의 부활 교리 및 물질세계가 궁극적으로 완성된다는 교리는 "모든 주요 종교 가운데서 유일무이하다." 여기서 우리는 물질세계에 대한 최고로 고상하고 긍정적인 관점을 얻는다. 장차 우리가 영원무궁하게 살 곳은 단지 정신적인 낙원이 아니라 부활한 몸들이 있는 새로워진 세상이다. 일상적 경험인 보고 듣고 끌어안고 먹는 물리적 즐거움과 쾌락이 워낙 중요해서, 하나님이 그런 선물과 유익을 우리에게 영원히 연장해 주신다는 뜻이다. 다음 책을 참조하라. Ferry, *Brief History of Thought*, pp. 88-91.

50. Ferry, *Brief History of Thought*, pp. 85-86.

51. 같은 책, pp. 60-61.

52. 같은 책, p. 60.

53. 같은 책.

54. Taylor, *A Secular Age*, p. 279.

55. "근대의 일탈인 이신론과 그 후의 무신론은 교부들이 이뤄 낸 본래의 변화의 패키지를 대부분 통합했다. …… 근대의 이신론은 내 목록 중 처음 다섯 가지인 육체, 역사, 개인의 위상, 우연 성[인간의 선택과 행동의 비중을 뜻하는 테일러의 용어], 감정을 통합했다. 즉 그것들을 인생 관의 본질적 차원으로는 통합했으나 신과의 관계에서는 완전히 배제했다." 같은 책, p. 288.

56. Ferry, *Brief History of Thought*, p. 152.

57. Friedrich Nietzsche, *Twilight of the Idols and the Anti-Christ*, R. J. Hollingdale 번역 (New York: Penguin Classics, 1990), p. 40, 《바그너의 경우, 우상의 황혼, 안티크리스트, 이 사람을 보라, 디오 니소스 송가, 니체 대 바그너》(책세상 역간). 다음 책에도 다른 번역으로 인용되어 있다. Ferry, *Brief History of Thought*, p. 153.

58. Eagleton, *Culture and the Death of God*, pp. 156-157.

59. "기독교 신앙을 버리는 사람은 기독교 도덕을 이용할 권리도 스스로 버리는 것이다. 기독교 도 덕을 이용할 권리는 절대로 자명하지 않기 때문이다. 영국의 천박한 부류에 맞서 이 점을 거듭 명확히 해야 한다. 기독교는 온전한 체계이며 일관성 있게 고안된 세계관이다. 거기서 하나의 근본적 개념 즉 신을 믿는 믿음을 제거하면, 전체가 산산이 부서져 중요한 게 하나도 남지 않 는다." Nietzsche, *Twilight of the Idols*, pp. 80-81.

60. "기독교[와 기독교의 가치인 평등한 자비와 연민]에 …… 진리가 있으려면, 신이 진리여야만 한다. 기독교는 신을 믿는 믿음과 운명을 함께한다. 영국인들이 만일 자기 스스로 '직관으로' 선악을 알게 될 거라고 정말 믿는다면, 그 결과 더는 기독교가 도덕 기준으로 필요 없다고 생 각한다면, 이는 기독교의 관점이 우위인 데서 비롯된 결과일 뿐이다. 그 우위성의 힘과 깊이가 그렇게 표출된 것이다. 그래서 영국 도덕의 기원은 망각됐고, 그 도덕이 존재할 수 있는 권리 가 매우 조건적이라는 사실도 더는 감지되지 않는다. 영국인들에게 도덕은 아직은 문제가 아 니다." 같은 책, p. 81.

61. "니체는 《우상의 황혼》에서 인습적 덕을 기껏해야 사회적 모조품으로 일축했고, 《선악을 넘 어서》에서는 공익의 개념을 비웃었다. 그는 사회적 공리주의를 이유로 종교적 신념을 유지하 는 데 관심이 없었을 뿐 아니라, 그런 기획 자체를 자가당착으로 여겼다. 이타적 가치가 어떻 게 사회의 이기적 목적에 부합할 수 있단 말인가?" Eagleton, *Culture and the Death of God*, p. 163.

62. Ronald Dworkin, *Religion Without God* (Cambridge, MA: Havard University Press, 2013), p. 2, 《신이 사라진 세상》(블루엘리펀트 역간).

63. 같은 책, p. 6.

64. "니체가 인정했듯이 신을 없애려면 내재적 의미도 없애야만 한다. …… 사물에 어떤 의미가 내 재되어 보이는 한, 언제라도 그 의미가 흘러나온 출처를 탐색할 수 있다. 주어진 의미를 폐지 하려면 근원의 개념도 부숴야 하는데, 그러면 그 속에 거하는 신 같은 존재들도 뿌리 뽑혀 나 간다." Eagleton, *Culture and the Death of God*, p. 155.

65. 같은 책, p. 163. 인용문은 이글턴이 니체의 관점을 요약한 표현이다.

66. 같은 책, p. 161. 인용문은 이글턴이 니체의 관점을 요약한 표현이다.

67. 존 그레이는 니체가 자신의 함정을 벗어나지 못했다고 썼다. "그의 초기 저작에는 자유주의적 합리주의에 대한 깊은 의문이 들어 있다. 자유주의적 합리주의에는 비극은 없고 그저 불운한 실수와 감동적인 학습 경험만 존재한다. 이런 진부한 신조에 맞서 니체는 고대 그리스인의 비극적 세계관을 부활시키려 했다. 하지만 그 세계관이 성립하려면 삶의 많은 중요한 부분을 운명으로 받아들여야만 한다. 그리스 종교와 연극에 따르면 가치의 충돌이 비극의 필수 요소인데, 그런 가치는 어떤 의지의 행위로도 철회될 수 없다. 그런데 니체가 후기 저작에 만들어 낸 신화를 보면, 신 같은 초인이 마음대로 가치를 창출하고 파괴하며 모든 비극적 충돌을 해결하고 무효로 만들 수 있다. …… 비극의 정신을 되살리려던 니체가 오히려 비극을 배격하는 또 다른 신앙, 곧 과장된 형태의 인본주의를 만들어 내고 말았다." John Gray, "The Ghost at the Atheist Feast," *New Statesman*, 2014년 3월 13일.

68. Eagleton, *Culture and the Death of God*, p. 161. 니체와 그가 창시한 "해체"학파에 대한 더 자세한 비판은 다음 책을 참조하라. Ferry, *Brief History of Thought*, pp. 193-204.

69. 많은 사람이 세속주의에 인본주의적 가치의 근거가 결여되어 있다는 사실을 현대 세속주의가 직면한 가장 큰 문제점으로 봤다. 그래서 9장과 10장에서 이 문제를 다시 살펴볼 것이다.

70. 다음 책을 참조하라. Peter Watson, *The Age of Nothing: How We Have Sought to Live Since the Death of God* (London: Weidenfeld & Nicolson, 2014), 《무신론자의 시대》(책과함께 역간). 존 그레이는 서평에 왓슨의 책 내용을 이렇게 요약했다. "1882년에 처음 발표된 니체의 '신은 죽었다'라는 선언은 '내재적 질서나 의미가 없는 세상'을 과학(특히 다윈주의)이 드러낸 상황을 기술한 것이다. 유신론이 신빙성을 잃었으니 앞으로는 인간이 의미를 만들어 내야 했다. 하지만 어떤 의미이고 어떤 인간인가? 왓슨의 《무신론자의 시대》는 이전 세기를 형성한 여러 관념을 생생하고 흥미롭게 개관한 책인데, 거기에 보면 니체의 진단은 문화생활의 많은 분야는 물론이고 뜻밖에도 여러 정치 사조에까지 반향을 불러일으켰다. 니체의 사상이 제국주의와 그 후로 파시즘과 나치주의의 이론적 근거로 사용된 거야 널리 알려진 사실이지만, 왓슨에 따르면 니체는 볼셰비키 사상에도 지대한 영향을 미쳤다. 소련의 초대 교육부장관 아나톨리 루나차르스키(Anatoly Lunacharsky, 국가의 예술 검열도 맡았고 교육인민위원이라는 화려한 직함을 달았다)는 공산주의 버전의 초인을 장려했다. 왓슨이 인용한 한 대목에 루나차르스키는 '노동과 기술에서 [그 새로운 인간은] 어느덧 신이 되어 자신의 뜻을 세상에 지시했다'라고 썼다. 트로츠키(Trotsky)도 생각이 아주 비슷해서, 사회주의는 '더 차원 높은 사회생물학적 전형'을 창출할 거라고 말했다. 소련의 지도자 레닌(Lenin)은 니체의 사상을 볼셰비즘에 도입하는 데 늘 저항했지만, 니체의 《비극의 탄생》(*Birth of Tragedy*, 열린책들 역간)과 《차라투스트라는 이렇게 말했다》(*Zarathustra*, 동서문화사 역간)를 각각 개인 서고와 크렘린 사무실에 항상 두었다. 신생국 소련 전역에 '신에 대항하는 탑'을 건설하라던 레닌의 명령에서 의지의 종교가 물씬 느껴진다." Gray, "Ghost at the Atheist Feast."

71. David Sessions, "What Really Happens When People Lose Their Religion?" *Patrol*, 2013년 4월 30일. www.patrolmag.com/2013/04/30/david-sessions/what-really-happens-when-people-lose-their-faith/. 세션스의 글은 사적으로나 지적으로나 놀랍도록 통찰력 있고 정직해서 신자든 비신자든 그 중간이든 누구나 유익하게 읽을 수 있다. 그는 이렇게 썼다. "이런 식의 말은 꽤 고상하게 와 닿는다. '우리는 선량한 서구인으로서 더는 신을 믿을 수 없으나, 그래도 위대한 문명의 상속자로서 최대한 합리적이고 냉철하게 여전히 인류를 위해 매진할 수 있다.' 이로

써 우리가 한때 신화를 믿었던 이유가 설명되고, 용기와 도덕적 의무에 대한 우리의 환멸도 가려진다. 신자 출신인 허다한 노숙자들이 결국 그 상태에 도달하는 것도 놀랄 일은 아니다. 요지는 자유주의적 인본주의를 모욕하려는 게 아니다. 그보다 훨씬 부실한 것들도 있다. 요지는 자유주의적 인본주의가 한 문화 속의 한 구성개념임을 환기하려는 것이다. 그런데도 그것은 자꾸 논쟁의 여지가 없는 당연한 사실인 양 행세해서, 여기서 다 논할 수 없는 온갖 문화적, 정치적 피해를 입힌다. 바라기는 가능하다면 중간 입장의 특권을 누려 본, 우리 문화에 공존하는 상이한 구성개념의 설득력을 실제로 느껴 본 사람들이 대화를, 인터넷에 난무하는 더그 윌슨(Doug Wilson, 복음주의 신학자-옮긴이 주) 대 크리스토퍼 히친스(Christopher Hitchens, 무신론자 언론인-옮긴이 주) 식의 조잡한 광경 이상으로 격상시켜 줬으면 좋겠다. 내 생각에 테일러의 저작이 탁월한 강장제다. 신앙과 불신앙 사이를 배회하는 이들은 *A Secular Age*(세속 시대)를 몇 장만 읽어도 리처드 도킨스(무신론자 과학자-옮긴이 주)와 히친스의 전작(全作)을 다 읽는 쪽보다 훨씬 유익할 것이다. '십자 포화'를 맞는 무인 지대(내재와 초월 사이에 낀 상태)는 결론치고는 미완처럼 느껴질 수 있으나 창의적으로 생산적이며, 엉성한 이념을 이것에서 저것으로 바꾸는 것보다 확실히 낫다. 세상의 일부 세속적 구성개념은 자기인식이 결여되어 있는데, 굳이 종교를 고수하지 않더라도 거기에 잠재된 폐해를 인정할 수 있다. 종교적 신념도 우리 쪽의 세속적 신념과 똑같이 개연성 있는 구성개념임을 알고 겸손히 존중해야 하며, 종교적 신념에 있는 인간에 대한 중요한 통찰을 신중히 공부하되 특히 철학과 정치를 통해 배워야 한다. 한편 종교적 구성개념 안에 살며 아마도 이를 심화하고 강화하고 보존하려 노력하는 이들도 테일러에게서 여러 중요한 교훈을 얻을 수 있다(사실 그는 당신네 편이다). 내가 가장 잘 아는 쪽이 복음주의 개신교라서 그들에게도 교훈을 한 가지만 말하고 싶다. 설득 수단으로 합리적·경험적 논증에 치중하는 변증법은 총체적 재앙을 불렀고, 그러잖아도 머리에만 머물고 온몸으로 실천되지 않는 개신교의 문제 성향을 더욱 악화시켰다. '부활한' 복음주의 활동이 내가 사는 시대에 대부분 주력한 일은, 이성적 통제에 집착하는 근대성의 가장 해로운 점들을 수용하다 못해 아예 그쪽 극단으로 치달았다는 것이다. 당신네 종교를 그 구렁텅이에서 끌어낼 수만 있다면, 기독교가 얼마나 세찬 역류로 작용할지 아무도 모른다."

72. 세속주의가 자칭 신앙의 부재로 행세하는 것은 문화 이론가들이 말하는 "신화화"에 해당한다. 세속주의는 논쟁의 여지가 있는 하나의 관점 또는 신념을 취한 뒤, 거기에 이의를 제기하는 다른 관점을 모두 폄훼하고, 경쟁이 될 만한 사고 형태를 모두 무시하고, 자기네 신념이 만인 보편의 것이 아니라는 사회 현실을 부정한다. 그러다 보니 이 관점은 의문의 여지없이 보편적이고 명백하고 필연적인 사실처럼 보인다. 다음 책을 참조하라. Terry Eagleton, *Ideology: An Introduction* (New York: Verso, 1991), pp. 5-6. 비판이론가들과 그 후예들이 지적해 왔듯이, 현대 서구 문화는 지배하려는 성향이 강하다. 그래서 개인의 자유와 사회 해방이라는 미명하에 새로운 형태의 압제, 소외, 동조 강요, 인간성 말살 등이 계속 생성된다. 다음 고전을 참조하라. Max Horkheimer & Theodor W. Adorno, *Dialectic of Enlightenment*. 좌익과 우익 할 것 없이 서구 문화의 엘리트층은 이런 만성적 위험을 대체로 감지하지 못한다.

73. 세속주의가 일련의 새로운 신념이라는 내 논증에 더 덧붙이자면, 모든 종교처럼 세속주의에도 "교파"가 있다. 스티븐 르드류의 용어를 빌려서 첫째는 세속적 과학주의다. 그것이 표출된 한 예가 소위 "신흥 무신론자" 층이다. 르드류가 비판했듯이 이 집단이 믿는 것은 과학이 아니라 "과학주의"다. 과학주의의 특징은 과학적 합리성을 참지식의 유일한 형태로 믿는 고지식한

신념이다(내가 앞서 비판한 대로다). 그에 따르면 그들의 의중은 과학자와 과학적 사고의 헤게모니를 구축해 사회에서 진리의 최고 권위이자 결정자가 되는 것이다. "이성에 열려 있을" 뿐이라는 신봉자들의 윤색과는 달리, 이 입장은 르드류의 말마따나 이데올로기에 대한 배타적 헌신이다. LeDrew, *Evolution of Atheism*, pp. 32, 55-91. 둘째 "교파"는 현대의 많은 자유주의자의 관점인 세속적 인본주의라 할 수 있다. 이 집단의 세속주의자는 르드류 자신처럼 과학적 이성이 지식의 유일한 기준이 아님을 기꺼이 인정한다. 그들의 관심사는 과학의 승리가 아니라 자유와 평등과 사회적 공익을 위한 노력이다. 같은 책, pp. 44-48. 이 교파의 대표적인 예로 르드류는 하버드의 인본주의자 교목인 그레그 엡스타인을 꼽았다. 엡스타인이 정의하는 세속적 인본주의란 "좋은 삶과 공동체를 신 없이 창출하고자 단결한 세계 운동"이다. Greg M. Epstein, *Good Without God: What a Billion Nonreligious People Do Believe* (New York: Harper, 2010), p. xiv. 세속주의의 셋째 "교파"는 세속적 반인본주의자로 구성된다. 작지만 영향력 있는 이 사상 학파에는 니체를 아주 바짝 추종하는 푸코, 데리다, 바타유(Bataille) 같은 사상가 등이 있다. 이 집단은 현대 자유주의와 종교를 싸잡아 비판하며, 그런 의미에서 니체의 길과 프랑크푸르트 학파의 비판이론을 추종한다. 다음 글을 참조하라. Charles Taylor, "The Immanent Counter-Enlightenment," 출전: *Canadian Political Philosophy: Contemporary Reflections*, Ronald Beiner & Wayne Norman 편집 (Oxford: Oxford University Press, 2001), pp. 386-400.

흥미로운 대목에 테일러가 제대로 지적했듯이, 오늘날 우리 문화가 조각조각 분열된 것은 현대 문화가 단순히 "자유주의/세속" 대 "보수주의/종교"의 대형이 아니기 때문이다. 오히려 사각 전투 대형이다. 그 각 집단은 테일러가 이름을 붙인 대로 다음과 같다. (1) "이생 너머의 선(善)을 일부 인정하는 부류"가 있다(p. 397). 그들은 "삶 너머의 삶의 지점"인 초월을 믿는다(p. 387). 그는 모든 종교 신자만 아니라 자연계와 물질세계 너머에 실재가 있다고 믿는 종교적으로 덜 헌신된 사상가들도 여기에 포함된다고 봤다. (2) "세속적 인본주의자"는 초자연적 초월의 실재를 믿지는 않지만 보편적 자비, 만인의 자유와 안전을 위해 노력할 책임, 악을 없애는 것 등의 가치를 고수한다. (3) "신(新)니체주의자"는 모든 도덕 가치나 도덕적 주장을 문제시하며 권력의 행사라고 비판한다. 또 죽음과 때로는 폭력에도 "가치를 부여한다"(p. 397). (4) 이어 그는 넷째 집단을 추가해서, 초월을 믿는 부류도 둘로 나뉨을 인정한다. 한 부류는 세속주의로 옮겨 간 게 전부 처참한 실수였고 완전히 원상 복귀해야 한다고 생각한다. 또 한 부류는 세속주의로 옮겨 가서 좋은 점도 있었으며, 종교 기관의 권력이 어느 정도 붕괴되지 않았다면 그런 좋은 점이 세상에 나오지 않았을 거라고 본다. 테일러는 자신이 후자의 범주에 든다면서 이런 사족을 달았다. "현대의 불신앙이 신의 섭리라고까지 말하고 싶을 수 있으나 그건 너무 도발적인 표현일 것이다"(Taylor, *A Secular Age*, p. 637). 테일러는 르드류가 말한 세속적 과학주의 집단과 세속적 인본주의 집단을 한꺼번에 "세속적 인본주의자" 범주에 넣었다. 르드류가 지적한 지극히 현실적인 차이까지 고려한다면, 문화의 "전쟁터"는 테일러가 기술한 것보다 더 복잡해진다.

74. Blaise Pascal, *Pensées*, A. J. Krailsheimer 번역 (London: Penguin Books, 1966), p. 147, 《팡세》. 같은 책의 다른 부분에 파스칼은 하나님을 증명하려는 논증을 궁리하는 우리에게 두 가지 원리를 길잡이로 제시한다. "[하나님이] 만일 가장 완고한 부류의 고집을 꺾으려 하셨다면, 그분이 존재하신다는 진리를 의심할 수 없게끔 그들에게 자신을 아주 똑똑히 계시하셨을 수도 있다. 종말에 친히 나타나실 모습처럼 말이다. …… 그러므로 그분이 명백히 신적으로 나타나 절대 능력으로 만인에게 확신을 주시는 것도 옳지 않지만, 그분을 진지하게 찾는 이들조차도 알아볼

수 없게끔 너무 숨어서 오시는 것도 옳지 않다. …… 보려는 마음이 있는 이들에게는 빛이 충분하고, 반대 성향인 이들에게는 어둠이 충분하다." 같은 책, pp. 79-80. 철학자 C. 스티븐 에번스는 이 두 원리에 이름을 붙였다. 첫째 개념은 "누구나 접근할 수 있다는 원리"다. 사랑의 하나님이 존재한다면 자신의 존재를 아는 지식을 어느 한 성(性)이나 대륙이나 나라에 국한시키지 않듯이, 복잡한 논증을 다룰 줄 아는 지식층에만 국한시키지도 않으실 것이다. 둘째 개념은 "저항하기 쉽다는 원리"다. 정의의 하나님이 존재한다면 자신의 지식을 인간에게 강요하지 않으실 것이다. 오히려 이 "하나님은 인간이 자진해서 기쁘게 신을 섬기고 사랑해서, 신과의 관계를 즐거워하기 원하신다." C. Stephen Evans, *Natural Signs and Knowledge of God: A New Look at Theistic Arguments* (Oxford: Oxford University Press, 2010), p. 15. 에번스와 파스칼의 이런 말은 자유 의지와 인간의 주체성에 대한 루터교나 개혁주의 관점보다는 가톨릭이나 아르미니우스주의의 관점에 더 어울린다. 그러나 파스칼은 마가복음 4장 11-12절 같은 본문에서 어느 정도 근거를 얻을 수 있다. 거기에서 예수님이 제자들에게 하신 말씀을 보면, 그분의 가르침이 어떤 사람들에게는 깨달을 만하지만 눈과 귀가 닫혀 있는 사람들은 깨닫기 힘들다.

75. 신앙의 합리적 증거에 대한 더 충분한 개괄은 마지막 두 장의 몫으로 남겨 놓겠다. 《팀 켈러, 하나님을 말하다》(두란노 역간)에도 더 자세히 논했다. 어떻게 우리는 기독교의 제의와 주장을 검토해서 그것이 여타 모든 인생관보다 정서적, 문화적, 이성적으로 더 말이 되는지 알 수 있을까? 책을 읽으면서 염두에 두어야 할 게 있다. 대다수 현대인이 생각하기에 어떤 종합적 관점 또는 "세계관"을 시험해 보는 방법은 단순히 "증거"를 살펴보는 것이다. 신을 증명하는 모든 고전적 증거도 통하거나 통하지 않거나 둘 중 하나라는 것이다. 통하지 않으면 우리는 무신론자나 불가지론자가 될 수 있고, 통하면 계속 타종교들을 알아볼 수 있다. 그러나 여태 봤듯이 합리적 인간의 의심을 전혀 사지 않을 만큼 완벽하게 입증되는 종합적 관점이나 "세계관"이란 존재하지 않는다. 알래스데어 매킨타이어가 지적했듯이, 이성의 작동 원리에 대한 아리스토텔레스(Aristotle)와 토마스 아퀴나스(Thomas Aquinas)와 데이비드 흄의 접근은 각기 크게 달랐다. Alasdair MacIntyre, *Whose Justice? Which Rationality?* (Notre Dame, IN: University of Notre Dame Press, 1988).

그 이유는 이성에 대한 각 접근마다 정의(正義), 인간의 목적, 물질세계의 본질, 지식을 얻는 방법 등에 대한 일련의 신념이 깊이 배어 있기 때문이다. 그래서 "진리의 기준과 합리적 정당화의 기준," 즉 모든 관점을 판단하는 데 쓰일 만한 독립적 기준이란 존재하지 않는다. 모든 기준은 기존의 세계관에서 나오며, 그런 이유로 다른 모든 세계관은 이미 오류라는 전제가 깔린다. Alasdair MacIntyre, *After Virtue*, 제3판 (Notre Dame, IN: University of Notre Dame Press, 2007), p. xii, 《덕의 상실》(문예출판사 역간). 그렇다면 상이한 관점을 시험해 볼 전진의 길은 없는가? 물론 있다. 매킨타이어는 하나의 세계관(그의 표현으로 "전통") 안에 사는 사람들이 다른 세계관을 평가할 수 있는 전진의 길을 지적했다. 첫째, 그들은 "경쟁 대상인 해당 전통에 규정된 기준대로 사고한다는 게 무엇인지 이해해야" 한다. 같은 책, p. xiii. 최선을 다해 연민의 자세로 상대 입장이 돼야 한다. 또 해당 관점의 최대 약점이 아니라 최대 강점만 상대해야 한다. 둘째, 자신의 세계관과 지금 평가 중인 세계관에서 각각 "해결되지 않는 이슈와 풀리지 않는 문제"를 파악하되, "각각의 자체적 전통을 기준으로 했을 때 해결되지 않고 풀리지 않는 것"이라야 한다. 같은 책, p. xiii. 이어 매킨타이어는 그런 이슈와 문제는 어느 "전통"에나 다 있다고 했다. 신자들이 이런 긴장을 느끼는 것은 외부의 비판 때문이 아니라 신념 자체를 품는 데서 유발되는 문제들 때문이다. 그중 하나는 일관성의 문제다. 즉 세계관 내의 어떤 신념이 다른 신념과 모순된다. 또 하나는 실천 불가능성의 문제다. 즉 어떤 신념은 실제로 삶으로 옮겨질 수 없다. 요컨대 신념이 내부적으로 서로 맞지 않거나 외부적으로 현실 세계와 맞지 않는다는 뜻이다. 매킨타이어에 따르면 그런 일이 벌어지는 징후는, 한 세계관의 신봉자들이 자기네 전통의 모순과 자가당착을 해결하기 위해 다른 세계관의 개념과 가치를 슬쩍 도용하는 것이다. 한 세계관이 "자체의 기준과 전제를 고수하는 한 …… 그런 이슈에 대응하고 문제를 해결할 자원이 부족할" 때, 그런데 "이런 곤경을 타개할 방도"가 "경쟁 대상인 [다른] 전통"에만 있는 게 확실할 때, 이럴 때는 "진리 주장의 충분성 면에서 하나의 전통이 다른 전통을 이기는 게 가능하다." 같은 책, p. xiii.

말로는 이러이러한 신념을 품고 있다면서 계속 다른 신념을 빌려 써야만 삶을 살아갈 수 있다면, 당신은 그 다른 세계관이 정서적, 문화적, 이성적으로 자신의 세계관보다 더 말이 된다고 증언하는 셈이다. 이 책 나머지 부분에서 내가 증명해 보이려는 게 바로 이것이다. 즉 세속주의는 특히 이렇게 무단으로 도용하는 정도가 심하다는 사실, 기독교는 전체적으로 경쟁 대상(들)보다 더 말이 된다는 사실이다.

PART 2

3. 의미는 '지어내는 것'이 아니라 '발견하는 것'이다

1. Thomas Nagel, *What Does It All Mean? A Very Short Introduction to Philosophy* (Oxford: Oxford University Press, 1987), p. 101, 《이 모든 것은 무엇을 의미하는가?》(궁리출판 역간).

2. 같은 책.

3. Rodney Stark, *The Triumph of Faith*, p. 211. 여러 도표를 pp. 213-222에서 참조하라.

4. 다음 책에 요약 인용되어 있다. Terry Eagleton, *The Meaning of Life: A Very Short Introduction* (Oxford: Oxford University Press, 2003), p. 12, 《인생의 의미》(책읽는수요일 역간).

5. Atul Gawande, *Being Mortal: Medicine and What Matters in the End* (New York: Metropolitan Books, 2014), p. 112, 《어떻게 죽을 것인가》(부키 역간).

6. 같은 책, p. 113.

7. 같은 책, p. 125.

8. Anton Chekhov, *Three Plays: The Sea-Gull, Three Sisters, and the Cherry Orchard*, Constance Garnett 번역 (New York: Modern Library, 2001), p. 89, 《갈매기/세 자매/바냐 아저씨/벚꽃 동산》(동서문화사 역간).

9. Franz Kafka, *The Trial* (New York: Tribeca Books, 2015), p. 32, 《소송》.

10. Jean-Paul Sartre, *Being and Nothingness*, Hazel E. Barnes 번역 (New York: Philosophical Library, 1956), p. 615, 《존재와 무》.

11. Albert Camus, *The Myth of Sisyphus and Other Essays*, Justin O'Brien 번역 (New York: Random House, Vintage Books, 1955), p. 21, 《시시포스 신화》(연암서가 역간).

12. "죽음을 내세의 관문이라 믿고 싶지 않다. 나에게 죽음이란 닫힌 문이다. …… 죽음을 말해야 한다면 공포와 침묵 사이에서 적절한 단어를 찾아내, 희망 없는 죽음의 확실성에 대한 자각을 표현하겠다." Albert Camus, "The Wind at Djemila." "영원하려는 갈망과 죽는다는 인식, 이 두 상반된 의식보다 더 인간을 삶에 묶어 둘 만한 걸맞은 조화가 무엇이겠는가? …… [이 사막의 풍경] 덕분에 나는 가장 깊은 의미에서 고뇌를 떨칠 수 있었다. 이 돌들의 신기한 부르짖음과 내 사랑만 아니라면, 그 무엇에도 아무런 의미가 없다는 확신이 들었다. 세상은 아름답지만 그 바깥에 구원이 없다." 같은 저자, "The Desert." 이상 둘 다 다음 책에서 인용했다. Harold Bloom 편집, Albert Camus, *Bloom's BioCritiques* (Philadelphia: Chelsea House, 2003), p. 59.

13. Albert Camus, *The Rebel: An Essay on Man in Revolt* (New York: Vintage, 1992), p. 261, 《반항하는 인간》(책세상 역간).

14. Bertrand Russell, "A Free Man's Worship," 1903년. 다음 웹사이트를 비롯한 인터넷 많은 곳에서 볼 수 있다. www.skeptic.ca/Bertrand_Russell_Collections.pdf.

15. Eagleton, *Meaning of Life*, p. 16.

16. Nagel, *What Does It All Mean?*, p. 101.

17. Eagleton, *Meaning of Life*, pp. 64, 17.

18. 스티븐 제이 굴드는 다음 기사에서 "삶의 의미란 무엇인가? 우리는 왜 여기 있는가?"라는 질문에 답한 수많은 "과학자, 작가, 예술가" 중 하나였다. "The Meaning of Life: The Big Picture," *Life Magazine*, 1988년 12월.

19. 많은 사람이 "탈근대"(postmodern, 포스트모던)보다 "후기 근대"(late-modern)라는 표현을 선호한다. 현재 우리 문화와 그 뿌리인 계몽주의, 이 둘 사이의 불연속성이 아니라 연속성을 강조하기 위해서다. 내가 선호하는 바도 그와 같지만, 이번 장 나머지에서는 테리 이글턴을 따르고자 한다. 그는 "삶의 의미"라는 질문을 취급하는 방식에서 지난 세대에 여러 큰 변화가 있었음을 보여 준다.

20. *Fargo*, 시즌 2, 5회차에서 인용했다. 다음 대본을 참조하라. *Fargo (2014) Episode Scripts*. http://www.springfieldspringfield.co.uk/view_episode_scripts.php?tv-show=fargo-2014&episode=s02e05.

21. *Fargo*, 시즌 2, 8회차에서 인용했다. 다음 대본을 참조하라. *Fargo (2014) Episode Scripts*. http://www.springfieldspringfield.co.uk/view_episode_scripts.php?tv-show=fargo-2014&episode=s02e08.

22. 이번 단락과 바로 앞 단락의 대사는 *Fargo*, 시즌 2, 10회차에서 인용했다. 다음 대본을 참조하라. *Fargo (2014) Episode Scripts*. http://www.springfieldspringfield.co.uk/view_episode_scripts.php?tv-show=fargo-2014&episode=s02e10.

23. Eagleton, *Meaning of Life*, p. 58.

24. Jerry A. Coyne, "Ross Douthat Is on Another Erroneous Rampage Against Secularism," *New Republic*, 2013년 12월 26일. https://newrepublic.com/article/116047/ross-douthat-wrong-

about-secularism-and-ethics.

25. Daniel Florian, "Does Atheism Make Life Meaningless?" Patheos.com, 2009년 8월 5일. www.patheos.com/blogs/unreasonablefaith/2009/08/does-atheism-make-life-meaningless/.

26. Eagleton, *Meaning of Life*, p. 17.

27. 같은 책, p. 67.

28. 같은 책, pp. 69-70.

29. Thomas Nagel, "The Absurd," 출전: *The Meaning of Life*, E. D. Klemke & Steven Cahn 편집 (Oxford: Oxford University Press, 2008), pp. 146-147.

30. 셰익스피어(Shakespeare)는 《맥베스》(*Macbeth*) 5막 5장에 무의미를 "꺼져라 꺼져, 단명한 촛불이여! 인생이란 걸어 다니는 그림자일 뿐, 잠시 무대를 활보하며 애태우다 곧 자취를 감추는 딱한 배우일 뿐이니"라고 정의했는데, 많은 사람이 이 정의를 비판하며 이런 의문을 제기했다. 인생이 단명하다 해서 무의미해질 이유는 무엇인가? 연극이 한 시간 만에 끝난다 해서 의미 없는 것은 아니다. 하지만 연극이 끝났어도 무의미하지 않음은 관중이 살아 있기 때문이다. 연극을 유익하게 기억하는 사람들이 아직 존재한다. 네이글 등이 역설했듯이 삶이 무의미함은 나 자신이 죽기 때문만이 아니라 만인과 만물의 죽음이 불가피하기 때문이다.

31. Nagel, *What Does It All Mean?*, p. 96.

32. "(엄격한 의미에서) 나보다 자네가 인간을 더 중시하는 것 같다. …… 물론 인간의 관점에서 보면 인간은 [자신에게] 중요하다. 그렇게 생각하지 않는다면 굳이 살지도 않을 것이다. 또 서둘러 인정하거니와 나는 우주에서 생성된 어떤 사실도 감히 사소하게 여길 마음이 없다. 다만 냉철하게 생각해 보면, 인간이 결국 원숭이나 모래알의 의미와 다를 이유가 없다는 말이다. 그러나 유감스럽게도 아래층으로 내려가 홀로 카드놀이를 해야 할 때가 다가온다." Richard Posner 편집, *The Essential Holmes: Selections from the Letters, Speeches, Judicial Opinions, and Other Writings of Oliver Wendell Holmes Jr.* (Chicago: University of Chicago Press, 1997), p. 108. 아울러 다음 대목도 참조하라. "단언컨대 우리는 성직자와 철학자가 가르치는 것처럼 그렇게 우주적으로 중요한 존재가 아니다. 개밋둑이 몽땅 불탄들 천체가 꿈쩍이나 하겠는가. …… 물론 인간은 중요한 면도 있다. 불가해한 우주의 일부이니 말이다. 하지만 그거야 모래알도 마찬가지다. 큰 신이 사라졌다고 인간이 작은 신으로 행세하는 것은 내 생각에 죄다"(p. xxvi).

33. Leo Tolstoy, *A Confession* (Grand Rapids, MI: Christian Classics Ethereal Library), 1998, p. 16, 《톨스토이 참회록》.

34. C. S. Lewis, "On Living in an Atomic Age," *Present Concerns* (San Diego, CA: Harcourt Books, 2002), p. 76.

35. Eagleton, *Meaning of Life*, p. 21.

36. 로이스의 책은 다음 책에 논의되어 있다. Gawande, *Being Mortal*, pp. 115-116.

37. 같은 책, p. 116.

38. 같은 책.

39. Charles Taylor, *The Malaise of Modernity* (Concord, ON: Anansi, 1991), p. 14, 《불안한 현대 사회》

(이학사 역간).

40. 같은 책, p. 18.

41. 같은 책.

42. 같은 책. 도덕 가치에 대한 세속주의의 이런 문제는 7장에서 더 자세히 살펴볼 것이다.

43. 인터넷 많은 곳에서 이 연설을 쉽게 찾아볼 수 있다. 예컨대 다음 웹사이트를 참조하라. www.americanrhetoric.com/speeches/mlkihaveadrean.htm.

44. Eagleton, *Meaning of Life*, p. 22.

45. 같은 책, p. 24.

46. Charles Taylor, *Dilemmas and Connections: Selected Essays* (Cambridge, MA: Belknap, 2011), "A Catholic Modernity?," p. 173.

47. Victor Frankl, *Man's Search for Meaning* (New York: Washington Square, 1959), 《죽음의 수용소에서》(청아출판사 역간).

48. 다음 책에 나오는 극적인 사연을 참조하라. *Man's Search for Meaning*, p. 96. 한 동료 수감자는 프랭클에게 털어놓기를 1945년 2월에 해방되는 꿈을 꾸었다고 했다. 그러더니 그 달이 그냥 지나가자 바로 고열이 나더니 의식을 잃고 죽었다. 희망의 중요성은 8장에서 더 살펴볼 것이다.

49. 같은 책, p. 24.

50. 같은 책, p. 54.

51. 같은 책, p. 90.

52. 같은 책, p. 104.

53. 테일러에 따르면 세속 시대의 특징은 "총체적으로 고난과 죽음에 그 어떤 인간적 의미도 부여할 능력이 없다는 것이다. 고난과 죽음은 피하거나 싸워야 할 위험과 적으로 간주될 뿐이다. 이런 무능은 특정한 개개인의 실패가 아니라 많은 제도와 실천 속에 깊이 배어 있다. 예컨대 의료 분야는 의술의 한계나 인생의 자연적 종말을 소화하지 못해 쩔쩔맨다." Taylor, *Dilemmas and Connections: Selected Essays*, "A Catholic Modernity?" p. 176. 아울러 그의 이런 말도 참조하라. "둘째('형이상학적'이라 하자) 의미에서 삶의 우월성에 집착하면 첫째(또는 실질적) 의미에서 그것을 전심으로 긍정하기는 더 힘들어진다"(p. 177).

54. 다음 두 책을 참조하라. Richard A. Shweder 외, "The 'Big Three' of Morality (Autonomy, Community, Divinity) and the 'Big Three' Explanations of Suffering," 출전: Richard A. Shweder, *Why Do Men Barbecue? Recipes for Cultural Psychology* (Cambridge, MA: Harvard University Press, 2003). Timothy Keller, *Walking with God Through Pain and Suffering* (New York: Dutton, 2013), "The Culture of Suffering," "The Challenge to the Secular," pp. 13-34, 64-84.

55. Shweder, *Why Do Men Barbecue?*, p. 113. 이 말을 다음 내 책에 인용하고 설명했다. Keller, *Walking with God Through Pain and Suffering*, pp. 30-31.

56. Søren Kierkegaard, *The Sickness unto Death*, Edna Hatlestad Hong & Howard Vincent Hong 번역 (Princeton, NJ: Princeton University Press, 1983), 《죽음에 이르는 병》.

4. 사랑의 질서가 회복되면, '누리는 즐거움'이 더 커진다

1. Jonathan Haidt, *The Happiness Hypothesis: Putting Ancient Wisdom and Philosophy to the Test of Modern Science* (London: Arrow Books, 2006), 《행복의 가설》(물푸레 역간).

2. 같은 책, p. 82. 강조 부분은 내가 추가했다.

3. 같은 책, p. 89.

4. 다음 책에 인용되어 있다. Haidt, *Happiness Hypothesis*.

5. *Dhammapada*, 83절, J. Mascaro 번역 (1973년), 《담마빠다》. 다음 책에 인용되어 있다. Haidt, *Happiness Hypothesis*, p. 81.

6. 같은 책.

7. Haidt, *Happiness Hypothesis*, p. 82.

8. "어떤 사람이 얼마나 행복한지 또는 얼마나 오래 살지 예측하려면 그의 대인관계를 알아봐야 한다." 같은 책, p. 133. 아울러 같은 책 6장 "Love and Attachments," pp. 107-134도 참조하라.

9. 알랭 드 보통은 모든 성인의 삶이 두 개의 사랑 이야기로 규정된다고 봤다. 하나는 사랑과 인정을 섹스와 로맨스를 통해 얻으려는 추구이고, 또 하나는 성공을 통해 얻으려는 추구다. "둘째 사랑 이야기도 첫째 못지않게 치열하고 복잡하고 중요하고 보편적이며, 거기에 실패하면 그 못지않게 고통스럽다." Alain de Botton, *Status Anxiety* (New York: Vintage Books, 2004), p. 5, 《불안》(은행나무 역간).

10. Haidt, *Happiness Hypothesis*, pp. 90-91.

11. Julian Baggini, *What's It All About?* (Oxford: Oxford University Press, 2004), p. 97, 《러셀 교수님, 인생의 의미가 도대체 뭔가요?》(필로소픽 역간).

12. Thomas Nagel, "Who Is Happy and When?," *New York Review of Books*, 2010년 12월 23일. www.nybooks.com/articles/2010/12/23/who-happy-and-when/.

13. Terry Eagleton, *The Meaning of Life: A Very Short Introduction* (Oxford: Oxford University Press, 2003), p. 81, 《인생의 의미》(책읽는수요일 역간).

14. Horace, *The First Book of the Satires of Horace*. www.authorama.com/works-of-horace-6.html.

15. Wallace Stevens, "Sunday Morning." www.poets.org/poetsorg/poem/sunday-morning.

16. 노래 가사는 다음 웹사이트를 참조하라. www.azlyrics.com/lyrics/peggylee/isthatallthereis.html. 곡의 권태감을 잘 살려낸 공연은 다음 웹사이트를 참조하라. www.youtube.com/watch?v=LCRZZC-DH7M. 토마스 만과의 역사적 연관성은 다음 기사를 참조하라. David E. Anderson, "Is That All There Is?" *Religion and Ethics Newsweekly*, Public Broadcasting Service, 2009년 7월 24일.

17. Cynthia Heimel, "Tongue in Chic," *Village Voice*, 1990년 6월 2일, pp. 38-40.

18. Henrik Ibsen, *The Wild Duck*, Christopher Hampton 번역 (New York: Samuel French, 2014), p. 108, "들오리". 이 대사는 5막에서 등장인물 렐링 박사가 한 말이다.

19. C. S. Lewis, *Mere Christianity* (New York: HarperCollins, 2001), "hope," pp. 134-138, 《순전한 기독교》(홍성사 역간).

20. James Wood, *The Broken Estate: Essays on Literature and Belief* (New York: Picador, 2010), p. 261.

21. Haidt, *Happiness Hypothesis*, p. 86.

22. Francis Spufford, *Unapologetic: Why, Despite Everything, Christianity Can Still Make Surprising Emotional Sense* (London: Faber & Faber, 2012), pp. 27-28.

23. Tony Schwartz, "The Enduring Hunt for Personal Value," *New York Times*, 2015년 5월 1일. www.nytimes.com/2015/05/02/business/dealbook/the-enduring-hunt-for-personal-value.html?_r=0.

24. 다음 책을 참조하라. Charles Taylor, *Dilemmas and Connections: Selected Essays* (Cambridge, MA: Belknap, 2011), "A Catholic Modernity?" pp. 181-187.

25. 다음 책에 인용되어 있다. Luc Ferry, *A Brief History of Thought: A Philosophical Guide to Living*, Theo Cuffe 번역 (New York: Harper Perennial, 2011), p. 48, 《사는 법을 배우다》(기파랑 역간).

26. Haidt, *Happiness Hypothesis*, pp. 83-84. 현대 심리학은 흔히 인간의 다양한 특성을 자연도태에 따른 적응으로 설명하려 한다. 다음 사실을 염두에 두면 도움이 된다. 인간의 다양한 특성이 본래 진화에 어떻게 기여했을 것인지에 대한 이런 이론들은 검증이 불가능한 가설이다.

27. Henry Chadwick, *Augustine: A Very Short Introduction* (Oxford: Oxford University Press, 1986), p. 11, 《교부 아우구스티누스: 그리스도교 신학의 아버지》(뿌리와이파리 역간).

28. 같은 책.

29. *Enchiridion*, 31장, 117. 다음 책을 참조하라. Autustine, *The Augustine Catechism: The Enchiridion on Faith, Hope, and Love*, Bruce Harbert 번역 (Hyde Park, NY: New City, 1999), p. 130.

30. 어거스틴은 덕을 "사랑의 다양한 동작"이라 칭하며 4대 기본 덕목을 사랑의 관점에서 기술했다. "내가 보기에 덕이란 단지 하나님을 온전히 사랑하는 것이다. 덕이 넷으로 구분된다는 말은 내가 이해하기로 사랑의 다양한 동작에 따른 것이다. …… 그래서 4대 덕목을 다음과 같이 정의할 수 있다. 절제는 하나님을 위해 자신을 온전하고 정결하게 지키는 사랑이고, 용기는 하나님을 위해 무슨 일이든 쾌히 견디는 사랑이며, 정의는 하나님만 섬김으로써 인간의 지배하에 놓인 나머지 모두를 잘 다스리는 사랑이고, 지혜는 하나님께 유익한 부분과 방해되는 부분을 잘 분별하는 사랑이다." Augustine, *Of the Morals of the Catholic Church*, XV장 25항. 다음 웹사이트에서 볼 수 있다. www.newadvent.org/fathers/1401.htm.

31. Augustine, *Confessions*, Oxford World Classics, Henry Chadwick 번역 (Oxford: Oxford University Press, 1991), p. 278 (제13권 9장), 《고백록》.

32. Saint Augustine, *On Christian Teaching*, R. P. H. Green 번역 (Oxford: Oxford University Press, 1997), p. 21.

33. Augustine, *Confessions*, R. S. Pine-Coffin 번역 (London: Penguin UK, 1961), pp. 228-29 (제10권 22장).

34. Augustine, *The City of God*, Henry Bettenson 번역 (London: Penguin Books, 1972), p. 637 (제15권 23장), 《하나님의 도성》.

35. Augustine, *Confessions*, Chadwick 번역, p. 3 (제1권 1장).

36. Augustine, *Commentary on the Psalms*, 시 35:9. 인용문은 다음 책에 나오는 현대역이다. Phillip Schaff, *Nicene and Post-Nicene Fathers*, 시리즈1 제8권. 다음 웹사이트에서 볼 수 있다. www.ccel.org/ccel/schaff/npnf108.ii.XXXV.html.

37. C. S. Lewis, *Mere Christianity*, "hope," pp. 136-137. 개인적인 어느 편지에 루이스는 이 논지를 더 간명하게 표현했다. "당신이 정말 유물론적 우주의 산물이라면, 여기가 집처럼 편하지 않은 이유가 무엇입니까? 물고기가 물에 젖는다고 바다에 대해 불평합니까?" 다음 책을 참조하라. "A Letter to Sheldon Vanauken, 1950년 12월 23일," *The Collected Letters of C. S. Lewis*, 제3권, Walter Hooper 편집 (New York: HarperCollins, 2007), p. 75.

38. 루이스의 《순전한 기독교》에서 유명한 장 "hope"는 "갈망에 입각한 논증"이라고 불린다. 이 논증의 요약과 분석은 다음 책을 참조하라. Peter Kreeft & Ronald K. Tacelli, *Handbook of Christian Apologetics: Hundreds of Answers to Crucial Questions* (Downers Grove, IL: InterVarsity, 1994), pp. 78-81.

39. 이는 어거스틴과, 과거의 고전적 행복 개념이 기독교로 대체된 현상을 논한 페리의 논고를 따른 것이다. Ferry, *Brief History of Thought*, pp. 80-81.

40. 우리는 단지 "기댈 사람"만 필요한 게 아니다. 남을 섬기고 돌보면 돌봄을 받을 때보다 육체와 정신의 행복에 더 도움이 된다. 다음 책을 참조하라. Haidt, *Happiness Hypothesis*, p. 133.

41. Ferry, *A Brief History of Thought*, pp. 83-84. 어거스틴의 인용문은 페리의 책에 실린 역본이다.

42. 무신론자 철학자인 뤽 페리는 사랑에 대한 어거스틴의 관점을 개괄한 후 이렇게 덧붙였다. "[기독교적 관점에서 볼 때] 신 안에서 상대 사랑하기를 중단하지 않는 한, 아무도 자기가 사랑하는 개개인을 잃을 수 없다. 그들 안의 영원한 부분, 신에게 묶여 있어 신의 보호를 받는 그 부분을 사랑하기를 중단하지 않는 한 말이다. 이는 줄잡아 말해도 솔깃한 약속이다." 같은 책, p. 85.

43. Miroslav Volf, *Flourishing: Why We Need Religion in a Globalized World* (New Haven, CT: Yale University Press, 2015), p. 204, 《인간의 번영》(IVP 역간). 이번 문단 내용과 폴 블룸 책의 언급은 볼프의 책 pp. 203-204에서 가져왔다. 볼프는 블룸의 개념을 빌려, 종교가 영을 높이고 육을 낮추어 일상의 쾌락을 평가절하하고 기쁨을 앗아 간다는 비판을 논박했다. 볼프가 시인했듯이 (나도 동의한다) 정말 쾌락을 배격하는 종교도 많다. 특히 금욕을 통해 구원을 얻어 낸다고 보는 율법주의적 종교들이 그렇다. 그런 종교에서 일상생활은 "신령한 세계로 올라간 후 버려도 되는 사다리"에 불과하다(p. 198). 니체는 이를 가리켜 "일상생활의 가치와 아름다움을 탈색시킨다" 해서 종교의 "소극적 허무주의"라 칭했다(p. 198). 이런 결과를 낳는 종교 부류에 니체가 경고를 발한 것은 지당한 일이다. 그러나 볼프는 두 가지를 논증했다. 첫째, 세속주의 역시 "적극적 허무주의"를 초래할 수 있다. 즉 삶의 의미가 그야말로 전무하며, 그 무엇에도 목적이 없다고 보는 시각이다. 당연히 이는 삶의 기쁨과 만족을 앗아 갈 수 있다. 둘째, 그가 설득력 있게 논증했듯이 기독교는 쾌락과 만족에 대한 위 둘 중 어느 쪽의 "허무주의"와도 무관하다. 하나님을 물질보다 더 사랑하면 일상생활의 기쁨이 증대된다. 물질을 아버지의 값없는 선물로 보

기 때문이다. 볼프의 책 "에필로그," pp. 195-206에 나오는 내용이다. 아울러 다음 책도 참조하라. Paul Bloom, *How Pleasure Works: The New Science of Why We Like What We Like* (New York: W. W. Norton, 2011), 《우리는 왜 빠져드는가?: 인간 행동의 숨겨진 비밀을 추적하는 쾌락의 심리학》(살림출판사 역간).

44. Volf, *Flourishing*, p. 203.

45. 어거스틴의 기독교적 관점에서 본 "하나님을 사랑함"에는 훨씬 많은 의미가 내포되어 있어 여기서 다 논할 수 없다. 그중 두 가지 중요한 요지만 간략히 살펴보면 다음과 같다. (1) 하나님을 사랑함이란 마음을 다해 사랑한다는 뜻이다. 성경에서 마음은 사고와 의지와 감정이 함께 머무는 자리다. 히브리어로 레브(leb, 마음)는 인격 전체의 중추부다. 따라서 마음의 "사랑"이 의미하는 바는 정서적 애정 훨씬 이상이다. 마음은 가장 사랑하는 대상을 가장 신뢰하고(잠 3:5 참조) 즐거워한다(잠 23:6 참조). 마태복음 6장 21절에 보면 "네 보물 있는 그곳에는 네 마음도 있느니라"라고 했다. 보물로 삼은 것일수록 당신의 관심과 헌신을 최대로 점유한다. 무엇이든 마음의 신뢰와 사랑을 장악한 것이 우리 사고와 감정과 행동도 통제한다. 마음이 가장 사랑하고 원하는 그것을 사고는 합리적이라 여기고, 정서는 소중하게 여기고, 의지는 실천 가능하게 여긴다. (2) 하나님을 사랑함이란 그분 자신을 위해 사랑한다는 뜻이다. 어거스틴의 신학에서 하나님을 최고로 사랑하려면 그저 무엇을 받기 위해서가 아니라 오직 그분 자신을 위해 사랑해야 한다. "주님을 사랑하지 않는 이들에게는 주어지지 않고, 주님 자신을 위해 주님을 사랑하는 이들에게만 주어지는 기쁨이 있습니다. 주님 자신이 그들의 기쁨입니다. 행복이란 주님 안에서 주님을 위해 주님 때문에 기뻐하는 것입니다"(《고백록》제10권 22장). 아주 종교적이고 윤리적인 사람이 되어 기도하고 종교 규칙을 지켜도, 그것이 다 하나님께 복을 받기 위해서일 수 있다. 이는 하나님을 사랑하는 게 아니라 이용하는 것이며, 어거스틴의 말마따나 있을 수 없는 일이다. 다음 책을 참조하라. Augustine, *On Christian Teaching*, R. P. H. Green 번역, p. 9. 하나님을 기도에 응답하시고 좋은 삶을 주시는 한에서만 조건적으로 섬긴다면 이는 당신이 그분을 이용한다는 증거다. 삶이 나빠질 때는 그분께 순종하지 않는다면, 이는 당신이 사수해야 할 진짜 사랑의 대상이 소위 복과 순탄한 환경이라는 증거다. 생의 조건을 이용해서 하나님을 사랑하는 게 아니라 하나님 때문에 생의 조건을 사랑하는 것이다. 하나님 자신을 위해 그분을 사랑하려면 그분의 아름다움을 봐야 한다. 그분이 기뻐하시고 즐거워하시는 것을 나도 기뻐하고 즐거워해야 한다. 그저 그분보다 즐겁거나 유쾌한 무엇을 얻어 낼 수단으로 그분을 섬겨서는 안 된다.

5. 제약을 제대로 선택하는 것이 '진짜 자유'다

1. Robert Bellah 외, *Habits of the Heart: Individualism and Commitment in American Life* (Berkeley, CA: University of California Press, 2008), pp. xlvii-xlviii.

2. 다음 책을 참조하라. Keith Bradley, *Slavery and Rebellion in the Roman World*, 140 B.C.-70 B.C. (Bloomington: Indiana University Press, 1989).

3. Alan Ehrenhalt, *The Lost City: The Forgotten Virtues of Community in America* (New York: Basic Books, 1995), p. 2. 다음 책에 인용되어 있다. Charles Taylor, *A Secular Age* (Cambridge, MA:

Harvard University Press, 2007), p. 475.

4. 같은 책, p. 484.

5. 같은 책, p. 224.

6. 같은 책, pp. 165-166.

7. 같은 책, p. 484.

8. Stephen Eric Bronner, *Critical Theory: A Very Short Introduction* (Oxford: Oxford University Press, 2011), p. 1. 브로너는 1923년에 설립된 사회연구소(Institute for Social Research) 산하 프랑크푸르트 학파의 활동을 기술했다. 이 연구소의 학자들은 인본주의적 마르크스주의자였으나 2차대전의 제반 사건은 그들에게 자본주의와 국가사회주의 둘 다의 한계를 보여 줬다. 브로너에 따르면 그들은 자유를 압제하고 파괴할 가능성 때문에 모든 정치 체제와 사상 체계와 절대 주장을 비판하는 쪽으로 돌아섰고, 이런 전향은 나중에 포스트모더니즘과 탈구조주의가 모든 절대 주장과 권위와 권력 체계에 무조건 의심을 품는 데 지대한 영향을 미쳤다.

9. Terry Eagleton, *The Illusions of Postmodernism* (Oxford: Blackwells, 1996), p. 41, 《포스트모더니즘의 환상》(실천문학사 역간). 후기 근대 또는 탈근대(포스트모던) 시대의 모순된 자유에 대해서는 이글턴의 책 4장 "Ambivalences," pp. 20-44를 참조하라.

10. Charles Taylor, *The Malaise of Modernity* (Concord, ON: Anansi, 1991), p. 3, 《불안한 현대 사회》(이학사 역간).

11. Eagleton, *Illusions of Postmodernism*, p. 42.

12. 테일러는 존 로크가 개인에게 각자의 도덕 가치를 선택할 절대적 자유를 부여하는 일이 "행복의 추구라기보다 파멸에 이르는 길"이라고 말했을 것이라고 본다. Taylor, *A Secular Age*, p. 485.

13. 두 개의 문화적 내러티브가 서로 의존하고 있다고 말하는 게 더 정확할 것이다. 하나는 자유고('내가 남의 자유를 방해하지 않는 한 누구도 내게 어떻게 살라고 말할 권리가 없다') 또 하나는 정체다('누가 뭐라든 나는 자아에 충실해서 내 가장 깊은 갈망과 꿈을 표출해야 한다'). 여기에 대해서는 다음 장에서 살펴볼 것이다.

14. Mark Lilla, "Getting Religion," *New York Times Magazine*, 2005년 9월 18일.

15. John Michael McDonagh, *Calvary* 각본, 2012년. 다음 웹사이트에서 볼 수 있다. http://d97a3ad6clb09e180027-5c35be6f174b10f62347680d094e609a.r46.cf2.rackcdn.com/film_scripts/FSP3826_CALVARY_SCRIPT_BOOK_C6.pdf.

16. Atul Gawande, *Being Mortal: Medicine and What Matters in the End* (New York: Metropolitan Books, 2014), pp. 139-140, 《어떻게 죽을 것인가》(부키 역간).

17. McDonagh, *Calvary*.

18. John Donne, "No Man Is an Island," 묵상 17, *Devotions upon Emergent Occasions* (1624), 《던 시선》(지만지 역간). 다음을 비롯한 여러 웹사이트에서 볼 수 있다. https://web.cs.dal.ca/~johnston/poetry/island.html.

19. 찰스 테일러는 이를 가리켜 존 스튜어트 밀(John Stuart Mill)의 "해악 원리"라 칭했다. 다음 책을

참조하라. Taylor, *A Secular Age*, p. 484.

20. 하버드 법학대학원의 마이클 J. 클라먼(Michael J. Klarman)은 부정적 자유(무엇을 위한 자유인지 전혀 규정되지 않은, 무엇으로부터의 자유) 자체는 "공허한 개념"이요 해석하기 나름이라고 말했다. 어떤 사람에게 자유란 정부의 간섭으로부터의 자유다. 이 자유를 얻으려면 정부 기관과 그 영향권에서 벗어나야 한다. 어떤 사람은 자유를 차별로부터의 자유로 정의한다. 이 자유를 얻으려면 정부 규제와 공권력을 늘려야 한다. 어떤 사람은 빈곤과 "결핍으로부터의 자유"를 원하고, 어떤 사람은 자유시장에 참여할 기회의 자유만을 바란다. 너도나도 "자유"를 위해서라고 주장하지만, 클라먼의 말처럼 그 자유를 소환한 목적인 특정한 가치나 선을 고려하지 않는 한 이 단어는 무의미하다. "자유가 좋은지 나쁜지는 그 자유를 소환한 실질적 대의가 무엇이냐에 전적으로 달려 있다." 다음 기사를 참조하라. Michael J. Klarman, "Rethinking the History of American Freedom," *William and Mary Law Review*, 제42권 (2000년 10월). Social Science Research Network의 다음 웹사이트에서도 이 논문을 볼 수 있다. http://papers.ssrn.com/sol3/papers.cfm?abstract_id=223776.

21. Jonathan Haidt, *The Happiness Hypothesis: Putting Ancient Wisdom and Philosophy to the Test of Modern Science* (London: Arrow Books, 2006), p. 134, 《행복의 가설》(물푸레 역간).

22. 같은 책, p. 133.

23. 같은 책.

24. Bellah 외, *Habits of the Heart*, p. xlviii. 아울러 다음 두 책도 참조하라. Marc J. Dunkelman, *The Vanishing Neighbor: The Transformation of American Community* (New York: W. W. Norton, 2014). Yuval Levin, *The Fractured Republic: Renewing America's Social Contract in an Age of Individualism* (New York: Basic Books, 2016). 개인의 자유를 무절제하게 떠받들었을 때 어떻게 인간 공동체가 무너졌는지 두 책에 자세히 나와 있다. 덩켈먼은 정치적으로 진보고 레빈은 보수지만 둘이 똑같은 분석을 내놓았다.

25. 테일러도 《불안한 현대 사회》에 토크빌의 말을 인용했다. 테일러는 "자결의 자유"가 만연하면 결국 민주주의가 붕괴된다고 봤다. 우선 많은 사람이 "자치 기구에 적극적으로 참여할 의사"가 없고, 공동체나 단체의 일원이라는 의식을 잃을 것이다. 그들이 정부에 바랄 것은 주관대로 살아갈 자유의 허용뿐이다. 또 그들은 의견 일치로 공동의 가치를 도출할 능력이 없기에, 합의의 부재와 양극화가 뒤를 것이다. 이런 무관심과 분노 때문에 각종 민주 기관이 제 구실을 못하게 되면서 "연성 독재"가 생겨난다. "과거처럼 공포와 압제의 폭정은 아니다. 정부는 온건하고 온정적일 것이다. 민주주의 형태를 유지하며 주기적으로 선거도 실시할 수 있다. 그러나 사실은 '막강한 후견 권력'이 모든 것을 지배하고, 사람들에게는 이를 막을 길이 없다. 이런 사태를 막는 길은 …… 각급 정부와 자발적 단체에 참여할 것을 중시하는 활발한 정치 문화밖에 없다. 그러나 자아에 함몰된 개인의 원자론이 그에 맞서 싸울 것이다. 일단 참여가 줄어들고 참여의 장이었던 수평적 단체들마저 시들해지면, 개개 시민만 거대한 관료주의 국가 앞에 홀로 남아 무력감에 빠지게 된다." Taylor, *Malaise of Modernity*, pp. 9-10. 더 자세한 내용은 같은 책 10장 "Against Fragmentation," pp. 109-121을 참조하라.

26. 다음 책에 인용되어 있다. John Stott, *The Contemporary Christian* (InterVarsity, 1992), p. 55, 《시대를 사는 그리스도인》(IVP 역간). 이 인터뷰의 영어 역문은 다음 잡지에 게재됐다. *Guardian*

Weekly, 1985년 6월 23일.

27. 다음 기사를 참조하라. Ian Carter, "Positive and Negative Liberty," *The Standford Encyclopedia of Philosophy* (2012년판 봄), Edward N. Zalta 편집. http://plato.standford.edu/archives/spr2012/entries/liberty-positive-negative/. 카터의 기사에 따르면, 철학자 이사야 벌린(Isaiah Berlin)은 부정적 자유와 긍정적 자유가 동전의 양면이 아니라 자유를 바라보는 상충된 사고방식일 수 있다고 가르쳤다. 벨라처럼 벌린도 논증하기를, 부정적 절대 자유를 과도히 강조하면 이기적 행동이 조장되어 결국 정부가 법률과 규제를 더 많이 제정하고 더 전체주의적으로 법을 집행해야 한다고 했다. 이렇듯 부정적 자유는 민주적 자유를 상실하는 것으로 이어질 수 있다.

28. Gawande, *Being Mortal*, p. 140.

29. "춤추는 먼지"와 "자유는 마무리를 요구한다"라는 인용문은 다음 책에서 가져왔다. Eagleton, *Illusions of Postmodernism*, p. 42.

30. 물론 현대의 세속적 자유에는 큰 문제가 또 있다. 인간이 자유로운 이유가 순전히 우리가 유물론적 진화로 만들어진 산물이라서 그렇다면 이 자유는 환영이라 말할 수 있다. 우리 뇌가 하는 모든 말, 말이 된다고 보거나 바람직하게 여기는 모든 것은 그것들이 선조들이 생존하는 데 도움이 된 기억이 신경 습성에 남아 있기 때문에 그렇다. 따라서 우리 선택을 결정짓는 것은 유전자와 생물학적 충동이다. 자유로운 선택이란 없다. 하버드의 스티븐 핑커는 많은 과학자를 대변해서 주장하기를, 인간의 행동은 우리가 선택하기 전에 뇌의 화학 작용을 통해 촉발되기 때문에 자유 의지는 신화라고 했다. Steven Pinker, *The Blank Slate: The Modern Denial of Nature* (New York: Penguin Books, 2002), 《빈 서판: 인간은 본성을 타고 나는가》(사이언스북스 역간). 철학자 존 그레이는 다음 책에서 선택의 자유가 환영이고 신화라는 주장을 신경과학과 진화론 너머에서까지 제기했다. John Gray, *The Soul of the Marionette: A Short Inquiry into Human Freedom* (New York: Farrar, Straus and Giroux, 2015), 《꼭두각시의 영혼》(이후 역간). 그는 (1) 무의식의 위력, (2) 우리를 길들이고 통제하는 사회와 문화, (3) 우리에게 진실을 감추는 심리적 방어기제 등을 지적했다. 그는 인간이 생각하는 선택의 자유란 아예 존재하지 않는다고 강력하게 논증하면서, "일종의 신 없는 종교심으로 우리의 타락한[자유롭지 못한] 상태를 받아들일" 것을 촉구했다. (Julian Baggini, "*The Soul of the Marionette* by John Gray; *The Challenge of Things* by A. C. Grayling—review," *The Guardian*, 2015년 3월 21일).

이렇듯 자유 의지를 환영으로 보는 과학자들은 유물론적 세계관에 함축된 의미를 인정한다. 그런데 역설적이게도 하필 이 세계관은 본래 모든 외부 제약에서 우리 선택이 자유로울 수 있게 해 준다고 선전하던 세계관이었다. 하지만 실질적으로 자유 의지에 대한 이런 주장은 대중의 의식에 전혀 침투하지 못했다. 선택이 내 자유라는 우리의 직관이 워낙 강한 것도 하나의 원인이다. 그에 반대되는 주장은 아무리 논리정연하고 과학적 근거가 있어 보여도 먹혀들지 않는다. 흥미롭게도 일부 세속적 사상가마저도 만일 자유 의지가 존재한다면, 무신론의 철저한 자연주의적 세계관은 거짓일 수밖에 없다고 주장한다. Thomas Nagel, *Mind and Cosmos: Why the Materialist Neo-Darwinian Conception of Nature Is Almost Certainly False* (Oxford: Oxford University Press, 2012), pp. 113-115. 심각한 의미가 함축되어 있는데도, 자유 의지와 결정론을 이같이 다룬 논의는 현실과 동떨어진 학계의 현상일 뿐 대중의 심상에는 별로 파고들지 못했다. 인간이 자유로운 행위자라는 우리의 집요한 신념에 흠집조차 남기지 못했다.

31. David Foster Wallace, 2005년 5월 21일 Kenyon College에서 한 졸업식 축사. 다음 웹사이트에서 볼 수 있다. http://moreintelligentlife.com/story/david-foster-wallace-in-his-own-words. 아울러 다음 책에 활자화된 버전도 참조하라. Dave Eggers, *The Best Nonrequired Reading 2006* (New York: Houghton Mifflin Harcourt, 2006), pp. 355-364.

32. Tony Schwartz, "The Enduring Hunt for Personal Value," *New York Times*, 2015년 5월 1일. www.nytimes.com/2015/05/02/business/dealbook/the-enduring-hunt-for-personal-value.html.

33. Marilynne Robinson, *The Givenness of Things: Essays* (New York: Farrar, Straus, and Giroux, 2015).

34. 성경적 관점으로 자유를 다룬 내용은 다음 책을 참조하라. G. C. Berkouwer, *Man: The Image of God* (Grand Rapids, MI: Wm. B. Eerdmans, 1962), 9장 "Human Freedom," pp. 310-348.

35. John Newton, *The Works of John Newton*, 제3권, *Olney Hymns* (Edinburgh: Banner of Truth Trust, 1985), "We Were Once as You Were," p. 572. 같은 책, "Love Constraining to Obedience," p. 635.

6. 나만 나를 사랑하면 그만이다?

1. Tony Schwartz, "The Enduring Hunt for Personal Value," *New York Times*, 2015년 5월 1일.

2. 철학자는 전자의 문제(시간이 흘러도 동일한 자아라는 인식의 지속성)에 가장 집중한다. 심리학자는 후자인 자존감의 문제에 더 집중한다. 사회학자는 개개의 자아와 공동체의 관계, 자아의 사회적 역할에 집중한다. 로크, 흄, 버나드 윌리엄스(Bernard Williams)를 비롯해 개인의 정체성 개념을 다룬 근대 초기와 후기 근대의 고전적 철학 논문은 다음 책을 참조하라. John Perry 편집, *Personal Identity*, Topics in Philosophy, 재판 (Berkeley: University of California Press, 2008). 아울러 같은 책의 다음 구판도 참조하라. Amélie Oksenberg Rorty 편집, *The Identities of Persons* (Berkeley, University of California Press, 1976). 정체성, 개인주의, 미국 문화 등을 다룬 사회학의 고전적 관점은 다음 책을 참조하라. Robert Bellah 외, *Habits of the Heart: Individualism and Commitment in American Life* (Berkeley: University of California Press, 2008). 기독교적 접근에 대해서는 다음 두 책을 참조하라. Rick Lints, *Identity and Idolatry: The Image of God and Its Inversion* (Downers Grove, IL: IVP Academic, 2015). Dick Keyes, *Beyond Identity: Finding Yourself in the Image and Character of God* (Milton Keynes, UK: Paternoster, 1998). 린츠의 책은 성경적 자료를 학문적으로 개괄했고, 키즈의 책은 기독교적 관점을 알기 쉽게 실질적으로 다루었다.

3. Charles Taylor, *A Secular Age* (Cambridge, MA: Harvard University Press, 2007), p. 35.

4. 다음 책을 참조하라. Robert Bellah 외, *Habits of the Heart: Individualism and Commitment in American Life* (Berkeley: University of California Press, 2008), 3장 "Finding Oneself," pp. 55-84. 테일러가 지적했듯이 왕부터 맨 아래 종까지의 사회 질서가 고차원의 영적 질서에도 내재해서, 인간 사회의 질서는 그 존재 사슬의 반영일 뿐이라고 인식했다. Taylor, *Secular Age*, p. 25. 그리스인(특히 플라톤)은 물리적 우주의 배후에 일련의 형이상학적 본질/형상/보편 실재가 있어 세상의 모든 개인은 그것이 표출되었을 뿐이라고 봤다. 농부, 장인, 귀족, 왕, 남자, 여자 등 사회

의 한 좌표를 점하는 모든 인간이 영적 영역에도 존재한다는 뜻이었다. 사람은 각자의 사회적
역할을 수행함으로써(도리를 알고 다함으로써) 우주의 조화에 일조하고, 자신의 본질과 이어지며,
우주 안에서 본연의 제자리를 점했다. 사회 전체와 관계를 맺을 때, 개인으로서 하는 게 아니
라 사회 계급이나 집단을 통해서 한다는 뜻이었다. 개인의 관심사가 어떤 식으로든 가정이나
부족이나 나라의 유익과 별개라고 생각한 사람은 아무도 없었다. 소속 공동체가 번성해야만
개인의 생존 자체가 가능했다. 누군가가 신앙을 떠나 본분을 제대로 수행하지 않으면 공동체
전체에 심판이 임한다고 여겨졌다. 따라서 정통을 지키고 운명에 복종해야 한다는 압박감이 엄
청났다. 개인의 선택이라는 개념은 존재하지 않았고, 각자의 신념을 스스로 만들어 낸다는 개
념은 더 말할 것도 없었다. Taylor, *Secular Age*, pp. 42-43. 사회의 기초가 영적 질서에 있었고,
또 사회를 유지하려면 만인이 윗사람과 신에게 복종해야 했기 때문에, "공동의 종교적 신념에
기초하지 않은" 사회란 상상할 수 없었다. Taylor, *Secular Age*, p. 43.

5. 테일러에 따르면 과거 문화에서 자아는 "침투성"이었다. 의미와 행복을 찾으려면 영적, 사회적
실체(신, 도덕적 진리, 영적 세력, 가정, 사회 구조)에 자신을 맞춰야 했다. 그러나 현대의 "절연성" 자아
는 외부의 영적, 사회적 세력에 그런 식으로 취약하거나 의존해 있지 않다. 테일러는 "나의 궁
극적 목적은 내 안에서 생겨나고, 어떤 사안이 무슨 의미인지는 내가 보이는 반응에 따라 결정
된다"라고 썼다. Taylor, *Secular Age*, p. 38. 그는 침울함 또는 우울증을 예로 들었다. 고대인은
특정 사건 때문에 풀이 죽거나 죄책감을 느꼈다. 그러나 테일러에 따르면 "절연성 자아"를 지
닌 현대인은 우울해져도 "그 감정에 거리를 둘" 수 있다. "사건 자체는 아무런 의미도 없다. 그
렇게 느껴질 뿐이다"라는 말이 가능하다. 이런저런 행동에 죄책감을 느끼지 않기로, 또는 직장
을 옮기기로 결정하면 그만이다. 절연성 자아는 스스로 의미를 창출하고 부여할 능력이 있다
고 여기기 때문이다(p. 37). "침투성 자아의 경우 가장 강력하고 중요한 감정의 출처는 당연히
'사고' 바깥에 있다"(p. 38). 그러나 오늘날에는 사안의 의미가 무엇인지, 슬퍼할지 행복해할지,
무엇이 옳고 그른지 등을 우리가 결정한다. 의미를 스스로 만들어 낸다. "[절연성] 자아는 의미
를 결정하는 무적의 주인으로 자처할 수 있다"(p. 38). 예컨대 과거의 침투성 자아는 죄에 종속
됐다. 죄를 지으면 분노와 공허감과 죄책감과 수치심이 뒤따랐다. 그러나 절연성 자아는 죄가
무엇인지 스스로 규정할 권리가 있다고 느낀다(p. 39). 테일러의 말대로 침투성 자아는 "본질적
으로 관계 안에서 살아갈 수밖에 없다." 우리가 규정하지 않았으나 상대해야 하는 선악의 외
부 세력에 대항하는 자신이 취약하게 느껴지면, 누구나 "우리는 다 운명 공동체다"라는 의식이
든다(p. 42). 귀신은 누구에게나 귀신이고 신은 누구에게나 신이다. 그러나 의미가 우리 안에서
창출된다면, 사람마다 "자기가 생각하는 신"을 숭배한다면, 궁극적으로 우리는 다 혼자다.

6. Bellah 외, *Habits of the Heart*, pp. 333-334.

7. 같은 책, p. 55.

8. 같은 책, 3장 "Finding Oneself," pp. 55-84.

9. M. H. Abrams 편집, *The Norton Anthology of English Literature, Revised*, 제1권 (New York: W. W.
   Norton, 1968), p. 99, 《노튼 영문학 개관》(까치 역간).

10. 다음 뮤지컬의 1막 끝에 나오는 노래다. *The Sound of Music*, Richard Rodgers & Oscar
    Hammerstein, 1959년. 다음 웹사이트에서 가사를 볼 수 있다. www.metrolyrics.com/climb-
    every-mountain-lyrics-the-sound-of-music.html.

11. Robert Lopez & Kristen Anderson-Lopez, "Let It Go." 다음 웹사이트에서 볼 수 있다. www. azlyrics.com/lyrics/idinamenzel/letitgo.html.

12. Charles Taylor, *The Malaise of Modernity* (Concord, ON: Anansi, 1991), p. 26,《불안한 현대 사회》(이학사 역간).

13. David L. Chappell, *A Stone of Hope: Prophetic Religion and the Death of Jim Crow* (Chapel Hill: University of North Carolina Press, 2005). 대부분의 세속적 사상가가 민권 운동 역사에서 놓친 부분을 채플이 잘 지적했다. 바로 성경에 나오는 "예언적" 신앙의 중요성이다. 벤저민 슈워츠는 다음 기사에 이렇게 요약했다. Benjamin Schwarz, "New & Noteworthy" 칼럼, *Atlantic Monthly*, 2003년 11월. "채플의 책은 민권 운동을 다룬 중요한 책 서너 권에 꼽힌다. 그러나 책의 결론이 관련 당사자 다수를 교란시키거나 적어도 불쾌하게 하겠기에, 의당 주목받아야 할 만큼 주목받지는 못할 것이다. 보기 드물게 정교하고 세밀한 이 연구서는 인습을 탈피한 접근으로 상상력을 구사해, 투쟁의 양쪽 진영 모두를 탐색한다. 채플은 남부에서 인종 분리에 맞서 싸운 사람들을 강화시킨 요인과 그들의 적을 약화시킨 요인을 묻는다. 두 경우 모두 그의 답은 복음주의 기독교다."

14. Francis Spufford, *Unapologetic: Why, Despite Everything, Christianity Can Still Make Surprising Emotional Sense* (London: Faber & Faber, 2012), p. 28.

15. Philip Rieff, *Freud: The Mind of the Moralist* (Chicago, IL: University of Chicago Press, 1959), p. 35. 이번 장에 나오는 프로이트에 대한 자료는 다 리프의 이 기념비적인 책에서 왔다.

16. 같은 책, p. 60.

17. 같은 책, p. 375.

18. 같은 책, p. 343. 인간 본성에 대한 프로이트의 비관론과 현실주의를 현대의 "치료 문화"와 대조한 내용은 다음 책을 참조하라. Rieff, *Freud: The Mind of the Moralist*, 10장 "The Emergence of Psychological Man," pp. 329-357. 고전이 된 그 장에 리프가 서구 문화사를 간략히 개괄한 내용은 당연히 유명해졌다. 그는 전통과 종교에 기초한 규범적 도덕 질서를 믿던 근대 이전의 문명을 "정치적 인간"이라 칭했고, 자기본위의 개인적 합리성을 규범적 도덕 질서로 삼던 근대 초기의 문화를 "경제적 인간"이라 칭했고, 자아 외에는 규범적 도덕 질서가 전혀 없는 후기 근대(또는 포스트모던) 사회를 "심리적 인간"이라 칭했다. 리프를 비롯한 여러 사람이 지적했듯이 프로이트는 그 맨 마지막 단계의 씨앗을 뿌렸다. 나중 저서에 리프는 그 단계를 "치료의 승리"(그 책 제목이기도 하다)라 명명했다. 프로이트가 믿기에 모든 죄책감은 강자 쪽에서 권력을 유지하려고 강제로 주입한 "거짓" 죄책감이었지만, 그래도 그는 거짓 죄책감이라도 문명에 필요하다고 봤다. 그런데 오늘 우리 문화는 그의 첫째 관점(죄책감은 다 남의 힘으로 강요되는 허위라는 관점)만 믿고 둘째 관점은 거부한다. 죄책감과 사회적 구속을 다 버리고 가정이나 문화의 기대조차 역행해서, 가장 깊은 갈망을 표현해야 비로소 행복해진다는 게 우리 문화의 고지식한 생각이다. 이런 입장은 전혀 가치 판단을 내리지 않고, 상대에게 자기 내면을 살펴 가장 깊은 갈망을 찾아내게 하며, 상대와 한편이 되어 모든 절대 도덕의 구속감에 대항한다. 리프에 따르면 이런 치료적 입장이 한때는 상담실에만 동원됐으나 이제 사회와 모든 인생을 정리하는 방법이 됐다.

19. Bellah 외, *Habits of the Heart*, pp. 78-79.

20. 같은 책, p. 80.

21. 같은 책, p. 75.

22. Gail Sheehy, *Passages: Predictable Crises of Adult Life* (New York: Bantam Books, 1976), pp. 364, 513. 다음 책에 인용되어 있다. Bellah 외, *Habits of the Heart*, p. 79.

23. "독백으로 깨달아 내부에서 생성되는 [정체성]이란 존재하지 않는다. 정체성을 발견한다는 말은 나 혼자 고립된 채로 답을 내놓는다는 뜻이 아니다." Taylor, *The Malaise of Modernity*, p. 47.

24. 다음 책에 인용되어 있다. Philip G. Ryken, *City on a Hill: Reclaiming the Biblical Pattern for the Church in the 21st Century* (Chicago: Moody, 2003), p. 92.

25. Sandy Fries, *Star Trek: The Next Generation*, 1.18회차, "Coming of Age," 1988년. 다음 웹사이트에서 인용문을 볼 수 있다. www.imdb.com/character/ch0001464/quotes.

26. Bellah 외, *Habits of the Heart*, pp. 334-335. 그렇게 그는 "전통"을 정의했다.

27. 같은 책, p. 65. "미국식 관점대로 자아의 자율성을 본다면, 자신의 가장 깊은 부분을 스스로 규정할 책임은 각자의 재량으로 남는다. …… 가장 깊은 신념을 전통과 공동체를 통해 발견한다는 개념은 여간해서 미국인의 성미에 맞지 않는다. 우리 대부분은 자율적 자아가 완전히 전통과 공동체 바깥에 독자적으로 존재한다고 생각한다."

28. 같은 책, p. 81.

29. 같은 책, p. 84.

30. 다음 책을 참조하라. Alain de Botton, *Status Anxiety* (New York: Vintage Books, 2004), pp. 45-72, 《불안》(은행나무 역간).

31. Bellah 외, *Habits of the Heart*, pp. xiv-xv.

32. 같은 책, p. 15.

33. 같은 책, p. 81.

34. Taylor, *Malaise of Modernity*, pp. 48-49.

35. 다음 책에 인용되어 있다. Peter C. Moore, *One Lord, One Faith* (Nashville, TN: Thomas Nelson, 1994), p. 128.

36. Benjamin Nugent, "Upside of Distraction," *Opinionator* (블로그), *New York Times*, 2013년 2월 2일.

37. Ernest Becker, *The Denial of Death* (New York: Free Press, 1973), p. 160, 《죽음의 부정》(인간사랑 역간).

38. 같은 책, p. 167.

39. 같은 책. 베커의 탁월한 분석은 길게 인용할 만하다. "종교적 해법이 수행하던 일을 알면, 현대인이 어떻게 스스로 불가능한 상황 속으로 파고들어 갔는지 알 수 있다. 그는 여전히 자부심을 느껴야 했고, 자신의 삶이 당연히 중요함을 알아야 했다. …… 자아를 흡수하는 무슨 고차원의 의미에 여전히 신뢰와 감사로 합일해야 했다. …… 그런데 더는 신이 없으니 이제 어찌할 것

인가? 그에게 제일 먼저 떠오른 일 중에 [오토] 랭크(Otto Rank)가 말한 '낭만적 해법'이 있었다. …… 내면 깊은 본성에 필요한 자부심을 이제 그는 사랑의 대상에게서 찾고자 했다. …… 사랑의 대상이 신성한 이상이 되어, 그 안에서 우리 삶을 충족시켜야 한다. 모든 영적, 도덕적 필요는 이제 그 한 개인에게 집중된다. 한때 실재의 다른 차원을 가리키던 영성이 이제 땅으로 내려와 인간의 형체를 입었다. '타인의 미화'를 통해 …… 구원을 추구할 수 있다. …… 물론 사랑의 대상으로서 신과 인간의 경쟁은 역사의 어느 때나 늘 있던 일이다. 엘로이즈(Heloise)와 아벨라르(Abelard)의 관계, 알키비아데스(Alcibiades)와 소크라테스의 관계를 생각해 볼 수 있다. …… 그러나 주된 차이는 전통 사회에서는 대상 인간이 신성의 차원을 다 흡수하지는 않았으나 현대 사회에서는 그렇다는 점이다. …… 자아를 확장하려는 충동이 한때는 신으로 채워졌으나 현대인은 이를 사랑의 대상에게서 채운다. …… 한마디로 사랑의 대상은 곧 신이다. …… 신이 주관하는 위대한 종교 공동체의 세계관이 소멸하자, 인간은 '너'에게 손을 내밀었다. …… [그러니] 섹스는 '삶의 수수께끼에 대한 실망스러운 답'이며, 섹스가 충분한 답인 척한다면 우리는 자신에게만 아니라 자녀에게도 거짓말하는 것이다. …… 상대가 신이 된다면 그는 그만큼 쉽게 마귀도 될 수 있으며, 그 이유는 멀리서 찾을 필요가 없다. 우선 인간은 자기가 의지하는 대상에게 구속당한다. 자신을 정당화하려면 그 대상이 필요하다. …… 어떻게 인간이 타인에게 신처럼 '전부'가 될 수 있는가? 신의 역할을 감당할 수 있는 인간관계란 없다. …… 신의 위대함과 능력은 우리가 양분을 취할 수 있는 출처로, 전혀 세상사의 영향을 받지 않는다. 인간은 누구도 상대에게 이런 확신을 줄 수 없다. …… 상대를 아무리 이상화하고 우상화해도 그도 이 땅처럼 부패하고 불완전할 수밖에 없다. …… 상대가 당신의 '전부'라면 그의 결점 하나하나가 당신에게 중대한 위협이 된다. …… 알고 보면 우리 신들은 사상누각이다. 그래서 우리는 자신을 구원하려면 그런 신을 베어 내야 한다. 자신을 확실히 신격화하려면 그런 신에 무턱대고 매달렸던 과잉 투자의 거품을 걷어 내야 한다. …… 그런데 그 일을 아무나 할 수 있는 건 아니다. 거짓이 있어야만 살아갈 수 있는 사람이 많기 때문이다. 어차피 다른 신도 없으니 차라리 자아가 축소될망정 그 관계를 유지하고 싶을 수 있다. 그게 불가능할 뿐 아니라 자신을 노예로 전락시킬 줄을 혹 알더라도 말이다. …… 사랑의 대상을 신의 지위로 격상시킬 때 결국 우리가 원하는 바는 무엇인가? 다름 아닌 구원이다. 자신의 흠과 허무감을 없애고 싶은 것이다. 우리는 상대를 통해 내가 옳았고 내가 지어낸 삶이 헛되지 않았음을 인정받기 원한다. …… 말할 것도 없이 이는 인간이 해 줄 수 없는 일이다. 사랑의 대상은 …… 자기 이름으로 사죄를 베풀 수 없다. 그도 유한한 존재라서 죽을 운명이기 때문이다. 그의 오류와 노쇠에서 그의 죽음을 읽을 수 있다. 구원은 인간 너머의 외부에서만 올 수 있다"(pp. 160-168).

40. Taylor, *Malaise of Modernity*, p. 43.

41. Bellah 외, *Habits of the Heart*, p. 72.

42. Taylor, *Malaise of Modernity*, p. 43.

43. 특히 다음 두 부분을 참조하라. Bellah 외, *Habits of the Heart*, "2008년판 서문," "1996년판 서문," pp. vii-xlv.

44. 같은 책, p. xvii. 벨라의 도발적 논제에 따르면 미국은 네 가지 "전통"의 산물이다. 우선 두 종류의 개인주의가 있다. 하나는 경성(공생활에 해당)이고 또 하나는 연성(사생활에 해당)이다. "공리적 개인주의"는 매사를 비용편익으로 분석한다. 바로 공생활이 이루어지는 방식이다. 모든 일을 효율성과 최대 이익을 기준으로 평가한다. 예컨대 당신의 일이 "사회에 유익"하려면 결국

당신에게 들어오는 수입이 늘어야만 한다. "표현적 개인주의"는 사생활이 이루어지는 방식으로, 매사를 감정과 행복의 관점에서 생각한다. 무엇이 나를 행복하게 하고 가장 깊은 갈망과 꿈을 채워 주느냐가 중요하다. 진정한 자아가 되려면 사회의 기대와 사회적 역할보다 그런 갈망을 주장해야 한다. 이 두 종류의 미국식 개인주의가 합쳐져, 개인의 관심사가 모든 사회관계나 집단 정체성이나 공익보다 중요해진다(pp. xiv-xv). 개인주의는 인간이 상호 의존해 있다는 현실을 인정하지 않으며, 성공을 추앙하고 빈민과 약자를 벌하고 망신시키는 경향이 있다(p. xv). 그런데도 왜 개인주의는 우리 사회 구조를 더 파괴해 현재보다 더 살벌한 아귀다툼의 사회로 만들지 않았을까?

답은 다른 두 가지 문화 전통이 평형추 역할을 하기 때문이다. 둘 다 인간의 사회적 차원을 중시해서 극단적 개인주의를 상쇄한다(p. xv). 벨라는 그 둘을 각각 "성경 전통"과 "공화 전통"이라 칭했다. 성경 전통은 모든 개인의 존엄성과 가치를 가르친다. 그들의 이성이나 기타 역량 때문이 아니라 하나님과의 관계 때문이다. 이 전통대로라면 모든 사람을 존중과 연민으로 대할 수밖에 없다. 이로써 (표현적 개인주의가 부추길 수 있는) 이기심과 (공리적 개인주의가 부추길 수 있는) 성공한 강자가 약자를 착취하는 행위를 저지할 수 있다. 공화 전통은 정부의 중요성을 가르친다. 단 피통치자가 동의하고 참여하는 정부라야 한다. 이 전통은 자유를 매우 강조하는데, 여기서 자유란 지방과 중앙 양쪽 모두의 정치에 적극적으로 개입함으로써 구사하는 자치의 자유다.

벨라는 *Habits of the Heart* 2장에 역사 속의 미국인 넷을 각 전통의 대표로 제시한다. 존 윈스롭(John Winthrop, 성경), 토머스 제퍼슨(Thomas Jefferson, 공화), 벤저민 프랭클린(Benjamin Franklin, 공리), 월트 휘트먼(Walt Whitman, 표현)이다(pp. 27-51). 전통마다 성공과 자유와 정의(正義)를 다르게 정의한다. 그러나 우리 문화의 이 네 "중심 가닥"이 서로 창의적 긴장을 이루며 충돌해서 미국의 실험을 낳았다. 개인주의는 공동체를 파괴하는 경향이 있으나 두 평형추 전통이 개인의 과도한 자유를 제한하는 경향이 있다. 각 전통이 서로 치열하게 토의하고 논쟁할 때에만 미국은 "살아 있고" 번성한다(p. 28). 벨라가 한 연구의 중요한 결론은 이것이다. 지금 두 개인주의 전통이 평형추인 두 공동체 전통을 압도하고 있으며, 거기서 우리 문화의 많은 문제가 야기된다.

7. 십자가에서 '겸손'과 '자신감'이 함께 자라는 정체성을 받았다

1. Isak Dinesen, *Out of Africa* (New York: Random House, 2002), p. 261

2. Søren Kierkegaard, *Kierkegaard's Writings*, 제19권, *The Sickness unto Death: A Christian Psychological Exposition for Upbuilding and Awakening*, Howard V. Hong & Edna H. Hong 번역 편집 (Princeton, NJ: Princeton University Press, 2013), p. 35, 《죽음에 이르는 병》.

3. J. R. R. Tokien, *The Lord of the Rings*, 제2권, *The Two Towers* (Boston: Houghton Mifflin, 1994), p. 291, 《반지의 제왕: 두 개의 탑》(씨앗을뿌리는사람 역간).

4. 다음 두 책을 참조하라. Anthony A. Hoekema, *Created in God's Image* (Grand Rapids, MI: Wm. B. Eerdmans, 1994), 《개혁주의 인간론》(부흥과개혁사 역간). John F. Kilner, *Dignity and Destiny: Humanity in the Image of God* (Grand Rapids, MI: Wm. B. Eerdmans, 2015).

5. 미국(17세기)의 초창기에 윌리엄 빌링스가 지은 찬송가에 이 구절의 핵심을 생생히 담아냈다.

자모가 제 몸으로 난 아기를 어찌 잊으며

숱한 애정의 상념 속에 그 젖먹이가 없으랴.

주 말씀대로 혹 엄마는 괴물로 변할지라도

시온은 여전히 영원한 사랑의 품에 거하리.

다음 책을 참조하라. *The Complete Works of William Billings*, 제1권, "Africa" (Boston: The American Musicological Association and the Colonial Society of Massachusetts, 1981), p. 88. 다음 앨범에서 들을 수 있다. *A Land of Pure Delight. William Billings Anthems and Fuging Tunes*, His Majestie's Clerks 연주, Paul Hilliar 지휘, Harmonica Mundi, 1993년.

6. 17세기에 루터교단과 개혁교단 용으로 작성된 독일 교리문답의 첫 질문은 "생사 간에 당신의 유일한 위안은 무엇인가?"이며 답은 다음과 같다. "생사 간에 내 영과 육이 내 것이 아니라 신실하신 내 구주 예수 그리스도의 것이라는 사실이다. 그분은 자신의 보배로운 피로 내 모든 죗값을 온전히 치르셨고 포악한 마귀로부터 나를 해방시키셨다. 또 그분은 하늘에 계신 내 아버지의 뜻이 아니고는 머리카락 하나라도 떨어지지 않도록 나를 지켜 주신다. 사실 모든 일이 합력해서 내 구원을 이룰 수밖에 없다. 내가 그분의 것이기에 그리스도께서 자신의 성령으로 내게 영생의 확신을 주시고, 이제부터 혼신의 의욕과 각오로 그분을 위해 살게 하신다." 기독교적 정체성의 전형적 표현인 이 진술의 첫마디는 보다시피 현대의 관점과는 상극을 이룬다. 내가 내 아버지의 사랑 안에 절대 무오하게 견고하고 안전함은 내가 "내 것이 아니라" 그분의 것이기 때문이다. 위의 인용문은 기독교 개혁교단(CRC, Christian Reformed Church)에서 사용하는 역본이며 다음 웹사이트에서 볼 수 있다. www.crcna.org/welcome/beliefs/confessions/heidelberg-catechism.

7. Eric T. Olsen, "Personal Identity," *The Stanford Encyclopedia of Philosophy* (2016년판 봄), Edward N. Zalta 편집. http://plato.stanford.edu/entries/identity-personal/#UudPerQue.

8. Erving Goffman, *The Presentation of Self in Everyday Life* (New York: Doubleday Anchor Books, 1959), 《자아 연출의 사회학》(현암사 역간).

9. 다음 역본에서 인용했다. *The New English Bible with the Apocrypha* (Oxford and Cambridge: Oxford and Cambridge University Press, 1961), p. 54.

10. C. S. Lewis, *Mere Christianity* (New York: HarperCollins, 2001), pp. 226-227, 《순전한 기독교》(홍성사 역간).

11. 이 주제를 다룬 최근의 사조를 개괄한 책으로 다음을 참조하라. Mark Currie, *Difference* (London: Routledge, 2004).

12. Zygmund Bauman, *Modernity and Ambivalence* (Cambridge: Polity, 1993).

13. 클로드 레비스트로스(Claude Lévi-Strauss)의 말로, 다음 책에 인용되어 있다. Miroslav Volf, *Exclusion and Embrace: A Theological Exploration of Identity, Otherness, and Reconciliation* (Nashville, TN: Abingdon, 1996), p. 75, 《배제와 포용》(IVP 역간).

14. 이 네 종류의 배제는 다음 책에 약술되어 있다. Volf, *Exclusion and Embrace*, pp. 74-78.

15. 바미크 볼칸(Vamik Volkan)의 말로 다음 책에 인용되어 있다. Volf, *Exclusion and Embrace*, p.

78.

16. 다음 책에 나오는 목록을 참조하라. Bauman, *Modernity and Ambivalence*, pp. 8-9.

17. Volf, *Exclusion and Embrace*, p. 20.

18. Terry Eagleton, *The Illusions of Postmodernism* (Oxford: Blackwells, 1996), pp. 25-26, 《포스트모더니즘의 환상》(실천문학사 역간).

19. 같은 책, p. 26.

20. Volf, *Exclusion and Embrace*, p. 21. 강조 부분은 원전 그대로다.

21. 같은 책, pp. 22-25. 아울러 십자가 신앙이 "폭력의 고리를 끊어 놓는" 방식을 다룬 볼프의 논의(pp. 291-295)와 다음 책도 참조하라. John Stott, *The Cross of Christ* (Downers Grove, IL: InterVarsity, 1986), 11장 "Self-Understanding and Self-Giving," 12장 "Loving our Enemies," pp. 274-310, 《그리스도의 십자가》(IVP 역간).

22. 같은 책, p. 67.

23. 같은 책, p. 124.

24. 같은 책.

25. Stott, *Cross of Christ*, pp. 278-281.

26. Volf, *Exclusion and Embrace*, p. 71.

27. Donald B. Kraybill 외, *Amish Grace: How Forgiveness Transcended Tragedy* (San Franacisco: Jossey-Bass, 2010), 《아미시 그레이스》(뉴스앤조이 역간). Mark Berman, "I Forgive You: Relatives of Charleston Church Shooting Victims Address Dylann Roof," *Washington Post*, 2015년 6월 19일.

28. Kraybill 외, *Amish Grace*, pp. 114, 138.

29. 다음 두 자료에 발표된 평균 수치다. Pew Research Center, "Global Christianity: A Report on the Size and Distribution of the World's Christian Population," 2011년 12월 19일, www.pewforum.org/2011/12/19/global-christianity-exec/. Center for the Study of Global Christianity. 세계 기독교 인구에 대한 더 자세한 통계는 다음 두 자료를 참조하라. www.gordonconwell.edu/resources/csgc-resources.cfm. Todd M. Johnson 외, *The World's Religions in Figures: An Introduction to International Religious Demography* (Oxford, UK: Wiley-Blackwell, 2013).

30. Richard Bauckham, *Bible and Mission: Christian Witness in a Postmodern World* (Grand Rapids, MI: Baker, 2003), p. 9, 《성경과 선교: 세계화 시대의 기독교적 증언》(새물결플러스 역간). 보컴이 촉구한 "모더니즘 아닌 거대담론"(pp. 83-89)도 우리 논의와 연관성이 있다. 모종의 "거대담론"이 없으면 연성 상대주의와 개인주의로 빠져 압제와 불평등을 초래한다는 게 보컴의 요지다. 하지만 "모더니즘"은 그의 분석대로 타인을 압제하는 데 쓰였던 거대담론이다. 그에 따르면 예수 그리스도의 복음에 제시되는 절대 진리는 압제하지 않는다. 그 진리는 우리를 상대주의와 이기적 개인주의에서 벗어나게 하는 외부 규범이지만, 그렇다고 남을 압제하는 데 쓰일 수는 없다. 자신을 대적하는 무리를 용서하려고 그들을 위해 죽으신 분이 이 진리의 핵심이기 때문이

다. 10장에서 이 주제를 더 자세히 살펴볼 것이다.

31. Lamin Sanneh, *Whose Religion Is Christianity?* (Grand Rapids, MI: Wm. B. Eerdmans, 2003), p. 43.

32. 이슬람교는 "과잉 정체성"이라 해도 과언이 아니다. 순종을 통한 구원을 강조함으로써 무슬림을 현지 문화로부터 떼어 놓기 때문이다. 다음 책을 참조하라. Christopher Caldwell, *Reflections on the Revolution in Europe: Immigration, Islam, and the West* (New York: Anchor Books, 2009), pp. 129-131.

8. 우리에게 필요한 건 낙관론이 아니라 '더 깊은 희망'이다

1. Sabrina Tavernise, "U.S. Suicide Rate Surges to 30-Year High," *New York Times*, 2016년 4월 22일.

2. "Bookends: Which Subjects Are Underrepresented in Contemporary Fiction?" *New York Times Book Review*, 2016년 4월 12일.

3. 현대 대중문화의 종말론적 사조에 대한 고찰은 다음 책을 참조하라. Robert Joustra & Alissa Wilkinson, *How to Survive the Apocalypse: Zombies, Cylons, Faith, and Politics* (Grand Rapids, MI: Wm. B. Eerdmans, 2016).

4. E. Tenney, J. Logg & D. Moore, "(Too) Optimistic About Optimism: The Belief That Optimism Improves Performance," *Journal of Personality and Social Psychology*, 108, no. 3 (2015): 377-399.

5. 《덕의 상실》에 나오는 알래스데어 매킨타이어의 유명한 예증처럼, 무엇에든 의미를 부여하려면 이야기가 꼭 필요하다. 그는 버스 정류장에 서 있는 자신에게 초면의 청년이 다가와 이렇게 말하는 장면을 상상했다. "그 흔한 들오리의 이름은 히스트리오니쿠스 히스트리오니쿠스 히스트리오니쿠스입니다." 이 사건을 어떻게 해석할 것인가? 청년의 말을 문자적 의미로야 알지만 내러티브 안에 넣지 않고는 이해할 수 없다. 하나 가능한 이야기는 청년에게 정신질환이 있다는 것이다. 그 서글픈 인생 이야기면 다 설명이 된다. 또 하나 가능한 이야기는 청년이 그를 어제 대화했던 다른 사람으로 착각했다는 것이다. 청년은 논의의 연장으로 생각했으나 둘이 모르는 사이임을 미처 모른다. 더 불온하고 자극적인 이야기는 청년이 "정해진 접선 장소에서 기다리다가 뚱딴지 같은 암호 문장으로 상대에게 자신의 정체를 알리는" 외국 스파이라는 것이다. 요지는 이야기가 없이는 사건의 의미를 이해할 길도 없다는 점이다. Alasdair MacIntyre, *After Virtue: A Study in Moral Theory*, 제3판 (Notre Dame, IN: University of Notre Dame Press, 2007) p. 210, 《덕의 상실》(문예출판사 역간).

6. Andrew Delbanco, *The Real American Dream: A Meditation on Hope* (Cambridge: Harvard University Press, 1999), p. 1.

7. 같은 책, p. 4. 델방코는 마이클 오크쇼트(Michael Oakeshott)의 말을 인용했다. 오크쇼트는 희망을 품으려면 "추구해야 할 목적, 한낱 당장의 갈망보다 더 원대한 목적"을 찾아야 한다고 역설했다.

8. 다음 책을 참조하라. N. T. Wright, *The New Testament and the People of God* (Minneapolis, MN:

Fortress Press, 1992), "Stories, Worldviews and Knowledge," pp. 38-80, 《신약성서와 하나님의 백성》(크리스천다이제스트 역간).

9. 같은 책, pp. 1-2.

10. Robert Nisbet, *History of the Idea of Progress* (New York: Basic Books, 1980).

11. Charles Taylor, *A Secular Age* (Cambridge, MA: Harvard University Press, 2007), pp. 716-717.

12. Christopher Lasch, *The True and Only Heaven: Progress and Its Critics* (New York & London: W. W. Norton, 1991), p. 530, 《진보의 착각》(휴머니스트 역간).

13. Eric Uslaner, "The Real Reason Why Millennials Don't Trust Others," *Washington Post*, 2014년 3월 17일.

14. Adam Davidson, "Why Are Corporations Hoarding Trillions?" *New Yorker*, 2016년 1월 20일.

15. Lasch, *The True and Only Heaven*, p. 78.

16. Robert Bellah 외, *The Good Society* (New York: Random House, 1991), p. 180.

17. 같은 책, p. 80.

18. Eric Kaufmann, *Shall the Religious Inherit the Earth? Demography and Politics in the Twenty-First Century* (London: Profile Books, 2010), p. 260.

19. Lasch, *The True and Only Heaven*, p. 530.

20. 같은 책, p. 81(주).

21. 같은 책, p. 81.

22. 다음 책을 참조하라. Howard Thurman, *A Strange Freedom: The Best of Howard Thurman on Religious Experience and Public Life*, Walter Earl Fluker 편집 (New York: Beacon, 1991), "The Negro Spiritual Speaks of Life and Death," pp. 55-79.

23. 같은 책, p. 77.

24. 같은 책, p. 71.

25. Delbanco, *Real American Dream*, p. 89.

26. 같은 책, pp. 4-6.

27. Julian Barnes, *Nothing to Be Frightened Of* (London: Jonathan Cape, 2008), 《웃으면서 죽음을 이야기하는 방법》(다산책방 역간).

28. 에피쿠로스의 입장은 다음 책에 요약되어 있다. Luc Ferry, *A Brief History of Thought: A Philosophical Guide to Living*, Theo Cuffe 번역 (New York: Harper Perennial, 2011), p. 4, 《사는 법을 배우다》(기파랑 역간).

29. Diana Athill, "It's Silly to Be Frightened of Being Dead," *Guardian*, 2014년 9월 23일.

30. Diana Athill, *Alive, Alive Oh! And Other Things That Matter* (London: W. W. Norton, 2016), p. 159.

31. 다음 웹사이트를 참조하라. www.lionking.org/scripts/Script.txt.

32. 다음 책에 나오는 이야기다. Peter Kreeft, *Love Is Stronger Than Death* (San Francisco: Ignatius, 1979), pp. 2-3.

33. Peter Kreeft, *Christianity for Modern Pagans: Pascal's Pensées Edited, Outlined, and Explained* (San Francisco: Ignatius, 1993), p. 141.

34. James Boswell, *Life of Samuel Johnson* (London: Penguin Classics, 2008), p. 665.

35. Osborn Segerberg, *The Immortality Factor* (New York: Dutton, 1974), pp. 9-13. 다음 책에 인용되어 있다. Boswell, *Life of Samuel Johnson*, p. 3

36. 같은 책.

37. Dylan Thomas, *In Country Sleep, and Other Poems* (London: Dent, 1952) 다음 웹사이트에서도 볼 수 있다. www.poets.org/poetsorg/poem/do-not-go-gentle-good-night.

38. H. P. 러블 콕스(H. P. Lovell Cocks)의 말로, 다음 책에 인용되어 있다. Stuart Barton Babbage, *The Mark of Cain: Studied in Literature and Theology* (Grand Rapids, MI: Wm. B. Eerdmans, 1966), p. 80

39. C. G. Jung, *Memories, Dreams and Reflections* (New York: Vintage, 1965), p. 314, 《카를 융: 기억 꿈 사상》(김영사 역간). 다음 책에 인용되어 있다. John W. de Gruchy, *Led into Mystery: Faith Seeking Answers in Life and Death* (London: SCM Press, 2013), pp. 178-179.

40. 다음 책에 인용되어 있다. Stuart Barton Babbage, *The Mark of Cain: Studied in Literature and Theology* (Grand Rapids, MI: Wm. B. Eerdmans, 1966), p. 90.

41. William Shakespeare, *Hamlet*, 3막 1장, 《햄릿》.

42. John Dryden, *Aureng-Zebe*, IV, I. 다음 책에 인용되어 있다. Babbage, *Mark of Cain*, p. 91.

43. Babbage, *Mark of Cain*, p. 90.

44. T. S. Eliot, *Murder in the Cathedral*, 출전: *The Complete Plays of T. S. Eliot* (New York: Hacourt, Brace, and World, 1935), p. 43, 《대성당의 살인》(동인 역간).

45. 그리스어 원어는 '엠브리마오마이'(embrimaomai)다. 성경 이외에서 쓰인 예를 보면 씩씩거리는 말(馬)을 가리키기도 했고, 인간에게 쓰일 때는 늘 분노를 의미했다. 여기서 예수님은 주변에 보이는 "죄와 죽음"을 향해 분노하셨다. D. A. Carson, *The Gospel According to John* (Leicester, UK: Inter-Varsity, 1991), p. 416, 《요한복음》(솔로몬 역간).

46. 흔히 "창시자"나 "주"로 번역되는 원어 '아르케고스'(ἀρχηγός)를 내가 다음 책의 번역과 주해를 따라 "챔피언"으로 바꿨다. William L. Lane, *Hebrews 1-8*, Word Biblical Commentary (Dallas: Word Books, 1991), p. 56, 《WBC 성경주석 47: 히브리서 1-8》(솔로몬 역간). "히브리서 2장 10, 18절의 어법은 헬레니즘 세계의 가장 대중적인 여러 종교 인물을 칭송하던 묘사와 매우 흡사하다. 바로 인류를 구하려고 하늘에서 땅으로 내려왔다는 '신적 영웅'들이다. 예수님은 신이지만 인성을 취해 시험받고 인류를 섬기다가 결국 죽임을 당하셨다. 죽음과 부활을 통해 그분은 온전해져 하늘로 높이 들리셨고, 또 구원의 위업을 기릴 새로운 이름 또는 호칭을 받으셨다. …… 첫 독자들은 헬레니즘 세계의 각종 보편 사상에 익숙해 있었으므로 전설적 영웅 헤라클레스가 '챔피언'(ἀρχηγός)과 '구원자'(σωτήρ)로 지칭됨도 알았다. …… 거의 확실히 그들은 10절의

단어 아르케고스를 예수님이 하나님의 억압받는 백성을 도우러 오신(14-16절) 싸움의 주전이라는 은유로 해석했을 것이다. …… 예수님의 위업을 굳이 이런 식으로 표현한 것은 헤라클레스의 유명한 싸움 하나를 연상시키려는 장치였다. 바로 그가 '검은 옷차림의 망자의 우두머리'인 사망과 씨름한 일이다. Euripides, *Alcestis*, 11. 843, 844 ("알케스티스," 《에우리피데스 비극 전집 1》, 숲 역간). 14-15절 설명은 이어지는 본문을 참조하라. 예수님을 싸움의 주전으로 묘사한 문맥에 '아르케고스'라는 호칭을 쓴 것으로 보아, 저자는 대중 헬레니즘의 헤라클레스 전통을 자유로이 차용한 어법으로 독자들에게 예수를 제시하려 했을 것이다(W. Manson, *The Epistle to the Hebrews*, pp. 103-104에서 12:2의 주해를 참조하라). 아르케고스를 이 헬레니즘 용어의 문화적 뉘앙스를 살림과 동시에 10절의 문학적 문맥에 맞게 번역하면 '챔피언'이 된다. 예수님은 인간이 되어 고난과 특히 죽음을 당하심으로써 자기 백성의 구원을 확보하신 '챔피언'이시다"(pp. 56-57).

47. Christian F. Gellert, "Jesus Lives, and So Shall I," 1757년, John Dunmore Lang 번역(1826년). 다음 웹사이트에서 볼 수 있다. www.hymnary.org/text/jesus_lives_and_so_shall_i.

48. George Herbert, Helen Wilcock 편집, *The English Poems of George Herbert* (Cambridge: Cambridge University Press, 2007), "Time" (1633년), p. 432.

49. John Updike, *Self-Consciousness: Memoirs* (London & New York: Penguin Books, 1990), p. 204.

50. 다음 책을 참조하라. David Skeel, *True Paradox: How Christianity Makes Sense of Our Complex World* (Downers Grove, IL: InterVarsity, 2014), "Is Heaven a Cosmic Bribe?," pp. 140-144.

51. C. S. Lewis, "The Weight of Glory," *Theology* 43 (1941년 11월): 263-274. 다음 웹사이트에서 볼 수 있다. www.verber.com/mark/xian/weight-of-glory.pdf. 강조 부분은 내가 추가했다.

52. Updike, *Self-Consciousness*, p. 204.

53. Wilson H. Kimnach, Kenneth P. Minkema, Douglas Sweeney 편집, *The Sermons of Jonathan Edwards: A Reader* (New Haven, CT, & London: Yale University Press, 1999), "Heaven Is a World of Love," pp. 242-272.

54. 같은 책, p. 245.

55. 같은 책, p. 248.

56. 같은 책, p. 245.

57. 같은 책, p. 254.

58. 같은 책, p. 252.

59. 같은 책, pp. 253-254.

60. 같은 책, pp. 252-253.

61. 같은 책, p. 249.

62. 같은 책, p. 252.

63. 같은 책, pp. 257-258.

64. 같은 책, pp. 260-261.

65. Updike, *Self-Consciousness*, pp. 216, 239.

66. 같은 책, p. 206.

67. Vinoth Ramachandra, *The Scandal of Jesus* (Downers Grove, IL: InterVarsity, 2001), p. 24, 《예수 스캔들》(IVP 역간).

68. Edgar Allan Poe, *The Complete Peotry of Edgar Allan Poe*, Signet Classic (New York: Penguin, 1996), pp. 92-99, 《에드거 앨런 포 시전집》(삼인 역간).

69. 다음 책에서 이 논증을 상세하게 전개했다. Miroslav Volf, *Exclusion and Embrace: A Theological Exploration of Identity, Otherness, and Reconciliation* (Nashville, TN: Abingdon, 1996), pp. 303-304, 《배제와 포용》(IVP 역간).

70. J. R. R. Tolkien, *Tree and Leaf* (New York: HarperCollins, 2001), "On Fairy-Stories," p. 13.

71. 같은 책, pp. 13, 68.

72. 같은 책, pp. 15, 66.

73. 같은 책, pp. 56-69.

74. 같은 책, p. 72.

75. 같은 책.

76. 같은 책.

77. 같은 책, p. 69.

78. 같은 책, p. 73.

79. Wolfhart Pannenberg, *Systematic Theology* (Grand Rapids, MI: Wm. B. Eerdmans, 1994), pp. 343-363, 《판넨베르크의 조직신학》(은성 역간). N. T. Wright, *The Resurrection of the Son of God* (Minneapolis: Fortress, 2003), 《하나님의 아들의 부활》(크리스천다이제스트 역간).

80. Dietrich Bonhoeffer, *Letters and Papers from Prison* (London: Fontana, 1960), p. 163, 《옥중서간》(대한기독교서회 역간).

81. William R. Moody, *The Life of Dwight L. Moody* (Tappan, NJ: Fleming H. Revell, 1900), 속표지 다음 페이지(페이지 표기 없음), 《D. L. 무디》(두란노 역간).

9. 선을 추구한다면, 이미 신을 믿고 있는 것이다

1. A. N. Wilson, *Against Religion: Why We Should Try to Live Without It* (London: Chatto and Windus, 1991).

2. A. N. Wilson, "Why I Believe Again," *New Statesman*, 2009년 4월 2일.

3. 각각 다음 기사에서 두 글을 인용했다. A. N. Wilson, "Religion of Hatred: Why We Should No Longer Be Cowed by the Chattering Classes Ruling Britain Who Sneer at Christianity," *Daily Mail*, 2009년 4월 10일. 같은 저자, "It's the Gospel Truth—So Take It or Leave It," *Telegraph*, 2013년 12월 25일. 다음 웹사이트에서 볼 수 있다. www.telegraph.co.uk/news/religion/10537285/Its-the-Gospel-truth-so-take-it-or-leave-it.html.

4. 같은 기사.

5. Wilson, "Why I Believe Again."

6. Fyodor Dostoevsky, *The Brothers Karamazov*, Richard Pevear & Larissa Volokhonsky 번역 (New York: Farrar, Straus, and Giroux, 1990), p. 589, 《카라마조프가의 형제들》.

7. 다음 책을 참조하라. Jonathan Haidt, *The Righteous Mind: Why Good People Are Divided by Politics and Religion* (New York: Pantheon, 2012), "Religion Is a Team Sport," pp. 246-273, 《바른 마음》(웅진지식하우스 역간). 조너선 하이트 등 사회과학자들이 지적하는 여러 연구 결과는 어쩌면 당연하다. 세속주의에 비해, 사회 전반의 신앙심이 깊을수록 개인의 이기심은 훨씬 덜해지고 사회의 자원과 응집력은 훨씬 더해진다. 하이트도 지적했듯이 자주 인용되는 한 연구에 따르면, 예배에 더 자주 참석하는 사람일수록 대체로 더 관대하고 자비롭다(p. 267), 이 연구는 종교가 건강한 사회 기능에 중요하다는 논거로 쓰일 수 있고 실제로 자주 그렇게 쓰인다. 하지만 그것이 신앙인보다 세속적인 사람이 덜 정직하고 덜 도덕적이라는 증거는 아니다.

8. Julian Baggini, "Yes, Life Without God Can Be Bleak. Atheism Is About Facing Up to That," *Guardian*, 2012년 3월 9일. www.theguardian.com/commentisfree/2012/mar/09/life-without-god-bleak-atheism.

9. Charles Taylor, *A Secular Age* (Cambridge, MA: Harvard University Press, 2007), pp. 695-696.

10. 같은 책, p. 588.

11. 같은 책, p. 581. "한때 인간은 하나님, 신들, 존재의 본성, 우주 등 외부 권위에서 규범과 덕과 궁극적 가치 기준을 세웠다. 그러나 이제 인간은 그런 높은 권위를 자신들이 지어냈다고 보고, 규범과 가치를 자체적 권위로 정립해야 함을 깨달았다. …… 그래서 삶의 기준이 될 궁극 가치를 그들 스스로 정한다"(p. 580).

12. Mari Ruti, *The Call of Character: Living a Life Worth Living* (New York: Columbia University Press, 2014), p. 36.

13. Charles Taylor, *The Malaise of Modernity* (Concord, ON: Anansi, 1991), p. 18, 《불안한 현대 사회》(이학사 역간).

14. 현대 학계에서 행한 윤리와 도덕에 대한 고찰에 이런 자기모순의 수사학이 비일비재하다. 캐서린 벨지는 탈구조주의와 자크 데리다 작품을 다룬 입문서에 이런 질문을 제기한다. 윤리의 기초는 존재하는가? "선택의 근거가 될 기본 진리가 없는 세상에서 바른 행동"을 논할 길이 있는가? Catherine Belsey, *Poststructuralism: A Very Short Introduction* (Oxford: Oxford University Press, 2002), p. 90. 이어 그녀는 도덕의 기초를 더는 "신의 뜻이나 …… 도덕법이나 …… 자연법" 같은 "보편 궁극의 …… 절대 실재"에 둘 수 없음을 인정한다. 그렇지만 의문은 여전히 남아 있다. 윤리가 가능하기는 한가? 그녀의 대답은 이렇다. "가치는 역사를 거쳐 왔을 뿐 아니라 서로 간에도 다르다. 그러므로 앞으로도 변할 수 있다. 고정된 선의 개념(또는 이데아)에 비춰서는 아닐지라도, 최소한 자체 내에 새겨진 대안의 흔적이 언젠가는 실현되리라는 희망에서라도 말이다. 데리다는 이런 사고방식을 "메시아적인 것"(messianicity)이라 부른다. 특정한 경전을 성취할 구체적 메시아에 대한 약속이 아니라 …… '일부에게나마' 미래가 달라지리라는 희망이다. …… 따라서 해체는 도덕적 …… 선택과 양립할 수 있다"(pp. 90-91). 이는 모든 가치가 절대나

궁극이 아니라 가변적이기 때문에 앞으로도 우리가 자유로이 더 낫게 고칠 수 있다는 말로 들린다. 하지만 무엇이 더 나은지 어떻게 아는가? 사회적 구성물인 모든 가변적 도덕규범 배후에 무엇이 있기에, 우리가 이전보다 더 나은 쪽으로 가고 있는지 여부를 알 수 있단 말인가? 그것을 알 수 있으려면 모든 도덕의 배후에 절대 도덕이 있어야만 하는데, 탈구조주의에 따르면 그런 것은 존재하지 않는다.

15. 다음 책을 참조하라. Christian Smith, *Lost in Transition: The Dark Side of Emerging Adulthood* (Oxford, UK: Oxford University Press, 2011), "Morality Adrift," pp. 19-69. 스미스의 연구 결과에 따르면 청년의 약 30퍼센트는 아주 열렬한 상대주의자다(p. 27). 그들 대부분이 도덕을 믿는다고 말했으나 도덕이란 인간을 잘되고 행복하게 해 주는 행동이라고 정의했다(p. 51).

16. 같은 책, p. 52.

17. 이런 도덕적 모호함의 또 다른 사례는, 로버트 벨라의 *Habits of the Heart* 1장에 도덕과 사회에 대한 우리 문화의 접근을 대변하는 네 명의 인물 중 하나로 소개된 "브라이언 파머"다. 일에 매달려 살다가 첫 결혼에 파경을 맞은 브라이언은 무언가 새로운 것에서 삶의 의미와 만족을 얻고자 했다. 직업적 성공과 돈 대신 이번에는 애정 어린 결혼생활과 가정이었는데, 그러려면 상호간의 애정, 철저한 정직성, "자녀의 삶에 개입하는 것" 등이 필요했다(p. 6). 그는 일을 위한 삶에서 가정을 위한 삶으로 옮겨 간 이 변화를 옳은 일로 정당화하거나 "더 넓은 관점이나 목적이나 신념"을 인정한 결과로 보지 않았다. 다만 이전 삶은 가정에 헌신할 때만큼 개인적으로 만족이 없었을 뿐이었다. 자신의 가치 체계를 묻는 질문에 그는 시종 어떤 설명도 내놓지 못했다. 예를 들어 거짓말을 왜 나쁘게 보느냐는 질문에 그는 "모르겠다. 그냥 그렇다. …… 내 일부다"라고 말했다. 그러더니 전혀 앞뒤가 맞지 않게 "내가 인류 전반에게 가치관을 확립해 줄 교황은 아니지만 …… 온 세상이 내 가치 체계대로만 산다면 더 나아질 것이다"라고 덧붙였다(p. 7). 벨라는 브라이언이 자기 삶의 신념을 제대로 설명하지 못했기에, 그런 신념은 "불안정하다"라고 결론지었다(p. 8). 자신에게 "통하지" 않는다 싶으면 언제라도 금방 바뀌고 변할 수 있다는 말이다.

18. 내 친구인 그녀의 경험과 좌절이 다음 책에 잘 설명되어 있다. James D. Hunter, *The Death of Character: Moral Education in an Age Without Good and Evil* (New York: Basic Books, 2001).

19. Philip Gorski, "Where Do Morals Come From?" *Public Books*, 2016년 2월 15일. www.publicbooks.org/nonfiction/where-do-morals-come-from.

20. 같은 기사.

21. David Bentley Hart, *The Experience of God: Being, Consciousness, Bliss* (New Haven, CT: Yale University Press, 2013), p. 252. 아울러 도덕적 의무의 근거를 진화론적 특성에서 찾으려는 시도를 평가한 에번스의 의견도 다음 책에서 참조하라. C. Stephen Evans, *Natural Signs and Knowledge of God: A New Look at Theistic Arguments* (Oxford: Oxford University Press, 2010), pp. 116-121.

22. "사회계약" 이론은 문화적 구성물인 도덕적 직관에 권위를 부여해야 한다고 주장한다. 《리바이어던》에 나오는 토머스 홉스의 유명한 논증처럼, 인간의 적자생존이라는 야성의 법칙대로 산다면 우리는 영원히 서로 싸울 것이고 삶은 "고독하고 빈곤하고 비열하고 잔인하고 짧아질" 것이다. Thomas Hobbes, *Leviathan*, Richard Tuck 편집 (Cambridge: Cambridge University Press,

1996), p. 89, 《리바이어던》. 다음 책에 인용되어 있다. Evans, *Natural Signs and Knowledge of God*, p. 121. 사회 구성원 모두가 정직, 평화, 절제, 근면, 인권 존중 등의 도덕규범을 지키면 만인에게 유익하다. 도덕 가치의 이런 "사회계약"은 매우 중요한데 다행히 널리 합의되어 있으므로, 이를 준수하는 일 자체를 도덕적 의무와 본분으로 봐야 한다는 것이다. 하지만 이 견해도 도덕적 의무를 진화론적 특성에서 찾으려는 시도와 같이 치명적 약점이 있다. 이런 도덕 가치는 근본적으로 내게 유익하다. 그렇다면 그게 유익하게 느껴지지 않을 때는 무엇으로 내 의무감을 자극해서 그렇게 행하도록 할 것인가? 내게 유리한 대로 매번 사회규범을 버리지 못할 이유가 무엇인가? 혹자는 "다들 그렇게 했다면 당신은 어쩌겠느냐?"라고 반문할지 모른다. 그러나 그 또한 개인의 이익에 호소하는 논리일 뿐이다. 무엇이든 내게 해로우면 잘못된 일이라는 식이다. 그것이 잘못된 행동의 기준이라면, 내게 해롭지 않은 일은 무엇이든 가능하다. 뒷탈만 없으면 된다. 사회계약 이론의 문제점은 인류가 공통으로 경험하는 도덕적 의무가 그런 식으로 작동하지 않는다는 데 있다. 인간은 도덕적 의무감이 들면 자신에게 전혀 유익하지 않아도 특정한 방식으로 행동한다. 그러므로 사회계약 개념도 도덕적 의무를 생성하지 못하기는 마찬가지다. 아울러 도덕적 의무의 근거를 사회계약과 "자체 입법"에서 찾으려는 시도를 평가한 에번스의 글을 다음 책에서 참조하라. Evans, *Natural Signs and Knowledge of God*, pp. 121-130.

23. Gorski, "Where Do Morals Come From?"

24. 다음 책에 인용되어 있다. Ronald J. Sider & Ben Lowe, *The Future of Our Faith: An Intergenerational Conversation on Critical Issues Facing the Church* (Grand Rapids, MI: Brazos, 2016), p. 44.

25. Gorski, "Where Do Morals Come From?"

26. Robert Nozick, *Anarchy, State, and Utopia*, 재판 (New York: Basic Books, 2013), p. xix, 《아나키에서 유토피아로》(문학과지성사 역간). 레프의 논의는 다음 기사를 참조하라. Arthur Leff, "Unspeakable Ethics, Unnatural Law," *Duke Law Journal*, vol. 1979, no. 6 (1979년 12월).

27. G. E. M. Anscombe, "Modern Moral Philosophy," *Philosophy 33*, no. 124 (1958년 1월). 다음 웹사이트에서 볼 수 있다. www.pitt.edu/~mthompso/readings/mmp.pdf.

28. 한 가지 전형적 답변을 앤스컴은 "결과주의"라 칭했다. 일각에서는 어떤 행동이 도덕적으로 잘못인 이유는 무슨 절대 기준을 침범해서가 아니라 그 행동의 결과가 실제로 사람에게 해롭기 때문이다. 그러나 앤스컴은 이런 의문을 제기한다. 결과를 평가하기 전부터 무엇이 선하고 잘되는 인생인지 정의내리지 않은 한, 사람에게 해로운 게 무엇인지 어떻게 아는가? 또 결과를 확인하기 전부터 이미 가치 판단으로 팽배한 그 정의는 어디서 왔는가? 끝으로 이 접근에는 사람을 해치는 일이 부도덕하다는 전제가 깔려 있다. 하지만 특정 부류의 사람을 해쳐도 된다고 여겨 온 문화도 많다. 따라서 무해 원칙은 자명하지 않다. 그와 같이 전제하는 근거가 무엇인가? 이는 논리의 악순환에 불과하다. "결과주의"는 많은 접근을 통칭하는 폭넓은 용어인데, 그중 "최대 다수의 최대 행복"이라는 공리주의가 가장 유명하다. 결과주의에 대한 앤스컴의 비판은 공리주의에도 그대로 적용된다. 넓게는 결과주의와 좁게는 공리주의에 대한 철저한 비판은 다음 책을 참조하라. Bernard Williams, "A Critique of Utilitarianism," 출전: J. J. C. Smart & Bernard Williams, *Utilitarianism: For and Against* (Cambridge: Cambridge University Press, 1973), pp.

75-150.

29. "'당위'라는 단어는 한낱 최면을 거는 듯한 힘으로 전락했기에, 그 어떤 것에서도 추론될 수 없다. …… 이 단어는 앞에 실질적인 수식어가 있어야 한다. 그 수식어에는 지성적 사고는 없는 반면 강한 심리 효과를 낼 정도의 은근한 위력이 있어야 하고, 나아가 더는 무슨 특별한 개념을 의미해서도 안 된다. 내 행동이 '당위' 문장 내용에 부합하는지 여부에 따라, 당위가 내 행동을 관결할 수 있기 때문이다. 재판관이나 법의 존재를 인정하지 않는 상태에서는 관결의 개념에도 특별한 의미는 없고 심리 효과만 있을 뿐이다." 같은 책, pp. 6-7.

30. 같은 책. 엘리자베스 앤스컴은 1950년대 중반 이전에는 현대 철학 관련 책을 많이 읽거나 글을 쓰지 않았는데, 일본에 원자폭탄을 투하한 미국의 해리 S. 트루먼(Harry S. Truman) 전 대통령에게 옥스퍼드에서 명예 박사학위를 수여하기로 결정하자 거기에 격노했다. 이 분노를 계기로 그녀는 현대 도덕 철학을 읽기 시작했고, 이후 그녀는 현대의 도덕 논리가 얼마나 주관적이고 얄팍해졌는지를 비판한 짧고 영향력 있는 폭로 기사를 썼다. 트루먼의 박사학위와 앤스컴의 글쓰기 연관성은 다음 책을 참조하라. Duncan Richter, "G. E. M. Anscombe (1919-2001)," *Internet Encyclopedia of Philosophy*, 연도 미상. www. iep. utm. edu/anscombe/.

31. 매킨타이어는 앤스컴에게 진 빚을 다음 책에서 인정했다. Alasdair MacIntyre, *After Virtue: A Study in Moral Theory*, 제3판 (Notre Dame, IN: University of Notre Dame Press, 2007), p. 53, 《덕의 상실》(문예출판사 역간).

32. 같은 책, p. 54.

33. 같은 책, p. 55.

34. 같은 책 1장 "A Disquieting Suggestion," pp. 1-5를 참조하라.

35. 같은 책 5장 "Why the Enlightenment Project of Justifying Morality Had to Fail," 6장 "Some Consequences of the Failure of the Enlightenment Project," pp. 51-78를 참조하라.

36. 같은 책, pp. 57-58.

37. 같은 책, p. 59.

38. 만일 세속적인 사람이 대응하기를, 인간은 생존해서 유전자 정보를 전수해야 할 목적이 있다고 한다면, 이는 도덕 기초를 발견하는 데 도움이 못 된다. "적자생존"이 우리의 유일한 목적이라면, 아무리 잔인한 행동도 생존에 도움만 된다면 "착한" 행동이 된다.

39. Smith, *Lost in Transition*, p. 27.

40. 같은 책, p. 28.

41. Friedrich Nietzsche, *Twilight of the Idols*, 《우상의 황혼》. 다음 책에 인용되어 있다. Smith, *Lost in Transition*, p. 110.

42. Friedrich Nietzsche, *The Anti-Christ*, 《안티크리스트》. 다음 책에 인용되어 있다. Smith, *Lost in Transition*, p. 111.

43. Terry Eagleton, *Culture and the Death of God* (New Haven, CT: Yale University Press, 2014) p. 163, 《신의 죽음 그리고 문화》(알마 역간). 초기에 니체의 입장을 옹호했던 또 다른 사람은 마르키 드 사드였다. 그의 소설 《악덕의 번영》에 잘 나타난다. "정의는 실존하지 않는다. …… 그러므로 이

허구에 대한 신념을 버리자. 바보들은 정의를 신의 형상이라 믿거니와, 신이 존재하지 않는 것만큼이나 정의도 존재하지 않는다. 이 세상에 신도 없고 미덕도 없고 정의도 없다. …… 개인의 이익만이 …… 정의와 불의를 가리는 유일한 기준이다." Marquis de Sade, *Juliette* (New York: Grove, 1968), pp. 605, 607, 《악덕의 번영》(동서문화사 역간). 다음 책에 인용되어 있다. James D. Hunter, *Culture Wars: The Struggle to Define America* (New York: Basic Books, 1991), p. 313.

44. J. L. Mackie, *Ethics: Inventing Right and Wrong* (London: Penguin Books, 1990), 《윤리학: 옳고 그름의 탐구》(서광사 역간). 아울러 그의 책 제1부 9장의 "The Argument from Queerness," pp. 38-42도 참조하라. 맥키는 거기에 주장하기를, 도덕적 실체(객관적 사실과 의무)는 과학으로 확인 가능한 다른 모든 것과 달리 심히 "기이하다"면서, 도덕적 사실이 존재하지 않기에 도덕적 의무도 존재할 수 없다고 했다.

45. 같은 책, pp. 30-33.

46. Ronald Dworkin, "What Is a Good Life?" *New York Review of Books*, 2011년 2월 10일. 다음 책에 인용되어 있다. C. Stephen Evans, *Why Christian Faith Still Makes Sense: A Response to Contemporary Challenges* (Grand Rapids, MI: Baker Academic, 2015), p. 50. 강조 부분은 내가 추가했다.

47. 같은 책.

48. Hart, *The Experience of God*, p. 257.

49. 다음 여러 책을 참조하라. George Mavrodes, "Religion and the Queerness of Morality," 출전: *Rationality, Religious Belief, and Moral Commitment*, Robert Audi & William Wainwright 편집 (Ithaca, NY: Cornell University Press, 1986), pp. 213-226. Robert Adams, *The Virtue of Faith and Other Essays in Philosophical Theology* (Oxford: Oxford University Press, 1987), "Moral Arguments for Theistic Belief," pp. 144-163. Mark D. Linville, "The Moral Argument," 출전: *The Blackwell Companion to Natural Theology*, William Lane Craig & J. P. Moreland 편집 (Oxford, UK: Wiley-Blackwell, 2012), pp. 391-448. C. Stephen Evans, *Natural Signs and Knowledge of God: A New Look at Theistic Arguments* (Oxford: Oxford University Press, 2010), pp. 107-148. 아울러 다음 책도 참조하라. C. Stephen Evans, *God and Moral Obligation* (Oxford: Oxford University Press, 2013). 이 마지막 책은 전제 1을 증명하는 데 주력한다. 즉 도덕적 의무가 존재하려면 신을 꼭 믿어야 하는 것은 아니지만 신이 존재해야만 한다.

50. Evans, *Natural Signs and Knowledge of God*, p. 109. 이번 단락은 에번스가 설명한 도덕 논증 (pp. 107-148)을 따랐다.

51. Mavrodes, "Religion and the Queerness of Morality," pp. 213-226.

52. 최소한 "우리 생각이나 느낌과 무관하게 …… 어떤 도덕적 이상(理想)에 객관적 구속력이 있다"라고 믿는다면, 이 세상은 우리가 세속적인 관점보다 신과 초자연을 믿을 때 더 이치에 맞는다. Evans, *Natural Signs and Knowledge of God*, p. 113.

53. 내 생각에 "신다윈주의 유물론 자연관이 거의 확실히 오류인 이유"라는 부제가 달린 토머스 네이글의 *Mind and Cosmos: Why the Materialist Neo-Darwinian Conception of Nature Is Almost Certainly False*(사고와 우주)에 매브로즈와 C. 스티븐 에번스의 말을 지지하는 증언이 나온다.

네이글은 도덕 가치가 실제로 존재한다는 데 동의한다. 그는 계속 무신론을 고수하면서도 아주 만연한 지금의 환원주의적 세계관(삶이 오직 물리적, 화학적, 생물학적 물질로만 이루어져 있다는 관점)으로는 인간의 의식, 이성의 정당성, 도덕 가치 등을 설명할 수 없다고 결론짓는다. 그는 여기서 제기되는 많은 의문에 자신도 시원한 답이 없음을 솔직하게 인정한다. 그러면서도 도덕이 실재하기에 우주에는 우리 눈에 보이는 것 이상이 있을 수밖에 없다고 결론짓는다. 그는 현재의 자연주의 세계관을 (버트런드 러셀 식의 세계관과 함께) 거부한다. 다음 책을 참조하라. Thomas Nagel, *Mind and Cosmos: Why the Materialist Neo-Darwinian Conception of Nature Is Almost Certainly False* (Oxford: Oxford University Press, 2012), pp. 97-126.

54. Wilson, "It's the Gospel Truth."

10. '압제받던 사람'이 '압제자'로 변하는 악순환을 끊다

1. David O'Reilly, "A Study Asks: What's a Church's Economic Worth?" *Philadelphia Inquirer*, 2011년 2월 1일.

2. 다음 두 책에서 아주 중요한 이 주제를 다루었다. Robert Putman, *Bowling Alone: The Collapse and Revival of American Community* (New York: Simon & Schuster, 2001), 《나 홀로 볼링》(페이퍼로드 역간). Robert Bellah, "The House Divided: Preface to the 1996 Edition," 출전: Robert Bellah 외, *Habits of the Heart: Individualism and Commitment in American Life*, pp. xxii-xxviii.

3. 다음 책을 참조하라. Jeffrey Stout, *Blessed Are the Organized: Grassroots Democracy in America* (Princeton, NJ: Princeton University Press, 2010). 특히 16장 "Pastors and Flocks," pp. 196-209를 참조하라. 스타우트는 정부와 기업의 권력 횡포에 맞서 빈곤한 지역사회를 결집시키고자 주민을 조직화한다고 설명한다. 그러려면 빈곤층 개개인만 아니라 빈곤한 지역사회 내의 각종 기관과 협회에도 네트워크와 조직화가 필요하다. 이런 조직을 설립하고 이끄는 주체는 빈민층 자신이며, 이런 조직 중 절대다수는 교회다. 스타우트가 지적했듯이 사회에 교회가 쇠퇴하면 주민 조직화와 풀뿌리 민주주의도 쇠퇴한다. 그리하여 불평등이 증가하고 큰 정부와 대기업으로 권력이 더 집중된다.

4. Nicholas Kristof, "A Little Respect for Dr. Foster," *New York Times*, 2015년 3월 28일.

5. Nicholas Wolterstorff, *Justice: Rights and Wrongs* (Princeton, NJ: Princeton University Press, 2008), pp. 4-6.

6. 이 선언문을 다음 웹사이트에서 볼 수 있다. www.ohchr.org/EN/UDHR/Documents/UDHR_Translations/eng.pdf.

7. Michael Ignatieff 외, *Human Rights as Politics and Idolatry*, Amy Gutmann 편집 (Princeton, NJ: Princeton University Press, 2001).

8. Charles Taylor, *Dilemmas and Connections: Selected Essays* (Cambridge, MA: Belknap, 2011), p. 123.

9. 같은 책.

10. Nicholas Wolterstorff, *Journey Toward Justice: Personal Encounters in the Global South* (Grand

Rapids, MI: Baker Academic, 2013), p. 131, 《월터스토프 하나님의 정의》(복있는사람 역간).

11. 같은 책, p. 132. "능력"이 인권의 근거가 될 수 없다는 훨씬 광범위한 논증은 다음 책을 참조하라. Wolterstorff, *Justice: Rights and Wrongs*, 15장 "Is a Secular Grounding of Human Rights Possible?," 16장 "A Theistic Grounding of Human Rights," pp. 323-361. 아울러 다음 두 책도 참조하라. 같은 저자, *Understanding Liberal Democracy* (Oxford: Oxford University Press, 2012), "On Secular and Theistic Groundings of Human Rights," pp. 177-200. Christian Smith, "Does Naturalism Warrant a Moral Belief in Universal Benevolence and Human Rights?," 출전: *The Believing Primate: Scientific, Philosophical, and Theological Reflections on the Origin of Religion*, J. Schloss & M. Murray 편집 (Oxford, UK: Oxford University Press, 2009), pp. 292-317.

12. Wolterstorff, *Justice: Rights and Wrongs*, 2-5장, pp. 44-132. 다음 책을 참조하라. Brian Tierney, *The Idea of Natural Rights: Studies on Natural Rights, Natural Law and Church Law 1150-1625* (Atlanta: Scholars Press for Emory University, 1997). 티어니는 일례로 1300년대 초를 지적했다. 그때 프란체스코 수도회의 청빈 서원과 재산 사용권을 놓고 수도회와 교황 요한 22세 사이에 논쟁이 벌어졌다. 수도회의 일원인 오컴의 윌리엄(William of Ockham)은 "명문화된 권리"(상부나 기관에서 생성해 부여한 권리)만 아니라 극도로 빈곤할 때 재산을 사용할 "자연권"도 수사들에게 있다고 주장하면서, 그런 자연권은 생계의 기초라서 거부하거나 철회할 수 없다. 다음 책을 참조하라. Tierney, *Idea of Natural Rights*, p. 122. 다음 책에도 인용되어 있다. Wolterstorff, *Justice: Rights and Wrongs*, pp. 46-47. 티어니가 로마법 체계에는 없었다고 말한 자연법 개념이 교회의 일부 초기 교부들 저작에는 이미 명백히 등장한다. 오컴은 그라티아누스(Gratian)의 《교령집》(*Decretum*)의 표현을 기초로 논증했는데, 이는 교회법 법학자들이 교회법에 관한 글을 모아 편찬한 총서다. 《교령집》은 초기 교회 교부들의 말을 많은 부분 인용했다. 가이사랴의 주교(AD 329-379년)를 지낸 성 바질 대제(St. Basil the Great)가 한 예인데, 그는 교인들에게 이렇게 설교했다. "여러분은 굶주린 자의 빵을 움켜쥐고 있고, 헐벗은 자의 옷을 궤짝에 감추어 뒀고, 맨발로 거리를 다니는 사람의 신발을 옷장에 썩히고 있고, 가난한 자의 보화가 묻힌 자리에 앉아 있습니다!" 다음 책에 인용되어 있다. G. Barrois, "On Mediaeval Charities," 출전: *Service in Christ: Essays Presented to Karl Barth on his 80th Birthday*, J. I. McCord & T. H. L. Parker 편집 (Grand Rapids, MI: Wm. B. Eerdmans, 1966), p. 73. 동방 교회의 위대한 설교자 요한 크리소스톰(John Chrysostom)도 AD 388년이나 389년에 안디옥 교회에서 설교할 때 비슷한 어조로 청중에게 이렇게 도전했다. "재물을 나누지 않는 것도 도둑질입니다. …… 남의 것을 취하면 탈취입니다. 탈취라 함은 남의 것을 빼앗아 내 것으로 삼기 때문입니다. …… 이 당부를 절대로 잊지 마십시오. 아무리 내 재산이라도 빈민과 나누지 않으면 빈민에게서 도둑질하고 생계 수단을 탈취하는 것입니다. 우리 소유는 내 재산이 아니라 빈민의 것입니다." 다음 책에 인용되어 있다. Wolterstorff, *Justice: Rights and Wrongs*, pp. 60-61. 초기 교회 교부들은 빈민에게 베풀지 않는 게 단지 자비심 결여가 아니라 도둑질이라고 청중에게 거듭 말했다. 기본 생계 수단은 빈민의 것이기 때문이다. 성경에 기초해 그들은 교인들의 재산 일부를 빈민에게 돌려줄 의무가 있다고 가르쳤다. 크리소스톰과 바질이 "권리"라는 말을 쓰지는 않았지만, 《교령집》의 교회법 법학자들과 오컴의 윌리엄은 초기 기독교의 성경 해석에서 자연스럽게 그 개념을 인식했다. 티어니는 11장 "Aristotle and the American Indians"에 또 다른 흥미로운 이야기를 소개한다(*Idea of Natural Rights*, p. 255). 유럽이 아메리카를 발견하면서 그동안 비교적 추상적이던 인

권 논의는 갑자기 새로운 차원에 접어들었다. 그곳에 사는 원주민 즉 아메리칸 "인디언"의 지위를 두고 스페인에서 논쟁이 벌어졌다. 그들은 아리스토텔레스의 말대로 타고난 노예일까? (노예로 지음받은 사람이 있다는 아리스토텔레스의 가르침은 유명하다.) 어차피 그들은 우상 숭배자에 식인종이었다. 새로 정립 중인 인권 개념은 정말 만인 보편의 것일 수 있을까? 그들에게도 이런 권리가 해당될까? 바르톨로메 드 라스카사스(Bartolomé de las Casas)는 "온 인류는 하나"라며 이 전제에 기초해서 아메리칸 인디언도 자유, 재산, 자위(自衛), 자체 정부 등을 누릴 권리가 있다고 주장했다. 다음 기사를 참조하라. Brian Tierney, "The Idea of Natural Rights: Origins and Persistence," *Northwestern Journal of International Human Rights* 2 (2004년 봄): 10-11. 이에 맞서 후안 기네스 드 세풀베다(Juan Ginés de Sepúlveda)는 아리스토텔레스의 입장을 취해 원주민을 타고난 노예이자 야만인이라 칭했다. 라스카사스가 쓴 인디언을 옹호하는 책들은 책장 하나를 다 차지할 정도다. 그의 확신의 궁극적 기초는 종교적 신념이었지만("인디언도 우리 형제이며 그리스도가 그들을 위해 죽으셨다") 그는 신중하게 논증의 기초를 법률상의 자연권 전통에 두었다. 그때는 이 전통이 이미 여러 세기에 걸쳐 기독교 세계에 정립되어 온 때였다. 그는 그라티아누스의 《교령집》을 참고로 해서 "자유는 태초부터 인간에게 부여된 권리다"라고 말했다(같은 기사). 그러나 티어니가 지적했듯이 라스카사스와 그의 동지들은 지성적으로는 논쟁에서 이겼으나 정치적으로는 패했다. "인디언"을 옹호하던 측의 스페인 사람들은 현지인에게 큰 도움을 베풀지 않았다. 지배 세력이 정복자들 편이었기 때문이다. 그럼에도 스페인에서 벌어진 이 논쟁은 자연권 개념에 새 생명을 불어넣었다. 다른 글에서 티어니는 기독교 신학에 기초한 중세 자연권 개념이 현대 세계로 넘어온 과정을 추적한다.

13. 다음 책을 참조하라. John Rawls, *A Theory of Justice*, 개정판 (Cambridge, MA: Belknap Press, 1999), pp. 118-123, 《정의론》(이학사 역간).

14. Michael Sandel, *Justice: What's the Right Thing to Do?* (New York: Farrar, Straus, and Giroux, 2009), pp. 248, 261, 《정의란 무엇인가》(와이즈베리 역간).

15. 샌델은 현재의 세 가지 정의관을 개괄하며 각각 "복지의 극대화," "자유의 존중," "덕의 증진"이라 칭했다. 공리주의를 뒤이은 첫째 관점에 따르면, 가장 정의로운 행동은 최대 다수의 사람에게 최대 행복을 가져다주는 행동이다. 임마누엘 칸트를 뒤이은 둘째 관점에 따르면, 가장 정의로운 행동은 각 개인의 선택대로 살아갈 수 있는 자유와 권리를 존중하는 행동이다. 아리스토텔레스를 뒤이은 마지막 관점에 따르면, 인간이 도덕과 덕과 당위에 맞게 행동할 때 정의가 시행된다. 같은 책, p. 6.

16. 롤스의 접근에는 자주 지적되어 온 또 다른 문제가 있다. 그는 인권 침해를 부도덕하다고 볼 수 없다고 주장했다(그러면 논의에 종교적, 도덕적 가치가 개입되기 때문이다). 대신 그는 인권 침해를 불합리하다고 봤다. 왜 그랬을까? 그에 따르면 "무지한 상태"에서라면 누구나 인권을 지지하고 싶어지기 때문이다. 자신도 앞으로 사회적 약자가 되어 스스로의 인권을 주장해야 할지도 모르니 말이다. 하지만 이성의 작용으로 인권을 지지하게 된다는 롤스의 말은 인권이 사익에 도움이 되니까 인권을 만들어 낸다는 뜻이다. 타인의 이익을 중시해야 하는 이유는 그래야 내 이익에 도움이 되기 때문이다. 하지만 사실 이는 이기심에 호소하는 일이다. 타인을 권리를 지닌 존재로 대해야 하는 이유는, 내게 상대의 가치를 존중할 도덕적 의무가 있어서도 아니고 상대를 무시하는 게 잘못이어서도 아니라 그게 내게 이롭기 때문이다. 그렇게 행동해야 할 이유는 상대를 있는 그대로 존중해서가 아니라 나 자신을 존중하기 때문이다. 그러나 사익을 챙기는

게 인권을 존중할 유일한 이유라면, 뒷탈만 확실히 없다면 남의 권리를 짓밟지 못할 까닭이 무엇인가? 그러므로 종교적 기초가 전혀 없이 이런 식으로 인권의 확실하고 설득력 있는 기초를 닦으려는 시도는 실패할 수밖에 없다.

17. 마틴 루터 킹 주니어가 1965년 7월 4일 조지아 주 애틀랜타의 에브니저침례교회에서 한 설교로, 다음 웹사이트에서 볼 수 있다. http://kingencyclopedia.stanford.edu/encyclopedia/documentsentry/doc_the_american_dream/. 많은 기독교 사상가도 마틴 루터 킹 주니어처럼 인권의 기초를 하나님의 형상(Imago Dei)에 둔다. 월터스토프의 흥미롭고 독특한 논증에 따르면 두 가지 사실이 인간에게 특유의 가치를 부여한다. 다음 책을 참조하라. Wolterstorff, *Journey Toward Justice*, pp. 136-139. 첫째는 하나님이 우리와 관계를 맺기 원하시며, 우리를 지으실 때 그 관계에 필요한 역량을 다 주셨다는 사실이다. 물론 하나님의 형상도 인간에게 그런 관계를 가능하게 해 주는 한 요소일 수 있다. 그러나 월터스토프는 하나님의 형상을 또 하나의 능력(이성, 성품, 도덕 등과 같은)으로 둔갑시키지 않고자 매우 신중을 기했다. 그러면 유아나 노인이나 중상자는 온전한 형상을 지닐 수 없을 테니 말이다. 둘째는 하나님의 아들이자 삼위일체의 제2위격이신 예수 그리스도가 성육신을 통해 인간이 되셨다는 사실이다. "우리 각자에게 그보다 더 큰 존엄성은 없다. 한 인간을 괴롭힌다는 것은 곧 삼위일체의 제2위격과 똑같은 속성을 지닌 피조물을 괴롭히는 일이다"(p. 139).

18. Martin Luther King Jr., "I Have a Dream." 인터넷 여러 곳에서 이 연설문을 볼 수 있다. 다음을 참조하라. http://www.americanrhetoric.com/speeches/mlkihaveadream.htm.

19. Theodor W. Adorno, *Negative Dialectics* (New York: Seabury, 1973), 《부정 변증법 강의》(세창출판사 역간).

20. Stephen E. Bonner, *Critical Theory: A Very Short Introduction* (Oxford, UK: Oxford University Press, 2011), pp. 6-7.

21. Jean-François Lyotard, *The Postmodern Condition: A Report on Knowledge* (Minneapolis: University of Minnesota Press, 1984), p. xxiv, 《포스트모던적 조건》(서광사 역간).

22. Richard Bauckham, "Reading Scripture as a Coherent Story," 출전: *The Art of Reading Scripture*, Richard B. Hays & Ellen F. Davis 편집 (Grand Rapids, MI: Wm. B. Eerdmans, 2003), p. 45.

23. Catherine Belsey, *Poststructuralism: A Very Short Introduction* (Oxford; Oxford University Press, 2002), p. 99.

24. 다음 책 전체를 참조하라. *Hedgehog Review* 17, no. 2 (2015년 여름). "The Body in Question"이라는 특집 제목이 달려 있다.

25. Terry Eagleton, *The Illusions of Postmodernism* (Oxford: Blackwells, 1996), p. 41, 《포스트모더니즘의 환상》(실천문학사 역간).

26. 같은 책, p. 26.

27. 같은 책.

28. 같은 책, p. 41.

29. Peter Wood, "The Architecture of Intellectual Freedom," *National Association of Scholars*, 2016

년 1월 26일. www.nas.org/articles/the_architecture_of_intellectual_freedom.

30. Edward Docx, "Postmodernism Is Dead," *Prospect*, 2011년 7월 20일. www.prospectmagazine. co.uk/features/postmodernism-is-dead-va-exhibition-age-of-authenticism.

31. 같은 기사. 더 자세히 인용하자면 이렇다. "공산주의가 붕괴되면서 한동안은 포스트모더니즘의 반어 전법을 구사하는 게 서구 자본주의의 패권에 맞서는 최선의 방책인 듯 보였다. 하지만 시간이 가면서 새로운 문제가 생겼다. 포스트모더니즘은 모든 것을 공격하기 때문에 혼란과 의혹의 기류가 무성하게 자라나 결국 근년 들어서는 아예 편만해졌다. …… 그래서 …… 미적 기준이 다 없어지자 작품의 가치를 수익성으로 평가하는 게 점점 더 유용해졌다. …… 모든 기준을 없애자 이제 남은 것은 시장뿐인데, 이는 본래 포스트모더니즘이 의도하던 바와 정반대다."

32. 같은 기사. 리처드 보컴도 비슷하게 비판했다. "포스트모더니즘은 무제한 소비생활을 억제한다는 점에서 해방처럼 보이지만, 훨씬 더 현실적인 의미에서 압제다. 부유한 포스트모던 이론가들은 자칫 이를 간과하기 쉽다. 즉 포스트모더니즘은 빈익빈 부익부를 낳고 환경을 파괴한다." 모더니즘의 진보 담론이 늘 정당화해 온 압제를 포스트모더니즘도 이런 식으로 답습한다. Bauckham, "Reading Scripture as a Coherent Story," p. 46.

33. 같은 책.

34. Simon Critchley, *The Faith of the Faithless: Experiments in Political Theology* (London: Verso Books, 2012), 《믿음 없는 믿음의 정치》(이후 역간).

35. 같은 책, p. 24.

36. 같은 책, p. 8.

37. 크리츨리의 《믿음 없는 믿음의 정치》에 "무한한 윤리적 요구"에 대한 말이 반복된다. 이 개념이 처음 소개되는 pp. 7, 17과 아울러 pp. 146, 220, 227도 참조하라. 테리 이글턴의 논평에 따르면 크리츨리의 책은 "최신 좌익 사상의 전체 흐름"을 담아내면서, 사회 정의를 위한 정치로써 "모든 극단적 세속주의 세계관에 한계가 있음을 보여 준다." 이글턴이 지적했듯이 놀랍게도 바디우(Badiou), 아감벤(Agamben), 드브레(Debray), 데리다(Derrida), 하버마스(Habermas), 지젝(Žižek) 등 폭넓은 저명한 좌익 사상가들이 이제 "신학 문제"로 돌아서서 "무한성의 주장,' '소명의 성찰,' '무한한 책임' 등 개신교 색채가 농후한 용어로 말한다." Terry Eagleton, *Culture and the Death of God* (New Haven, CT: Yale University Press, 2014), pp. 203-204, 《신의 죽음 그리고 문화》(알마 역간).

38. Bauckham, "Reading Scripture as a Coherent Story," p. 46.

39. 같은 책, p. 47.

40. 같은 책, pp. 49-50.

41. 같은 책, pp. 47-48.

42. 같은 책.

43. 같은 책, p. 52.

44. Robert Alter, *Genesis: Translation and Commentary* (New York: W. W. Norton, 1996), p. 128.

45. Walter Brueggemann, *Genesis* (Atlanta: John Knox, 1982), p. 215, 《창세기》(한국장로교출판사 역간).

46. 구약 선지자들은 신앙 공동체 안팎 모두의 압제를 규탄하기로 유명하다. 구약성경의 가장 매력적인 인물 중 하나인 다니엘은 권력자에게 진실을 직언한다. 비신자인 황제에게 불의한 통치를 멈추라고 하나님의 이름으로 말한다(단 4:27). 아모스 1장에 하나님은 인간 노예 매매(암 1:6, 9), 전쟁 범죄(무죄한 비전투원 살육, 암 1:11), 제국주의적 외교 정책(암 1:13) 등을 인해 이스라엘 주변국들을 질타하신다. 이어 신앙 공동체인 이스라엘로 향하시는데, 조금도 더 봐주시는 게 없다. "힘없는 자의 머리를 티끌 먼지 속에 발로 밟고 연약한 자의 길을 굽게 하며"(암 2:7).

무엇보다 뜨끔한 것은 구약성경에는 사회 정의를 사람들 마음속에 하나님을 향한 참믿음이 있는지 가늠하는 척도로 사용했다는 사실이다. 고난당하던 욥은 친구들이 하나님을 향한 자신의 사랑과 충성을 의심하자, 빈민을 일으켜 세우는 자신의 열정을 가리켜 보인다. 예컨대 그는 자신의 재물을 자기 것으로만 생각했다면 큰 죄였을 거라고 말한다. 빈민과 과부에게 빵과 재산을 나누어 주지 않았다면(욥 31:17, 19 참조) 하나님의 정의에 어긋났을 것이고(욥 31:23, 28 참조), 법정에서 공정한 판결을 받도록 고아를 돕지 않았다면 큰 악을 범했을 것이다(욥 31:21-22 참조).

더 직접적으로 선지자 이사야는, 계율도 가장 잘 지키고 다른 면에서는 도덕적인 어떤 사람들의 기도를 하나님이 듣지 않으신다고 말한다. "너희가 손을 펼 때에 내가 내 눈을 너희에게서 가리고 …… 이는 너희의 손에 피가 가득함이라 …… 선행을 배우며 정의를 구하며 학대받는 자를 도와주며 고아를 위하여 신원하며 과부를 위하여 변호하라"(사 1:15-17). 경건하게 금식 기도를 했다고 내세우는 어떤 사람들에게 하나님은 "내가 기뻐하는 금식은 흉악의 결박을 풀어 주며 멍에의 줄을 끌러 주며 압제당하는 자를 자유하게 하며 모든 멍에를 꺾는 것이 아니겠느냐. 또 주린 자에게 네 양식을 나누어 주며 유리하는 빈민을 집에 들이[는] …… 것이 아니겠느냐"(사 58:6-7)라고 말씀하신다.

구약성경에 강조된 정의를 예수님도 그대로 이어받아 더 확장하신다. 마가복음 12장 40절과 누가복음 20장 47절에 그분은 "과부의 가산을 삼키며" 빈민을 압제하는 종교 지도자들을 규탄하신다. 그들이 아무리 종교적이어도 하나님의 은혜와 하나님의 심정 둘 다에 문외한이었다는 뜻이다. 자신이 영적으로 파산자이며 하나님의 값없고 풍성한 은혜가 필요함을 정말 알았다면, 그들은 권력이나 자원이 없는 이들을 너그럽고 정의롭게 대했을 것이다(약 2:14-17; 고후 8:8-9). 성경에 따르면 빈민에게 행동으로 긍휼과 정의를 쏟아부으며 산다면, 이는 그리스도를 믿음으로 말미암아 하나님의 은혜로 마음이 변화됐다는 필연적 증표다.

신약성경에서 약자와 빈민을 위한 정의를 눈에 띄게 강조한 책은 누가복음이다. 누가복음에는 부도덕한 여인(눅 7:37 참조), 로마 부역자(세리, 눅 19:1-9 참조), 멸시받던 사마리아인(눅 10:25-37 참조) 같이 사회적, 인종적으로 버림받은 사람들을 향한 예수님의 사랑과 관심이 담겨 있다. 하나님이 타민족을 사랑하신다는 예수님의 말씀(눅 4:25-27 참조)에 군중은 격노해서 폭력도 불사했다(눅 4:28 참조). 그분은 또 자신이 '가난한 자에게 복음을 전하러 왔다'고 하셨다(눅 4:18 참조). 누가는 돈을 베풀어 어려운 이들을 돌보는 일의 중요성에 대한 비유도 많이 기록했다(눅 14:15-23 참조). 성경학자 조엘 그린은 누가복음의 비중 있는 가르침을 "재물의 씀씀이를 보면 마음 상태를 알 수 있다"라는 말로 요약했다. Joel B. Green, *The Gospel of Luke* (Grand Rapids, MI: Wm. B. Eerdmans, 1997), p. 471. 마음이 은혜로 변화됐고 자아의 정체가 그리스도 안에 있다면, 돈과 지위가 더는 자랑거리나 안전장치가 못 된다.

47. Bauckham, "Reading Scripture as a Coherent Story," p. 52.

48. 같은 책.

49. 같은 책. 깨달음을 주는 보컴의 이 글에, 성경의 거대담론이 어떻게 지배 성향을 허무는지에 대한 추론이 더 나와 있다. 포스트모더니즘을 따르는 사람들은 거대담론 또는 "진리 주장"이 "차이를 부정하는 식으로 압제한다"라고 주장한다(p. 52). 그러나 보컴이 지적했듯이 성경 이야기는 다양한 목소리와 차이를 억압하지 않는다. 예를 들자면 구약성경에 동일한 역사에 대한 여러 관점이 나온다. 역대상과 역대하에 다루어진 역사의 기간은 창세기부터 열왕기하까지와 동일한데, 각 사건에 대한 관점과 해석은 상당히 다르다. 아울러 룻기, 에스더, 요나 등 세 편의 짧은 이야기에 제시된 이스라엘 역사는 같은 역사를 다룬 성경의 다른 책들과는 각도와 관점이 사뭇 다르다. 게다가 그 셋 중 둘은 여성의 관점에서 쓰여졌다. 잠언은 바른 생활이 일반적으로 행복한 삶을 낳는다고 가르치지만, 욥기는 신비롭고 무죄한 고난을 말해서 대비를 이룬다. 신약에도 예수님의 생애는 네 명의 저자를 통해 네 번 기록되는데, 동일인인 그분에 대한 강조점과 해석이 서로 다르다. 예수님의 역사적 발언과 사건에 대한 바울의 잦은 주해는 더 말할 것도 없다. 보컴이 제대로 논증했듯이 이 모든 다양성에도 불구하고 성경은 통일성이 있으며 이야기의 줄거리가 하나다. 의외로 만만찮은 부분도 많지만, 성경 저자들의 다양한 목소리와 장르와 관점은 결국 불협화음을 낳는 게 아니라 무한히 풍요로운 통찰과 이해를 가져다준다. 바로 이런 문학적 특성 때문에라도 "성경의 거대담론은 …… 압제의 도구로 유독 어울리지 않는 이야기다"(p. 52).

50. Eagleton, *Culture and the Death of God*, pp. 201-208.

PART 3

11. 하나님을 신앙하는 것, 가장 말이 되는 선택이다

1. 다음 책을 참조하라. David Bentley Hart, *The Experience of God*, pp. 1-86.

2. C. Stephen Evans, *Why Christian Faith Still Makes Sense: A Response to Contemporary Challenges* (Grand Rapids, MI: Baker Academic, 2015), p. 23.

3. 다음 미간행 학술 논문을 참조하라. Richard Swinburne, "The Existence of God." 옥스퍼드대학교 사용자 웹사이트에서 볼 수 있다. http://users.ox.ac.uk/~orie0087/pdf_files/General%20untechnical%20papers/The%20Existence%20of%20God.pdf. 스윈번에 따르면 물리학 이론은 설명 능력에 따라(우리 눈에 지각되는 내용을 설명해 주면) 수립된 것으로 간주된다. "현상에서 원인으로 가는 귀납적 논증은 다음 네 가지 기준이 충족될수록 더 탄탄해진다. (1) 가정된 원인이 발생하면 그 현상이 발생할 확률도 높아진다. (2) 가정된 원인이 발생하지 않으면 그 현상이 발생할 확률도 낮아진다. (3) 가정된 원인이 단순하다. (4) 설명이 배경 지식과 맞아든다. 이런 기준이 더 잘 충족될수록 설명 가설은 참일 개연성이 높아진다." 물리적 원인은 이렇게 자료로부터 귀납적이고 이성적으로 추론될 수 있다. 비슷하게 신도 하나의 가설이라 봤을 때, 실재에

대한 여타 가능한 설명들과 비교해 볼 수 있다.

4. 이 논증에 대한 자세한 설명은 다음 책을 참조하라. Hart, *Experience of God*, pp. 87-151. 아울러 다음 여러 책도 참조하라. William Lane Craig, *The Kalam Cosmological Argument* (London: Macmillan, 1979). William Lane Craig & James D. Sinclair, "The Kalam Cosmological Argument," 출전: *The Blackwell Companion to Natural Theology*, William Lane Craig & J. P. Moreland 편집, pp. 101-201. C. Stephen Evans, *Natural Signs and Knowledge of God: A New Look at Theistic Arguments* (Oxford: Oxford University Press, 2010), pp. 47-73. Alvin Plantinga, *God and Other Minds: Study of the Rational Justification of Belief in God* (Ithaca, NY: Cornell University Press, 1968), pp. 3-25, 《신과 타자의 정신들》(살림출판사 역간). William C. Davis, "Theistic Arguments," 출전: *Reason for the Hope Within*, Michael J. Murray 편집 (Grand Rapids, MI: Wm. B. Eerdmans, 1997), pp. 20-46. Robert J. Spitzer, *New Proofs for the Existence of God: Contributions of Contemporay Physics and Philosophy* (Grand Rapids, MI: Wm. B. Eerdmans, 2010), pp. 105-143.

5. 다음 책에 카뮈의 말이 그렇게 인용되어 있다. Evans, *Why Christian Faith Still Makes Sense*, pp. 41-42.

6. 이 논증에 대한 자세한 설명은 다음 여러 책을 참조하라. Roger White, "Fine-Tuning and Multiple Universe," *Noûs 34*, no. 2 (2000): 260-276. William Lane Craig, "Design and the Anthropic Fine-Tuning of the Universe," 출전: *God and Design: The Teleological Argument and Modern Science*, Neil Manson 편집 (London: Routledge, 2003). Richard Swinburne, "Argument from the Fine-tuning of the Universe," 출전: *Physical Cosmology and Philosophy*, John Leslie 편집 (New York: Macmillan, 1990). 같은 저자, "The Argument to God from Fine-tuning Reassessed," 출전: *God and Design*, Neil Manson 편집. Robin Collins, "A Scientific Argument for the Existence of God: The Fine-tuning Design Argument," 출전: *Reason for the Hope Within*, Murray 편집. 같은 저자, "The Teleological Argument: An Exploration of the Fine-tuning of the Universe," 출전: *Blackwell Companion to Natural Theology*, Craig & Moreland 편집, pp. 101-201. Evans, *Natural Signs and Knowledge of God*, pp. 74-106. Plantinga, *God and Other Minds*, pp. 95-114. 같은 저자, *Where the Conflict Really Lies: Science, Religion, and Naturalism* (Oxford: Oxford University Press, 2011), pp. 193-306. John C. Lennox, *God's Undertaker: Has Science Buried God?* (Oxford: Lion Hudson, 2009), pp. 57-97, 《신을 죽이려는 사람들》(두란노 역간). Spitzer, *New Proofs for the Existence of God*, pp. 13-104.

7. Alan Lightman, "The Accidental Universe: Science's Crisis of Faith," *Harper's Magazine*, 2011년 12월. http://harpers.org/archive/2011/12/the-accidental-universe/.

8. Lewis Thomas, "On the Uncertainty of Science," *Key Reporter* 46 (1980년 가을). 다음 책에 인용되어 있다. Evans, *Natural Signs and Knowledge of God*, p. 99.

9. Immanuel Kant, *Critique of Pure Reason*, William Kemp Smith 번역 (London: Macmillan and Co., 1929), pp. 30-31, 《순수이성비판》. 인용된 부분은 칸트의 책 재판 B xxxii-xxxiii에서 왔으며, 다음 책에도 인용되어 있다. Evans, *Natural Signs and Knowledge of God*, p. 101.

10. 이 논증에 대한 자세한 설명은 다음 여러 책을 참조하라. Mark D. Linville, "The Moral Argument," 출전: *Blackwell Companion to Natural Theology*, Craig & Moreland 편집, pp. 391-

448. Evans, *Natural Signs and Knowledge of God*, pp. 107-148. William C. Davis, "Theistic Arguments," 출전: *Reason for the Hope Within*, Murray 편집, pp. 20-46. Hart, *The Experience of God*, pp. 251-276. Goerge Mavrodes, "Religion and the Queerness of Morality," 출전: *Rationality, Religious Belief, and Moral Commitment*, Robert Audi & William Wainwright 편집 (Ithaca, NY: Cornell University Press, 1986), pp. 213-226. Robert Adams, *The Virtue of Faith and Other Essays in Philosophical Theology* (Oxford: Oxford University Press, 1987), "Moral Arguments for Theistic Belief," pp. 144-163.

11. Evans, *Why Christian Faith Still Makes Sense*, p. 47.

12. Thomas Nagel, *Mind and Cosmos: Why the Materialist Neo-Darwinian Conception of Nature Is Almost Certainly False* (Oxford: Oxford University Press, 2012), p. 110.

13. 같은 책.

14. 같은 책, p. 35.

15. Thomas Nagel, *Mortal Questions, Canto Classics* (Cambridge: Cambridge University Press, 2012), "What Is It Like to Be a Bat?," p. 166.

16. Hart, *The Experience of God*, pp. 172-201.

17. Plantinga, *Where the Conflict Really Lies*, "IV: Mathematics," pp. 284-291. 그 책 9장 전체에 다양한 논증이 제시되어 있듯이 인간이 과학과 수학을 하고, 경험으로부터 배우고, 추상적 개념을 전개하고, 아름다움과 단순성을 지각하는 능력은 신이 존재할 때 더 잘 설명된다. 다음을 참조하라. 9장 "Deep Concord: Christian Theism and the Deep Roots of Science," pp. 265-306을 참조하라.

18. Steven Pinker, *How the Mind Works* (New York: Norton, 1997), pp. 521, 525, 《마음은 어떻게 작동하는가》(동녘사이언스 역간). 다음 책에 인용되어 있다. David Skeel, *True Paradox: How Christianity Makes Sense of Our Complex World* (Downers Grove, IL: IVP Books, 2014), p. 40.

19. Francis Crick, *The Astonishing Hypothesis: The Scientific Search for the Soul* (New York: Simon & Schuster, 1994), p. 3, 《놀라운 가설: 영혼에 관한 과학적 탐구》(궁리출판 역간).

20. Skeel, *True Paradox*, p. 44.

21. 아울러 다음 여러 책을 참조하라. David Bentley Hart, *Experience of God*, "Consciousness," pp. 238-292. Thomas Nagel, *Mind and Cosmos*, "Consciousness," pp. 35-70. David Skeel, *True Paradox*, "Ideas and Idea-making," pp. 37-62. J. P. Moreland, "The Argument from Consciousness," 출전: *Blackwell Companion to Natural Theology*, Craig & Moreland 편집, pp. 282-343. Robert C. Koons & George Bealer 편집, *The Waning of Materialism* (Oxford: Oxford University Press, 2010).

22. 플란팅가가 가장 최근에 발표한 이 논증의 버전을 "자연주의를 논박하는 진화 논증"이라 한다. Plantinga, *Where the Conflict Really Lies*, pp. 307-350. 아울러 다음 책도 참조하라. Victor Reppert, "The Argument from Reason," 출전: *Blackwell Companion to Natural Theology*, Craig & Moreland 편집, pp. 344-390.

23. 다음 책에 인용되어 있다. Plantinga, *Where the Conflict Really Lies*, p. 315.

24. Nagel, *Mind and Cosmos*, p. 27.

25. Skeel, *True Paradox*, p. 65.

26. 같은 책, p. 67.

27. Hart, *Experience of God*, p. 281. 더튼의 책과 관련한 하트의 기술이다.

28. 같은 책, p. 283.

29. 같은 책, pp. 279-280.

30. Skeel, *True Paradox*, p. 76.

31. Luc Ferry, *A Brief History of Thought: A Philosophical Guide to Living*, Theo Cuffe 번역 (New York: Harper Perennial, 2011), pp. 236-237, 《사는 법을 배우다》(기파랑 역간).

12. 기독교 신앙은 답을 줄 수 있다

1. C. Stephen Evans, *Why Christian Faith Still Makes Sense: A Response to Contemporary Challenges* (Grand Rapids, MI: Baker Academic, 2015), p. 27.

2. 같은 책, p. 75.

3. 다음 자료를 참조하라. Pew Research Center, "The Future of World Religions: Population Growth Projections, 2010-2050," 2015년 4월 2일. www.pewforum.org/2015/04/02/religious-projections-2010-2050/.

4. Richard Bauckham, *Jesus: A Very Short Introduction* (Oxford: Oxford University Press, 2011), p. 1, 《예수: 생애와 의미》(비아 역간).

5. 같은 책, p. 2.

6. 이번 문단은 다음 책의 자료에 기초했다. Bauckham, *Jesus*, p. 3.

7. James Allan Francis, *The Real Jesus and Other Sermons* (Philadelphia: Judson, 1926), p. 124.

8. 심지어 정통 기독교 신앙과 전통적 기독교의 성경 해석에 심히 회의적인 바트 어만도 이런 책을 썼다. Bart Ehrman, *Did Jesus Exist? The Historical Argument for Jesus of Nazareth* (New York: HarperOne, 2013). "지구상의 사실상 모든 [역사] 전문가는 예수가 실존했다는 견해를 지지한다" (p. 4). 어만이 그 책에 아주 강력하고 치밀하게 논증했듯이 예수님이 실존했다는 증거는 압도적이다. 그는 또 예수님을 신화로 보는 견해가 막무가내로 증거에 저항하는 데 개탄했다. 어만 자신도 불가지론자나 무신론자이므로, 예수님을 한낱 전설적 인물로 일축하는 게 같은 입장의 사람들에게 편리한 줄을 안다. 그런데도 그는 그게 불가능하다고 역설한다(p. 6).

9. 다음 여러 책을 참조하라. Craig Blomberg, *The Historical Reliability of the Gospels*, 재판 (Downers Grove, IL: IVP Academic, 2007). Paul R. Eddy & Gregory A. Boyd, *The Jesus Legend: A Case for Historical Reliability of the Synoptic Jesus Tradition* (Grand Rapids, MI: Baker Academic, 2007). Paul Barnett, *Finding the Historical Christ* (Grand Rapids, MI: Wm. B. Eerdmans, 2009). Richard Bauckham, *Jesus and the Eyewitnesses: The Gospels as Eyewitness Testimony* (Grand Rapids, MI: Wm.

B. Eerdmans, 2006),《예수와 그 목격자들》(새물결플러스 역간). 양식 비평을 비판한 아주 짧지만 유익한 개괄이 다음 책에 나와 있다. Bauckham, *Jesus*, pp. 6-17.

10. Bauckham, *Jesus*, p. 13.

11. 같은 책.

12. 같은 책. 아울러 다음 책도 참조하라. Bauckham, *Jesus and the Eyewitnesses*, pp. 240-289.

13. Bauckham, *Jesus*, p. 14.

14. 같은 책, p. 14.

15. 같은 책.

16. Bauckham, *Jesus and the Eyewitnesses*, pp. 39-92.

17. Eddy & Boyd, *Jesus Legend*, p. 452.

18. 같은 책.

19. Jonathan Edwards, "The Excellency of Jesus Christ," *The Works of Jonathan Edwards: Sermons and Discourses 1734-1738*, 제19권, M. X. Lesser 편집 (New Haven, CT: Yale University Press, 2001), p. 565. 이번 문단의 나머지 내용도 에드워즈의 이 명설교에서 왔다.

20. 잘 알려져 있다시피 예수님이 간음하다 현장에서 잡힌 여자를 만나신 일화(요 8:1-11 참조)는 신약의 최고(最古) 사본들에 나오지 않는다. 그래서 대부분의 학자는 그것이 본래 요한복음의 일부가 아니라 다른 출전의 아주 오래된 기사였는데 나중에 요한복음에 첨가됐다고 본다. 아울러 헬라어 문법을 봐도 이 부분의 구조와 어휘는 나머지 요한복음과 잘 맞지 않는다. 그럼에도 "여기 기술된 사건이 실제로 발생했고" 정확히 보전됐음을 "의심할 이유는 거의 없다." D. A. Carson, *The Gospel According to John* (Leicester, UK: Inter-Varsity, 1991), p. 333, 《요한복음》(솔로몬 역간). 이 사건은 사복음서 전체에 증언된 예수님의 속성과 잘 조화를 이룬다.

21. 다음 책을 참조하라. Craig Blomberg, *Contagious Holiness: Jesus' Meals with Sinners* (Downers Grove, IL: InterVarsity, 2005).

22. Michael Green, *Who Is This Jesus?* (Nashville, TN: Thomas Nelson Publishers, 1990), p. 14, 《예수에 관한 12가지 질문》(홍성사 역간). 이번 문단의 내용은 그린의 책 pp. 13-14를 참고했다.

23. Spufford, *Unapologetic*, p. 109.

24. Huston Smith, *The World's Religions*, 50주년 기념판 (New York: HarperOne, 2009), p. 83, 《세계의 종교들》(연세대학교대학출판문화원 역간).

25. 같은 책.

26. 예수님의 주장에 대한 이번 두 단락의 내용은 다음 책을 참고했다. John Stott, *Basic Christianity* (London: Inter-Varsity Press, 1958), "The Claims of Christ," pp. 21-34, 《기독교의 기본 진리》(생명의말씀사 역간).

27. C. S. Lewis, *God in the Dock* (Grand Rapids, MI: Wm. B. Eerdmans, 1970), "What Are We to Make of Jesus Christ?," p. 168, 《피고석의 하나님》(홍성사 역간).

28. 다음 책에 인용되어 있다. Michael F. Bird 외, *How God Became Jesus: The Real Origins of*

Belief in Jesus' Nature (Grand Rapids, MI: Zondervan, 2014), p. 14, 《하나님은 어떻게 예수가 되셨나?》(좋은씨앗 역간). 아울러 다음 두 책도 참조하라. Martin Hengel, *Between Jesus and Paul* (London: SCM, 1983), "Christology and New Testament Chronology: A Problem in the History of Earliest Christianity." 같은 저자, *The Son of God: The Origin of Christology and the History of Jewish-Hellenistic Religion* (London: SCM, 1975).

29. Bird 외, *How God Became Jesus*, pp. 13-16. 아울러 다음 두 책도 참조하라. Larry Hurtado, *One God, One Lord: Early Christian Devotion and Ancient Jewish Monotheism*, 재판 (London: T&T Clark, 1998). Richard Bauckham, *God Crucified: Monotheism and Christology in the New Testament* (Carlisle, UK: Paternoster, 1998).

30. 위에 소개한 허타도와 보컴의 기독론 서적을 참조하라. 아울러 다음 책도 참조하라. N. T. Wright, *The Resurrection of the Son of God* (Minneapolis: Fortress, 2003), 《하나님의 아들의 부활》(크리스천다이제스트 역간).

31. Wright, *Resurrection of the Son of God*. 아울러 더 최근에 나온 다음 책도 참조하라. Michael R. Licona, *The Resurrection of Jesus: A New Historiographical Approach* (Downers Grove, IL: InterVarsity, 2010). 이후 몇 문단의 간략한 논증을 개괄하려면 다음 책을 참조하라. Bauckham, *Jesus*, 7장 "Death and a New Beginning," pp. 104-109.

32. 2세기에 기독교를 비판했던 켈수스(Celsus)의 말로, 다음 책에 인용되어 있다. Bauckham, *Jesus*, p. 105.

33. 같은 책, p. 109.

34. 다음 책에 인용되어 있다. Bauckham, *Jesus*, p. 108.

35. 악과 고난에 대해서는 다음 책에 요약된 기독교의 반응을 참조하라. Timothy Keller, *Walking with God Through Pain and Suffering* (New York: Riverhead Books, 2013), "The Challenge to the Secular," "The Problem of Evil," pp. 64-111. 성경 속의 성전(聖戰)에 대해서는 다음 두 책을 참조하라. Paul Copan & Matthew Flannagan, *Did God Really Command Genocide? Coming to Terms with the Justice of God* (Grand Rapids, MI: Baker Books, 2014). Joshua Ryan Butler, *The Skeletons in God's Closet: The Mercy of Hell, The Surprise of Judgment, The Hope of Holy War* (Nashville, TN: Thomas Nelson, 2014). 교회의 역사적 이력에 대해서는 다음 두 책을 참조하라. David Bentley Hart, *Atheist Delusions: The Christian Revolution and Its Fashionable Enemies* (New Haven, CT: Yale University Press, 2009), 《무신론자들의 망상》(한국기독교연구소 역간). Karen Armstrong, *Fields of Blood: Religion and the History of Violence* (New York: Alfred A. Knopf, 2014). 기독교에 대한 다양한 반론은 다음 책을 참조하라. Jeffrey Burton Russell, *Exposing Myths About Christianity* (Downers Grove, IL: InterVarsity, 2012).

36. D. A. Carson, *Gospel According to John*, p. 226.

37. Lewis, *God in the Dock*, p. 171.

에필로그

1. Langdon Gilkey, *Shantung Compound: The Story of Men and Women Under Pressure* (New York: Harper and Row, 1966), 《산둥 수용소》(새물결플러스 역간).

2. 같은 책, p. 7.

3. 같은 책, p. 16.

4. 같은 책, p. 14.

5. 같은 책, p. 75.

6. 같은 책.

7. 같은 책, p. 74.

8. 같은 책.

9. 같은 책, pp. 68-70.

10. 같은 책, p. 75.

11. 같은 책.

12. 같은 책, p. 76.

13. 같은 책.

14. 같은 책, pp. 77-78.

15. 같은 책, p. 115.

16. 같은 책, p. 90.

17. 같은 책, p. 116.

18. 같은 책, p. 92.

19. 같은 책, pp. 91-92.

20. 같은 책, p. 93.

21. 같은 책, p. 242.

22. 같은 책, p. 192.

23. 같은 책, pp. 197-198.

더 읽을 책

아래의 책 다섯 권을 종합하면 기독교 신앙을 잘 개괄할 수 있다. 모두 기독교 신앙의 신빙성을 변호하거나 반박하는 현대의 대다수 논증을 정황으로 하고 있다. 다만 책마다 접근이 다르고, 다루는 질문과 주제도 조금씩 다르다. 한 권을 읽다가 그 책의 특정한 주제에 별로 관심이 없거든 더 마음이 끌리는 다른 책으로 바꾸면 된다.

John Dickson, *A Spectator's Guide to Jesus: An Introduction to the Man from Nazareth* (Oxford: Lion Hudson, 2008).

Timothy Keller, *The Reason for God: Belief in an Age of Skepticism* (New York: Dutton, 2008),《팀 켈러, 하나님을 말하다》 (두란노 역간).

John C. Lennox, *Gunning for God: Why the New Atheists Are Missing the Target* (Oxford: Lion Hudson, 2011).

C. S. Lewis, *Mere Christianity* (New York: HarperCollins, 2001),《순전한 기독교》(홍성사 역간).

David Skeel, *True Paradox: How Christianity Makes Sense of Our Complex World* (Downers Grove, IL: IVP Books, 2014).